ORGANISATION INTERNATIONALE DE LA FRANCOPHONIE

La Francophonie dans le monde 2006-2007

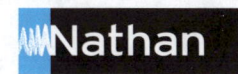

Nathan

La Francophonie dans le monde 2006-2007

Direction : Christian Valantin
Coordination : Florence Morgiensztern
Rédacteurs : Josiane Gonthier
Florence Morgiensztern
Monique Pontault
Alexandre Wolff
Secrétariat : Catherine Royer

Nous remercions :
Les membres du Haut Conseil de la Francophonie qui ont apporté leur contribution à ce rapport.
Les organisations et les personnes qui, en répondant au questionnaire du Haut Conseil de la francophonie, ont fortement contribué à l'alimenter : les États et gouvernements membres, associés ou observateurs de l'Organisation internationale de la Francophonie, au travers de leurs représentants personnels ; le Service des affaires francophones du ministère français des Affaires étrangères et les postes diplomatiques à l'étranger.
L'administration de l'Organisation internationale de la Francophonie et les associations de la Francophonie qui ont fourni des éléments indispensables à sa réalisation.
Les personnalités qui, par leur aide et leurs conseils, en ont fourni la matière, notamment : Pierre Alexandre, ancien secrétaire général de la Fédération internationale des professeurs de français.
Les étudiants qui ont effectué leur stage au Haut Conseil durant les années 2005 et 2006 et ont participé à ses travaux : Céline Antonin, Joanne Chehami-Cisse, Stéphane N'Dour, Marième N'Diaye, Marija Likimova, Noëlle-Catherine Miliard, Antonin Nguyen, Stefan Popescu, Madina Régnault, Susan Saddawi-Konefka, Valérie Sniadoch, Marcelin Some, Delphine Vidal.

Cartographie : AFDEC
Couverture et conception maquette : KILLIWATCH
Mise en page : Gildaz MAZURIÉ DE KÉROUALIN
Références photographiques de la couverture :
Hd : PhotoDisc. – *Bd* : Getty Images/Jean du Boisberranger. – *Bg* : Getty Images/Ariadne Van Zandbergen. – *Hg* : Getty Images/Jean du Boisberranger. – *M* : Getty Images/Fredrik Skold.

© Nathan, Paris, 2007
ISBN : 978-209-882177-4

Sommaire

Préface 5
Introduction 7

PREMIÈRE PARTIE
L'état du français dans le monde

Chapitre 1
Le dénombrement des francophones 15
Chapitre 2
Évolution de l'enseignement du et en français dans le monde (1994-2002) . 23
Chapitre 3
Actualité de l'enseignement du et en français dans le monde 39
Chapitre 4
Le français en Louisiane 71
Chapitre 5
L'adaptation linguistique des migrants en Francophonie du Nord 77
Chapitre 6
Créolophonie et Francophonie 85

DEUXIÈME PARTIE
Culture et création

Chapitre 1
La diversité culturelle 103
Chapitre 2
L'actualité culturelle francophone 109
Chapitre 3
Les prix 133
Chapitre 4
Les littératures d'expression française 137
Chapitre 5
Panorama des cinémas francophones 149

TROISIÈME PARTIE
Médias et communication

Chapitre 1
Les principaux acteurs de la Francophonie
  médiatique internationale 157
Chapitre 2
Les médias francophones en Europe centrale et orientale 165

Chapitre 3
La liberté de la presse dans l'espace francophone **185**
Chapitre 4
La Francophonie et les technologies de l'information
 et de la communication **197**

QUATRIÈME PARTIE
Économie et solidarité
Chapitre 1
Les enjeux économiques de la Francophonie **209**
Chapitre 2
La santé au cœur du développement **227**

CAHIER COULEUR
Les francophones dans les pays membres de l'OIF .... **I**
Le monde de la Francophonie .... **II-III**
Les apprenants du et en français dans le monde .... **IV**
Les locuteurs de créole dans les pays membres de l'OIF .... **V**
Les organisations internationales en Afrique .... **VI**
Le sida dans le monde et en Afrique .... **VII**
Le paludisme dans le monde et en Afrique .... **VIII**

CINQUIÈME PARTIE
Démocratie et État de droit
Chapitre 1
État de droit : le suivi de Bamako **259**
Chapitre 2
La réforme de la Francophonie **263**
Chapitre 3
La parité en Francophonie **269**

Bibliographie **299**
Notes de lecture **305**
Index **312**

Préface

Cette édition 2006-2007 de *La Francophonie dans le monde* est une invitation au voyage, une invitation à parcourir les espaces qui structurent la cartographie institutionnelle et populaire de la Francophonie. Espace culturel, espace médiatique, espace économique, espace politique sont ainsi explorés à la lumière d'analyses claires et précises, mais également à la lumière des grands événements qui ont scandé la vie de l'Organisation internationale de la Francophonie au cours de ces deux dernières années. Une large part est ainsi consacrée à ces temps forts que furent le XIe Sommet tenu à Bucarest, les Francofffonies – le Festival francophone en France – ou l'Année Senghor qui a été l'occasion de célébrer avec éclat le centenaire de la naissance du Poète-Président, à jamais associé à cette Francophonie qu'il avait rêvée, pensée, conçue pour affronter les défis d'aujourd'hui, au premier rang desquels le combat pour la diversité linguistique et culturelle.

Cet enjeu, éminemment politique, dans un monde aux équilibres rompus depuis la fin de la Guerre froide, mobilise depuis plusieurs années déjà notre organisation qui a du reste joué un rôle déterminant dans l'adoption et la ratification, à l'Unesco, de la Convention sur la protection et la promotion de la diversité des expressions culturelles. Tout ce qui renforce la Francophonie, à l'instar des autres grandes aires linguistiques que sont notamment l'hispanophonie, la lusophonie, l'anglophonie ou l'arabophonie, renforce cette nécessaire pluralité linguistique et culturelle sans laquelle l'instauration d'une démocratie à l'échelle mondiale resterait illusoire. Et la Francophonie se porte bien, comme en témoigne la première partie de ce rapport qui nous dresse un état très encourageant de la situation du français dans le monde.

Mais le monde change sans cesse, et la Francophonie se doit de changer avec lui. C'est ce souci d'adaptation aux réalités de la société internationale contemporaine, comme aux aspirations profondes des peuples francophones qui a présidé aux réformes institutionnelles présentées ici. À cet égard, il nous fallait, au nom de la solidarité qui reste le maître mot de notre coopération multilatérale, viser à plus de rigueur et d'efficacité. Les réformes mises en œuvre nous en donnent aujourd'hui les moyens. Mais nous avons le devoir, dans le même temps, de développer une réflexion sur les grands problèmes qui engagent le devenir de la planète afin de faire entendre clairement notre voix, particulièrement dans les instances internationales. Ce rôle de réflexion, longtemps dévolu au Haut Conseil de la Francophonie, et aux éminentes personnalités qui le composaient, sera renforcé mais selon des modalités différentes. De la même manière, cet ouvrage de référence sera désormais publié sous une forme nouvelle afin d'informer au mieux tous ceux qui par intérêt, par goût, ou par curiosité veulent, par-delà les clichés et les idées reçues, mieux connaître la Francophonie, ce qu'elle est, ce qu'elle fait, et les valeurs qu'elle entend porter au sein et au-delà de son espace géographique.

Abdou Diouf
Secrétaire général de la Francophonie

Introduction

1. 2006, une année clé pour la Francophonie

L'Organisation internationale de la Francophonie (OIF) se renforce : elle a accueilli au Sommet de Bucarest, en septembre 2006, cinq nouveaux pays, totalisant de ce fait 53 États[1] et gouvernements membres, 2 États[2] associés et 13 États[3] observateurs.

L'OIF se réforme : la Charte de la Francophonie, révisée à Antananarivo le 23 novembre 2005, et appliquée en 2006, assure sa cohérence et son renouvellement.

L'OIF assoit sa place sur la scène internationale : l'adoption de la convention sur la protection et la promotion de la diversité des expressions culturelles par la quasi-totalité des États à l'Unesco, en octobre 2005, a été le fruit, notamment, d'une mobilisation intense de ses instances et de ses États membres.

La Francophonie se déploie dans le monde : elle a célébré en 2006 son père fondateur, Léopold Sédar Senghor, dont on fêtait le centenaire, et s'est donnée à voir en France à l'occasion du festival des « francofffonies ».

Le XIe Sommet de la Francophonie à Bucarest, 28-29 septembre 2006

Le premier à se tenir en Europe centrale et orientale, le Sommet de Bucarest a célébré aussi un anniversaire d'importance, vingt ans après le premier Sommet de la Francophonie en 1986, à Versailles. La réélection d'Abdou Diouf pour un mandat de quatre ans à la tête de la Francophonie a marqué une étape essentielle dans l'évolution de la Francophonie, après l'adoption d'un Cadre stratégique décennal au Sommet de Ouagadougou en 2004 et celle d'une nouvelle Charte en novembre 2005, à Antananarivo. Deux nouveaux États ont été admis en qualité d'associés, le Ghana et Chypre, et trois en qualité d'observateurs : le Mozambique, la Serbie et l'Ukraine. La principauté d'Andorre, l'Albanie, la Grèce et l'ex-République yougoslave de Macédoine sont devenues membres de plein droit. Par ailleurs, le Sommet a recommandé la conclusion d'un protocole de partenariat entre l'ordre souverain de Malte et l'OIF. C'est aux technologies de l'information, thème fondamental pour l'avenir de la Francophonie, qu'était consacré le Sommet, afin, selon l'expression du secrétaire général, « de clarifier nos conceptions et nos

---

1. Albanie, Andorre, Belgique, Bénin, Bulgarie, Burkina Faso, Burundi, Cambodge, Cameroun, Canada, Canada-Nouveau-Brunswick, Canada-Québec, Cap-Vert, République centrafricaine, Communauté française de Belgique, Comores, Congo, République démocratique du Congo, Côte d'Ivoire, Djibouti, Dominique, Égypte, ex-République yougoslave de Macédoine, France, Gabon, Grèce, Guinée, Guinée-Bissau, Guinée équatoriale, Haïti, Laos, Liban, Luxembourg, Madagascar, Mali, Maroc, Maurice, Mauritanie, Moldavie, Monaco, Niger, Roumanie, Rwanda, Sainte-Lucie, São Tomé-et-Principe, Sénégal, Seychelles, Suisse, Tchad, Togo, Tunisie, Vanuatu, Viêt Nam.
2. Chypre et Ghana.
3. Arménie, Autriche, Croatie, Géorgie, Hongrie, Lituanie, Mozambique, Pologne, République tchèque, Serbie, Slovaquie, Slovénie, Ukraine.

perspectives et de contribuer à la relance de notre coopération intergouvernementale dans le domaine de l'éducation, dans un monde où 120 millions d'enfants ne sont pas scolarisés et où 771 millions d'adultes sont analphabètes ou illettrés[4] ».

L'éducation pour tous, condition première du développement, représente pour la Francophonie un enjeu prioritaire. Plusieurs programmes majeurs ont d'ailleurs été engagés par l'Organisation internationale de la Francophonie et ses opérateurs : appui aux gouvernements pour la conception et la mise en œuvre de leurs politiques, aide à l'éducation des filles, mise en réseau de partenaires du Sud comme du Nord, partenariat avec d'autres organisations internationales, soutien au livre scolaire en Afrique...

Dans ce cadre, les nouvelles technologies représentent une chance et un appui, à condition d'œuvrer dans le sens de leur démocratisation. Là encore, plusieurs chantiers ont été mis en œuvre, comme la défense de la liberté de choix technologique *via* l'usage de logiciels libres, l'instauration de campus numériques par l'Agence universitaire de la Francophonie, ou la formation des acteurs de la société de l'information.

Le Sommet a adopté une Déclaration dont la première partie plaide pour l'entrée résolue de la Francophonie dans la société du savoir, en insistant sur de nombreux points comme l'engagement à donner la priorité à l'éducation dans les programmes de gouvernement et à encourager la formation et la juste rémunération d'un nombre suffisant d'enseignants.

La Déclaration fait également écho en plusieurs points aux préoccupations exprimées par le Haut Conseil de la Francophonie, lors de sa session annuelle en 2006. Ainsi, de l'appui que la Francophonie doit apporter aux États dans la présentation de projets structurés aux bailleurs de fonds ; de l'appel fait à l'OIF d'encourager et de soutenir les efforts des gouvernements en vue d'élaborer des politiques linguistiques qui donneront aux langues nationales une place significative dans les premières années de scolarisation ; de l'intérêt manifesté pour la création prochaine d'une université francophone d'Europe centrale et orientale ; ou de la valorisation des lieux d'accès aux technologies de l'information et de la communication au service de l'éducation.

Dans la deuxième partie de cette Déclaration, consacrée à la dimension politique de la Francophonie, on attirera l'attention du lecteur sur l'approbation d'un *vade-mecum* relatif à l'usage de la langue française dans les organisations internationales et sur l'exhortation faite aux États membres de la Francophonie à déposer leurs instruments de ratification de la Convention sur la protection et la promotion de la diversité des expressions culturelles, ainsi que sur l'engagement à mettre rapidement en œuvre cette convention, notamment ses dispositions de coopération en faveur du Sud.

Cette partie de la Déclaration rappelle également l'importance que la Francophonie accorde à la prévention et à la résolution des conflits, confirme les orientations de celle-ci après les réunions de Bamako[5] et de Saint-Boniface, et l'engage à poursuivre la coopération avec les autres organisations internationales, notamment l'ONU et l'Union africaine.

La dernière partie de la Déclaration donne la position de la Francophonie sur la situation de plusieurs de ses pays membres (Burundi, Cameroun, République centrafricaine, Comores, République démocratique du Congo, Côte d'Ivoire, Haïti, Liban, Mauritanie, Tchad et Togo) ainsi que sur le conflit au Moyen-Orient et la crise du Darfour.

Enfin, cinq résolutions viennent enrichir le bilan de ce Sommet : sur le Fonds mondial de solidarité numérique, sur les migrations internationales et le développement, sur le déversement des déchets toxiques à Abidjan, sur le changement climatique et sur le positionnement d'une force onusienne en République centrafricaine.

---

4. « Entretien avec Abdou Diouf », dossier de presse du XIe Sommet de la Francophonie.
5. Voir *infra* le chapitre « État de droit : le suivi de Bamako » dans la 5e partie, « Démocratie et état de droit ».

2. La session 2006 du HCF sur l'éducation[6]

Réunis les 16 et 17 janvier 2006 en session plénière par le secrétaire général de la Francophonie, les membres du Haut Conseil de la Francophonie ont étudié le thème de l'éducation et dégagé une série de recommandations qu'ils jugent prioritaires pour l'avenir de la Francophonie.

Parmi celles-ci :
→ la refondation des systèmes éducatifs africains, car la dégradation du français compromet leur avenir ;
→ l'articulation des langues locales et du français (selon l'approche dite de « pédagogie convergente ») pour améliorer l'acquisition des connaissances, y compris celle de la langue française ;
→ le recours plus systématique aux moyens modernes de communication tant pour la formation initiale que pour la formation tout au long de la vie ;
→ le développement de programmes de bourses sur le modèle de l'Erasmus européen pour faciliter la circulation des étudiants dans l'espace francophone et ainsi renforcer les échanges ;
→ l'aide apportée aux États du Sud pour un accès plus large et plus efficace aux financements internationaux.

Enfin, le HCF a décidé d'appuyer le projet de création, à Bucarest, d'une université francophone à vocation régionale, présenté par Emil Constantinescu, membre du HCF et ancien président de la Roumanie, et Cristian Preda, secrétaire d'État roumain à la Francophonie. L'ensemble des membres du HCF présents a également soutenu l'initiative présentée par leur collègue Mary Robinson, ancienne présidente d'Irlande, pour le droit à la santé, « droit fondamental de la personne humaine ».

Les travaux du HCF ont été ouverts et clôturés par Abdou Diouf, secrétaire général de la Francophonie, président du Haut Conseil, et animés par Boutros Boutros-Ghali, vice-président.

Ils se sont organisés autour de trois thèmes de débat :
→ le partenariat entre le français et les langues nationales ;
→ la Francophonie doit-elle limiter son action à l'espace francophone ?
→ la Francophonie et les coopérations internationales.

Les débats se sont engagés après l'intervention de plusieurs experts de haut niveau : Mamadou N'doye, secrétaire exécutif de l'Association pour le développement de l'éducation en Afrique (ADEA) ; Jean-Pierre de Launoit, président de l'Alliance française ; Bernard Cerquiglini, professeur à l'université d'État de Louisiane ; Claudine Bourrel, spécialiste principale en éducation à la Banque mondiale ; Adiza Hima, secrétaire générale de la Conférence des ministres de l'Éducation (Confemen) ; et Roland Colin, président d'honneur de l'Institut international de recherche et de formation - Éducation au développement (IRFED).

---

6. Actes de la troisième session du HCF, Francophonie et éducation, Organisation internationale de la Francophonie, Paris, janvier 2006.
Site : http://www.francophonie.org/actualites/nouvelle.cfmder_id=945&critere=session%20du%20HCF%202006%20francophonie%20et%20%E9ducation&affdebutr=1&type=rech-gen&nbre_rep=31

3. Le rapport sur la Francophonie dans le monde

La Francophonie s'est donc engagée, avec la Charte d'Antananarivo, dans une profonde réforme. Fruit de la simplification des instances de la Francophonie, la disparition du Haut Conseil en tant que tel ne s'accompagne pas de la disparition de ses missions, dont la fonction d'observatoire des évolutions linguistiques et de publication du rapport biennal sur la Francophonie dans le monde demeure. La volonté d'accroître sa visibilité et d'en renforcer les capacités de réflexion et de prospection va de pair avec sa meilleure intégration au sein de l'OIF, faisant de cet ouvrage « le fruit d'un effort collectif mobilisant toutes les forces de la Francophonie : les États et gouvernements, l'OIF, l'Assemblée parlementaire de la Francophonie ainsi que les opérateurs directs et reconnus du Sommet [7] ».

Par ailleurs, sa publication par les éditions Nathan marque un renouveau dans sa forme et trouve sa pleine justification par un ancrage solide dans une maison prestigieuse et renommée, non seulement grâce à l'édition du fameux dictionnaire *Le Robert*, mais aussi grâce à ses publications dans le secteur éducatif et pédagogique. Le rapport sur la Francophonie dans le monde pourra ainsi aller à la rencontre d'un public plus large.

Un ouvrage à la fois généraliste et spécialisé

L'actualité de la Francophonie, évoquée plus haut, trouve naturellement sa place dans plusieurs chapitres du rapport : le point sur la protection et la promotion de la diversité des expressions culturelles ; une vue d'ensemble de l'actualité culturelle francophone avec un gros plan sur le festival francophone en France et le centenaire de Léopold Sédar Senghor ; la présentation de la réforme institutionnelle de la Francophonie ; ainsi que, dans le contexte du Sommet de Bucarest, un panorama des médias francophones en Europe centrale et orientale.

De nouvelles études l'enrichissent : un bilan de l'évolution de l'enseignement du et en français dans le monde entre les années 1994 et 2002 ; des données sur la place des langues créoles dans l'espace francophone ; un éclairage sur l'adaptation linguistique des migrants en Francophonie du Nord ; un tour d'horizon de la liberté de la presse dans l'espace francophone ; les grandes tendances de la question sanitaire dans les pays francophones du Sud ; une évaluation de la parité en Francophonie.

Bien sûr, des données plus généralistes, auxquelles sont habitués les lecteurs de *La Francophonie dans le monde*, sont présentes : le dénombrement des francophones dans les pays membres de l'OIF, additionné, pour cette livraison, d'estimations sur le nombre de francophones dans les États du continent américain non membres de l'OIF ; l'offre d'enseignement du et en français dans le monde ; la place de la langue française sur Internet ; l'activité des principaux acteurs de la Francophonie médiatique ; les enjeux économiques de la Francophonie ; l'action politique de la Francophonie.

Le cahier cartographique, qui se trouve en milieu d'ouvrage, est, comme il se doit, en cohérence avec les principaux thèmes et objets d'étude dégagés. C'est ainsi que le lecteur y trouvera une carte et/ou des croquis sur l'enseignement du français dans les grandes régions du monde, les francophones dans les pays membres de l'OIF, les locuteurs de créole

---

7. Abdou Diouf, secrétaire général de la Francophonie, 61e session du Conseil permanent de la Francophonie, Bucarest, 25 septembre 2006.

dans l'espace francophone, les grandes endémies en Afrique, les organisations internationales africaines, la diffusion de TV5 en Europe centrale et orientale, et, bien sûr, la carte de la Francophonie.

Pour résumer, cet ouvrage vise à fournir aux spécialistes, mais aussi au grand public, des données quantitatives et qualitatives fiables sur la vie de la Francophonie et en Francophonie, ainsi qu'une synthèse et une mise en perspective d'événements et de problématiques nouvelles qui sont au cœur des enjeux francophones.

Des sources d'information diversifiées

Un questionnaire visant à recueillir des informations sur la Francophonie dans les États et gouvernements francophones, dans tous les domaines [8], a été soumis pour avis à un groupe de travail de représentants des chefs d'État et de gouvernement membres de l'OIF. Adressé à l'automne 2005 pour un retour au printemps 2006, il a visé deux types de destinataires : les représentants personnels des chefs d'État et de gouvernement membres de l'OIF, et les postes diplomatiques français à l'étranger. Concernant les pays non membres, un questionnaire « allégé [9] » était adressé uniquement à ces derniers. L'ensemble de ces questionnaires était également mis en ligne sur Internet avec un accès personnalisé et sécurisé.

En dehors de l'exploitation des réponses aux questionnaires, d'autres sources d'information ont été mises à contribution : les représentations permanentes de l'OIF ; les opérateurs de la Francophonie ; les revues de presse et les sites Internet ; les rapports, notes et documents fournis par les ONG, par les associations et les différents organismes – publics ou privés – avec lesquels l'Organisation internationale de la Francophonie est en contact.

Le recueil d'informations pour constituer le rapport a été arrêté à la date du XIe Sommet ; c'est pourquoi, on ne trouvera pas dans ce rapport de données sur les nouveaux États associés ou observateurs désignés au Sommet de Bucarest. Par ailleurs, nous avons pris le parti, quant aux données statistiques, d'utiliser les chiffres de l'Organisation pour la coopération et le développement économiques, de la Conférence des Nations unies sur le commerce et le développement (Cnuced), du Programme des Nations unies pour le développement et du Fonds monétaire international, portant principalement sur l'année 2004. Enfin, si les informations concernant les pays ne sont pas exhaustives selon les chapitres, cela est dû soit au choix de privilégier telle ou telle zone géographique selon les livraisons du rapport, comme nous l'avons vu plus haut, soit au manque de données disponibles.

Les objectifs et le contenu du rapport se trouvent ainsi naturellement en cohérence avec ceux qui sont définis par la Charte de la Francophonie : la promotion de la langue française et de la diversité culturelle, de l'éducation et de la formation, de la paix, de la démocratie et des droits de l'homme, et le développement de la coopération au service du développement durable et de la solidarité.

---

8. Langue, enseignement, culture, médias et communication, technologies de l'information et de la communication, économie, dynamique de la Francophonie, et, pour les pays du Sud, santé.
9. Comportant les rubriques : enseignement, culture, médias et communication, économie, dynamique de la Francophonie.

La Journée internationale de la Francophonie

La Journée internationale de la Francophonie du 20 mars [10], souvent étendue à une semaine, donne l'occasion aux francophones du monde entier (pays membres et non membres de l'Organisation internationale de la Francophonie confondus) de célébrer une langue commune et de faire dialoguer des cultures diverses. Elle était associée en 2006 à l'hommage rendu à l'un de ses pères fondateurs. « Pour saluer la traversée glorieuse de L. S. Senghor de tout un siècle et lui dire sa gratitude, notre organisation a tenu à lui dédier cette année 2006, à multiplier les occasions de faire vivre ses idées novatrices, de montrer l'actualité de sa vision du monde qui nous a si fortement inspirés », précisait Abdou Diouf, secrétaire général de la Francophonie, dans son appel du 20 mars. C'est à Bucarest, capitale francophone de l'année où se déroulaient, dans la perspective du Sommet, les états généraux de la Francophonie, que le plus haut responsable de l'OIF a inauguré les festivités lors du « grand concert des vingt ans des Sommets de la Francophonie » qui a réuni, devant 4 000 spectateurs, dix vedettes de la chanson francophone, originaires chacune de l'un des pays hôtes des Sommets depuis 1986. Quant à la chanteuse Dee Dee Bridgewater, membre du HCF, elle a assuré le concert de clôture des états généraux, et s'est également produite en Turquie, où un grand bal a été donné à la bibliothèque nationale d'Izmir.

À Paris, la Journée a coïncidé avec la tenue du Salon du livre et le lancement de « francofffonies, le festival francophone en France » du 17 au 22 mars [11]. Le HCF y a organisé une table ronde en partenariat avec l'association Culture et développement sur le thème « Francophonie et éducation : un défi pour la chaîne du livre ». Le Printemps des poètes s'est lui aussi placé sous le signe de la Francophonie en s'associant au festival « francofffonies » et à l'année Senghor.

Des initiatives internationales phares consolident et élargissent leurs publics au fil des années : ainsi la Francofête du Québec qui se tenait en 2006 sur le thème « En français, par mots et merveilles », le Rendez-vous de la Francophonie au Canada, « La langue française en fête » dans la Communauté française de Belgique. Ou encore en France « Les dix mots » de la Semaine de la langue française (qui célébrait son dixième anniversaire), dix mots renouvelés chaque année qui, soumis à l'ensemble des locuteurs de français dans le monde, donnent lieu à des créations de textes les plus variées. Couleurs francophones, le concert organisé par les radios francophones publiques réunissait à Paris des artistes belges, suisses, martiniquais, maliens... Quant à l'émission « Questions pour un champion » diffusée par TV5 dans le monde entier, elle s'est labellisée « spécial Francophonie » et a fait concourir des candidats de dix pays en présence du secrétaire général de la Francophonie.

Les représentations permanentes de la Francophonie (Addis-Abbeba, Bruxelles, Genève, New York), les bureaux régionaux (Asie-Pacifique, Afrique de l'Ouest, Afrique centrale et océan Indien), les opérateurs (TV5 Monde, Université Senghor, Agence universitaire de la Francophonie, Association internationale des maires francophones) ainsi que les parlements membres de l'Assemblée parlementaire francophone (APF) se sont eux aussi mobilisés, souvent en liaison avec des associations locales qui n'ont pas ménagé leurs efforts sur le terrain. Le portail www.20mars.francophonie.org, créé en 2000, est devenu le principal support Internet d'animation de cette Journée. Destiné à susciter les initiatives, les partenariats et les échanges, il permet de recenser et de promouvoir l'ensemble des événements, et montre à quel point les synergies entre les différents opérateurs vont en se développant : 89 972 internautes ont visité le site au mois de mars 2006 (contre 78 394 en 2005 et 46 873 en 2004).

---

10. La date du 20 mars a été retenue en commémoration de la signature, en 1970 à Niamey (Niger), du traité portant création de la première institution de la Francophonie, l'Agence de coopération culturelle et technique – ACCT, devenue aujourd'hui l'Organisation internationale de la Francophonie.
11. Voir *infra*, p. 109, le chapitre « Actualité culturelle francophone » dans la 2ᵉ partie, « Culture et création ».

PREMIÈRE PARTIE

L'état du français dans le monde

Chapitre 1

Le dénombrement des francophones

> **Définitions**
>
> **Francophone** : personne capable de faire face, en français, aux situations de communication courante.
> **Francophone partiel** : personne ayant une compétence réduite en français, lui permettant de faire face à un nombre limité de situations.

Dans le rapport sur la Francophonie dans le monde paru en 1999[1], le Haut Conseil de la Francophonie (HCF) avait effectué une enquête sur le nombre de francophones, sur la base de questionnaires adressés aux postes diplomatiques français dans le monde. Lors de cette enquête, 128 postes diplomatiques avaient adressé une réponse à notre questionnaire. Celui-ci, dont les items se fondaient clairement non sur la qualité mais sur l'usage de la langue française, avait été testé auprès de plusieurs experts et réalisé avec le concours de l'Association internationale des démographes de langue française.

Quelques années plus tard, avec l'ouvrage *La Francophonie dans le monde, 2002-2003*[2], nous avons réitéré l'exercice pour la parution du premier rapport sous l'égide de l'Organisation internationale de la Francophonie (OIF). Comme en 1997, nous avons demandé des éléments d'estimation aux postes diplomatiques français dans les pays membres et observateurs de la Francophonie, dans la mesure où le rattachement récent du HCF à l'OIF ne nous permettait pas d'enquêter auprès des représentants personnels des chefs d'État et de gouvernement membres. Toutefois, nous avons adressé à ceux-ci nos estimations afin d'obtenir leur validation.

Pour le rapport paru en 2005[3], les questionnaires étaient, cette fois-ci, adressés aussi bien aux représentants personnels qu'aux postes diplomatiques français. Par ailleurs, nous avons également bénéficié de l'apport d'universitaires membres de l'Agence universitaire de la Francophonie (AUF) et, plus particulièrement, du réseau d'observation du français et des langues nationales. C'est pourquoi de nouvelles méthodes de calcul des données concernant l'estimation du nombre de francophones, compte tenu notamment des travaux de ces universitaires, nous ont amenés à apporter des modifications relativement importantes par rapport aux données contenues dans le précédent ouvrage. C'est ainsi que lors d'une réunion de travail, en septembre 2004, avec le professeur Robert Chaudenson et des responsables de l'AUF, nous avons examiné la situation de chaque pays au regard des résultats fournis par le réseau d'observation du français[4] et des données de nos questionnaires. Ensuite, comme lors de la précédente livraison, les représentants personnels ont été consultés pour valider les estimations concernant leur pays.

---

1. *État de la Francophonie dans le monde, données 1997-1998*, Paris, La Documentation française, 1999.
2. Paris, Larousse, 2003.
3. *La Francophonie dans le monde, 2004-2005*, Paris, Larousse, 2005.
4. Parus dans l'ouvrage *Situations linguistiques de la Francophonie : état des lieux*, coordonné par Robert Chaudenson et Dorothée Rakotomalala, AUF, Réseau d'observation du français et des langues nationales, Québec, 2004.

Pour le présent ouvrage, nous avons exploité les réponses des représentants personnels des chefs d'État et de gouvernement, et des postes diplomatiques français, pour les membres et observateurs de l'OIF[5]. De plus, des questions concernant le dénombrement des francophones faisaient aussi partie du questionnaire général adressé aux postes diplomatiques français dans les pays non membres du continent américain.

En l'absence de réponse aux questions sur le dénombrement des francophones de la part des représentants personnels et des postes diplomatiques français, nous avons été amenés à reporter les pourcentages contenus dans le rapport 2004-2005, voire dans celui de 2002-2003 ; les pays concernés sont signalés par un astérisque dans le tableau ci-après. Il s'agit, notamment, de la majorité des États d'Afrique subsaharienne pour lesquels des données nouvelles n'étaient pas disponibles ou présentaient un trop grand écart avec les données antérieures, validées lors du précédent rapport par notre collaboration avec l'AUF.

Dans un certain nombre de cas, l'état de nos informations ne nous permettant pas de faire un partage évident entre francophones et francophones partiels, nous avons préféré donner un chiffre et un pourcentage globaux. Dans d'autres cas, la notion de francophones partiels paraissait tellement extensive que nous n'avons pas retenu les chiffres qui nous ont été transmis (notamment lorsqu'ils aboutissaient à un total de 100 % de francophones et francophones partiels dans des États où le français n'est pas langue première). Nous avons donc préféré nous abstenir de donner des indications sur leur nombre, ce qui ne signifie pas pour autant qu'ils sont inexistants.

Rappelons que les représentants personnels ont pu, là encore, valider ou modifier les estimations concernant leur pays.

Nous n'avons de cesse de répéter, à chaque livraison du rapport sur la Francophonie dans le monde, à quel point l'exercice consistant à dénombrer les francophones est périlleux, et de souligner qu'il ne s'agit que d'estimations. Dès le rapport paru en 1999, nous avons précisé qu'il ne s'agissait « en aucun cas de prétendre se livrer à un recensement ou à une étude scientifique, ce qui nécessiterait bien d'autres moyens à mobiliser, voire à créer ». Près de dix ans plus tard, nous ne pouvons qu'appeler de nos vœux la création d'instruments de mesure plus performants.

1 Estimation du nombre de francophones dans l'espace francophone

États et régions de la Francophonie	Population en 2005[6]	Francophones	En pourcentage de la population totale	Francophones partiels	En pourcentage de la population totale
Afrique du Nord et Moyen-Orient					
Afrique du Nord					
Maroc	30 700 000	4 144 500	13,5 %	5 986 500	19,5 %
Mauritanie*	3 100 000	167 400	5,4 %	155 000	5,0 %
Tunisie	10 000 000	6 360 000			63,6 %
Moyen-Orient					
Égypte*	74 000 000	296 000	0,4 %	2 072 000	2,8 %
Liban	3 800 000	684 000	18,0 %	760 000	20,0 %
Afrique subsaharienne et océan Indien					
Afrique subsaharienne					
Bénin*	8 400 000	739 200	8,8 %	1 402 800	16,7 %

---

5. Voir *infra*, page 21, la partie du questionnaire consacrée au dénombrement des francophones, et la liste des réponses par pays et par destinataire.
6. Source : Ined.

Chapitre 1 • *Le dénombrement des francophones*

États et régions de la Francophonie	Population en 2005[7]	Francophones	En pourcentage de la population totale	Francophones partiels	En pourcentage de la population totale
Burkina Faso*	13 900 000	695 000		5,0 %	
Burundi*	7 800 000	390 000	5,0 %	234 000	3,0 %
Cameroun*	16 400 000	2 950 300	18,0 %	4 393 100	26,8 %
Cap-Vert*	480 000	24 000	5,0 %	72 000	15,0 %
Centrafrique (Rép. centrafricaine)	4 200 000	945 000	22,5 %		
Congo*	4 000 000	1 200 000	30,0 %	1 200 000	30,0 %
Congo (République démocratique du)	60 800 000	6 080 000	10,0 %	18 240 000	30,0 %
Côte d'Ivoire*	18 200 000	12 740 000	70,0 %		
Djibouti*	799 000	159 800	20,0 %		
Gabon*	1 400 000	1 120 000	80,0 %	–	–
Guinée[8]	9 500 000	2 000 000	21,1 %	4 000 000	42,1 %
Guinée-Bissau*	1 600 000	16 000	1,0 %	–	–
Guinée équatoriale	500 000	100 000	20,0 %	200 000	40,0 %
Mali*	13 500 000	1 107 000	8,2 %	1 107 000	8,2 %
Niger*	14 000 000	1 260 000		9,0 %	
Rwanda*	8 700 000	609 000	7,0 %	174 000	2,0 %
São Tomé-et-Principe	150 000	30 000	20,0 %	67 500	45,0 %
Sénégal*	11 700 000	1 170 000	10,0 %	2 457 000	21,0 %
Tchad	9 700 000	1 940 000	20,0 %	–	–
Togo	6 100 000	2 000 000	32,8 %	–	–
Océan Indien					
Comores	670 000	312 200	46,6 %		
Madagascar*	17 300 000	865 000	5,0 %	2 664 200	15,4 %
Maurice*	1 200 000	180 000	15,0 %	692 500	57,7 %
France-Mayotte	180 000	54 000	30,0 %	126 000	70,0 %
France-Réunion	780 000	619 300	79,4 %	117 800	15,1 %
Seychelles*	80 000	4 000	5,0 %	44 000	55,0 %
Amérique et Caraïbe					
Amérique du Nord					
Canada (l'ensemble)	32 270 500	9 487 500	29,4 %	2 065 300	6,4 %
Alberta	3 256 800	70 000	2,1 %	–	–
Nouveau-Brunswick	752 000	242 000	32,2 %	312 300	41,5 %
Québec	7 598 100	6 314 000	83,1 %	–	–
France-Saint-Pierre-et-Miquelon	6 300	6 300	100,0 %	–	–
Caraïbe					
Dominique	70 000	1 500	2,1 %	5 000	7,1 %
France-Guadeloupe	450 000	360 900	80,2 %	67 000	14,9 %
France-Guyane	200 000	146 000	73,0 %	39 400	19,7 %
France-Martinique	400 000	320 800	80,2 %	58 000	14,5 %
Haïti*	8 300 000	664 000	8,0 %	622 500	7,5 %
Sainte-Lucie*	160 000	2 700	1,7 %	–	–

7. Source : Ined.
8. La dernière estimation datait du rapport paru en 2003 ; les autorités guinéennes nous ont transmis, pour ce rapport, une nouvelle estimation qui revoit nettement à la hausse le nombre de francophones et de francophones partiels.

Première partie 17

États et régions de la Francophonie	Population en 2005 [9]	Francophones	En pourcentage de la population totale	Francophones partiels	En pourcentage de la population totale
Asie et Océanie					
Asie centrale					
Arménie (observateur)	3 000 000	200 000	6,7 %	–	–
Géorgie (observateur)	4 500 000	n.c.	–	n.c.	–
Extrême-Orient					
Cambodge	13 300 000	150 000		1,1 %	
Laos	5 900 000	60 000		1,0 %	
Viêt Nam	83 300 000	160 000	0,2 %	410 000	0,5 %
Océanie					
France-Nouvelle-Calédonie	230 000	184 000	80,0 %	23 000	10,0 %
France-Wallis-et-Futuna	15 000	15 000	100,0 %	–	–
Polynésie-française	260 000	208 000	80,0 %	26 000	10,0 %
Vanuatu*	220 000	99 000	45,0 %	–	–
Europe					
Europe centrale et orientale					
Albanie (associé)*	3 200 000	320 000	10,0 %	–	–
Bulgarie	7 700 000	924 000		12,0 %	
Croatie (observateur)	4 400 000	n.c.	–	n.c.	–
Hongrie (observateur)	10 100 000	60 000		0,6 %	
Lituanie (observateur)	3 400 000	25 000	0,7 %	42 000	1,2 %
Macédoine (associé)*	2 000 000	200 000		10,0 %	
Moldavie*	4 200 000	1 050 000		25,0 %	
Pologne (observateur)	38 200 000	1 520 000		4,0 %	
Roumanie*	21 600 000	1 728 000	8,0 %	4 320 000	20,0 %
Slovaquie	5 400 000	113 400		2,1 %	
Slovénie (observateur)*	2 000 000	80 000		4,0 %	
Tchèque (Rép.) (observateur)	10 200 000	204 000		2,0 %	
Europe de l'Ouest					
Andorre (principauté d')	70 000	34 200	48,9 %	16 400	23,4 %
Autriche (observateur)	8 200 000	n.c.	–	n.c.	–
Belgique	10 500 000	4 300 000	41,0 %	2 000 000	19,0 %
Communauté française de Belgique	4 300 000	4 200 000	97,7 %	–	–
France métropolitaine	60 700 000	60 578 600	99,8 %	–	–
Grèce (associé)	11 100 000	330 000	3 %	1 100 000	10 %
Luxembourg	460 000	430 000	93,5 %	20 000	4,3 %

9. Source : Ined.

États et régions de la Francophonie	Population en 2005 [10]	Francophones	En pourcentage de la population totale	Francophones partiels	En pourcentage de la population totale
Monaco	30 000	23 400	78,0 %	–	–
Suisse	7 400 000	1 509 600	20,4 %	2 072 000	28,0 %

Nous pouvons constater ici des modifications sensibles par rapport aux données précédentes. Un certain nombre de nouveaux États y figurent – ceux qui ont été admis comme associés ou observateurs lors du Sommet de la Francophonie à Ouagadougou en 2004 –, augmentant de plus de 1 500 000 le nombre de francophones. Par ailleurs, de nouvelles estimations nous ont amenés à considérer 2 millions de francophones partiels en Suisse. En Afrique subsaharienne, nous avons réévalué le nombre de francophones, notamment au Tchad et au Togo, où l'augmentation de la population a été considérable entre 2002 et 2005 (16,8 % pour le premier et 27 % pour le second). Enfin, en République démocratique du Congo, le département de littérature et civilisation françaises de l'université de Kinshasa a revu à la hausse le nombre de francophones (10 % de la population totale du pays au lieu de 5 % précédemment) et de francophones partiels (30 % au lieu de 5 %)…

2 Estimation du nombre de francophones en Amérique non francophone

Lors des éditions 1990 et 1997-1998 de ses rapports, le Haut Conseil de la Francophonie avait réalisé des études estimatives sur le nombre de francophones dans le monde, y compris dans les États non membres de la Francophonie. Nous avons, pour la présente édition, adressé des questionnaires aux postes diplomatiques français dans les pays du continent américain non francophone, avec l'intention d'explorer d'autres régions du monde dans les rapports ultérieurs.

Nous avons reçu des données pour sept seulement des pays de l'Amérique latine ; aussi, dans le tableau ci-après (p. 20), nous avons repris les données des années 1997-1998 pour les autres pays, faisant l'hypothèse que, portant sur des chiffres qui ne dépassaient pas la dizaine de milliers – sauf pour le Brésil –, l'évolution serait minime.

États-Unis

Francophones : 1 600 000, dont :
- Louisiane : 198 784 francophones (recensement 2000) ; 100 000 francophones partiels.
- Nouvelle-Angleterre : 264 631 personnes parlant français, soit 1,90 % de la population (sur 2 065 105 personnes d'origine française, soit 14,83 % de la population) [11]. À ces chiffres, il faut ajouter : environ 50 000 Haïtiens et 50 000 autres étrangers francophones, dont 15 000 Français…

Le poste diplomatique français souligne à ce propos : « L'héritage francophone exceptionnel de la Nouvelle-Angleterre, lié à l'émigration massive franco-canadienne au XIXe siècle et au début du XXe, survit encore aujourd'hui. Il a résisté à toutes les vicissitudes de l'assimilation, du déclin de la pratique religieuse catholique qui en constituait autrefois la colonne vertébrale, et des évolutions économiques. Il ne se traduit évidemment plus par une forte visibilité sociale ou dans la réalité urbaine (disparition des quartiers dits "petit Canada" dans les anciens centres textiles des villes industrielles de Nouvelle-Angleterre), mais

---
10. Source : Ined.
11. Base de données : www.census.gov, United States Census Bureau, 2000.

s'exprime par une vie associative encore réelle, la réhabilitation de lieux de mémoire (musées, centres culturels) et un renouveau des études académiques. Dans les différents États, progresse l'idée que l'héritage franco-canadien est un patrimoine précieux, gratifiant et éventuellement source de valorisation économique (mise en valeur touristique de sites franco-canadiens, par exemple). Parallèlement, l'apparition de communautés nouvelles francophones, au premier rang la communauté haïtienne, recrée les conditions d'une francophonie "de masse" dont les pouvoirs publics prennent conscience (apparition d'une signalétique en créole ou en français dans les lieux publics). Des sources d'espoir pour le maintien et le développement du français existent. »

Par ailleurs, selon le magazine *France-Amérique* du 11 au 17 mars 2006 : « New York rassemble plus de 200 000 francophones de Haïti, d'Afrique de l'Ouest, du Maghreb, du Liban, d'Asie et d'Amérique du Nord. »

Amérique latine

- **Argentine** : 18 850 francophones (16 000 en 1997-1998) et 48 650 francophones partiels.
- **Bolivie** : 5 000 francophones, dont 1 500 expatriés en 1997-1998.
- **Brésil** : 30 000 francophones et 500 000 francophones partiels en 1997-1998.
- **Chili** : 10 000 francophones en 1997-1998.
- **Colombie** : 50 000 francophones (20 000 en 1997-1998) et 10 000 francophones partiels.
- **Costa Rica** : moins de 5 000 francophones en 1997-1998.
- **Cuba** : environ 1 000 francophones.
- **Équateur** : 5 000 francophones.
- **Guatemala** : 1 000 francophones et 10 000 francophones partiels.
- **Honduras** : 7 000 francophones et 15 000 francophones partiels.
- **Mexique** : 15 000 francophones en 1997-1998.
- **Nicaragua** : 1 500 francophones en 1997-1998.
- **Panamá** : 3 000 francophones en 1997-1998.
- **Paraguay** : 1 100 francophones en 1997-1998.
- **Pérou** : 7 600 francophones en 1997-1998.
- **République dominicaine** : 12 000 francophones et 4 000 francophones partiels.
- **Salvador** : 600 francophones en 1997-1998.
- **Trinité-et-Tobago** : 500 francophones en 1997-1998.
- **Uruguay** : 2 000 francophones en 1997-1998.
- **Venezuela** : 20 000 francophones en 1997-1998

Soit un total, à la « louche », de 1 800 000 francophones et 600 000 francophones partiels pour l'ensemble du continent américain non francophone.

3 Conclusion

Toutes ces observations nous conduisent à suggérer, dans les États et gouvernements de l'espace francophone, une hausse importante du nombre de francophones, autour de 123 millions, ainsi que du nombre de francophones partiels, autour de 72 millions. Si on élargit le cercle à des pays ou à des régions qui ne sont pas membres de l'OIF, comme l'Algérie (plusieurs millions), Israël (environ 600 000), l'Italie avec le Val d'Aoste (plusieurs dizaines de milliers), et au continent américain hors Francophonie, le nombre de francophones pourrait dépasser les 130 millions et atteindre 200 millions si on y ajoute les francophones partiels.

QUESTIONNAIRE – DONNÉES 2005-2006
ÉTATS ET GOUVERNEMENTS MEMBRES

Langue

1 – ÉTAT DES LIEUX

1.1 Quel est le statut ?
(Plusieurs cases peuvent être cochées. Compléter éventuellement avec d'autres colonnes.)

	Français	Autre langue 1 (préciser)	Autre langue 2 (préciser)	Autre langue 3 (préciser)
• langue nationale (langue[s] traditionnellement parlée[s], qui sert [servent] de communication sur l'ensemble ou partie du territoire national)				
• langue officielle (langue[s] qui fait [font] l'objet d'un statut, utilisée[s] au sein des institutions publiques)				
• langue d'enseignement				
• langue seconde (langue non première, présente dans l'environnement social et culturel : administration, médias, etc.)				
• langue étrangère				
• langue minoritaire				

1.2 Quelle est l'estimation du nombre de francophones ?
Préciser :

▶ Francophones (personnes capables de faire face, en français, aux situations de communication courante).

▶ Francophones partiels (personnes ayant une compétence réduite en français, leur permettant de faire face à un nombre limité de situations).

1.3 Quelle est l'estimation du nombre de locuteurs pour les autres langues de l'État ou du gouvernement ?

....
....
....
....

Liste des réponses par États et gouvernements membres de la Francophonie

Représentants personnels [12]		
Andorre	Dominique	Maroc
Canada Nouveau-Brunswick	Grèce	Monaco
	Guinée	République tchèque
Canada Québec	Hongrie	
Communauté française de Belgique	Liban	Suisse
	Lituanie	Tunisie
	Luxembourg	Vanuatu

Postes diplomatiques français		
Albanie	Comores	Pologne
Andorre	Congo	République tchèque
Arménie	Congo (Rép. démocratique du)	São Tomé-et-Principe
Bulgarie		
Burundi	Guinée	
Cambodge	Guinée équatoriale	Slovaquie
Cameroun	Hongrie	Suisse
Canada Nouveau-Brunswick	Laos	Tchad
	Lituanie	Togo
Centrafrique (Rép. centrafricaine)	Madagascar	Tunisie
	Maroc	Viêt Nam

---

[12]. Certains représentants personnels, qui ont renvoyé leurs réponses au questionnaire du HCF, ne se retrouveront pas dans cette liste parce qu'ils n'ont pas donné d'estimation sur le nombre de francophones dans leur pays. C'est le cas pour l'ex-République yougoslave de Macédoine, la Pologne et la Slovaquie.

Chapitre 2

Évolution de l'enseignement du et en français dans le monde (1994-2002)

Dans l'*État de la Francophonie dans le monde, données 1994*, le Haut Conseil de la Francophonie avait présenté une étude sur l'évolution de l'enseignement du français au cours de la décennie 1984-1994[1]. Cette nouvelle étude porte, non plus sur 129 États ou gouvernements, mais sur 170. Rappelons par ailleurs que la Francophonie comptait 46 États et gouvernements membres en 1994. En 2002, elle comptait 51 membres ou associés et 5 observateurs.

1 Méthodologie

Cette analyse s'appuie sur une évaluation du nombre d'apprenants du et en français, autrement dit de personnes pour lesquelles le français est soit langue d'enseignement, soit langue enseignée. Plusieurs sources d'informations ont été mises à contribution : statistiques de l'Unesco et du Programme des Nations unies pour le développement, chiffres publiés par le Haut Conseil de la Francophonie dans ses rapports successifs sur la Francophonie dans le monde[2], sur la base d'un questionnaire adressé tous les deux ans aux postes diplomatiques français dans le monde. Depuis l'édition parue en 2003, les chiffres concernant les pays membres de l'OIF font l'objet d'une validation par les représentants des chefs d'État et de gouvernement.

Les données brutes ont dû faire l'objet d'un remaniement statistique pour être exploitables. En effet, en l'absence de certains chiffres fondamentaux, il a fallu tenter de reconstituer des données plausibles grâce à celles dont nous disposions. Il eût été impossible d'établir des statistiques fiables en additionnant les chiffres pour chaque région et en excluant les pays qui n'avaient pas répondu aux questionnaires, surtout quand ces pays comptaient un grand nombre d'apprenants comme le Nigeria ou la République démocratique du Congo.

Par conséquent, plusieurs méthodes statistiques de base ont suppléé à cette absence de données :

➔ La méthode de la moyenne – qui consiste à faire la moyenne arithmétique des chiffres de l'année précédente et de l'année consécutive – a été très largement employée, surtout quand ces chiffres étaient proches. Dans le cas de chiffres manquants pour les deux années 1996 et 1998, nous avons considéré que l'évolution était régulière et continue, et procédé de la même façon en subdivisant le différentiel entre 1994 et 2000 en trois plages égales.

➔ Lorsque les chiffres manquaient pour les deux « années extrêmes » (1994 et 2002), nous avons émis l'hypothèse que les chiffres avaient dû rester à peu près constants, et nous avons donc reporté, pour 1994, les chiffres de 1996, et pour 2002, les chiffres de 2000.

➔ Les données aberrantes ont été exclues et, quand elles étaient contradictoires, nous avons sélectionné celles qui paraissaient les plus rationnelles au vu d'autres informations concernant l'enseignement en français (comme le nombre d'enseignants, le nombre d'élèves scolarisés).

---

1. La Documentation française, 1994, étude réalisée par le Crédif, ENS de Saint-Cloud.
2. À la Documentation française en 1997, 1999 et 2001 ; aux éditions Larousse en 2003 et 2005.

D'autres choix ont dû être opérés, dans un souci de précision et de rigueur :

→ Nous avons choisi de classer les pays comme appartenant ou non à la Francophonie sur la base actuelle des adhésions.

→ Nous avons choisi, pour chaque pays, d'agréger le nombre total d'élèves recevant leur enseignement en français, tous niveaux confondus, ainsi que les élèves ayant le français comme langue vivante étrangère, sans que puisse être pris en compte, par ailleurs, le nombre d'heures annuelles imparties à cet enseignement. Ce choix permet de travailler sur des effectifs plus importants et, par conséquent, de rendre les données plus robustes et de minimiser les erreurs en pourcentage. Ajoutons que, ne disposant pas de données détaillées pour tous les pays, voire étant confrontés à l'absence de données ou à des données peu fiables, vouloir établir un tableau exhaustif de la situation dans chaque pays serait illusoire.

→ C'est pourquoi nous avons pris le parti non pas d'étudier chaque pays individuellement, mais d'opérer des regroupements par grandes régions géographiques. Pour les besoins de notre étude, nous avons subdivisé le monde en cinq pôles : l'Afrique du Nord et le Moyen-Orient, l'Afrique subsaharienne et l'océan Indien, le continent américain et la Caraïbe, l'Asie et l'Océanie, enfin l'Europe. Ainsi avons-nous tenté de mettre en lumière certaines grandes tendances qui semblent se profiler.

Il convient donc de préciser que les chiffres obtenus demeurent une estimation. Ils ont simplement pour but de mettre en lumière les tendances de ces dix dernières années.

Évolution globale

| Tableau 1 : Évolution du nombre d'apprenants du et en français entre 1994 et 2002 |||||||
Apprenants du et en français	1994	1996	1998	2000	2002
Afrique du Nord et Moyen-Orient	10 470 927	11 684 800	15 053 505	16 747 014	18 053 616
Afrique subsaharienne et océan Indien	22 337 754	25 952 326	28 000 930	33 954 887	34 563 752
Amérique et Caraïbe	7 778 804	9 315 120	9 249 874	8 095 610	8 211 278
Asie et Océanie	2 294 445	1 937 420	2 431 582	2 043 013	1 932 101
Europe	32 458 631	29 727 912	31 182 860	35 980 468	27 989 066
TOTAL	75 340 561	78 617 578	85 918 751	96 820 992	90 749 813
Évolution		+ 4,34 %	+ 9,28 %	+ 12,68 %	– 6,27 %

En première analyse, on constate une augmentation globale significative du nombre d'apprenants du et en français dans le monde entre 1994 et 2000, suivie d'un tassement en 2002. Au bout du compte, l'augmentation entre 1994 et 2002 s'établit à 15 409 252 personnes, soit 20,45 %.

Illustrations graphiques de ce tableau

FIGURE 1

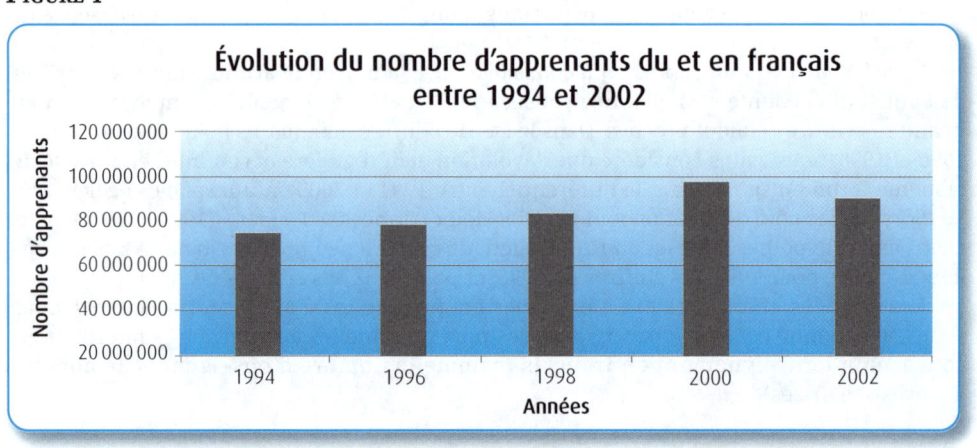

Évolution du nombre d'apprenants du et en français entre 1994 et 2002

Ce graphique met en relief l'évolution globalement positive du nombre d'apprenants du et en français, avec une stagnation qu'une analyse région par région permettra d'expliciter.

FIGURE 2

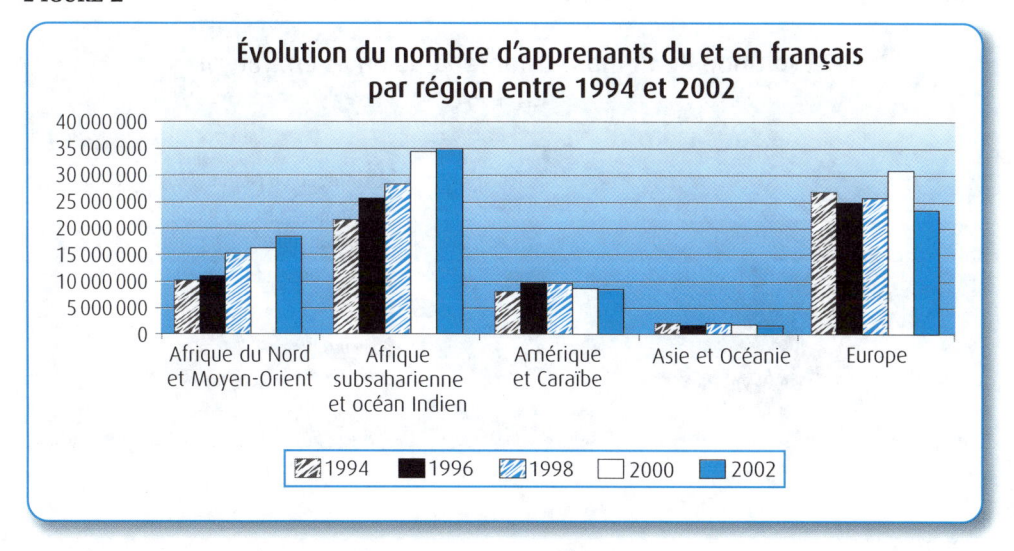

Évolution du nombre d'apprenants du et en français par région entre 1994 et 2002

(1994, 1996, 1998, 2000, 2002)

Plusieurs observations s'imposent

C'est en Afrique (Maghreb, Afrique subsaharienne, océan Indien) et au Moyen-Orient que l'effectif des apprenants du et en français a augmenté dans les proportions les plus considérables, passant de 32 808 681 en 1994 à 52 617 368 en 2002, soit une augmentation de 60,37 %. C'est là que se trouve la grande majorité des apprenants (57,98 % du nombre total d'apprenants du et en français dans le monde en 2002).

En Amérique et Caraïbe, ainsi qu'en Asie et Océanie, l'évolution n'est pas spectaculaire, et le continent asiatique ne compte que 1,99 % de l'effectif mondial des enseignés du et en français.

Mais c'est en Europe qu'on enregistre la plus forte baisse : il y a environ 4,5 millions d'apprenants de moins en 2002 qu'en 1994 (– 13,77 %). Alors qu'elle devançait l'Afrique subsaharienne, l'Europe s'est fait rattraper puis, récemment, devancer, au point qu'elle n'est aujourd'hui que la deuxième région francophone du monde du point de vue de l'enseignement.

FIGURE 3

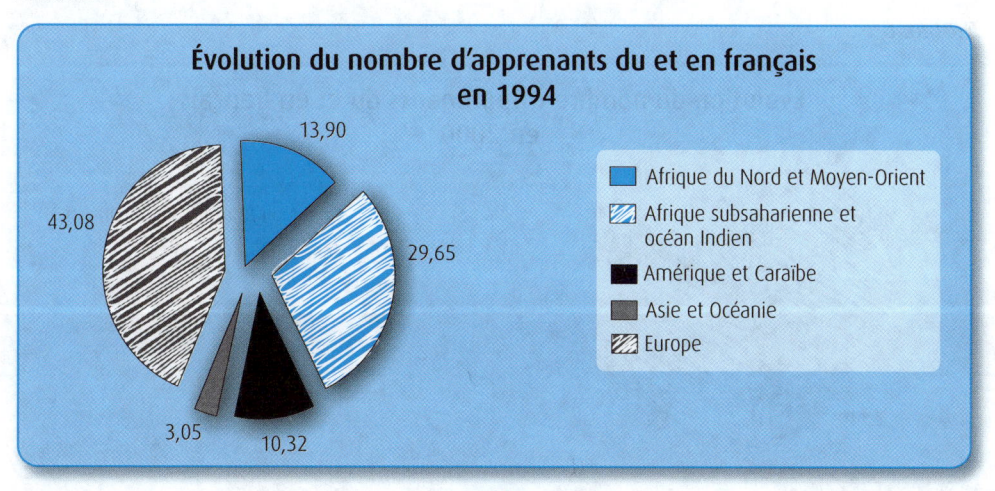

Évolution du nombre d'apprenants du et en français en 1994

- Afrique du Nord et Moyen-Orient : 13,90
- Afrique subsaharienne et océan Indien : 29,65
- Amérique et Caraïbe : 10,32
- Asie et Océanie : 3,05
- Europe : 43,08

Première partie 25

FIGURE 4

Évolution du nombre d'apprenants du et en français en 1996

- Afrique du Nord et Moyen-Orient : 14,86
- Afrique subsaharienne et océan Indien : 33,01
- Amérique et Caraïbe : 11,85
- Asie et Océanie : 2,46
- Europe : 37,81

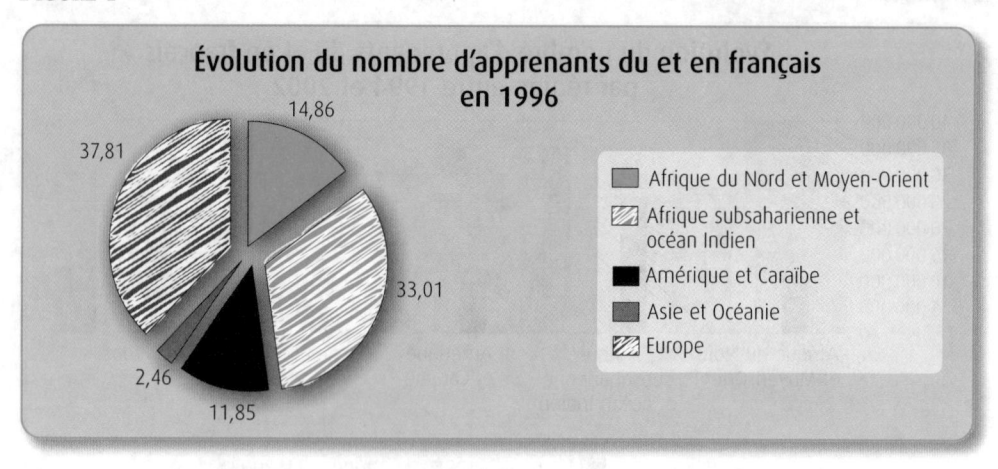

FIGURE 5

Évolution du nombre d'apprenants du et en français en 1998

- Afrique du Nord et Moyen-Orient : 17,52
- Afrique subsaharienne et océan Indien : 32,59
- Amérique et Caraïbe : 10,77
- Asie et Océanie : 2,83
- Europe : 36,29

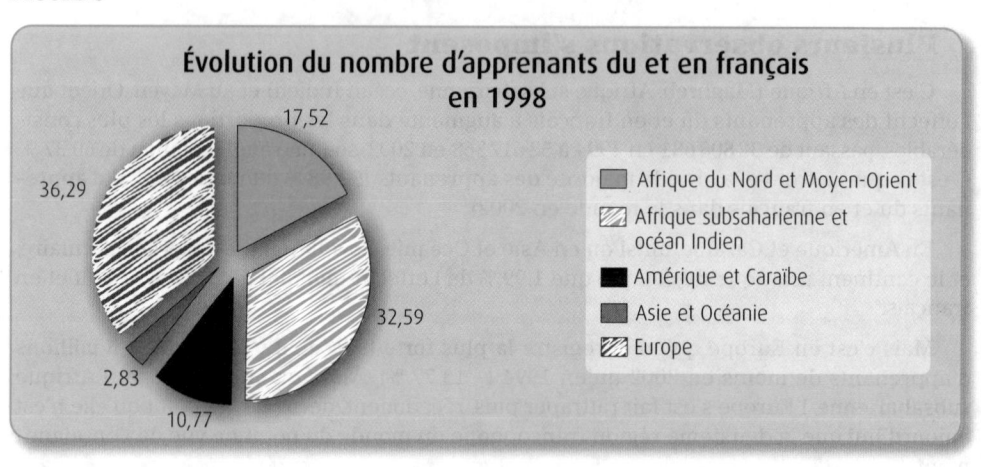

FIGURE 6

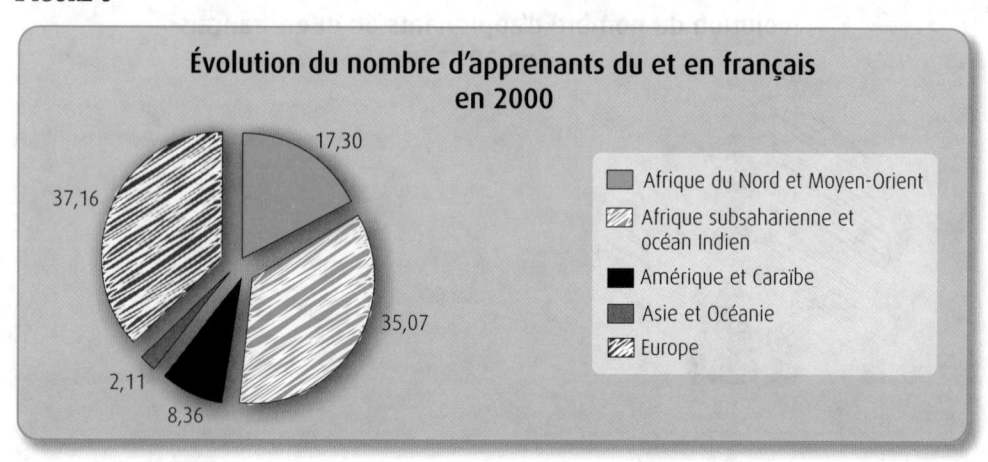

Évolution du nombre d'apprenants du et en français en 2000

- Afrique du Nord et Moyen-Orient : 17,30
- Afrique subsaharienne et océan Indien : 35,07
- Amérique et Caraïbe : 8,36
- Asie et Océanie : 2,11
- Europe : 37,16

Chapitre 2 • *Évolution de l'enseignement du et en français dans le monde (1994-2002)*

FIGURE 7

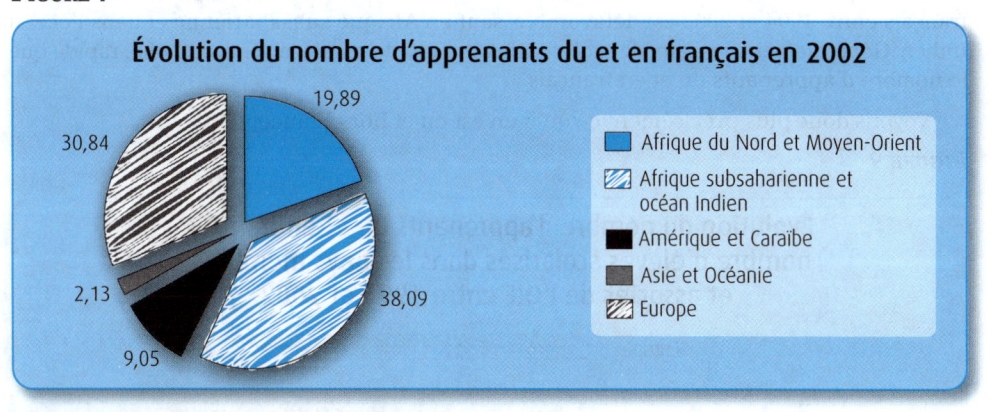

Évolution du nombre d'apprenants du et en français en 2002

- 19,89 — Afrique du Nord et Moyen-Orient
- 38,09 — Afrique subsaharienne et océan Indien
- 9,05 — Amérique et Caraïbe
- 2,13 — Asie et Océanie
- 30,84 — Europe

2 Évolution relative

Corrélation entre l'augmentation de la scolarisation et l'apprentissage du et en français

Tableau 2 : Pourcentage d'apprenants du et en français : population totale scolarisée		
Régions	**1994**	**2002**
Afrique du Nord et Moyen-Orient	26,19 %	21,26 %
• Pays francophones	33,07 %	35,56 %
• Pays non francophones	19,46 %	13,85 %
Afrique subsaharienne et océan Indien	22,04 %	25,68 %
• Pays francophones	94,91 %	95,67 %
• Pays non francophones	0,85 %	1,62 %
Amérique et Caraïbe	4,83 %	3,87 %
• Pays francophones	67,86 %	61,73 %
• Pays non francophones	1,88 %	1,45 %
Asie et Océanie	0,65 %	0,28 %
• Pays francophones	2,05 %	2,03 %
• Pays non francophones	0,21 %	0,32 %
Europe	20,08 %	17,32 %
• Pays francophones et pays associés	73,71 %	72,75 %
• Pays non francophones et pays observateurs	8,98 %	6,33 %

Nous avons choisi, pour des raisons de cohérence, de regrouper les pays non francophones et les pays observateurs de l'OIF, qui présentent des comportements relativement similaires.

Illustrations graphiques de ce tableau

FIGURE 8

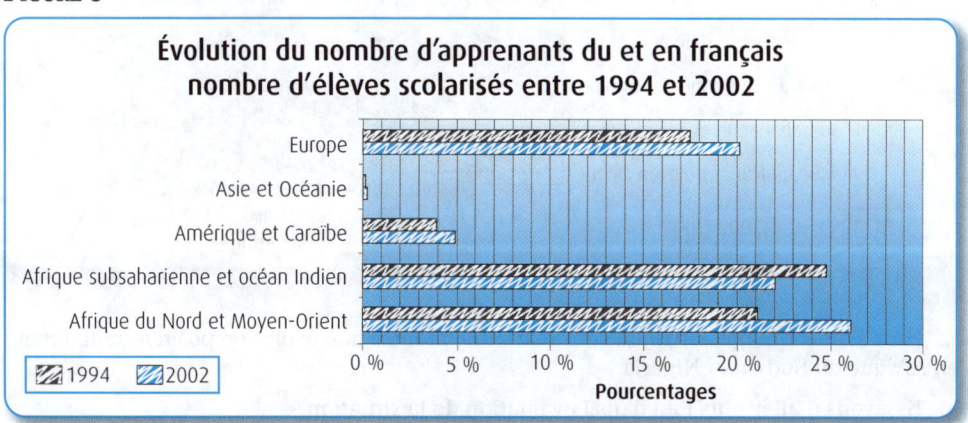

Évolution du nombre d'apprenants du et en français nombre d'élèves scolarisés entre 1994 et 2002

(1994, 2002) — Europe, Asie et Océanie, Amérique et Caraïbe, Afrique subsaharienne et océan Indien, Afrique du Nord et Moyen-Orient — Pourcentages (0 % – 30 %)

Par rapport au nombre d'enfants scolarisés, l'évolution du nombre d'apprenants du et en français entre 1994 et 2002 est défavorable, sauf en Afrique subsaharienne et dans l'océan Indien. Généralement, les taux de scolarisation ont crû de manière beaucoup plus rapide que le nombre d'apprenants du et en français.

Voyons donc plus précisément ce qu'il en est en et hors Francophonie.

Figure 9

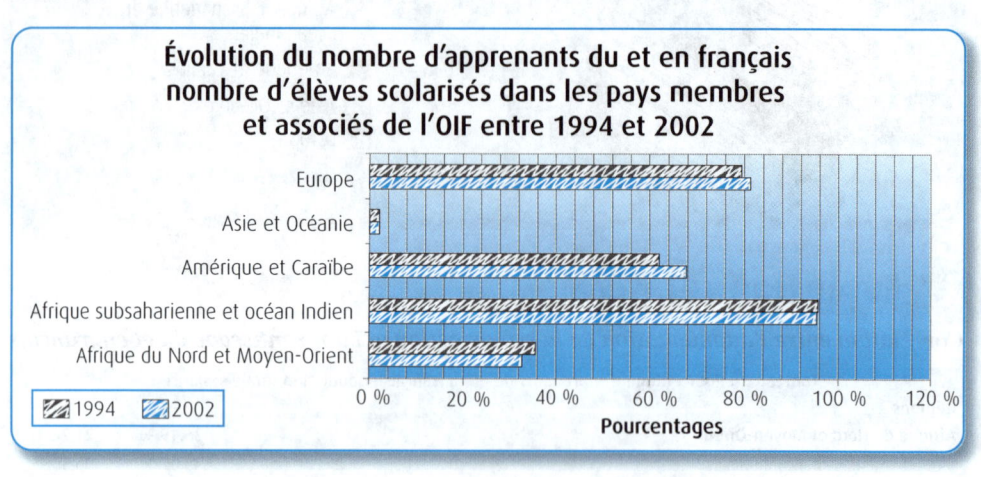

Évolution du nombre d'apprenants du et en français nombre d'élèves scolarisés dans les pays membres et associés de l'OIF entre 1994 et 2002

Région	1994	2002
Europe		~80 %
Asie et Océanie		~5 %
Amérique et Caraïbe		~65 %
Afrique subsaharienne et océan Indien		~95 %
Afrique du Nord et Moyen-Orient		~35 %

L'évolution négative ou la stagnation se confirment en Europe, en Asie et Océanie, en Amérique et Caraïbe. En Afrique subsaharienne et océan Indien, l'évolution est tout juste positive. Comme nous le verrons dans l'analyse plus approfondie par région, la progression des effectifs dans le second degré et dans le supérieur a profité très nettement à l'anglais dans les pays francophones. Il faut ajouter à cela la conséquence de l'arabisation dans les pays d'Afrique du Nord. En Afrique, l'introduction des langues nationales dans l'enseignement doit également être prise en compte, mais en précisant que la maîtrise ultérieure du français dans un tel contexte est indéniable.

Figure 10

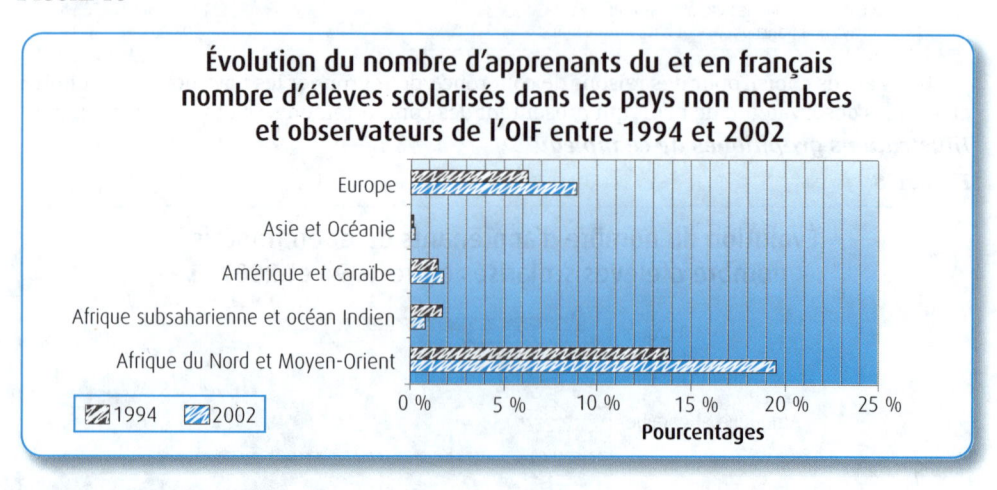

Évolution du nombre d'apprenants du et en français nombre d'élèves scolarisés dans les pays non membres et observateurs de l'OIF entre 1994 et 2002

Région	1994	2002
Europe		~9 %
Asie et Océanie		~1 %
Amérique et Caraïbe		~2 %
Afrique subsaharienne et océan Indien		~2 %
Afrique du Nord et Moyen-Orient		~20 %

Hors Francophonie, l'Afrique subsaharienne montre une évolution positive, notamment en Afrique du Sud et au Nigeria.

Essayons d'aller plus loin dans l'évaluation de la situation.

3 Les facteurs communs à toutes les régions

Les raisons de choisir le français

→ L'enseignement en langue française constitue une alternative au modèle culturel anglo-saxon.
→ Le français est perçu comme langue de culture et de promotion sociale partout dans le monde.
→ Il offre des perspectives professionnelles dans le domaine commercial, dans celui des affaires, le tourisme, l'hôtellerie, la traduction et l'interprétariat.
→ L'enseignement en français est également un enjeu géopolitique car il peut faciliter des partenariats privilégiés avec la France et de ce fait, pour certains pays, l'intégration à l'Union européenne.
→ L'enseignement du et en français permet de perpétuer les relations diplomatiques étroites et anciennes entre certains pays.
→ L'apprentissage du français est un vecteur d'échanges commerciaux diversifiés.

Les difficultés rencontrées

→ L'enseignement du et en français est fragile car il est soumis aux décrets instituant le caractère obligatoire de son enseignement. Il dépend du bon vouloir des gouvernants. Cela n'est toutefois pas propre au français.
→ Le manque de moyens est un sérieux handicap, notamment pour de nombreux pays d'Afrique subsaharienne où les écoles sont en attente de dotation en manuels scolaires et où la formation initiale et continue des enseignants de français est faible, voire inexistante.
→ D'un autre côté, la politique nationale en faveur des langues, et notamment l'augmentation des dépenses d'éducation, peut constituer un frein à l'expansion du français, car l'apprentissage d'une langue précoce profite le plus souvent à l'anglais. Dans les pays où le système scolaire ne promeut qu'une langue étrangère, c'est l'anglais qui prédomine nettement.

4 Les facteurs spécifiques à certaines régions[3]

Afrique du Nord et Moyen-Orient

FIGURE 11

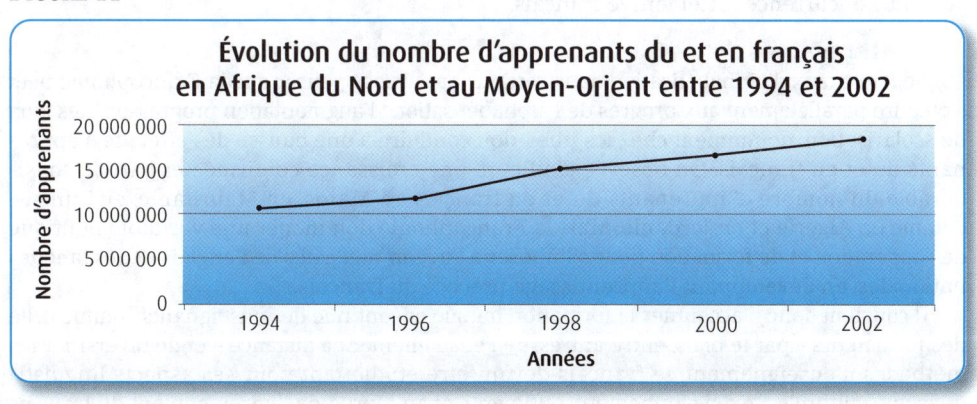

Évolution du nombre d'apprenants du et en français en Afrique du Nord et au Moyen-Orient entre 1994 et 2002

---

[3]. Voir également les rapports de l'ex-AIF concernant les rencontres régionales organisées par la Francophonie en 2003 et en 2004.

▶ Statut du français

Langue d'enseignement (surtout à l'université dans les matières scientifiques et techniques), il est souvent langue seconde (avec ce que cela comporte comme hétérogénéité), notamment au Maghreb, même si le français y est désigné comme langue étrangère dans les instructions officielles.

▶ Contexte

Plurilinguisme arabe (classique à l'école et partiellement dans les médias, dialectal partout ailleurs) + français + berbère au Maghreb, où l'arabisation voulue par les pouvoirs publics a connu des réalisations inégales. Le constat général est celui d'une insécurité linguistique chez les élèves. L'anglais s'implante de plus en plus au Moyen-Orient.

Période de réformes éducatives, en faveur des langues notamment.

▶ Points forts

• L'engouement actuel pour le français dans le monde arabe (notamment en Algérie). La langue française est considérée comme un atout pour l'accès à la recherche en général et à Internet.
• Le français est une langue d'échange entre les locuteurs de différentes langues : arabe classique, dialectal, berbère…
• La volonté manifeste de s'ouvrir aux langues étrangères pour pallier l'isolement engendré par la politique d'arabisation. Cet argument est toutefois ambivalent, puisque c'est en son nom que de nombreux pays préfèrent développer l'apprentissage de l'anglais au détriment de la langue française.
• Le développement de la scolarisation, parallèle au taux élevé de la natalité, profite aussi au français.
• Le développement de l'enseignement privé (encouragé par les États) également, car l'enseignement est très souvent bilingue. Mais là encore, un nombre croissant d'établissements privés ont tendance à privilégier l'enseignement de l'anglais au détriment du français.

▶ Points faibles

• L'environnement francophone insuffisant (centres, médiathèques, presse, cinéma…).
• Les effets négatifs de l'afflux d'élèves : recrutement d'enseignants insuffisamment qualifiés et formés, baisse qualitative du niveau des élèves (affectant également les autres langues). Une mise à niveau est très souvent indispensable à l'entrée à l'université.
• La pénurie de livres scolaires.
• La présence grandissante de l'anglais (de plus en plus tôt dans le cursus scolaire des élèves) qui concurrence fortement le français.

▶ Perspectives

Le faible taux d'alphabétisation dans certains pays laisse penser que la Francophonie peut s'étendre parallèlement aux progrès de l'alphabétisation : l'augmentation progressive des taux de scolarisation, notamment chez les filles, doit conduire à une hausse des effectifs d'apprenants du et en français. On observe d'ailleurs une croissance confirmée et parfois considérable du nombre d'apprenants du et en français au Maroc, en Mauritanie, en Tunisie, comme en Algérie et en Jordanie. Mais la Francophonie doit mener une véritable politique de coopération et de formation pour s'imposer à l'avenir aux côtés de l'anglais et des langues nationales, en développant l'apprentissage précoce du français.

Il convient donc d'accentuer la formation initiale et continue des enseignants comme celle des formateurs – par le biais, entre autres, de l'enseignement à distance – et de diversifier les méthodes d'enseignement, le français devant être étudié tant pour ses aspects linguistiques que culturels. Le développement, en Égypte et au Maroc, de l'enseignement du français sur objectifs spécifiques (FOS) ne peut qu'être encouragé. Surtout, il est indispensable d'assurer une didactique convergente du français et de l'arabe (approche mixte et dialectique des deux langues). La littérature francophone peut d'ailleurs permettre cette interaction.

Il faut en même temps se préoccuper du développement de l'édition scolaire locale (une étude de la Conférence des ministres de l'Éducation nationale des pays ayant le français en partage – Confémen – révèle qu'un livre scolaire est d'un meilleur rapport coût/bénéfice qu'un haut niveau de formation d'un enseignant) et développer les activités extrascolaires autour du français (théâtre, jumelages…).

Afrique subsaharienne et océan Indien

FIGURE 12

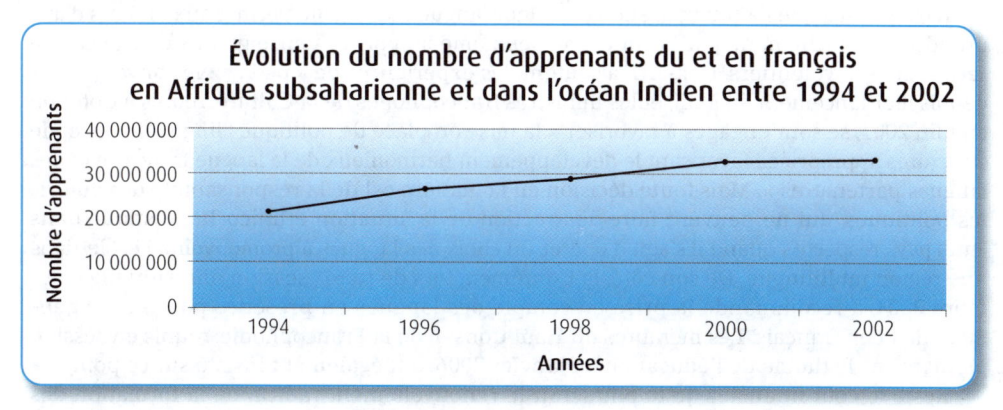

Évolution du nombre d'apprenants du et en français en Afrique subsaharienne et dans l'océan Indien entre 1994 et 2002

▶ **Statut du français**
Langue seconde ou étrangère.

▶ **Contexte**
• Plurilinguisme (langues africaines et, suivant les pays, arabe, français, anglais, espagnol, portugais, créole…).
• Scolarisation qui a progressé mais qui demeure nettement insuffisante (pauvreté, endémies, instabilité politique).

▶ **Points forts**
• C'est en Afrique subsaharienne que le français est le plus enseigné comme langue seconde ou langue étrangère. Les effectifs progressent dans de nombreux pays : Bénin, Cameroun, Centrafrique, Guinée, Guinée équatoriale, Mali, Niger, Rwanda, Tchad, Togo…
• Les pays d'Afrique subsaharienne anglophone pourraient être tentés, à l'image du Nigeria, de la Tanzanie ou du Kenya, de s'émanciper de la tutelle anglo-saxonne en donnant une plus large part à l'enseignement du français. De même, dans les anciennes colonies portugaises (tels l'Angola et le Mozambique) ou italiennes (l'Éthiopie), le français a un potentiel de développement important car il ouvre sur une autre langue mondiale.
• Les taux de scolarisation africains étant parmi les plus faibles du monde, on peut parier que le développement de la scolarisation en Afrique s'accompagnera d'une augmentation considérable du nombre d'apprenants du et en français.

▶ **Points faibles**
• La formation initiale et continue des maîtres, souvent inexistante.
• Les objectifs parfois mal définis, l'enseignement décontextualisé (manuels, pédagogie), les effectifs pléthoriques.
• Les langues africaines ne sont pas toutes codifiées ni standardisées.
• Les systèmes éducatifs africains, hérités de l'école coloniale, persistent à ignorer l'éducation africaine « traditionnelle ».
• La langue des enseignants africains, acquise lors de leur formation, se heurte au français des apprenants, d'où la question d'une norme acceptable.

- Si le français progresse dans les pays anglophones, l'anglais progresse dans des proportions plus considérables dans les pays francophones.

▶ Perspectives

Il est incontestable que l'enseignement du et en français en Afrique est un des outils essentiels pour la Francophonie, tant il est vrai que l'avenir de celle-ci se joue sur le continent africain. Il n'est que de considérer le nombre de francophones dans le monde pour s'en persuader. Mais cela passe par la prise en compte des langues africaines, d'où la nécessité de multiplier les lexiques, les dictionnaires et les éditions bilingues.

Il est prouvé que l'alphabétisation dans leur langue maternelle permet aux enfants d'apprendre plus facilement, par la suite, une deuxième langue. Les enseignants de français le reconnaissent volontiers. L'ex-AIF a soutenu les expériences de « pédagogie convergente » depuis leur lancement au Mali, et les ministres francophones de la Culture, réunis à Cotonou en juin 2001, se sont engagés à favoriser « la mise en place de politiques linguistiques et de structures appropriées favorisant le développement harmonieux de la langue française et des langues partenaires ». Mais toute décision en la matière est de la responsabilité des autorités politiques, qui ne peuvent faire abstraction de la situation ethnico-linguistique dans leurs pays respectifs quand il s'agit d'opérer un choix des langues à promouvoir à l'école, dans une région multilingue. De son côté, la Confémen, lors de sa 51e session ministérielle d'octobre 2004, a recommandé la prise en compte des langues en présence pour l'enseignement du et en français. Les membres du Haut Conseil de la Francophonie, réunis en session plénière sur le thème de l'éducation en janvier 2006, ont également insisté sur ce point.

Reste le coût financier qu'impliquerait le renouvellement radical de la formation des enseignants et de la production des matériels d'enseignement. Il faut donc cesser de tenir à l'écart de l'école l'éducation pratiquée dans les familles, transmise par les communautés et par les sociétés africaines. Il convient également de donner une place au non-formel et à l'informel en profitant non seulement de la présence de TV5, mais aussi de celle des radios en milieu rural.

Amérique et Caraïbe

FIGURE 13

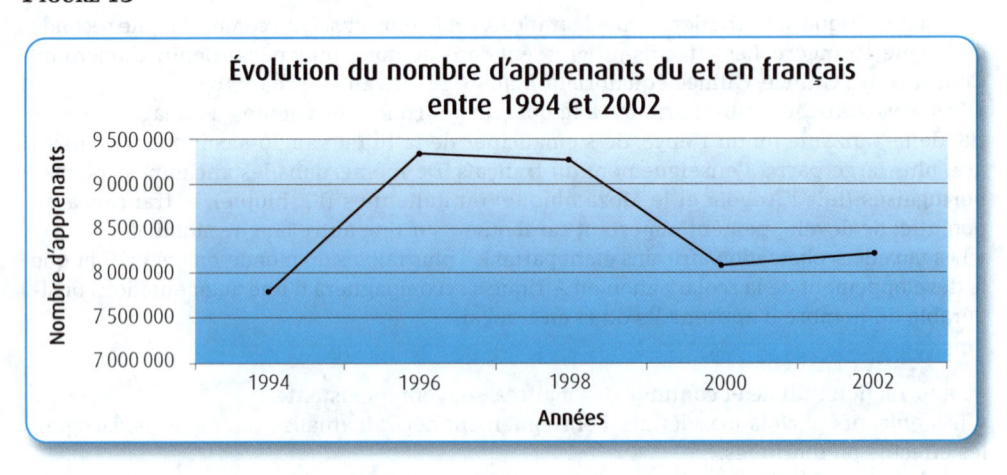

Évolution du nombre d'apprenants du et en français entre 1994 et 2002

▶ Statut du français

Langue première pour une partie du Canada – au sein duquel le Québec pratique une politique très volontariste en faveur du français –, étrangère sur la plus grande partie du continent américain.

Chapitre 2 • *Évolution de l'enseignement du et en français dans le monde (1994-2002)*

▶ Contexte

L'anglais est très prégnant ; le Mercosur[4] favorise l'enseignement du portugais en Argentine, au Paraguay et en Uruguay, et de l'espagnol au Brésil. Présence de langues autochtones et créoles aux Antilles.

▶ Points forts

• Dans son plan d'action sur les langues officielles lancé en mars 2003, le gouvernement du Canada s'est donné comme objectif de doubler, en l'espace de dix ans, la proportion des diplômés du secondaire ayant une connaissance fonctionnelle du français et de l'anglais. Le bilinguisme officiel est d'ailleurs plus populaire chez les jeunes anglophones que chez leurs aînés.
• Le bilan des dix dernières années est plutôt positif pour la zone Caraïbe : le français bénéficie en effet de la présence des créoles à base lexicale française, dans les régions et pays membres de l'OIF (Guadeloupe, Martinique, Haïti, Guyane, Sainte-Lucie, Dominique[5]). En outre, l'attrait du français se fait également sentir dans des pays non membres de l'OIF, comme en République dominicaine, malgré la concurrence de l'espagnol. Par extension, le français est perçu comme langue d'échanges dans la région.

▶ Points faibles

• L'avenir du français est très incertain en Amérique latine où il a longtemps joui d'un fort prestige comme langue de la philosophie et de la culture, mais où il s'est fait peu à peu détrôner par l'anglais, langue de la mondialisation et des États-Unis voisins. Les accords commerciaux régionaux se multiplient sur le continent américain, et la perspective éventuelle d'une vaste zone de libre-échange américaine, par extension de l'Accord de libre-échange nord-américain (Aléna), du Canada à la Terre de Feu, incite les pays d'Amérique latine à privilégier l'apprentissage de la langue de Shakespeare.
• Un regain pour le français s'est manifesté un certain temps, grâce à la reconnaissance d'un savoir-faire francophone (belge, canadien, français) sur le plan éducatif, et la proximité des Antilles n'est pas sans incidence du fait des contacts entre enseignants, mais la vitalité du français est incontestablement liée à la présence ou non d'une deuxième langue étrangère dans l'enseignement. Ainsi, au Brésil, cette obligation s'est exprimée officiellement dans les années 1997-1998, mais elle est demeurée facultative dans les faits. En Argentine, dans plusieurs provinces, seul l'anglais est maintenant obligatoire, et en Colombie, où une loi de 1994 prévoyant l'enseignement d'une langue étrangère dès le primaire a avantagé l'anglais, le nombre d'apprenants du et en français a été divisé par dix.

▶ Perspectives

Le nombre d'apprenants du et en français reste stable au Québec, au Nouveau-Brunswick et au Canada anglophone, mais il est en léger recul aux États-Unis. Il est également en recul dans la plupart des pays d'Amérique latine, et dans les quelques pays où il progresse sa situation institutionnelle reste fragile. Le but n'est pas de chercher à remplacer l'anglais par le français, mais plutôt d'encourager les pays américains à rendre l'apprentissage d'une seconde langue vivante étrangère obligatoire.

Dans la zone Caraïbe, l'enseignement du français doit s'inscrire dans une politique linguistique globale en prenant en compte toutes les langues en présence et en considérant le créole, non comme un obstacle mais comme un tremplin pour l'apprentissage du français (certains refusent cependant qu'il soit « instrumentalisé »). Il faut pour cela penser à la

---

4. Institué le 26 mars 1991 par le traité d'Asunción entre le Brésil, l'Argentine, le Paraguay et l'Uruguay, le Marché commun du Sud – Mercosur pour les hispanophones, Mercosul pour les lusophones – constitue le quatrième espace commercial du monde (derrière l'Europe, l'Amérique du Nord et l'Asie du Sud-Est) et représente un marché potentiel de quelque 200 millions de consommateurs.
5. Même si Sainte-Lucie et la Dominique sont officiellement anglophones.

formation au créole des enseignants. La lutte contre l'analphabétisme et l'illettrisme s'inscrirait dans cette politique. Il faut aussi répondre à la demande de formation des adultes, par le biais d'Internet notamment, et accentuer la coopération entre les États de la Caraïbe, dans une aire où les créoles, du fait de leur intercompréhension, facilitent les échanges.

Asie et Océanie

FIGURE 14

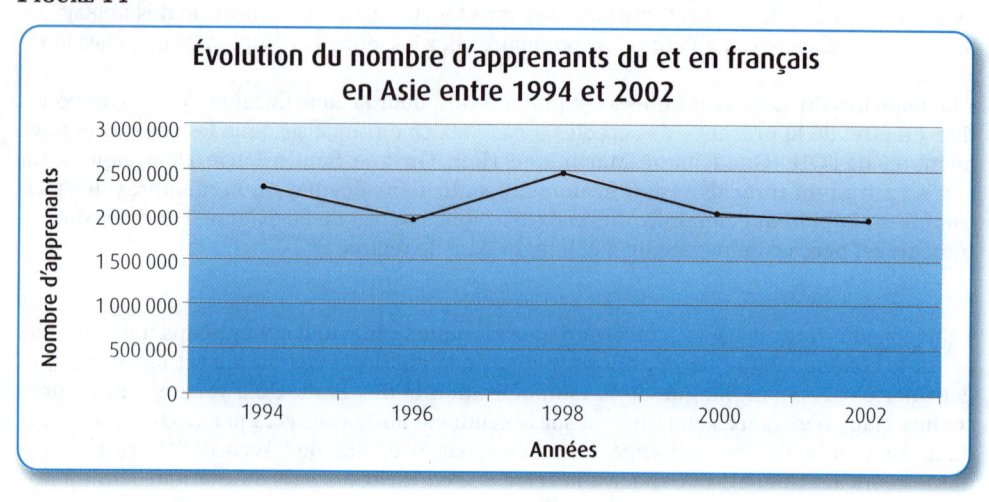

Évolution du nombre d'apprenants du et en français en Asie entre 1994 et 2002

▶ **Statut du français**

Langue étrangère, perçue historiquement comme langue des élites.

▶ **Contexte**

Le français est en concurrence avec le chinois et l'anglais, mais aussi, comme langue européenne, avec l'allemand.

▶ **Points forts**

• Les classes bilingues et les filières francophones universitaires, implantées au Cambodge, au Laos et au Viêt Nam, qui sont considérées comme des enseignements d'excellence.
• La présence d'écoles françaises, d'Alliances et de centres culturels francophones.
• Une incontestable francophilie en Corée du Sud, en Thaïlande et au Japon.

▶ **Points faibles**

• La région, avec le poids de l'Association des nations du Sud-Est asiatique (Aséan) dont la langue de travail est l'anglais, est éminemment convertie à l'anglophonie, et le chinois ne cesse de progresser comme langue étrangère du fait du développement économique spectaculaire de la Chine.

▶ **Perspectives**

Le français voit sa faiblesse confirmée en Asie et Océanie où l'anglais renforce sa domination, y compris dans les pays membres de l'OIF. Pourtant, le continent asiatique a un formidable potentiel de développement. Avec des puissances en devenir comme la Chine ou l'Inde, il convient de mener une politique adaptée au développement de ces pays pour que le français puisse y prendre sa place. Il faut donc mettre l'accent sur l'enseignement bilingue et les filières francophones universitaires de haut niveau contribuant à former des élites, et tabler notamment sur l'enseignement du français de spécialité aux étudiants et sur la formation des enseignants de sciences en langue française.

Il faut aussi veiller davantage à l'environnement francophone en soutenant l'action des centres culturels francophones et des Alliances françaises, celle de TV5, et convaincre les entreprises francophones qui s'implantent en Asie d'être des vecteurs de la langue française. À l'avenir, la Francophonie passera surtout par les perspectives d'emploi qu'elle pourra offrir.

Europe

FIGURE 15

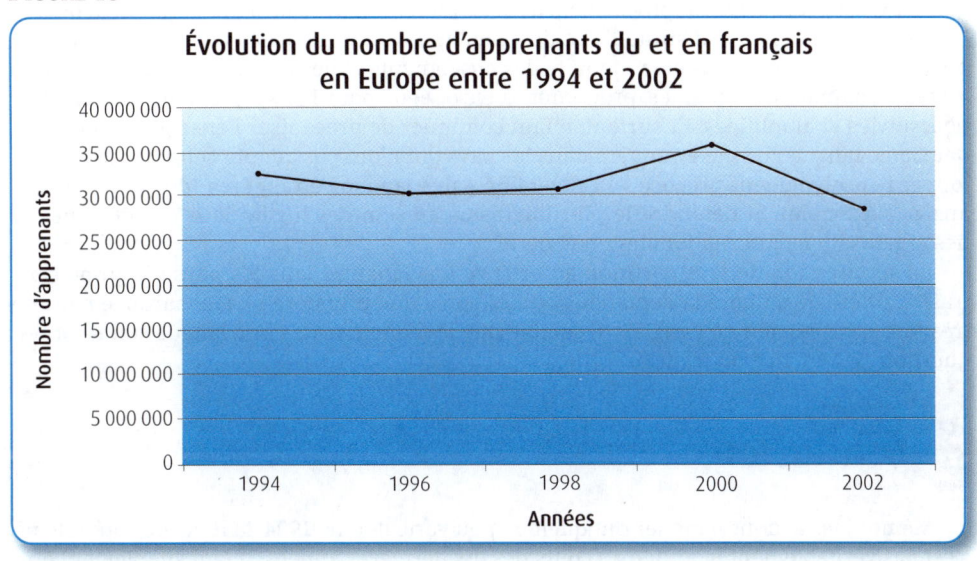

Évolution du nombre d'apprenants du et en français en Europe entre 1994 et 2002

▶ Statut du français

Langue première, voire seconde, ou langue étrangère. C'est la deuxième langue de l'ensemble de l'Europe (après l'allemand et avec l'anglais). Le français est langue de travail au Conseil européen (avec l'anglais et l'allemand), et trois des villes sièges des institutions (Bruxelles, Strasbourg et Luxembourg) sont francophones. Comme langue vivante étrangère enseignée dans le secondaire, l'anglais reste en tête. Il est suivi par le français et l'allemand, chacun dans sa zone spécifique. Le français est appris majoritairement dans les pays du Sud et de l'Ouest européen, alors que l'allemand est plutôt l'apanage des pays du Nord et de l'Est.

▶ Contexte

La construction européenne, qui suscite un intérêt pour le français (mais moins que pour l'anglais et l'allemand) des pays désireux d'intégrer l'Union européenne.

▶ Points forts

• Avec l'élargissement de l'UE à dix nouveaux membres en mai 2004, la Francophonie – du moins officielle – s'est trouvée renforcée car cinq de ces nouveaux pays sont membres observateurs de l'OIF (Hongrie, Lituanie, Pologne, République tchèque, Slovaquie).

▶ Points faibles

• L'anglais bénéficie d'une forte progression comme langue de travail au sein de l'Union européenne, au détriment du français.
• Le français régresse incontestablement, au profit de l'anglais et de l'allemand. Ainsi, dans les pays de l'Europe centrale et orientale, le français, comme langue enseignée, n'arrive bien souvent qu'en troisième, voire en quatrième position. Si l'élargissement a bénéficié à la Francophonie, il a surtout bénéficié à l'Allemagne, qui renforce ainsi sa position centrale en Europe, alors que la France se trouve, géographiquement et économiquement, dans une position plus « périphérique ».

Perspectives

Le français a un avenir inextricablement lié à celui de la construction européenne. Il devrait profiter de l'adhésion prochaine de la Bulgarie et de la Roumanie (prévue pour 2007), autres pays membres de l'OIF, pour développer davantage encore l'enseignement du français. La France a également un rôle à jouer dans les pays de la Communauté des États indépendants (CEI), par exemple en Arménie, pour former des élites qui viennent parfaire leur formation en France.

On ne cesse de le répéter, la défense du français passe par la promotion du plurilinguisme. C'est pourquoi le rapprochement avec les autres aires linguistiques – récemment avec l'espace russophone – constitue l'une des meilleures stratégies. Les actions déjà menées pour favoriser les contacts et la mobilité des enseignants et des apprenants (adoption d'un système commun de diplômes, programmes européens pour l'enseignement) doivent être poursuivies et amplifiées. Et surtout, il faut continuer de préconiser l'enseignement d'une deuxième langue vivante étrangère dans les pays qui n'ont pas adopté cette mesure, développer l'enseignement précoce – et diversifié – des langues étrangères (dès l'âge de sept ans, par exemple), et défendre le plurilinguisme au sein des institutions européennes et des organisations internationales en général.

La suppression de la répartition autoritaire des langues dans les pays d'Europe centrale et orientale a libéré la demande sociale. Après une première phase marquée par une très forte progression de l'anglais, il semble que le monopole de cette langue soit remis en question au bénéfice du français.

5 Conclusion

Même si les actions à mener ont quelque peu varié depuis 1994, la ligne de conduite ne s'est pas véritablement modifiée au cours des dix dernières années. Il faut simplement être attentif aux nouvelles tendances qui semblent se profiler.

Ces actions doivent être menées sur plusieurs plans.

Sur le plan pédagogique, il faut faire un effort quant à la formation initiale et continue des enseignants, par exemple par le biais des Alliances françaises, de l'enseignement à distance (TV5 et les radios jouent un rôle très important), promouvoir l'apprentissage précoce et diversifié des langues étrangères mais aussi celui des langues natales. Il est urgent de reconsidérer l'adéquation des systèmes éducatifs à leur contexte. Il n'y a pas de méthode universelle d'apprentissage du français ni de motivation unique pour l'apprendre. Il faut donc diversifier son apprentissage, considérer son utilité, renforcer son enseignement sur des objectifs spécifiques et dans des secteurs porteurs comme celui des services (commerce, tourisme, hôtellerie, télécommunications, médias…).

Sur le plan de la coopération, il faut soutenir les politiques volontaristes auxquelles se livrent les États en matière d'enseignement des langues, soutenir aussi les initiatives des collectivités territoriales, les communautés villageoises, les OING et ONG en matière d'alphabétisation et d'enseignement pour tous (en facilitant les contacts avec les grands bailleurs de fonds internationaux, par exemple), et ce, aussi bien en ce qui concerne le formel que le non-formel. Il est également nécessaire de renforcer la politique d'accueil en faveur des étrangers venus dans les pays francophones pour apprendre ou se perfectionner en français. De grandes écoles de commerce, des écoles normales supérieures, un nombre croissant d'écoles d'ingénieurs développent des partenariats privilégiés avec des universités étrangères. Actuellement, ces conventions se font majoritairement avec des établissements européens (Allemagne, Espagne, Italie, Royaume-Uni) ou américains (Berkeley, Harvard, Yale). On observe également, durant les dix dernières années, une augmentation du nombre de partenariats privilégiés avec le continent asiatique, et en particulier avec la Chine, la Corée du Sud, le Japon, Singapour. Il faudrait proposer plus largement ce modèle à l'Afrique. Ce renforcement des liens entre les pays francophones et les apprenants francophiles offre un deuxième avantage : il doit permettre, en maintenant le contact avec les étudiants ayant séjourné dans un pays francophone, de promouvoir le français à l'étranger, et ce, de façon d'autant plus forte que ces apprenants accèdent à des postes de responsabilité dans leur pays.

Sur le plan stratégique, il faut susciter le goût du français en le rendant davantage présent : donner aux Alliances françaises les moyens de promouvoir et de maintenir une présence francophone forte, en s'implantant dans des zones stratégiques, en se dotant de bibliothèques fournies et en recrutant des professeurs qualifiés. Il faudrait aussi accroître le budget alloué aux mouvements associatifs d'enseignants. Présents au sein des systèmes scolaires de leurs pays respectifs, ces Boliviens, Polonais ou Indonésiens sont en première ligne pour veiller aux intérêts du français. Dans certaines régions du monde, leur activisme désintéressé a permis de maintenir ou de rétablir des cours de langue que leur gouvernement envisageait de supprimer au sein des cursus scolaires.

Enfin, « la part de marché du français » dépend aussi de la vigilance des Français eux-mêmes. Or, ceux-ci sont réputés pour être les moins conscients des menaces qui pèsent sur leur langue. On ne compte plus le nombre d'interventions en anglais de fonctionnaires, diplomates, hommes politiques ou chefs d'entreprise français, alors que rien ne les y oblige. Il faut défendre la langue française sur la scène mondiale afin de contribuer à la diversité linguistique et culturelle du monde. D'où l'impérieuse nécessité de renforcer la coopération entre les espaces linguistiques arabophone, hispanophone, lusophone, russophone…

Chapitre 3

Actualité de l'enseignement du et en français dans le monde

Comme nous l'indiquions en introduction de cet ouvrage, des questionnaires ont été adressés aux représentants personnels des chefs d'État et de gouvernement et aux postes diplomatiques français pour recueillir des informations sur les États membres et observateurs, et, pour le reste du monde, uniquement aux postes diplomatiques français.

Ces questionnaires comprennent, bien sûr, une partie importante sur l'enseignement du et en français [1]. C'est donc d'abord à partir des réponses que nous avons collectées que nous avons fixé les données chiffrées de ce chapitre [2]. Quand nous n'avons pas obtenu de retour, ni des représentants personnels, ni des postes diplomatiques français, nous avons reporté les réponses antérieures parues dans l'ouvrage *La Francophonie dans le monde, 2004-2005* [3], en signalant les pays concernés par un astérisque.

Concernant, plus particulièrement, les États membres et observateurs, nous avons pris le soin d'adresser à leurs représentants personnels, avant publication, les données de leur pays afin d'obtenir leur validation ou leurs éventuelles modifications.

Dans certains cas, nous avons panaché les réponses au questionnaire des représentants personnels et des postes diplomatiques français, quand la réponse à une question manquait dans l'un des questionnaires mais se trouvait dans l'autre.

En l'absence de données depuis plusieurs années, nous avons utilisé des articles de presse, comme dans le cas de l'Égypte (*La Gazette*, mai-juin 2006) et de la Slovénie (*Le Français dans le monde*, revue de la Fédération internationale des professeurs de français [FIPF], mai 2004) ou des indicateurs de l'Institut national de la statistique, comme pour la Belgique non francophone.

L'ensemble des tableaux sur l'enseignement du et en français porte sur l'année scolaire 2004-2005.

Enfin, il convient de rappeler, en préambule, que le XIe Sommet de la Francophonie s'est déroulé en Roumanie, à Bucarest, les 28 et 29 septembre 2006, sur le thème : « Les technologies de l'information dans l'éducation ». Nous avons donc accordé une place importante à l'enseignement du et en français en Europe centrale et orientale.

---

1. Voir *infra*, p. 66-70, la partie du questionnaire consacrée à l'enseignement.
2. Voir *infra*, p. 70, la liste des réponses par pays et par destinataire.
3. Éditions Larousse, 2005.

1. Afrique du Nord et Moyen-Orient

ÉTATS ET GOUVERNEMENTS MEMBRES DE L'OIF

États et gouvernements où le français est langue seconde et / ou langue officielle

Afrique du Nord

	Enseignement du français (total public et privé) Nombre d'apprenants			Établissements nationaux Nombre d'apprenants			Enseignement en français Nombre d'apprenants			Établissements français Nombre d'apprenants			Enseignement bilingue Nombre d'apprenants		
	Primaire	Secondaire	Supérieur	Prim.	Second.	Sup.	Prim.	Second.	Sup.	Prim.	Second.	Sup.	Prim.	Second.	Sup.
Maroc	2 613 820	2 043 850	286 592	-	-	-	9 635	13 088	-	223 232	27 167	29 749
Mauritanie*	-	-	1 500	7 658	18 000	1 500	-	616	-	-	-	-	297 314	16 111	-
Tunisie	836 626	1 152 625	16 000	-	551 737	250 000	2 101	2 903	-	-	-	-

États et gouvernements où le français est langue étrangère

Moyen-Orient

	Primaire	Secondaire	Supérieur	Prim.	Second.	Sup.	Prim.	Second.	Sup.	Prim.	Second.	Sup.	Prim.	Second.	Sup.
Égypte	-	1 500 000	-	-	-	-	-	-	-	-	-	-	-	-	-
Liban*	-	-	-	-	-	-	-	-	-	-	-	-	394 504	761 185	112 645

ÉTATS ET GOUVERNEMENTS NON MEMBRES DE L'OIF

États et gouvernements où le français est langue seconde

Afrique du Nord

	Primaire	Secondaire	Supérieur	Prim.	Second.	Sup.	Prim.	Second.	Sup.	Prim.	Second.	Sup.	Prim.	Second.	Sup.
Algérie	3 000 000	3 300 000	1 500 000	-	750	3 400 000	-	690	-	-	-	-	12 000	8 000	1 200

États et gouvernements où le français est langue étrangère

Moyen-Orient

	Primaire	Secondaire	Supérieur	Prim.	Second.	Sup.	Prim.	Second.	Sup.	Prim.	Second.	Sup.	Prim.	Second.	Sup.
Arabie Saoudite	550	350	5 000	350	250	-	1 150	775	-	315	210	-
Bahreïn	2 346	5 926	430	-	-	-	230	-	-	-	-	-
Émirats arabes unis	20 000	30 000	350	-	-	-	1 500	1 200	-	90	50	-
Iran	1 100	2 300	4 200	900	2 200	4 200	200	100	-	200	-	-
Israël	300	33 000	1 169	237	382	437	177	129	-	-	-	-
Territoires palestiniens	2 500	10 171	1 150	-	-	120	158	104	-	-	-	-
Jordanie	3 800	40 000	2 000	-	-	-	225	75	-	-	-	-
Koweit	-	14 000	715	-	-	-	619	307	-	-	-	-
Oman	-	2 500	-	-	2 400	-	-	90	-	-	-	-
Qatar*	800	3 500	150	-	2 000	150	277	196	-	-	-	-
Syrie	10 000	1 250 000	10 500	-	-	100	571	593	-	47	-	-

40

Évolution

Place du français dans les systèmes éducatifs

- **Coexistence et partenariat des langues**

En Afrique du Nord, après une période de crispation sur les questions linguistiques, le français reconquiert peu à peu sa place, comme langue d'accès à l'Europe. En Tunisie, le français, enseigné de la 3e à la 9e année de l'école de base (primaire et collège) est langue d'enseignement unique des disciplines scientifiques, techniques, économiques et de gestion au lycée. Dans le supérieur, l'usage de la langue française s'étend à l'enseignement de la médecine et contribue pour partie, avec l'arabe, à l'enseignement des lettres et sciences humaines. Au Maroc, le français fait preuve d'une grande vitalité dans l'enseignement supérieur, parallèlement à un accroissement annuel de 20 % des inscriptions dans les Alliances et Instituts culturels français – une part des demandes ne peut être satisfaite.

Hors Francophonie, la situation est similaire. Un mouvement profond en Algérie offre à la langue française une place retrouvée. La volonté nationale de poser les véritables problèmes de l'accès au savoir et à la formation, et d'exploiter la position géostratégique de l'Algérie par rapport aux autres pays francophones, fait du français la langue privilégiée de la transmission et de l'acquisition des savoirs scientifiques et de la formation. L'enseignement dans le supérieur se fait entièrement en français en sciences médicales et en sciences de l'ingénieur. L'enseignement professionnel public utilise le français à partir de la 1re année du brevet professionnel jusqu'au brevet de technicien et compte 200 000 apprenants. De plus, le monde universitaire algérien, qui fait partie de l'Agence universitaire de la Francophonie (AUF-campus numérique), pousse l'Algérie à adhérer à l'OIF. En Israël, l'université de Tel-Aviv a rejoint l'AUF. À Gaza, dans les Territoires palestiniens, l'université Al-Aqsa abrite un département qui enseigne entièrement en français (120 étudiants), et 13 écoles en Cisjordanie et 12 à Gaza enseignent le français. L'objectif est de former des professeurs de français.

- **Le développement du secteur privé constitue un atout**

Nous le disions dans le précédent rapport ; c'est notamment vrai au Moyen-Orient et hors Francophonie. En Arabie Saoudite, mis à part dans deux universités publiques, l'enseignement du et en français s'effectue entièrement dans des établissements scolaires privés. Le cas est identique dans les Émirats arabes unis. En Iran, le français a été introduit dans les collèges ; il se développe dans le secteur privé des industries de la langue ; les secteurs professionnels et techniques se manifestent de plus en plus en faveur de son apprentissage. En Jordanie, le français n'est plus enseigné dans l'enseignement public depuis 1988. Il est cependant dès le primaire dans les écoles privées, soit pour 70 % environ des élèves jordaniens concernés. Au Koweit, 30 % de l'enseignement du français est du domaine du privé. En 2005-2006, des cours de français pour débutants ont été ouverts dans deux universités privées, avec un total de 115 apprenants environ.

Coopération éducative

La Tunisie a bénéficié de l'assistance de la France (Fonds de solidarité prioritaire) pour mettre en œuvre un Programme de rénovation de l'enseignement du français dans le système éducatif tunisien, qui a débuté en janvier 2003 et s'étale sur cinq ans. Il concerne les écoles primaires, les collèges et les lycées, et a été complété par le Programme de rénovation de l'enseignement du et en français dans l'enseignement supérieur mis en place en septembre 2006. Au Maroc, suite à un jumelage scolaire, un groupe privé marocain, Le Cèdre, a décidé d'ouvrir une école à la mode québécoise dans le but de former des élèves destinés à poursuivre des études supérieures en Amérique du Nord. Le projet, auquel est associée la Commission scolaire des Découvreurs, près de Québec, se concrétisera avec l'ouverture d'une école primaire à Casablanca, prévue pour septembre 2007. Rabat devrait suivre. À terme, les élèves recevront deux diplômes, l'un du ministère de l'Éducation nationale du Maroc, l'autre du ministère de l'Éducation, du Loisir et du Sport du Québec. L'enseignement dispensé doit donc à la fois respecter les programmes québécois et marocains. Des enseignants québécois pourront enseigner dans cette école, aux côtés du personnel marocain formé par des Québécois. L'Égypte souhaite également ouvrir des écoles québécoises. Par ailleurs, l'université francophone du Caire (franco-égyptienne) a été inaugurée officiellement en avril 2006, mais elle fonctionnait depuis 2002 avec trois facultés : gestion, langue et école d'ingénieurs. Cette université devrait contenir la concurrence de l'Université américaine. C'est le cas également, hors Francophonie, dans les Émirats arabes unis : une branche de la prestigieuse université française s'est ouverte à la rentrée 2006. La Sorbonne d'Abou Dhabi devrait porter ses effectifs à 1 500 en trois ans. L'enseignement de l'histoire, de la géographie, de la littérature, de la philosophie, et ultérieurement du droit, est prévu en français. La licence sera délivrée par l'université de Paris IV-Sorbonne et reconnue dans l'espace européen de la formation et de la recherche. Un apprentissage intensif de la langue et de la culture françaises est prévu. Les universités américaines des Émirats, quant à elles, accueillent déjà quelque 3 000 jeunes, et les universités britanniques 800. Un nouveau lycée franco-libanais s'est ouvert à Tripoli pour l'accueil de 1 350 élèves.

Perspectives

▶ Renforcer les centres, instituts culturels et Alliances

Ils contribuent à créer un environnement francophone stimulant et sont d'un apport extrêmement important à l'enseignement du français aux adultes. Deux exemples : au Maroc, 29 500 apprenants dans onze Alliances françaises, et en Tunisie, 12 500 dans les onze Instituts culturels français.

▶ Développer l'usage des nouvelles technologies

Suivre en cela l'exemple du Maroc, dont le gouvernement a décidé d'équiper chaque école d'une salle multimédia connectée à Internet, soit 8 000 écoles et 6 millions d'élèves, comme de l'Algérie, où le ministère de l'Enseignement supérieur et de la Recherche scientifique s'est doté d'une plate-forme de formation ouverte et à distance en version libre bilingue arabe/français ou encore de la Tunisie où les initiatives relatives à ce domaine sont multiples. Plusieurs milliers d'étudiants utilisent déjà ce dispositif.

▶ Former des enseignants

Selon le rapport de l'Institut de statistique de l'Unesco (ISU) intitulé « Les enseignants et la qualité de l'Éducation : suivi des besoins mondiaux 2015 », paru en 2006, les États arabes devront créer 450 000 nouveaux postes d'enseignants, principalement en Égypte, en Irak, au Maroc et en Arabie Saoudite.

Afrique subsaharienne et océan Indien

ÉTATS ET GOUVERNEMENTS MEMBRES DE L'OIF

États et gouvernements où le français est langue seconde et/ou langue officielle	Enseignement du français (total public et privé) Nombre d'apprenants Primaire	Secondaire	Supérieur	Enseignement en français - Établissements nationaux - Nombre d'apprenants Prim.	Second.	Sup.	Enseignement en français - Établissements français - Nombre d'apprenants Prim.	Second.	Sup.	Enseignement bilingue - Nombre d'apprenants Prim.	Second.	Sup.
Afrique subsaharienne												
Bénin*	–	–	–	1 297 326	1 500 000	30 000	800	–	–	–	–	–
Burkina Faso*	–	–	–	117 500	217 176	16 000	1 045	–	–	–	–	–
Burundi	1 036 859	–	–	254 234	196 247	13 750	–	–	–	–	–	–
Cameroun	490 000	180 000	85 790	2 500 000	670 000	60 000	–	–	–	–	–	–
Cap-Vert*	51 932	28 000	200	–	–	–	42	–	–	–	–	–
Centrafrique	–	–	–	400 000	60 000	7 000	268	196	–	–	–	–
Congo	–	–	–	610 400	224 000	12 000	–	–	–	–	–	–
Congo (Rép. démocratique du)	–	–	–	6 140 000	1 670 000	200 000	–	–	–	–	–	–
Côte d'Ivoire*	–	–	–	1 910 820	565 850	1 436	–	–	–	–	–	–
Djibouti*	48 000	24 500	1 135	–	–	–	4 759	–	–	–	–	–
Gabon*	–	–	–	118 189	90 076	–	4 583	–	–	–	–	–
Guinée	–	–	–	1 000 000	500 000	40 000	–	–	–	–	–	–
Guinée équatoriale	4 000	31 000	800	–	–	–	200	–	–	–	–	–
Mali*	–	–	–	1 874 368	117 185	37 635	1 166	–	–	–	–	–
Niger*	–	–	–	755 000	103 000	9 000	751	–	–	5 000	2 000	5 000
Rwanda*	1 636 563	159 153	28 575	–	–	–	7 963	–	–	–	–	–
São Tomé-et-Principe	6 455	7 340	135	–	–	–	–	–	–	–	–	–
Sénégal*	–	–	–	1 287 093	310 779	50 000	–	–	–	–	–	–
Tchad	–	–	–	1 170 046	201 942	9 073	–	–	–	–	–	–
Togo	–	–	–	984 846	355 547	26 000	–	–	–	–	–	–
Océan Indien												
Comores	–	–	–	104 274	37 582	2 426	237	105	–	–	–	–
France-Réunion	–	–	–	121 026 (prim.)	102 577 (second.)	–	16 749 (sup.)	–	–	–	–	–
France-Mayotte	–	–	–	42 415 (prim.)	20 867 (second.)	–	–	–	–	–	–	–
Madagascar	–	–	1 114	3 360 600	510 000	41 000	1 957	2 082	–	–	–	–
Maurice*	130 000	–	–	–	–	–	–	–	–	–	103 000	23 000
Seychelles*	12 140	–	–	–	–	–	129	–	–	–	9 203	586

ÉTATS ET GOUVERNEMENTS NON MEMBRES DE L'OIF

| États et gouvernements où le français est langue étrangère | Enseignement du français (total public et privé) Nombre d'apprenants ||| Enseignement en français |||||| Enseignement bilingue |||
| | | | | Établissements nationaux Nombre d'apprenants ||| Établissements français Nombre d'apprenants ||| Nombre d'apprenants |||
	Primaire	Secondaire	Supérieur	Prim.	Second.	Sup.	Prim.	Second.	Sup.	Prim.	Second.	Sup.
Afrique subsaharienne												
Afrique du Sud	1 100	17 300	3 345	-	-	-	488	319	-	-	-	-
Angola	1 947	42 367	6 139	-	-	-	103	156	-	-	-	-
Botswana*	2 500	3 125	189	-	-	-	-	-	-	-	-	-
Érythrée	50	130*	140	-	-	-	-	-	-	-	-	-
Éthiopie	1 900	700	250	-	-	-	1 100	600	-	-	-	-
Kenya	5 000	38 000	5 000	-	-	-	209	182	-	-	-	-
Lesotho	1 329	763	130	-	-	-	-	-	-	-	-	-
Malawi*	8 000	13 200	90	-	-	-	-	-	-	-	-	-
Mozambique	650	76 900	500	-	-	312	141	42	-	-	-	-
Namibie*	150	1 773	60	-	-	-	-	-	-	-	-	-
Ouganda	2 500	2 000 000	1 000	-	-	-	-	-	-	-	-	-
Sierra Leone	2 000	15 000	1 000	-	-	-	-	-	-	-	-	-
Swaziland	2 500	4 500	8	-	-	-	-	-	-	-	-	-
Tanzanie*	1 000	19 000	100	-	-	-	100	5	-	-	-	-
Zambie*	-	20 000	136	-	-	-	40	7	-	-	-	-
Zimbabwe*	-	3 600	280	-	-	-	109	69	-	-	-	-

Évolution

Le Centre régional francophone pour l'océan Indien (Crefoi), créé en 1991 à Madagascar, a été relancé en novembre 2005. Il a pour mission de promouvoir le français dans un contexte plurilingue et de dégager des solutions régionales aux politiques linguistiques, notamment par la formation de formateurs pour le français et les langues partenaires.

▶ Les carences des systèmes éducatifs

- Une scolarisation insuffisante

Parmi les pays les plus en difficulté : le Centrafrique qui, de plus, accuse de fortes disparités entre les régions (taux de 37 à 77 %), et le Niger, qui a les plus faibles taux d'alphabétisation des adultes (17 %) et des femmes (9 %).

- Une dégradation de l'enseignement

À tous les niveaux : insuffisance de capacités d'accueil, manque de moyens humains et matériels, crises, inadéquation de la formation aux besoins du marché de l'emploi, fuite des cerveaux. Au Congo, entre autres, le niveau connaît une baisse dramatique.

Les pays non francophones ne sont pas épargnés, avec des conséquences inévitables sur l'enseignement du français. Ainsi, en Sierra Leone, la guerre civile a mis en fuite les entreprises touristiques et caritatives francophones qui favorisaient la motivation pour apprendre le français, d'où un déclin brutal de son enseignement.

- Des professeurs en nombre insuffisant, sous-qualifiés et mal rémunérés

Selon le rapport de l'Institut de statistique de l'Unesco, déjà cité, les salles de classe de l'Afrique subsaharienne devront accueillir 1,6 million d'enseignants supplémentaires d'ici à 2015 – ce qui correspond à une augmentation de 68 % – afin que chaque enfant puisse bénéficier de l'enseignement primaire. Le nombre d'enseignants devra presque quadrupler au Tchad pour parvenir à un enseignement primaire universel. La pénurie d'enseignants se fait également cruellement sentir en Centrafrique.

Parallèlement au manque d'enseignants, le niveau de qualification de ceux qui exercent est faible. Ainsi, au Congo, 57 % seulement des enseignants justifient du niveau d'études secondaires du 1er cycle, ce qui, selon l'Unesco, constitue la qualification minimum requise pour enseigner. Il faut dire que les plus qualifiés se détournent de l'enseignement, rebutés par les conditions de travail et la sous-rémunération. Du coup, nombre de pays doivent se contenter de « para-enseignants » dont le niveau de qualification est plus faible (et la rémunération aussi). C'est tout particulièrement le cas au Niger, où les enseignants pâtissent d'arriérés de salaire de plus de cinq ans.

Quelques chiffres

	Les enseignants de/en français		
	Primaire	Secondaire	Supérieur
Burundi	20 655	5 347	328
Cameroun	42 873	3 503	–
Centrafrique	4 800	1 150	170
Congo	11 370	10 300	642
Congo (République démocratique du)	126 000	81 000	7 900
Madagascar	64 270	23 880	–
Tchad	16 853	6 204	434
Togo	25 000	9 537	512

- L'image du français

Même si elle souffre de la concurrence de l'anglais, elle reste positive dans l'ensemble. Le nombre d'apprenants dans les Alliances françaises et les centres culturels français en témoigne, en Francophonie (Centrafrique : 3 000 ; République démocratique du Congo : 5 000 ; Madagascar : 26 000) et hors Francophonie (Afrique du Sud : 2 963 ; Angola : 2 987 ; Kenya : 4 800 ; Ouganda : 2 337), ainsi que dans les centres d'apprentissage de la langue française : 2 515 apprenants adultes dans les cinq centres du Tchad. Dans les pays francophones, la jeunesse considère souvent le français comme une porte de sortie pour des études en France. Même un pays comme le Tchad, où l'arabe est en progression, voit la demande de formation de français augmenter de la part des arabophones eux-mêmes, qui perçoivent son caractère utilitaire. Dans les pays anglophones, l'intérêt pour la langue française augmente car elle est perçue comme l'une des langues internationales qui joue un rôle important sur le continent africain. C'est le cas en Afrique du Sud, au Lesotho, et particulièrement en Ouganda où le nombre d'écoles secondaires proposant le français augmente chaque année, comme le nombre de professeurs assistant aux sessions de formation continue.

Il est indéniable en tout cas que les motivations des apprenants sont de plus en plus d'ordre professionnel.

Perspectives

▶ Soutenir les systèmes éducatifs

L'objectif est de parvenir à l'éducation pour tous (EPT) d'ici à 2015. La Semaine de l'éducation pour tous, qui chaque année marque l'anniversaire du Forum mondial sur l'éducation (Dakar, avril 2000), avait d'ailleurs pour thème en 2006 : « Chaque enfant a besoin d'un enseignant ».

Organisées par l'Organisation internationale de la Francophonie, la Conférence des ministres de l'Éducation nationale des pays ayant le français en partage (Conférem), l'Association francophone internationale des directeurs d'établissements scolaires et le gouvernement de Madagascar, les Assises francophones de la gestion scolaire qui se sont déroulées du 4 au 8 avril 2006 à Antananarivo, et qui ont réuni différents acteurs du secteur éducatif d'une cinquantaine de pays de l'espace francophone, s'inscrivaient dans cette perspective de l'EPT. La 52e session de la Conférem, qui s'est tenue les 1er et 2 juin 2006 à Niamey (Niger), s'est inspirée de ces travaux en se penchant aussi sur la question de la gestion scolaire, convenant à ce sujet d'un *mémorandum* et d'un cadre d'action autour de trois grandes priorités :

– la capitalisation et le partage des expériences et des acquis en matière de gestion, notamment par le biais des nouvelles technologies ;
– la mise en place ou le renforcement de programmes de formation et de développement professionnel des gestionnaires, à tous les paliers du système, ainsi que des partenaires, en particulier les enseignants et les parents d'élèves ;
– le développement de référentiels communs de programmes afin de faciliter l'élaboration et la production de manuels scolaires.

Il faut donc encourager les États à susciter le concours des grands bailleurs de fonds internationaux et miser sur la création de pôles d'excellence à l'échelon sous-régional afin de décentraliser et de mutualiser les ressources.

▶ Rapprocher l'enseignement des réalités socio-économiques

Pour cela, il faut soutenir les filières de formation professionnelle, principalement celles de courte durée, et accepter de s'adapter au marché de l'emploi.

▶ Aménager un véritable partenariat entre le français et les langues africaines dans l'enseignement

C'est ce que ne cessent de répéter, d'année en année, les membres du Haut Conseil de la Francophonie au cours de leurs sessions.

Le paysage linguistique africain se caractérise en effet par une extrême diversité des langues.

En République démocratique du Congo, par exemple, on trouve près de 250 langues de souche congolaise (dont quatre nationales), mais on y parle aussi le français, qui est la langue officielle, et l'anglais qui s'y enseigne. La prise en compte des langues nationales dans l'enseignement – des jeunes comme des adultes – est diversifiée. Au Burundi, durant les quatre premières années du primaire, le kirundi est langue d'enseignement. C'est à partir de la 5e année du primaire que le français le remplace dans cette fonction. L'alphabétisation des adultes se fait en kirundi : 66 505 femmes et hommes sont concernés. En Guinée, les langues utilisées pour l'alphabétisation des adultes sont le français, le soussou et le pulaar. Au Cameroun, la politique linguistique suppose l'enseignement des deux langues officielles, le français et l'anglais. Cependant, les deux langues restent dominantes dans leurs zones respectives et le bilinguisme souhaité n'est pas atteint. Par ailleurs, près de 250 langues africaines sont présentes, de façon inégale, sur le territoire.

▶ Diversifier les formes d'enseignement

L'enseignement peut être formel/non formel, public/privé, présentiel/à distance, et jouer la carte de la complémentarité. Ainsi, au Burundi, l'apprentissage du français dans le non-formel concerne 455 000 garçons et filles ; en Guinée, le privé occupe 30 % de l'enseignement primaire, 15 % du secondaire et 5 % du supérieur. À Madagascar, où un enfant sur trois n'est pas scolarisé et où un adulte sur trois est analphabète, les centres d'apprentissage non formels se multiplient (260 au moins), conformément au projet d'éducation non formelle lancé en 2001 par le gouvernement malgache et le Programme conjoint du système des Nations unies de promotion de l'éducation de base à l'intention des jeunes non scolarisés et des adultes analphabètes.

À noter : au Cameroun, les nouvelles écoles islamiques – pour la plupart financées par des fonds saoudiens – se multiplient, au détriment des écoles coraniques traditionnelles. Contrairement aux écoles franco-arabes (et anglo-arabes) qui suivent le programme officiel de l'Éducation nationale avec en plus l'enseignement de l'arabe, ces nouvelles écoles ont leur programme propre et les enseignements se font en arabe. Les études sont sanctionnées par des diplômes arabes qui ouvrent droit à l'admission dans des universités arabes. Ainsi, chaque année, près du tiers des quelque 150 à 200 de ces jeunes diplômés obtiennent une bourse universitaire arabe…

Concernant l'enseignement à distance, l'Université virtuelle africaine (UVA) a été lancée officiellement en janvier 2005 pour une durée de trois ans. Le coût total du projet, estimé à 8,46 millions de dollars, est assuré à 90,75 % par le Fonds africain de développement (FAD). Elle est basée à Nairobi (Kenya) et les pays couverts, en plus du Kenya, seront Djibouti, l'Éthiopie, Madagascar, le Mozambique, l'Ouganda, la Somalie, la Tanzanie, la Zambie et le Zimbabwe. Le programme est fourni par vingt-deux universités africaines (dont huit francophones).

L'Agence universitaire de la Francophonie, pour sa part, développe les campus numériques. En Afrique subsaharienne et dans l'océan Indien, ils sont implantés au sein d'universités [4].

---

4. Bénin, Burkina Faso, Burundi, Cameroun, Centrafrique, Congo, République démocratique du Congo, Côte d'Ivoire, Gabon, Madagascar, Mali, Niger, Sénégal, Tchad.

3 Amérique et Caraïbe

ÉTATS ET GOUVERNEMENTS MEMBRES DE L'OIF

États et gouvernements où le français est langue première et seconde	Enseignement en français (total public et privé) Nombre d'apprenants			Enseignement du français (nombre d'apprenants)			Enseignement bilingue nombre d'apprenants		
	Primaire	Secondaire	Supérieur	Primaire	Secondaire	Supérieur	Primaire	Secondaire	Supérieur
Amérique du Nord									
Canada (l'ensemble)*	1 971 232	–	–	1 058 709	–	–	357 272	–	–
Nouveau-Brunswick	71 654	29 561	14 263	–	–	–	–	–	–
Québec	547 588	427 538	351 241	8 852	4 209	formation pour adultes : 17 716	–	–	–
Caraïbe									
France-Guadeloupe	61 371	36 547	8 483	–	–	–	–	–	–
France-Guyane	36 547	23 745	2 333	–	–	–	–	–	–
France-Martinique	49 615	48 729	8 234	–	–	–	–	–	–
Haïti*	–	–	–	–	–	–	1 864 723	–	–

États et gouvernements où le français est langue seconde et/ou langue officielle	Enseignement du français (total public et privé) Nombre d'apprenants			Enseignement en français Établissements nationaux Nombre d'apprenants			Établissements français Nombre d'apprenants			Enseignement bilingue Nombre d'apprenants		
	Primaire	Secondaire	Supérieur	Prim.	Second.	Sup.	Prim.	Second.	Sup.	Prim.	Second.	Sup.
Caraïbe												
Dominique	3 168	6 000	372	–	–	–	–	–	–	–	–	–
Sainte-Lucie	4 000	8 500	200	–	–	–	–	–	–	–	–	–

Chapitre 3 • Actualité de l'enseignement du et en français dans le monde

ÉTATS ET GOUVERNEMENTS NON MEMBRES DE L'OIF

États et gouvernements où le français est langue étrangère	Enseignement du français Nombre d'apprenants (total public et privé)			Enseignement en français							Enseignement bilingue		
				Établissements nationaux				Établissements français						
				Nombre d'apprenants			Nombre d'apprenants			Nombre d'apprenants		
	Primaire	Secondaire	Supérieur	Prim.	Second.	Sup.	Prim.	Second.	Sup.	Prim.	Second.	Sup.
Amérique du Nord												
États-Unis	1 000 000	4 000 000	1 200 000	–	–	–	9 069	3 323	–	10 000	2 000	–
Louisiane	20 527	39 053	400	–	–	–	220	–	–	150	30	–
Nouvelle-Angleterre	–	63 720	302 875	–	–	–	–	–	–	524	113	–
Caraïbe												
Bahamas*	50	1 200	70	–	–	–	–	–	–	–	–	–
Cuba	430	2 192	1 205	–	–	–	–	–	–	–	–	–
Dominicaine (Rép.)	496 000	319 000	30 000	–	–	–	370	249	50	–	–	–
Jamaïque	493	6 222	191	–	–	–	–	–	–	–	–	–
Saint-Kitts-et-Nevis*	–	1 000	–	–	–	–	–	–	–	–	–	–
Saint-Vincent et les Grenadines	3 130	4 389	17	–	–	–	–	–	–	–	–	–
Trinité-et-Tobago	–	10	80	–	–	–	–	–	–	–	–	–
Amérique latine												
Argentine	36 163			–	–	–	–	–	–	546	790	–
Bolivie	35 000	40 000	1 000	–	–	–	550	300	–	–	–	–
Brésil*	67 842	96 182	15 951	–	–	–	423	402	–	30	–	–
Fortaleza (État du Ceará)		3 500		–	–	–	–	–	–	–	–	–
Chili*	33 000	6 000	2 000	30 000	3 000	2 000	3 000	3 000	–	3 500	2 500	–
Colombie	3 000	5 000	10 000	2 000	2 000	10 000	1 000	3 000	–	–	–	–
Costa Rica	19 148	222 356	2 190	–	–	–	462	355	–	600	–	–
Équateur	3 363	11 449	3 200	–	–	–	–	–	–	–	–	–
Guatemala (enseignement privé)	500	2 000	1 000	–	–	–	40	300	–	–	–	–
Honduras	353	259	719	–	–	–	332	145	–	–	–	–
Mexique*			150 000	–	–	140	3 600			–	–	–
Nicaragua*	1 350	8 000	800	–	–	–	155	66	–	131	143	–
Paraguay*	800	2 800	400	–	–	–	171	108	–	–	–	–
Pérou*	13 037	18 687	5 459	–	–	–	488	322	–	–	–	–
Salvador*	–	3 770	211	–	–	–	968			–	–	–
Uruguay	–	–	–	–	–	–	549	385	–	57	–	–
Venezuela*	444	21 319	4 282	–	–	–	327	237	–	–	–	–

Évolution

▶ Coopération et mobilité en Francophonie

• L'attrait du Québec

Après les États-Unis, mais à égalité avec le Royaume-Uni, le Québec est la destination favorite des étudiants français. Ils sont plus de 5 000 à venir y étudier chaque année, attirés par l'accueil, la pédagogie, les conditions de travail, le rapport qualité/prix de la formation. Et, bien sûr, la facilité linguistique. Leur nombre a augmenté de 30 % en cinq ans ; 1 700 sont venus dans le cadre de conventions entre établissements et 3 700 de manière autonome. Un accord de coopération permet aux étudiants français de bénéficier d'un régime dérogatoire : ils ne payent que 1 200 euros de droits d'inscription pour un premier cycle, alors que les autres étudiants étrangers versent 5 000 euros supplémentaires. Par ailleurs, l'inscription dans une université ouvre le droit à l'immigration.

• Le soutien à Haïti

La solidarité francophone fonctionne. Le Canada et le gouvernement du Québec s'appuient sur leurs liens privilégiés avec Haïti pour participer financièrement et logistiquement à la réhabilitation du système éducatif. La France, conformément à la convention signée en septembre 2005, a contribué pour 1 million d'euros au financement de la rentrée scolaire 2005-2006 à Haïti.

▶ La place du français hors Francophonie

Le français occupe le plus souvent la place de deuxième langue étrangère étudiée, après l'espagnol. C'est le cas aux États-Unis, où il bénéficie à la fois d'un sentiment grandissant d'appartenance à la culture francophone dans certaines régions (Louisiane et Maine, où des enfants souhaitent de plus en plus apprendre le français) et de l'apport d'un nouveau public haïtien et africain. Au Brésil, le français a connu une poussée en 2005, suite à l'opération « Année du Brésil en France ». Les effectifs annuels de l'Alliance française de Fortaleza ont ainsi crû de plus de 8 %, ce qui met fin à une stagnation de plusieurs années. En République dominicaine, l'évolution la plus notable résulte de la réforme des certifications du diplôme d'études en langue française (delf) et de leur intégration au cursus des deux principales alliances qui ont entraîné une explosion du nombre de diplômes passés.

Il faudra toutefois compter, dans les années à venir, avec la concurrence du chinois, en Amérique du Nord – en Nouvelle-Angleterre, la Chine développe une politique très offensive en faveur de sa langue, finançant entièrement les programmes (professeurs et matériel pédagogique) pour les établissements qui le souhaitent – comme en Amérique latine (Honduras).

Perspectives

▶ Promouvoir l'enseignement des langues étrangères

C'est en effet indispensable sur un continent où leur place dans les systèmes éducatifs est insuffisante et souvent précaire, vite sacrifiée, en Amérique latine, aux contraintes budgétaires. Ainsi, au Guatemala, l'enseignement privé représente quasiment 100 % de l'enseignement du français car il n'y a pas d'apprentissage des langues étrangères dans l'enseignement public. Il ne faut donc pas hésiter à faire jouer les coopérations linguistiques, comme au Brésil où un centre de langue franco-allemand a été inauguré à Niteroi, en mai 2006, fruit d'une collaboration entre l'Alliance française et l'Institut Goethe. Une bonne stratégie consiste à répondre à une demande en expansion, celle de formations au français sur objectifs spécifiques (FOS), dans le domaine du tourisme par exemple (Jamaïque). Mais par-dessus tout, il faut veiller à la formation des enseignants – en songeant à l'enseignement à distance, comme cela commence à se développer en Argentine –, et non seulement au renouvellement de leurs effectifs lors des départs en retraite (Argentine et Brésil) mais à leur accroissement.

4 Asie et Océanie

Chapitre 3 • Actualité de l'enseignement du et en français dans le monde

ÉTATS ET GOUVERNEMENTS MEMBRES DE L'OIF

États et gouvernements où le français est langue étrangère	Enseignement du français (total public et privé) Nombre d'apprenants			Enseignement en français							Enseignement bilingue		
				Établissements nationaux Nombre d'apprenants			Établissements français Nombre d'apprenants			Nombre d'apprenants		
	Primaire	Secondaire	Supérieur	Prim.	Second.	Sup.	Prim.	Second.	Sup.	Prim.	Second.	Sup.
Extrême-Orient												
Cambodge	5 500	92 000	8 500	–	–	–	–	450	–	810	2 200	–
Laos	–	40 947	2 236	–	–	–	–	123	109	1 289	1 009	589
Viêt Nam	8 680	174 000	25 358	–	–	2 716	–	962	–	8 680	7 920	4 451
Océanie												
Vanuatu*	–	6 000	–	13 475	3 676	100	220	220	–	–	–	–

ÉTATS ET GOUVERNEMENTS OBSERVATEURS DE L'OIF

États et gouvernements où le français est langue étrangère	Enseignement du français (total public et privé) Nombre d'apprenants			Enseignement en français							Enseignement bilingue		
				Établissements nationaux Nombre d'apprenants			Établissements français Nombre d'apprenants			Nombre d'apprenants		
	Primaire	Secondaire	Supérieur	Prim.	Second.	Sup.	Prim.	Second.	Sup.	Prim.	Second.	Sup.
Asie centrale												
Arménie	–	58 000	3 500	–	–	780	58	–	–	–	120	–
Géorgie*	5 803	52 642	34 050	80	42	94	–	–	–	329	574	1 850

Première partie

ÉTATS ET GOUVERNEMENTS NON MEMBRES DE L'OIF

États et gouvernements où le français est langue étrangère	Enseignement du français Nombre d'apprenants (total public et privé)			Enseignement en français							Enseignement bilingue		
				Établissements nationaux Nombre d'apprenants			Établissements français Nombre d'apprenants			Nombre d'apprenants		
	Primaire	Secondaire	Supérieur	Prim.	Second.	Sup.	Prim.	Second.	Sup.	Prim.	Second.	Sup.
Asie centrale												
Afghanistan	697	5 080	465	–	–	–	–	–	–	–	959	–
Azerbaïdjan	–	70 000	–	–	742	–	–	–	–	–	–	–
Inde*	3 000	120 000	14 350	–	–	–	1 383	–	–	–	–	–
Népal	50	180	150	–	–	–	35	5	–	–	–	–
Ouzbékistan	3 800	415 425	15 000	–	–	–	53	32	–	–	–	–
Pakistan	–	1 700	5 700	–	–	–	38	11	–	–	–	–
Turkménistan*	216	1 521	62	–	–	–	–	–	–	–	–	–
Extrême-Orient												
Brunei	295	483	49	–	–	–	–	–	–	–	–	–
Chine	100	5 000	52 000	–	–	–	–	–	–	–	–	–
Corée du Sud	187	25 430	8 541	–	25 343	8 541	187	87	–	–	–	–
Indonésie	–	8 000	4 000	–	–	–	–	–	–	–	–	–
Japon	90	9 800	2 000 000	–	–	–	600	383	–	–	–	–
Malaisie	–	4 000	4 500	–	–	–	173	177	–	–	–	–
Mongolie	–	324	354	–	–	–	–	–	–	–	–	–
Myanmar (Birmanie)	–	200	1 500	–	–	800	–	–	700	7	–	–
Singapour	3 017	4 152	7 169	–	–	–	437	333	–	–	–	–
Thaïlande	–	50 675	–	–	–	–	371	241	–	–	–	–
Océanie												
Australie	80 000	125 000	7 200	–	–	–	284	135	–	427	231	–
Nouvelle-Zélande	21 389	25 000	1 200	–	–	–	–	–	–	55	5	–
Papouasie-Nouvelle-Guinée*	–	50	60	–	–	–	222	–	–	–	–	–
Philippines	–	600	5 000	–	–	–	120	80	–	–	–	–
Samoa occidentales*	–	–	10	–	–	–	–	–	–	–	–	–

52

Évolution

Un plan de valorisation du français en Asie du Sud-Est, baptisé Valofrase, a été signé le 21 août 2006, pour une durée de trois ans, entre les trois pays concernés (Cambodge, Laos et Viêt Nam), l'Organisation internationale de la Francophonie, l'Agence universitaire de la Francophonie, le ministère français des Affaires étrangères, le gouvernement du Québec et celui de la Communauté française de Belgique. Les actions de coopération s'ordonnent selon trois axes d'intervention : l'enseignement du français ou en français, la formation des enseignants concernés et les outils de valorisation (filières universitaires francophones, diplômes, communication).

La commission régionale de la Fédération internationale des professeurs de français (FIPF) s'est réunie à Taipei (Taiwan) du 28 avril au 1er mai 2006. Le Centre régional francophone pour l'Asie-Pacifique (Crefap) se consacre au suivi des projets nationaux d'enseignement du français. À la demande des ministères de l'Éducation du Cambodge, du Laos et du Viêt Nam, il encadre, depuis 2005, des équipes nationales d'experts chargés de développer cet enseignement.

▶ L'importance du secteur privé

Des simples cours privés à domicile jusqu'aux cours pour de petits groupes d'élèves, comme au Viêt Nam où ils sont souvent nécessaires pour la réussite aux épreuves dans le système éducatif. La langue française ne peut parfois s'acquérir qu'à travers le système éducatif privé. C'est le cas, hors Francophonie, au niveau primaire et secondaire, au Bangladesh, au Pakistan, au Népal. En Australie, il existe un secteur privé important (écoles indépendantes et écoles catholiques) représentant environ 1/3 des effectifs d'apprenants de français.

▶ La dynamique francophone

L'apprentissage du français est en nette augmentation en Chine. La France bénéficie d'une image positive, suite au succès des Années croisées France/Chine. Concernant la Francophonie, l'image d'une organisation politique dépassant les clivages culturels et géographiques, et se posant en modèle alternatif au modèle américain, intéresse beaucoup les Chinois. La défense de la diversité culturelle est également un message fort, très écouté. Enfin, la proximité grandissante de la Chine avec le continent africain l'oblige à s'intéresser aux grands ensembles politiques, culturels et économiques avec lesquels ce dernier compose. Il existe plus de 350 accords de coopération signés entre 200 établissements d'enseignement supérieur français et chinois.

Depuis 1980, plus d'un million de Sud-Coréens ont appris le français, ce qui fait probablement de la Corée du Sud l'un des pays les plus francophones d'Asie (la Corée a d'ailleurs été officiellement invitée par la Roumanie à prendre part au XIe sommet de la Francophonie à Bucarest). Même si le rôle de l'anglo-américain comme langue de communication internationale privilégiée n'est pas remis en cause, le français fait l'objet en Corée d'une demande croissante, et la tendance est à la hausse pour les cours dispensés dans les Alliances françaises. L'implication croissante des autorités coréennes en Afrique, qu'il s'agisse des pays du Maghreb ou de l'Afrique noire francophone, semble conférer à la Francophonie un intérêt nouveau à leurs yeux. Elles ont bien noté que la possibilité de négocier en français constitue souvent un atout. La plupart des jeunes Coréens diplômés en français qui ont choisi de travailler en relation avec l'Afrique n'éprouvent d'ailleurs aucune difficulté d'insertion professionnelle. La Corée est désireuse de s'exprimer dans les enceintes internationales, comme de devenir un pôle régional et international de séminaires d'hommes d'affaires et de congrès d'experts. Elle a donc besoin de former de plus en plus d'interprètes de haut niveau (d'où l'intérêt croissant de la presse et des pouvoirs publics pour les questions d'interprétation et de traduction). L'engouement des Coréens pour la littérature d'expression française (458 livres en langue française ont été traduits en coréen en 2003, 756 en 2005) contribue aussi à susciter un attrait de la jeunesse pour les filières de traduction franco-coréenne, qui assurent aux étudiants de français un débouché professionnel. Les contacts noués avec l'École supérieure d'interprètes et de traducteurs (l'ESIT, rattachée à l'Université Paris III) et l'École de traduction et d'interprétation de l'université de Genève (ETI), où les Coréens forment les contingents d'étudiants étrangers les plus fournis, expliquent chaque année le maintien des filières francophones en dépit d'une demande croissante en chinois et en japonais. Le niveau des professeurs et des étudiants de l'Institut coréen de la traduction littéraire et des deux centres de traduction et d'interprétation de Hanguk et d'Ewha bénéficie d'une réputation d'excellence dans toute l'Asie.

On ne dira jamais assez à quel point la présence du français dans l'environnement, grâce au travail des centres culturels et des Alliances (225 apprenants de français à l'Alliance française en Mongolie en 2005, 4 565 apprenants dans les quatre Alliances françaises de Thaïlande) est déterminant pour l'avenir de la Francophonie. Ainsi, au Brunei, le travail de l'Alliance française porte ses fruits, et de plus en plus de Brunéiens souhaitent apprendre le français. Des échanges se créent avec la France, et la première étudiante française au Brunei est arrivée au mois de mars 2006.

La mobilité étudiante participe de cette dynamique. Ainsi, en Thaïlande, où le français est la deuxième langue vivante apprise, même si c'est à titre d'option, de nombreux étudiants poursuivent leurs études dans des pays de la Francophonie : de 1 200 à 1 500 en France, environ 150 en Belgique, 100 en Suisse, 1 400 au Canada (100 à 200 au Québec). Inversement, des assistants viennent de Belgique, du Luxembourg, de France, de Suisse : 354 dans l'enseignement primaire, 178 dans le supérieur.

Quant à la francophilie du Japon, elle reste vivante mais attachée à certains secteurs (gastronomie, luxe…), et l'enseignement du français s'y heurte à la concurrence du chinois et du coréen, ainsi qu'à un nouvel engouement pour l'italien.

Perspectives

Soutenir l'enseignement bilingue et les filières francophones

L'Agence universitaire de la Francophonie apporte son appui à 10 pôles universitaires régionaux rassemblant 56 filières universitaires réparties dans 29 universités d'Asie du Sud-Est.

En 2006, le Laos comptait 108 classes bilingues avec 3 130 élèves dans 13 établissements publics. Après avoir été reçus au baccalauréat national lao à 100 % (240 bacheliers par an), les élèves des classes bilingues du lycée de Vientiane ont confirmé leur excellent niveau au concours d'entrée à l'Université nationale du Laos. Le cursus bilingue est proposé aux élèves dès la 3e année du cycle primaire, avec 9 heures de français et 1 heure d'initiation aux mathématiques en français. Les deux dernières années du primaire offrent 9 heures de français et 3 heures de mathématiques en français. Durant les trois années du collège, les élèves poursuivent l'apprentissage du français à raison de 9 heures par semaine et l'enseignement scientifique se dispense dans cette langue. La même formule est reconduite au lycée durant trois ans, mais avec 6 heures de français par semaine.

Au Viêt Nam, à la rentrée universitaire 2006, ont été mis en place, au sein des deux universités nationales (à Hanoi et à Ho Chi Minh-Ville), des pôles universitaires d'excellence combinant la délocalisation de formations françaises et le développement d'une activité de recherche. Ces formations, prioritairement au niveau mastère, s'inscrivent dans le schéma européen LMD et sont conformes aux standards internationaux de qualité. Elles sont délivrées par des établissements français regroupés en consortiums par grands domaines scientifiques.

L'Institut de la Francophonie pour l'informatique de Hanoi a diplômé, en 2005, sa 9e promotion de mastère. Il existe également un Institut de la Francophonie pour la médecine tropicale à Vientiane. Sa formation aboutit à la délivrance d'un mastère en médecine tropicale et santé internationale. Son recrutement international s'est élargi, au-delà du Laos, au Cambodge, à la Chine, au Viêt Nam et à Madagascar.

▶ Miser sur l'attrait des formations professionnalisantes

Une part importante de l'avenir du français et de la francophonie en Asie est corrélée aux débouchés professionnels. Ce qui se passe en Chine est exemplaire à cet égard : les grands programmes en matière de coopération universitaire avec la France concernent les formations technologiques et scientifiques. ParisTech (11 grandes écoles d'ingénieurs parisiennes) a mis en place différents partenariats, dont le programme « 50 ingénieurs chinois pour la France », qui forme actuellement 200 étudiants chinois, et des Masters of Science regroupés à Tongji. À l'Université Tsinghua, un consortium d'établissements français (INPG, ENSAM, école centrale de Nantes, ENS-Cachan) a été mis en place pour participer à la création d'un centre PLM (Product Lifecycle Management : gestion du cycle de vie d'un produit) en collaboration avec la société Dassault System. Il s'agit du sixième centre franco-chinois de formation professionnelle ouvert en Chine sur la base d'un partenariat tripartite (éducation nationale – université chinoise – entreprise française). En Thaïlande, qui accueille 250 000 à 300 000 visiteurs francophones par an, le marché du tourisme constitue la principale motivation des apprenants de français.

Europe

ÉTATS ET GOUVERNEMENTS MEMBRES OU ASSOCIÉS DE L'OIF

États et gouvernements où le français est langue première	Enseignement du français Nombre d'apprenants (total public et privé)			Enseignement en français comme langue étrangère Nombre d'apprenants (total public et privé)		
	Primaire	Secondaire	Supérieur	Primaire	Secondaire	Supérieur
Europe de l'Ouest						
Belgique – Communauté française	320 544	367 632	145 237	–	–	–
France[5]	6 316 941	5 327 102	2 232 301	–	–	–
Monaco	2 792	3 125	–	87	9	–
Suisse francophone[6]	70 000	167 000	44 000	–	–	–

ÉTATS ET GOUVERNEMENTS MEMBRES OU ASSOCIÉS DE L'OIF

États et gouvernements où le français est langue seconde et/ou langue officielle	Enseignement du français Nombre d'apprenants (total public et privé)			Enseignement en français						Enseignement bilingue		
				Établissements nationaux Nombre d'apprenants			Établissements français Nombre d'apprenants			Nombre d'apprenants		
	Primaire	Secondaire	Supérieur	Prim.	Second.	Sup.	Prim.	Second.	Sup.	Prim.	Second.	Sup.
Europe de l'Ouest												
Andorre	4 231	2 761	758	–	–	–	–	–	–	–	–	–
Belgique non francophone	–	449 769	–	–	–	–	–	–	–	–	–	–
Luxembourg*	–	–	–	–	–	–	–	–	31 360	32 266	–	–
Suisse non francophone[7]	86 000	–	–	–	–	–	–	–	–	–	–	–
Grèce	14 765	232 821	6 747	–	–	–	579	454	–	–	–	–
Europe centrale et orientale												
Albanie	6 555	51 364	25 659	–	–	–	–	–	–	–	300	–
Bulgarie	7 544	90 938	9 630	–	–	1 000	148	146	–	–	10 796	–
Macédoine*	35 679	29 079	2 800	–	–	533[8]	–	–	–	–	452	–
Moldavie*	700 000	–	–	–	–	–	–	–	–	–	3 000	–
Roumanie*	269 161	1 675 079	9 000	–	–	1 561	257	207	–	–	5 949	–

5. Sans les DOM.
6. Estimations de l'ambassade de France à partir des indications de l'Office fédéral suisse de la statistique.
7. *Ibid.*
8. Données actualisées.

56

Chapitre 3 • *Actualité de l'enseignement du et en français dans le monde*

ÉTATS ET GOUVERNEMENTS OBSERVATEURS DE L'OIF

États et gouvernements où le français est langue étrangère	Enseignement du français Nombre d'apprenants (total public et privé)			Enseignement en français							Enseignement bilingue		
				Établissements nationaux Nombre d'apprenants			Établissements français Nombre d'apprenants			Nombre d'apprenants		
	Primaire	Secondaire	Supérieur	Prim.	Second.	Sup.	Prim.	Second.	Sup.	Prim.	Second.	Sup.
Europe de l'Ouest												
Autriche*	4 265	124 806	3 380	–	–	–	647	769	–	424	160	–
Europe centrale et orientale												
Croatie*	3 058	7 691	1 000	–	–	–	76	–	–	–	50	30
Hongrie	3 519	28 336	5 158	–	–	–	354	268	–	–	1 323	350
Lituanie	715	17 712	5 277	189	–	–	42	–	–	–	350	–
Pologne	16 420	270 760	4 326	–	–	–	400	316	–	–	2 550	300
Slovaquie	4 503	21 400	–	–	–	–	94	–	–	–	3 600	–
Slovénie		5 258		–	–	–	–	–	–	–	–	–
Tchèque (République)	9 079	38 966	9 010	–	–	–	–	631	–	–	841	–

Première partie 57

ÉTATS ET GOUVERNEMENTS NON MEMBRES DE L'OIF

États et gouvernements où le français est langue étrangère	Enseignement du français Nombre d'apprenants (total public et privé)			Enseignement en français							Enseignement bilingue		
				Établissements nationaux			Établissements français				Nombre d'apprenants	
	Primaire	Secondaire	Supérieur	Nombre d'apprenants			Nombre d'apprenants					
				Prim.	Second.	Sup.	Prim.	Second.	Sup.	Prim.	Second.	Sup.
Europe de l'Ouest												
Allemagne	14 105	1 702 243	-	128 713	1 560 000	10 000	3 145	2 711	-	10 000	15 000	2 500
Danemark*	-	13 500	1 336	-	-	-	329	61	-	-	-	-
Espagne	100 263	935 062	-	-	-	-	8 529	6 522	-	5 633	7 306	-
Finlande	7 609	21 967	1 200	-	-	-	107	15	-	586	636	-
Irlande	10 800	202 710	12 500	-	-	-	223	75	-	-	-	-
Islande	-	2 404	-	-	-	-	-	-	-	-	-	-
Italie	-	763 584	-	-	-	-	1 866	1 625	-	-	3 900	-
Norvège	175	50 184	200	-	-	-	630		-	-	-	-
Pays-Bas*	75	26 677	461	-	-	-	200	500	-	-	-	-
Portugal	2 539	389 539	9 000	-	-	-	990		974	-	-	130
Royaume-Uni	800 000	2 000 000	60 000	-	-	-	2 425	1 805	-	-	-	-
Écosse	110 000	140 000	4 000	-	-	-	40	40	-	-	-	-
Suède	-	-	-	-	-	-	355	250	-	30	30	-
Europe centrale et orientale												
Biélorussie*	6 722	65 282	7 031	-	-	-	-	-	-	-	175	224
Bosnie-Herzégovine	3 035	7 946	70	-	-	-	74	-	-	-	-	-
Chypre	300	80 250	750	-	-	-	90	53	-	-	-	-
Estonie*		5 055		-	-	-	-	-	-	-	-	-
Lettonie		4 500	1 300	-	-	-	-	-	-	-	50	-
Malte*	125	13 399	222	-	-	-	-	-	-	-	-	-
Russie*	-	53 785	902 232	-	-	-	520			-	-	-
Turquie	4 650	21 100	9 300	-	-	2 480	732	632	-	3 450	8 100	-
Ukraine	205 882	105 882	5 500	-	-	-	70	30	-	-	951	90

58

Évolution

Le Centre régional francophone pour l'Europe centrale et orientale (Crefeco), structure de l'OIF, a inauguré son siège à Sofia en Bulgarie, le 26 mai 2005. Organe de concertation entre les cinq pays membres de la région (Albanie, Bulgarie, Macédoine, Moldavie et Roumanie), il s'intéresse tout particulièrement à la formation de formateurs dans le domaine de l'enseignement du et en français. Sa création souligne, avec le sommet de Bucarest, l'émergence d'une Francophonie balkanique.

Par ailleurs, dans la dynamique de l'élargissement de l'Europe, les deux commissions européennes de la Fédération internationale des professeurs de français (FIPF) – la Commission d'Europe centrale et orientale (CECO) et la Commission d'Europe de l'Ouest (CEO), représentant à elles deux près de 60 associations de professeurs de français – ont organisé à Vienne, du 2 au 4 novembre 2006, le premier congrès européen de réflexion et d'orientation sur l'avenir de l'enseignement du français en Europe, analysé sous trois angles complémentaires : « Quelles politiques linguistiques pour le français en Europe ? », « Le plurilinguisme et le pluriculturalisme », « L'enseignement-apprentissage du français langue étrangère et seconde ».

▶ De nouveaux arrivants

Sur les sept États ayant rejoint l'OIF en 2004, à titre d'associés ou d'observateurs, cinq sont européens. L'enseignement du français y est dispensé en tant que langue seconde en Andorre, en tant que langue étrangère en Autriche, en Croatie, en Grèce et en Hongrie.

En Andorre, le système scolaire se caractérise par une structure éducative plurielle composée par les systèmes andorran (catalan), français, et espagnol, selon la langue d'enseignement privilégiée et sur la base approximative de 1/3 des élèves dans chaque système. Le français est présent d'une manière ou d'une autre dans les trois systèmes.

	Enseignement du français		
	Primaire	Secondaire	Supérieur
Système andorran	1 603	763	211
Système espagnol	509 + 849 (privé)	458 + 547 (privé)	97 + 137 (privé)
Système français	1 270	993	313

Le 1er septembre 2005, une nouvelle convention est entrée en vigueur dans le domaine de l'enseignement, entre la Principauté et la France, élargissant la coopération aux domaines de la formation continue des enseignants et de l'enseignement supérieur. Par ailleurs, est prévue la création de classes bilingues catalan-français pour les primo-arrivants. Ces mesures s'inscrivent dans un contexte où de plus en plus d'étudiants vont poursuivre leurs études universitaires en Catalogne (1 000 étudiants en Catalogne, pour 200 étudiants en France). Le castillan, qui joue le rôle de *lingua franca,* progresse irrésistiblement, au détriment même de la langue officielle : le catalan.

En Autriche, le français est la langue étrangère la plus étudiée après l'anglais, mais il est concurrencé par l'espagnol et l'italien. Le nombre total d'élèves apprenant le français est cependant en légère augmentation : il est passé de 9,5 % de l'ensemble de la population scolaire en 2000 à 10,5 % en 2005. Le nombre des étudiants du programme Erasmus choisissant la France a doublé en cinq ans, faisant de ce pays la deuxième destination des étudiants autrichiens, après l'Espagne. Le nombre d'étudiants inscrits dans les universités et grandes écoles françaises est relativement stable, autour de 570 chaque année. Après la fermeture de l'Institut français de Graz le 31 décembre 2004, le réseau culturel comprend deux établissements : l'Institut français de Vienne et celui d'Innsbruck. Le lycée français de Vienne, fondé en 1946, scolarisait 1 785 élèves à la rentrée 2004, dont plus de 60 % d'Autrichiens.

En Croatie, l'enseignement du français poursuit un recul préoccupant. Les causes en sont assurément la présence toujours plus envahissante de l'anglais à laquelle s'ajoute la concurrence traditionnelle de l'allemand et de l'italien. Il faut dire aussi que dans quatorze des vingt et une régions que compte la Croatie, la langue vivante étrangère enseignée est imposée.

L'intégration de la Grèce, en tant qu'État associé, à l'Organisation internationale de la Francophonie n'a pas empêché la diminution du temps consacré à l'enseignement du français en collège, qui passe de trois à deux heures hebdomadaires. En contrepartie, l'enseignement d'une seconde langue étrangère, dont le français, a été introduit au primaire (l'anglais y est obligatoire depuis 1993), à titre expérimental, dans 210 établissements du territoire. L'apprentissage d'une seconde langue vivante étrangère est obligatoire au collège, les élèves ayant le choix entre le français et l'allemand. Selon le ministère de l'Éducation nationale, 83 % des élèves choisissent le français. Mais comme l'enseignement d'une seconde langue étrangère au lycée n'est toujours pas devenu obligatoire, ils ne sont plus que 23 %. La généralisation de l'enseignement d'une langue étrangère dans l'enseignement supérieur n'a pas encore eu lieu non plus.

En Hongrie, le hongrois est langue d'enseignement du primaire au supérieur. L'apprentissage d'une seule langue étrangère est obligatoire au secondaire, favorisant ainsi le « tout anglais ». L'allemand, langue de proximité, occupe, de loin, la seconde place. Pour le reste : 4 % d'apprenants de français, 2 % d'espagnol, 1 % d'italien, 1 % de russe. À l'université, certaines filières dispensent un enseignement en français (mais aussi en anglais, en allemand et en russe). De nombreuses écoles privées de langues proposent des cours de français. Une offre de mise à disposition de ressources numériques d'apprentissage du français a été lancée par l'ambassade de France en avril 2006, permettant à plus de 100 établissements de s'intégrer à ce programme.

▶ La Roumanie au moment du XIᵉ Sommet francophone

Les états généraux de la Francophonie en Roumanie, organisés sous le haut patronage de l'Organisation internationale de la Francophonie et du ministère des Affaires étrangères de Roumanie, se sont déroulés du 20 au 28 mars 2006, en amont du XIᵉ Sommet de la Francophonie de septembre 2006 à Bucarest. Six forums avaient été organisés dans quatre des principales villes du pays autour des thématiques suivantes : « Biens et services culturels (Bucarest, 20-21 mars), « Presse et information » (Bucarest, 21-23 mars), « Nouvelles technologies et Francophonie » (Timisoara, 22-23 mars), « Nouvelles solidarités et Francophonie » (Cluj, 23-25 mars), « Innover en français » (Bucarest, 25-26 mars), « Université et Francophonie » (Iasi, 27-28 mars).

Au cours de ces états généraux, quelque 150 délégués de l'Association roumaine des professeurs de français ont tenu une journée de réflexion dont il ressort que, malgré une érosion ces dix dernières années, l'enseignement du français en Roumanie fait encore aujourd'hui presque jeu égal avec l'anglais. Il y a des dizaines de sections bilingues dans le secondaire et une trentaine de filières francophones dans dix-neuf universités roumaines, soutenues par l'Agence universitaire de la Francophonie, directement ou par le biais de son Bureau régional de Bucarest. Au total, près de la moitié des élèves apprennent le français dans le système éducatif.

La présence de la langue française en Roumanie est également assurée par les quatre instituts et centres culturels (situés à Bucarest, Cluj-Napoca, Iasi et Timisoara) et par les cinq filiales de l'Alliance française (à Brasov, Constanta, Medgidia, Ploiesti et Pitesti).

Enfin, grâce aux programmes d'échanges, environ 5 000 étudiants roumains vont effectuer un séjour universitaire en France ou dans un autre pays francophone européen. Dans le domaine de la formation doctorale, le système de diplôme en cotutelle est en pleine expansion.

Un exemple de coopération interuniversitaire : le Collège juridique d'études européennes et l'Institut franco-roumain de droit des affaires et de la coopération internationale, implantés au sein de la faculté de droit de l'université de Bucarest, disposent d'une direction commune franco-roumaine à l'université Paris I Panthéon-Sorbonne, qui assure le pilotage d'un consortium d'appuis réunissant dix universités françaises (mais aussi trois ministères et des organismes représentant les milieux professionnels juridiques et judiciaires français), et à l'université de Bucarest. Les étudiants sont inscrits dans les deux universités, roumaine et française, et se voient délivrer un diplôme reconnu de part et d'autre. Les cours magistraux sont dispensés conjointement par des enseignants français et roumains, universitaires et professionnels ; les travaux dirigés sont effectués par une équipe française détachée auprès de l'université de Bucarest par le ministère des Affaires étrangères, l'université Paris I Panthéon-Sorbonne et l'université Montesquieu-Bordeaux IV.

Enseignement et plurilinguisme européen

→ Le cas de la Suisse

L'enseignement de deux langues étrangères aux écoliers du primaire sera obligatoire dès 2010-2012. Ce calendrier a été établi en mars 2004 par la Conférence des directeurs de l'Instruction publique. Les cantons gardent toutefois une marge de manœuvre. Ils peuvent en effet choisir la langue prioritaire. Les cantons romands ont tous opté pour l'allemand comme première langue étrangère. En Suisse alémanique, les gouvernements cantonaux ont préféré l'anglais au français. Toutefois, le canton de Berne – le 2e canton alémanique en nombre d'habitants – a choisi d'abord le français. Berne est en effet voisin de trois cantons romands (Neuchâtel, Fribourg et Vaud) et compte une minorité francophone dans sa partie jurassienne. Les cantons de Soleure, Bâle-Ville et Bâle-Campagne, ainsi que les parties germanophones des cantons de Fribourg et du Valais, ont également privilégié la langue du voisin. Le Tessin est le seul canton à vouloir favoriser deux langues nationales au primaire, le français d'abord, l'allemand ensuite.

Quant au principe d'un enseignement précoce de deux langues étrangères à l'école primaire, il rencontre des résistances en Suisse alémanique au motif qu'il ne faut pas surcharger les élèves pour qui l'allemand représente déjà une langue étrangère.

Tour d'horizon

→ En Francophonie

Une évolution positive à signaler particulièrement :
• En Slovaquie, avec l'ouverture, à la rentrée de 2006, d'un enseignement au niveau collège au sein de l'école de Bratislava. Cette ouverture marque la progression du français dans ce pays.
• En Slovénie, où, à la rentrée 2004, deux sections européennes francophones ont été ouvertes à Ljubljana et Nova Gorica. L'adhésion à l'UE a eu des effets bénéfiques sur la diffusion du français dans l'enseignement supérieur et dans l'administration. 3 % des élèves étudient le français, tous cycles confondus, et environ 10 % dans les lycées comme 2e ou 3e langue vivante étrangère. Dans l'enseignement supérieur, toutefois, le français occupe encore une position marginale.
• En République tchèque, on peut constater une progression soutenue du français en milieu scolaire, et les échanges avec des établissements français s'intensifient. La demande de français est très importante en milieu extrascolaire (Alliances, instituts, écoles de langue d'État et centres de cours privés). L'enseignement du français sur objectifs spécifiques (FOS) séduit de plus en plus, et il y a une très forte hausse des demandes de certification type delf/dalf.

→ Hors Francophonie

Le positionnement du français est dans l'ensemble fragile.

Si, en Espagne, le français occupe une place honorable de deuxième langue étrangère enseignée dans le système éducatif et universitaire, sa présence varie de manière significative en fonction des politiques linguistiques suivies par les différentes Communautés autonomes. Un point fort : le succès des sections bilingues qui sont au nombre de 150.

En Finlande, le français fait partie des langues les plus apprises au sein des centres publics de formation pour adultes, pour des raisons professionnelles et, le plus souvent, personnelles, mais on constate une diminution des effectifs en français en milieu scolaire.

En Allemagne, malgré le Plan langues décidé à l'automne 2004 dans le cadre franco-allemand et le maintien de la position du français comme deuxième langue étrangère, les tendances de fond conduisent à un rééquilibrage déjà entamé en faveur de l'espagnol. On constate de fait, au niveau scolaire, un lent grignotage des positions du français, retardé, voire masqué, par des avancées locales, plus ou moins liées aux initiatives bilatérales. Le volontarisme politique du Bade-Wurtemberg imposant le « français, langue du voisin » au primaire dans le « sillon rhénan » se heurte à une résistance croissante des familles. À la recommandation européenne d'enseigner deux langues vivantes européennes s'oppose souvent la remontée du latin, symbole d'excellence, à l'entrée du secondaire. Enfin, trop d'élèves abandonnent le français, « langue difficile », au milieu du cursus secondaire général, au profit de l'espagnol, « langue facile », qui rapporte plus de points à l'Abitur [9]. Au niveau universitaire, un processus de restructuration en cours entraîne la fermeture de plusieurs départements de Romanistik et, par conséquent, de chaires de français. Dans les centres de langues des universités, le manque de crédits conduit à un démantèlement des structures permanentes au profit d'un recours systématique à des vacataires. En réponse à cette situation, depuis 2005-2006 les Instituts français en Allemagne proposent à ces enseignants des formations au français sur objectifs spécifiques. Une action de valorisation de l'enseignement supérieur franco-allemand (université franco-allemande) et français a été lancée en 2005 autour de l'orientation des lycéens des sept lycées français relevant de l'Agence pour l'enseignement français à l'étranger (AEFE) et des écoles allemandes offrant le français, dont quelque 25 sections bilingues conduisant au double diplôme : l'Abi-Bac. Reprise en 2006, elle est appelée à se pérenniser.

La langue française a toujours bénéficié au Royaume-Uni d'un contexte favorable. Toutefois, l'apprentissage des langues n'étant pas l'une des priorités du ministère de l'Éducation, il en résulte pour le français une situation fragilisée, contrairement à ce que pourrait laisser penser sa place de première langue enseignée. En particulier, la possibilité pour les élèves de plus de 14 ans de choisir une autre matière en lieu et place d'une langue vivante a des effets dramatiques sur l'étude des langues, et donc du français.

Perspectives

▶ Miser sur la mobilité étudiante entre pays francophones ou entre un pays francophone et un pays non francophone

Un nombre impressionnant d'étudiants allemands, par exemple, poursuivent leurs études dans des pays membres de l'OIF (5 700 en France ; 370 en Belgique ; 770 au Canada ; 6 100 en Suisse) et 3 795 jeunes Polonais étudient en France.

Cette mobilité est grandement facilitée par les programmes européens. Erasmus mundus est un nouveau programme universitaire doté d'une enveloppe de 230 millions d'euros sur une période de quatre ans, qui vise à augmenter l'offre de formations européennes et à favoriser la mobilité des chercheurs et des étudiants. Les universités des différents pays de l'Union sont encouragées à organiser des mastères en commun. 5 000 bourses d'études et un millier de bourses d'enseignement pour les ressortissants des pays tiers sont financées dans ce cadre.

▶ Miser sur le développement de l'enseignement des langues vivantes

Selon l'édition 2006 du rapport annuel de la Commission européenne sur les progrès vers les objectifs de Lisbonne [10] dans l'éducation et la formation, la plupart des étudiants de l'UE

---

9. Équivalent du baccalauréat.
10. Lors du Conseil européen qui s'est déroulé à Lisbonne au printemps 2000, les ministres de l'Éducation se sont mis d'accord sur trois buts majeurs à atteindre d'ici à 2010 : améliorer la qualité et l'efficacité des systèmes d'éducation et de formation dans l'UE ; assurer que ceux-ci soient accessibles à tous ; ouvrir l'éducation et la formation au monde extérieur.

n'apprennent pas deux langues étrangères depuis leur plus jeune âge, comme le préconisait le Conseil européen de Barcelone en 2002. Dans les États membres, en 2003, la moyenne des langues étrangères enseignées par élève n'était, respectivement, que de 1,3 et de 1,6 dans l'enseignement général secondaire premier et deuxième cycles. Il faut donc que les pays européens de l'OIF s'engagent de plus en plus résolument dans le cadre des programmes Socrates de l'UE (action Lingua).

▶ Et, encore et toujours : miser sur le développement des études bilingues

En Europe, 50 000 écoliers et collégiens suivent un enseignement bilingue en français dans 400 établissements de 31 pays.

6 Conclusion

Enseignement du et en français par région		
Apprenants du et en français	2005	Part relative
Afrique du Nord et Moyen-Orient	23 874 919	21,80 %
Pays membres et associés	11 170 158	
Pays non membres et observateurs	12 704 761	
Afrique subsaharienne et océan Indien	38 520 130	35,18 %
Pays membres et associés	36 210 797	
Pays non membres et observateurs	2 309 333	
Amérique et Caraïbe	13 574 516	12,40 %
Pays membres et associés	5 549 780	
Pays non membres et observateurs	8 024 736	
Asie et Océanie	3 706 994	3,39 %
Pays membres et associés	386 862	
Pays non membres et observateurs	3 320 132	
Europe	29 816 484	27,23 %
Pays membres et associés	18 795 818	
Pays non membres et observateurs	11 020 666	
Monde	109 493 043	100 %
Pays membres et associés	72 113 415	
Pays non membres et observateurs	37 379 628	

Évolution par région entre 1994 et 2002

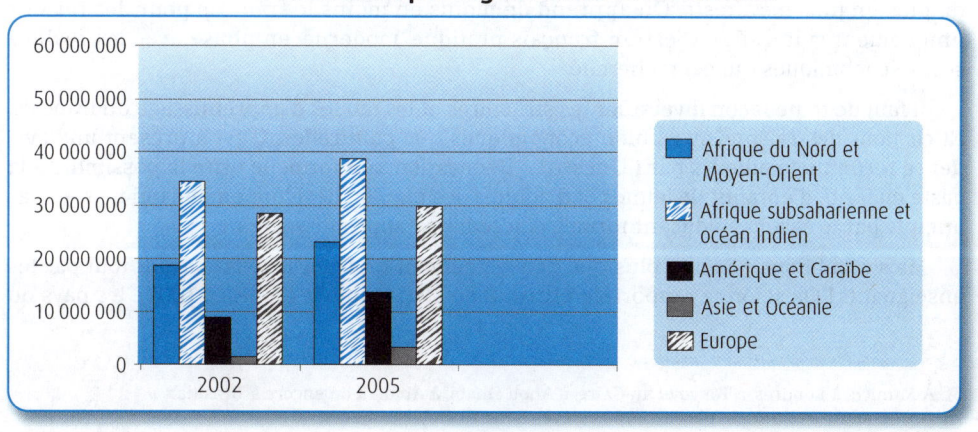

La langue française, étant enseignée sur tous les continents, dans des contextes géographiques, culturels et économiques très hétérogènes, doit faire l'objet de stratégies également très diversifiées. Ici, c'est l'enseignement pour tous qui doit concentrer les actions ; ailleurs, on encouragera, par exemple, le développement des études francophones. Celles-ci, déjà très présentes sur le continent américain, se développent en Europe.

Quelques traits communs semblent cependant se dégager.

Le français ne se porte jamais aussi bien que lorsqu'il joue la carte de la diversité linguistique, en s'appuyant sur les langues traditionnelles en présence dans un système éducatif et en s'alliant aux autres langues internationales – anglais, espagnol surtout – qui y ont acquis une place. À l'avenir, il faudra sans doute compter avec l'entrée en lice du chinois, dont l'enseignement est en train de se propager – nous l'avons signalé pour le continent africain et l'Asie – et qui effectue un bond en avant en Europe. En France notamment, où son enseignement est passé en une année de 9 328 à 12 628 élèves, soit une augmentation de 35 %. Le chinois est ainsi parvenu, en cinq ans, de la neuvième à la sixième place des langues du secondaire et devrait accéder à la cinquième, devant le russe, le portugais, l'arabe et l'hébreu.

Le développement du secteur privé profite à l'enseignement du français. Le plan de relance de l'action culturelle internationale de la France (dont la promotion de la langue française et son enseignement), présenté en mai 2006, avec une promotion accrue pour attirer les étudiants en France (par l'intermédiaire de l'Agence ÉduFrance) et la construction de nouveaux lycées français à l'étranger, prévoit ainsi des partenariats entre l'État et le secteur privé, notamment pour servir à développer le réseau des lycées français à l'étranger[11]. Rappelons que le réseau des écoles françaises à l'étranger est le premier réseau scolaire au monde avec 412 établissements scolaires homologués (qu'il s'agisse de ceux du réseau de l'Agence pour l'enseignement français à l'étranger [AEFE], de ceux de la Mission laïque[12] ou des établissements conventionnés). Ces établissements scolarisent environ 180 000 enfants dans 125 pays.

La mobilité des étudiants et des chercheurs est une aspiration générale qui doit être encouragée par les pays francophones. Le nombre d'élèves effectuant tout ou partie de leur cursus dans un autre pays a atteint le chiffre de 1,9 million en 2002. Il devrait être multiplié par cinq d'ici vingt ans. Selon l'Organisation de coopération et de développement économiques (OCDE), la France arrive en tête des pays francophones en termes de « parts de marché » : 10 % (54 % de ces étudiants proviennent d'Afrique). À titre de comparaison, les États-Unis en détiennent 28 %, le Royaume-Uni 12 %, l'Allemagne 11 %, l'Australie 9 % et le Japon 4 %. Comment ne pas voir, dans ces allers-retours entre pays francophones ou de pays non francophones à pays francophones, une chance pour la Francophonie de perdurer et de se développer dans toute sa vitalité ? Les membres du Haut Conseil de la Francophonie appellent d'ailleurs de leurs vœux la création d'un Erasmus francophone.

Les objectifs professionnels des apprenants doivent être mieux pris en compte. C'est de plus en plus manifeste. On apprend de moins en moins le français pour des raisons uniquement culturelles. C'est un français pratique, moderne, en phase avec les réalités socio-économiques qui est recherché.

Il faut de toute façon diversifier les structures et les modes d'apprentissage du français. Et ce, pour des raisons aussi bien économiques que culturelles. C'est à présent une évidence reconnue d'ailleurs par l'Unesco : « L'éducation non formelle offre la possibilité à la vaste majorité d'enfants, de jeunes et d'adultes des pays en développement, qui ne sont pas atteints par le système éducatif formel, d'accéder à l'apprentissage. »

Mais n'oublions pas non plus que l'enseignement du français passe avant tout par les enseignants ! Or, selon le rapport de l'Institut de statistique de l'Unesco (ISU), les pays du

---

11. À Munich, à Londres, à Tokyo et au Caire, à Abou Dhabi, à Amman ou encore à Brasília.
12. Qui scolarise à elle seule plus de 26 000 élèves dans 70 établissements.

monde entier devront recruter plus de 18 millions d'enseignants au cours de la prochaine décennie. On sait à quel point l'Afrique est confrontée à cette pénurie, on connaît moins celle dont souffrent l'Amérique du Nord et l'Europe occidentale, notamment en mathématiques et en sciences. Les changements du contexte démographique et des conditions de travail en sont la cause. Les enseignants âgés prennent leur retraite, tandis que les nouvelles recrues envisagent moins généralement de faire toute leur carrière dans l'enseignement. Le Plan de relance du français de la France, avec un budget de 50 millions d'euros en 2006-2007 prévoit la formation de quelque 10 000 enseignants de français dans les pays du Maghreb et de 10 000 autres ailleurs dans le monde.

Comme pour l'apprentissage du français, la formation, notamment continue, des enseignants exige une diversification des moyens. Au sein de l'OIF, TV5 apporte, par le biais du multimédia, une aide pédagogique avec son émission « Apprendre et enseigner avec TV5 Monde ». En 2005, 10 000 enseignants et formateurs ont participé aux sensibilisations ou aux formations assurées par la chaîne ou par des pédagogues extérieurs. Ils ont été près de 25 000 à s'inscrire au fichier d'envoi des Lettres d'information pédagogique électroniques de l'émission. Les Centres de lecture et d'animation culturelle (Clac), les campus numériques, constituent aussi des lieux de formation continue à promouvoir.

Rappelons pour finir que, dans son cadre stratégique, la Francophonie s'est engagée à soutenir les États et gouvernements membres dans le renforcement de leurs systèmes éducatifs, la mise en œuvre de leurs plans nationaux d'éducation pour tous et l'orientation de la formation et de la recherche vers le développement et l'emploi.

QUESTIONNAIRE — DONNÉES 2005-2006
ÉTATS ET GOUVERNEMENTS MEMBRES

Enseignement

1 — SYSTÈME SCOLAIRE

1.1 Quelle(s) est (sont) la (les) principale(s) langue(s) d'enseignement aux niveaux scolaire et universitaire ?

Cycles	Français	Autre langue 1 (préciser)	Autre langue 2 (préciser)	Autre langue 3 (préciser)	Commentaires
Primaire					
Secondaire					
Supérieur					

1.2 La (les) langue(s) d'enseignement change (nt)-t-elle(s) au cours de la scolarité ? Le cas échéant, préciser les raisons de ce changement.

....
....
....

1.3 Enseignement du et en français.

Indiquer l'année scolaire de référence :

2004-2005 ❏

2005-2006 ❏

1.3.1

États et gouvernements où le français est langue première	Enseignement du français Nombre d'apprenants (total public et privé)		
	Primaire	Secondaire	Supérieur

1.3.2

États et gouvernements où le français est langue seconde et/ou langue officielle	Enseignement du français Nombre d'apprenants (total public et privé)			Enseignement en français						Enseignement bilingue		
				Établissements nationaux			Établissements français					
	Primaire	Secondaire	Supérieur	Nombre d'apprenants			Nombre d'apprenants			Nombre d'apprenants		
				Prim.	Second.	Sup.	Prim.	Second.	Sup.	Prim.	Second.	Sup.

1.3.3

États et gouvernements où le français est langue étrangère	Enseignement du français Nombre d'apprenants (total public et privé)			Enseignement en français						Enseignement bilingue		
				Établissements nationaux			Établissements français					
	Primaire	Secondaire	Supérieur	Nombre d'apprenants			Nombre d'apprenants			Nombre d'apprenants		
				Prim.	Second.	Sup.	Prim.	Second.	Sup.	Prim.	Second.	Sup.

1.3.4 Dispositifs pour les migrants.

Existe-t-il des classes d'accueil pour l'apprentissage du français destinées aux nouveaux arrivants ? Si oui, préciser :

Enseignement du français comme langue étrangère Nombre d'apprenants			
Primaire	Secondaire	Supérieur	Formation pour adultes

1.3.5 Le secteur privé occupe-t-il une place significative dans certains secteurs de l'enseignement du et en français ou bilingue ? Si oui, préciser le pourcentage d'enseignement privé.

....
....
....
....

1.4 Estimation du nombre d'étudiants poursuivant leurs études dans des États et gouvernements membres de l'OIF. Préciser (programmes européens – Tempus, Socrates, Voltaire –, autres).

Nombre d'étudiants	Pays de destination

1.5 Enseignants et assistants de/en français.

Nombre d'enseignants			Assistants			
Primaire	Secondaire	Supérieur	Primaire	Secondaire	Supérieur	Pays d'origine

2 — LE SYSTÈME EXTRASCOLAIRE

2.1 Les centres de langue, instituts culturels, Alliances.

Enseignement du français							
Centres nationaux privés		Instituts culturels étrangers (préciser de quels pays)		Alliances françaises			
Nombre de structures	Nombre d'apprenants	Nombre de structures	Nombre d'apprenants	Nombre de structures	Nombre d'apprenants		

2.2 Alphabétisation et lutte contre l'illettrisme.

Chiffres de la population analphabète et de la population illettrée[13] (si possible hommes et femmes) prise en charge dans le cadre de programmes d'alphabétisation et de lutte contre l'illettrisme, en précisant dans quelle langue se fait la formation.

Langue(s) utilisée(s) pour l'alphabétisation		
Français	Autre langue :	Autre langue : ....
Nombre d'apprenants	Nombre d'apprenants	Nombre d'apprenants

2.3 Apprentissage non formel.

Avez-vous des éléments d'information concernant l'apprentissage du français en dehors du secteur éducatif institutionnalisé et non sanctionné par un diplôme (ONG, écoles communautaires, de village, cours, médias, etc.) ? Préciser.

3 — PARTENARIATS

3.1 Existe-t-il des partenariats actifs entre des établissements d'enseignement du pays et des établissements d'enseignement des États et gouvernements membres de l'OIF ?

❒ Oui   ❒ Non

Si oui, préciser.

États et gouvernements	Type de partenariat (conventions interuniversitaires, jumelages de classes primaires ou secondaires, etc.)	Public/Privé

4 — AUTRES OBSERVATIONS

---

[13]. **Analphabète** : personne âgée de quinze ans ou plus, ne sachant ni lire, ni écrire, en le comprenant, un texte simple sur la vie de tous les jours.
Illettrée : personne scolarisée et alphabétisée, n'ayant pas acquis une maîtrise suffisante de la langue écrite pour faire face aux exigences professionnelles et sociales.

QUESTIONNAIRE — DONNÉES 2005-2006
ÉTATS ET GOUVERNEMENTS
NON MEMBRES

Enseignement

1 — ENSEIGNEMENT DU ET EN FRANCAIS

1.1 Nombre d'apprenants.

Indiquer l'année scolaire de référence :

2004-2005 ☐

2005-2006 ☐

Enseignement du français Nombre d'apprenants (total public et privé)			Enseignement en français						Enseignement bilingue		
			Établissements nationaux			Établissements français					
			Nombre d'apprenants			Nombre d'apprenants			Nombre d'apprenants		
Primaire	Secondaire	Supérieur	Prim.	Second.	Sup.	Prim.	Second.	Sup.	Prim.	Second.	Sup.

1.2 Le secteur privé occupe-t-il une place significative dans certains secteurs de l'enseignement du et en français ou bilingue ? Si oui, préciser le pourcentage d'enseignement privé.

1.3 Estimation du nombre d'étudiants poursuivant leurs études dans des pays membres de l'OIF. Préciser (programmes européens – Tempus, Socrates, Voltaire –, autres).

Nombre d'étudiants	Pays de destination

1.4 Enseignants et assistants de/en français.

Nombre d'enseignants			Assistants			
Primaire	Secondaire	Supérieur	Primaire	Secondaire	Supérieur	Pays d'origine

2 — LE SYSTÈME EXTRASCOLAIRE

2.1 Les centres de langue, instituts culturels, Alliances.

Enseignement du français						
Centres nationaux privés		Instituts culturels étrangers (préciser de quels pays)		Alliances françaises	
Nombre de structures	Nombre d'apprenants	Nombre de structures	Nombre d'apprenants	Nombre de structures	Nombre d'apprenants

3 — PARTENARIATS

3.1 Existe-t-il des partenariats actifs entre des établissements d'enseignement du pays et des établissements d'enseignement de pays membres de l'OIF ?

❏ Oui   ❏ Non

Si oui, préciser.

Pays	Type de partenariat (conventions interuniversitaires, jumelages de classes primaires ou secondaires, etc.)	Public/Privé

4. AUTRES OBSERVATIONS

Liste des réponses par États et gouvernements membres de la Francophonie.

Représentants personnels [14]		
Andorre	Guinée	République tchèque
Canada Nouveau-Brunswick	Hongrie	Sainte-Lucie
Canada Québec	Lituanie	Slovaquie
Communauté française de Belgique	Maroc	Suisse
Dominique	Monaco	Tunisie
Grèce	Pologne	

Postes diplomatiques français		
Albanie	Congo	Pologne
Andorre	Congo (République démocratique du)	République tchèque
Arménie	Guinée	Sao Tomé-et-Principe
Bulgarie	Guinée équatoriale	Slovaquie
Burundi	Hongrie	Suisse
Cambodge	Laos	Tchad
Cameroun	Lituanie	Togo
République centrafricaine	Madagascar	Tunisie
Comores	Maroc	Viêt Nam

14. Certains représentants personnels, qui ont renvoyé leurs réponses au questionnaire du HCF, ne se retrouveront pas dans cette liste parce qu'ils n'ont pas donné de chiffres sur l'enseignement du et en français. C'est le cas pour le Liban, le Luxembourg, l'ex-République yougoslave de Macédoine, la République démocratique du Congo et le Vanuatu.

Chapitre 4

Le français en Louisiane

Au sein des États-Unis, la Louisiane n'appartient pas à la Francophonie institutionnelle, mais, depuis 1971, le nom d'Acadania, sous lequel elle se désigne, rappelle ses origines francophones et sa francophilie.

1 Bref historique

Si la première colonie française permanente en Louisiane est établie à Biloxi en 1699, grâce notamment à René Robert Cavelier de La Salle, l'histoire de la francophonie en Louisiane est surtout liée à celle de la Cadie (plus tard Acadie) fondée par les Français, en 1605, à l'emplacement de la Nouvelle-Écosse actuelle et d'une partie du Nouveau-Brunswick, des îles de la Madeleine, de l'île du Prince-Édouard et de l'État du Maine. L'Acadie française ayant été cédée à la Grande-Bretagne par le traité d'Utrecht en 1713, les Britanniques ordonnent la déportation des Acadiens (« Le grand dérangement ») en 1755. Des immigrations d'Acadiens vers la Louisiane se succèdent à partir de 1765. La France, après avoir récupéré et cédé la Louisiane plusieurs fois, la vend aux États-Unis en 1803. Un siècle plus tard, commence le bannissement de la langue française dans les écoles par le Comité d'éducation de l'État (lois de 1916 et 1931). En 1921, la Constitution louisianaise déclare l'anglais seule langue autorisée.

2 Les langues de Louisiane à base lexicale française

En fait, il y a une diversité des parlers français en Louisiane. Leurs locuteurs ont longtemps formé des groupes sociaux bien séparés. Les historiens distinguent notamment :

→ le français des colons blancs (proche du français standard), pratiquement disparu ;

→ le créole parlé en Louisiane depuis le XVIIIe siècle, qui possède un lexique en grande partie issu du français mais qui contient également des mots d'origine africaine, espagnole, indienne, anglaise... Le créole n'a pas bénéficié des mouvements de revitalisation comme c'est le cas du cadien, car il est trop étroitement lié à l'histoire de l'esclavage. Ceux qui le parlent encore aujourd'hui au sud de la Louisiane sont âgés, et les contextes de son utilisation se limitent à la sphère privée. On estime à environ 25 000 le nombre de locuteurs de créole louisianais, le plus souvent d'origine afro-américaine. Ce créole tend à se « décréoliser » en se rapprochant de plus en plus du français cadien ;

→ le cadien (on prononce cadjin) ou cajun, en américain : 200 000 locuteurs. C'était le français parlé par les Acadiens des provinces maritimes du Canada, d'origine majoritairement poitevine et berrichonne. Transmis oralement durant près de quarante ans, le cadien a emprunté de nombreux mots étrangers indiens et africains, mais surtout anglais, espagnols et créoles de Louisiane. Il s'est aussi grammaticalement simplifié et cantonné à la sphère privée. Aujourd'hui, l'enseignement de la langue française standard dans les écoles tend à modifier le parler cadien traditionnel.

Au recensement de 1990, environ 250 000 Louisianais avaient répondu que le français cadien était la langue principale parlée chez eux. Le recensement de 2000 dénombre, lui, 198 784 francophones louisianais de plus de cinq ans (plus de 40 % des habitants de la région de Lafayette parlent français) incluant 4 470 créolophones. Le Codofil (Council for the development of French in Louisiana) annonce 300 000 francophones, mais, pour un certain nombre, avec une connaissance partielle du français. On ne peut parler que d'estimations en ce qui concerne ce français de Louisiane.

3. L'enseignement du français en Louisiane

À la fin des années 1960, la francophonie en Louisiane est reconnue par les institutions gouvernementales et intégrée dans des programmes scolaires d'immersion. Le Codofil, créé en 1968 par le gouvernement de Louisiane (Acte 409), a le pouvoir de « faire tout ce qui est nécessaire pour encourager le développement, l'utilisation et la préservation du français tel qu'il existe en Louisiane pour le plus grand bien culturel, économique et touristique de l'État ».

Enseignement du français Nombre d'apprenants (total public et privé)			Enseignement en français		
Primaire	Secondaire	Supérieur	Établissements français Nombre d'apprenants		
			Primaire	Secondaire	Supérieur
20 527	39 053	400	220	–	–

Enseignement primaire « en immersion »

Le Codofil gère les programmes d'immersion en français – coordonnés par le Consortium des écoles d'immersion basé à Lafayette – dans une trentaine d'écoles publiques dans dix paroisses[1] avec la participation de 3 000 élèves.

La plupart des cours, voire tous, sont offerts en français. Généralement, les enfants commencent cette immersion à l'âge de cinq ans. Six écoles la poursuivent au niveau du collège, mais seuls quelques élèves continuent des cours de français renforcé au lycée[2].

Enseignement secondaire

L'État de Louisiane a rendu obligatoire, en 1983, l'apprentissage d'une seconde langue pendant cinq ans, avec possibilité de prolonger de deux ans l'enseignement pour ceux qui souhaitent entrer à l'université. La plupart des lycées de Louisiane exigent d'ailleurs deux années d'enseignement d'une langue étrangère, qui se trouve être parfois le français mais plus souvent l'espagnol. Dans la région de Lafayette, au centre du pays cadien, 30 % des enfants choisissent le français comme seconde langue.

Les établissements scolaires privés francophones ou bilingues

L'École franco-américaine Audubon, à La Nouvelle-Orléans, propose un enseignement de la maternelle à la 4e. Elle recourt à l'enseignement à distance (Centre national d'enseignement à distance – CNED) pour les classes secondaires. Effectifs : 128 élèves, dont seulement 30 Français.

---

1. Acadiana, Assomption, East Baton Rouge, Calcacieu, Iberia, Jefferson, Lafayette, Orléans, Saint-Landry et Saint-Martin.
2. Dans les paroisses Assomption, Calcacieu, Lafayette, Saint-Landry et Saint-Martin.

Baton Rouge International School, à Baton Rouge, enseigne de la petite maternelle à la fin du primaire, par correspondance avec le CNED pour les niveaux supérieurs. Effectifs : 100 élèves représentant neuf nationalités, dont 60 % d'Américains, 20 % de Français et 20 % de nationalités tierces. L'immersion se fait en français (et en espagnol) dans toutes les classes. L'école prépare aux baccalauréats français, international et américain.

Enseignement supérieur

Toutes les universités louisianaises enseignent le français, dans des départements de langues étrangères.

En 1994, l'université de Louisiane à Lafayette a créé le premier doctorat en études françaises et francophones des États-Unis, qui inclut le cadien et le créole. Depuis 1986, cette université édite la revue *Études francophones*.

À Baton Rouge, l'université d'État de Louisiane comprend un département d'études françaises et francophones (dirigé par Bernard Cerquiglini, ancien délégué général à la Langue française et aux langues de France). Au programme francophone : littérature de la Caraïbe, littérature belge, et cinq niveaux de français cadien. S'ajoute à ce département un centre de recherche et de formation des enseignants de français. Dans ce contexte a été lancée, en mars 2006, une revue électronique appelée *Mondes francophones*, qui se donne pour objectif de promouvoir la création et la réflexion dans tous les domaines d'expression francophone. Afin de susciter la réaction de son lectorat, elle attribue deux prix annuels de 500 dollars pour les meilleurs articles publiés. Son premier numéro offrait 230 pages de textes pour la plupart inédits, y compris des créations d'Édouard Glissant, de Lise Gauvin, de Véronique Tadjo..., ainsi que des articles sur l'économie, le Québec, l'Afrique, la Caraïbe. Cette revue bénéficie du soutien de l'Organisation internationale de la Francophonie.

Le Codofil accorde des bourses permettant aux étudiants de poursuivre leurs études en France, au Canada ou en Belgique. Des échanges d'étudiants sont organisés dans le cadre d'accords entre la France, la Belgique et la Louisiane.

Les apprenants adultes dans les instituts culturels et les alliances françaises

L'Alliance française de La Nouvelle-Orléans offre des sessions de cours de français deux fois par semestre et organise des activités culturelles pour une centaine de personnes. Celle de Lafayette, ouverte en 2005, propose un enseignement annuel de français à une soixantaine de jeunes élèves. Au total, 510 apprenants.

4 La recherche

Dans le domaine linguistique, la Base de données lexicographiques panfrancophone de Louisiane s'inscrit dans le cadre d'un projet international visant à constituer des bases représentatives du français de chacun des pays et de chacune des régions de la francophonie. La BDLP-Louisiane s'appuie sur les travaux lexicographiques menés par l'équipe Recherches dictionnairiques et lexicographiques sur le français louisianais/Louisiana French Dictionary & Lexicographical Research (université Indiana).

Voici un exemple de ce qu'on peut y trouver :

Avalasse (n.f.) [avalas]	Pluie torrentielle, grosse averse, déluge. [Downpour.]
Guolipiat (n.m.) [gulipjo]	Gourmand, vorace, gros mangeur. [Glutton, greedy person, heavy eater.]
Tambouiller (v. trans. ou v. intrans.) [ta~buje]	Faire la cuisine. [To cook.]
Tapager (v. intrans.) [tapa'e]	Faire beaucoup de bruit, du vacarme, du tapage. [To make noise, create an uproar, create a disturbance.]

5 L'environnement francophone

L'action médiatique

En plus de son action dans l'enseignement, le Codofil organise des conférences internationales, des festivals et propose des programmes audiovisuels en français. Il a créé l'association Média-Louisiane qui soutient toutes les initiatives de radio et télévision françaises dans l'État et édite un bulletin, la *Gazette de Louisiane*, accessible gratuitement sur son site Internet[3].

L'Acadjin/Asteur est un journal touchant à la fois les enfants qui étudient dans les programmes d'immersion française et les lecteurs canadiens intéressés par ce qui se passe chez leurs cousins du Sud[4].

Le Centenary College, à Shreveport, publie un journal étudiant : *Le Tintamarre*. Ce même établissement met en ligne la littérature en langue française ou créole de Louisiane[5].

On trouve également des émissions à la télévision et à la radio, notamment Radio Louisiane, la voix de l'Amérique française et KLRZ.

La Semaine de la Francophonie, autour du 20 mars, est l'occasion de nombreuses activités de promotion du français.

Il faudrait également évoquer ces chanteurs cadiens dont la renommée internationale contribue au renforcement de l'identité francophone louisianaise. Ainsi, Zachary Richard, cadien né en 1950 à Lafayette, auteur-compositeur-chanteur, est actuellement le porte-parole de la communauté acadienne dans le monde.

Le milieu associatif

Les associations sont si nombreuses qu'à La Nouvelle-Orléans a été fondé, en 1987, le Council of Societies of Greater New Orleans afin de coordonner les organisations francophones de la ville.

Quelques exemples :
- la Délégation louisianaise de l'American Association of Teachers of French ;
- l'Association louisianaise des clubs de français des écoles secondaires ;
- la Confédération des associations des familles acadiennes, qui soutient des programmes d'immersion en français ;
- l'Action cadienne, dédiée à la promotion de la langue française et à la culture cadienne en Louisiane, notamment dans les écoles ;
- Héritage acadien milite pour l'enseignement de l'histoire acadienne dans les écoles secondaires ;
- CREOLE. Inc. travaille avec le Codofil et offre des programmes d'échanges d'étudiants entre la Louisiane, la France, les Antilles et l'Afrique.

Il existe aussi un Centre d'héritage créole.

Il y a sans aucun doute une forte francophilie en Louisiane, et les liens avec le Canada, notamment le Québec – « porte-étendard de la francophonie en Amérique » –, y sont entretenus. Les dégâts occasionnés par le passage du cyclone Katrina, en août 2005, ont permis

---

3. www.codofil.org
4. www.asteur.org/acadjin/
5. www.centenary.edu/french/louisiane.html

de voir s'exprimer une solidarité particulière entre ces deux régions. Voici par exemple ce qu'écrit Charles Larroque, président de l'association Louisiane à la carte : « Nous avons besoin, plus que jamais, du Québec. Nous avons la même mère, la même langue, une culture qui « nous » ressemble, qui « nous « rassemble... Oui ! Dira-t-on ! En Louisiane, la langue française est moins présente que jadis, mais cette langue est toujours vivante [6]. »

Mini-bibliographie

DORAIS (L.J.), « Les francophones de la Louisiane : problèmes sociolinguistiques », *Anthropologie et Sociétés* 2 : 2, 1980, p. 159-165.
VALDMAN (A.), « Français louisianais ou cadien/créole en Louisiane », in M.-Ch. Hazaël-Massieux (dir.), *Hommages à Chaudenson : Deux langues, un lexique*, 1997, L'Harmattan, p. 287-306 ; « La situation du français en Louisiane », Michael D. Picone, in A. Valdman, J. Auger, et D. Piston-Hatlen (dirs.), *Le Français en Amérique du Nord : État présent*, Les Presses de l'Université Laval, 2005, p. 143-165.

---

6. http://louisianealacarte.org/.
En France, l'association France-Louisiane franco-américaine http://flfa.free.fr s'est fortement mobilisée.

Chapitre 5

L'adaptation linguistique des migrants en Francophonie du Nord

Les mouvements migratoires s'intensifient dans le monde, notamment du Sud au Nord, que ce soit par l'appel à la main-d'œuvre étrangère ou par l'accueil des réfugiés. Se pose inévitablement la question de l'intégration de ces nouvelles populations qui passe par l'apprentissage de la langue. Une étude comparative de politiques linguistiques en ce domaine donne un aperçu des approches retenues en Francophonie du Nord.

1 Le cas de la France

Contexte

La France a toujours été un pays d'immigration : un Français sur trois possède un ancêtre d'origine étrangère. Les deux dernières grandes vagues d'immigration ont eu lieu après la Première Guerre mondiale quand, du fait des pertes masculines importantes, on a dû faire appel à des émigrés belges, polonais, italiens, maghrébins et indochinois pour renforcer la population active, et après la Seconde Guerre mondiale lorsque, pour reconstruire le pays, on a également fait appel à une main-d'œuvre espagnole, portugaise, africaine et, surtout, maghrébine.

▶ **Immigrés en France**

Ils sont 4,5 millions d'immigrés de plus de dix-huit ans, dont 1,5 million vient de l'Union européenne, 300 000 du reste de l'Europe, 1,3 million du Maghreb (+ 15 % en cinq ans), 500 000 de l'Afrique subsaharienne (en progression de 39 % en cinq ans), et 600 000 d'Asie (+ 20 % en cinq ans). 40 % de ces immigrés possèdent déjà la nationalité française, mais 65 % maîtrisent insuffisamment le français[1]. L'État délivre entre 200 000 et 220 000 titres de séjour par an.

▶ **Législation**

La loi du 26 novembre 2003 subordonne la délivrance de la carte de résident à la connaissance suffisante de la langue et des principes de la société française. Ainsi, l'ajournement pour défaut d'assimilation linguistique représente plus de 18 % des décisions défavorables quant à la délivrance de la carte, autrement dit 3 000 cas par an.

La France élabore ses objectifs en matière d'évaluation des compétences linguistiques conformément au Cadre européen commun de référence pour les langues, proposé par le Conseil de l'Europe. Celui-ci a défini six niveaux de compétences linguistiques, du plus simple au plus complexe. L'État ayant en charge le système d'intégration, la formation est gratuite pour les primo-arrivants.

---

1. Hubert Astier : *Rapport d'évaluation de la politique en faveur du français*, juin 2005.

Nouvelles orientations en matière d'accueil

Le 10 avril 2003, le Comité interministériel à l'intégration avait créé le Contrat d'accueil et d'intégration (CAI), expérimenté aussitôt dans un certain nombre de départements français. Il a été généralisé à l'ensemble du territoire le 1er janvier 2006. Entre-temps, la loi de programmation pour la cohésion sociale du 18 janvier 2005 a créé l'Agence nationale de l'accueil des étrangers et des migrations, service public dépendant du ministère de l'Emploi, du Travail et de la Cohésion sociale (Direction de la population et des migrations).

Ce Contrat d'accueil et d'intégration assure au primo-arrivant un volume horaire d'enseignement linguistique et de formation civique en échange de son engagement à respecter les lois et les valeurs de la République. La signature de ce contrat n'est pas obligatoire, mais s'il est signé, la formation – si elle est nécessaire – le devient. Celle-ci, d'une durée de 200 à 500 heures, est assurée par un établissement public administratif et financier placé sous tutelle de l'État : le Fonds d'action et de soutien pour l'intégration et la lutte contre les discriminations. Dans ce contexte, un nouveau diplôme a vu le jour en février 2005, unique en Europe, le Diplôme initial de langue française (DILF) qui sanctionne les compétences acquises lors de cette formation.

Un premier bilan peut être tiré [2]. En 2004, 41 616 personnes (dans vingt-six départements) se sont vu proposer le contrat d'accueil et d'intégration, et 37 613 contrats ont été signés (soit un taux de signature de 90,4 %), par 19 646 femmes (52,2 %) et 17 967 hommes (47,8 %). Les deux pays les plus représentés sont l'Algérie (27,1 % des signataires) et le Maroc (16 %), suivis de la Tunisie (6,9 %) et de la Turquie (5,7 %). Avec le Congo, la Côte d'Ivoire, le Cameroun, le Sénégal et la Russie, ces neuf pays d'origine rassemblent 70 % des signataires. Cent cinquante nationalités sont concernées au total. Près de 85 % des signataires ont, au plus, quarante ans. Selon les statistiques de l'Office des migrations internationales (OMI), pour cette année 2004, 11 318 signataires du contrat d'accueil et d'intégration (30 %) se sont vu prescrire une formation linguistique.

Sur les cinq premiers mois de 2005, il apparaît que le taux de signature était en augmentation par rapport à l'année 2004 : 23 734 nouveaux contrats ont été signés (91,8 % des primo-arrivants), 6 159 formations linguistiques ont été programmées (26 % des signataires du contrat), 23 208 formations civiques (97,8 % des signataires) et 4 208 journées d'information « Vivre en France » (17,7 % des signataires).

En matière de scolarisation

Évolution du nombre d'élèves de nationalité étrangère

(France métropolitaine, public + privé)

Tableau 1 – Les élèves non francophones dans les premier et second degrés en 2002-2003 et 2004-2005					
	Premier degré			Second degré	
	2002-2003	2004-2005		2002-2003	2004-2005
	Effectifs	Effectifs	Dont bénéficiant d'un soutien (%)	Effectifs	Effectifs	Dont bénéficiant d'un soutien (%)
Total	17 975	19 451	75,4	20 251	20 634	85,8

Source : DEP, enquête élèves nouveaux arrivants (ENA).

Des mesures spécifiques sont en place depuis plusieurs décennies pour favoriser la scolarisation des jeunes primo-arrivants.

---

2. Source : Direction de la population et des migrations – Bureau de l'action sociale, culturelle et territoriale, juillet 2005.

À l'école élémentaire comme dans les collèges et lycées, les élèves sont obligatoirement inscrits dans une classe ordinaire correspondant à leur niveau. Ils y suivent les enseignements où la maîtrise de la langue n'est pas fondamentale (éducation physique et sportive, arts plastiques et musique) tout en étant regroupés dans une classe d'initiation (CLIN) à l'école élémentaire, ou dans une classe d'accueil (CLA) en collège et lycée, pour un enseignement quotidien de la langue française. La durée d'accueil dans ces classes spécifiques, variable selon les besoins de chaque élève, excède rarement un an. En outre, dans le second degré, les élèves ayant été très peu ou pas du tout scolarisés dans leur pays d'origine intègrent une classe d'accueil pour élèves non scolarisés auparavant (CLA-NSA). Il existe également des cours de rattrapage intégré (CRI). Ces structures sont surtout présentes dans les Zones d'éducation prioritaire (ZEP) et dans le Réseau d'éducation prioritaire (REP).

Tableau 2 – Nombre de classes scolarisant des nouveaux arrivants, 2004-2005

	Type de classe	Nombre de classes	Dont classes en ZEP ou en REP			
Premier degré	CLIN	556	308			
	CRI	445	242			
	Total	1 001	550			
	%	100,0	55,0			

Second degré	Nombre de classes				
Type de classe	Collège	Lycée d'enseignement général et technologique	Lycée professionnel	Total	Dont classes en ZEP ou en REP
CLA	512	22	39	573	236
CLA-NSA	69	0	1	70	17
Modules d'accueil temporaires	170	8	11	189	59
Total	751	30	51	832	312
%	90,3	3,6	6,1	100,0	37,5

Source : DEP, enquête élèves nouveaux arrivants (ENA).

La problématique de l'intégration linguistique des populations immigrées en France a pendant longtemps été traitée uniquement – ou presque – par le biais de la scolarisation des enfants. Il est vrai qu'une grande partie des immigrés venait des anciennes colonies françaises supposées parler français. Par ailleurs, il ne faut pas oublier que la conception française de l'intégration est fortement liée au « modèle républicain » qui vise à l'égalité citoyenne passant par l'effacement des origines avec la perte progressive de la langue première. Les fonctions attribuées à l'école étaient donc celles de la socialisation et de l'acculturation. Cette vision est aujourd'hui remise en cause par beaucoup, d'où l'expérience d'un enseignement des langues et cultures d'origine (Elco), encore que celle-ci rencontre des difficultés. En effet, les immigrés eux-mêmes, aspirant avant tout à l'intégration de leurs enfants, ne voient pas toujours l'intérêt pour ceux-ci de connaître leur langue et leur culture d'origine. Mais, en même temps, les nouvelles technologies de l'information (parabole TV, Internet…) permettent aux populations installées en France de rester en contact avec leur pays. C'est un facteur non négligeable de maintien du lien avec la langue et la culture d'origine pour les jeunes générations.

2. Dans d'autres pays de l'Union européenne : la Belgique et le Luxembourg

Depuis l'entrée en vigueur du traité d'Amsterdam, en mai 1999, l'Union européenne s'efforce d'harmoniser les conditions d'entrée et de séjour des immigrants dans ses États membres. Ainsi, le Conseil européen de Tampere (1999) a défini une politique commune d'immigration à partir des objectifs économiques et démographiques de l'Union européenne et a renoncé à l'objectif de l'immigration zéro.

En 2003, la Commission s'est engagée à rédiger un rapport annuel sur les politiques d'immigration et d'intégration en Europe.

Les chiffres de l'immigration[3]

États	Population étrangère	Taux de demandes d'asile
Belgique	8,2 %	1,82 pour 1 000
Luxembourg	36,9 %	2,35 pour 1 000
France (pour comparaison)	5,6 %	0,86 pour 1 000

Durant la période 1985-2001, de tous les pays de l'UE, c'est le Luxembourg qui a connu la plus forte progression du taux d'immigration par rapport à sa population : plus de 2 %.

Quelques mesures d'ordre linguistique prises dans le système éducatif

Exemples d'aides dispensées aux immigrants pour l'année scolaire 2003-2004

▶ **L'accueil des familles**

États	Informations écrites sur le système scolaire	Intervention d'un interprète[4]	Intervention d'un médiateur culturel	Réunions spécifiques
Belgique				
Communauté française		X	X	
Communauté germanophone		X	X	
Communauté flamande	X		X	
Luxembourg	X		X	X

▶ **Le soutien scolaire**

Des mesures de soutien scolaire sont prévues pour les élèves immigrants en difficulté, visant principalement à combler leurs lacunes linguistiques. Il faut savoir qu'en Europe une grande partie des migrants provient de pays dont la langue n'est pas la langue d'enseignement du pays d'accueil, parfois même n'est pas une langue enseignée. La méthode utilisée est le plus souvent la méthode dite d'immersion (dans la langue d'accueil).

---

3. Source : Eurostat, pour l'année 2002.
4. Pour la communication école-maison.

▶ La prise en compte des langues et cultures d'origine : apprentissage de la langue maternelle

En Communauté française de Belgique et au Luxembourg, il s'agit d'activités extrascolaires dont le financement est assuré au niveau local par les municipalités ou des associations. Au Luxembourg, cette responsabilité est partagée entre le pays d'accueil et le pays d'origine, en vertu d'accords bilatéraux.

3 Le cas du Canada

Contexte

Le recensement de 2001 a fait apparaître plus de 200 groupes ethniques au Canada, et les Canadiens nés à l'étranger constituaient 18 % de la population (ils étaient 17 % en 1996). Au cours des dix dernières années, le Canada a reçu en moyenne 220 778 immigrants et réfugiés par année. Pendant le troisième trimestre de 2005, il a admis 75 951 nouveaux résidents permanents, soit 16 % de plus que durant la même période en 2004.

▶ Immigrés au Canada

Il y a cinquante ans, la plupart des immigrants venaient d'Europe, aujourd'hui, la majorité d'entre eux sont asiatiques. En 2005, la Chine est demeurée le principal pays source. Elle a été suivie par l'Inde, les Philippines, le Pakistan et les États-Unis. Les trois principales provinces de destination des nouveaux résidents permanents n'ont pas changé. L'Ontario, qui a accueilli 40 533 nouveaux résidents permanents, soit une hausse de près de 17 % pour le trimestre, a conservé le premier rang. Le Québec et la Colombie-Britannique ont suivi avec, respectivement, 13 057 et 12 452 nouveaux résidents permanents [5].

Pays de dernière résidence permanente	2004 Total	Trim. 1	Trim. 2	Trim. 3	Cumul.	Trim. 4	2004 Rang	Trim. 1	Trim. 2	Trim. 3	Cumul.	2004 Rang	Différence Cumul. 2005/ Cumul. 2004
Chine (République populaire de)	36 411	9 401	10 196	9 353	28 950	7 461	1	10 843	11 684	11 161	33 688	1	16 %
Inde	25 569	5 046	7 253	7 505	19 804	5 765	2	5 468	10 327	9 142	24 937	2	26 %
Philippines	13 301	3 112	4 158	3 604	10 874	2 427	3	2 808	5 677	5 353	13 838	3	27 %
Pakistan	12 796	2 806	4 066	3 423	10 295	2 501	4	2 685	3 826	4 188	10 699	4	4 %
États-Unis	7 494	1 830	2 068	1 865	5 763	1 731	5	2 233	2 553	2 514	7 300	5	27 %
Corée (République de)	5 337	1 033	1 325	1 695	4 053	1 284	9	1 732	1 523	1 564	4 819	6	19 %
Royaume-Uni	6 058	1 318	1 737	1 709	4 764	1 294	8	1 354	1 555	1 685	4 594	7	– 4 %
France	5 026	1 019	1 404	1 585	4 008	1 018	10	1 243	1 699	1 594	4 536	8	13 %
Colombie	4 438	1 139	1 290	1 094	3 523	915	13	1 283	1 275	1 911	4 469	9	27 %
Iran	6 063	1 500	1 739	1 872	5 111	952	6	1 039	1 384	1 846	4 269	10	– 16 %
Total 10 principaux pays	122 493	28 204	35 236	33 705	97 145	25 348		30 688	41 503	40 958	113 149		16 %
Total autres pays	113 331	26 708	32 006	31 873	90 587	22 744		25 749	32 968	34 993	93 710		3 %
Total	235 824	54 912	67 242	65 578	187 732	48 092		56 437	74 471	75 951	206 859		10 %

▶ Législation

En 1988, la loi sur le multiculturalisme canadien fait de celui-ci une valeur fondamentale de la société canadienne. Il s'agit donc d'instaurer, chez les Canadiens d'origines diverses, un sentiment d'appartenance, de leur garantir la justice sociale, la participation civique, tout en mettant à profit leurs connaissances linguistiques et culturelles spécifiques. Ainsi, selon

---

5. Source : Citoyenneté et Immigration Canada.

l'alinéa 3 (2) e) de la loi, il est demandé à toutes les institutions fédérales de « mettre à contribution, lorsqu'il convient, les connaissances linguistiques et culturelles d'individus de toutes origines ».

Le gouvernement du Canada, en collaboration avec les provinces et les territoires, établit le nombre d'immigrants qui seront admis chaque année. Toutefois, en 1991, un accord est intervenu entre le gouvernement fédéral canadien et le gouvernement provincial du Québec, accordant à cette province certains pouvoirs pour la sélection des migrants et la pleine responsabilité des services d'immigration, l'objectif du Québec étant de favoriser une immigration francophone.

Services destinés aux néo-Canadiens

Le ministère de la Citoyenneté et de l'Immigration du Canada, par des programmes appropriés, aide les nouveaux arrivants à s'intégrer à la société canadienne. En particulier sur le plan linguistique :
• Le Programme d'établissement et d'adaptation des immigrants permet de financer des organisations qui offrent des services d'interprétariat.
• Les cours de langue pour les immigrants au Canada sont des cours de base offerts aux immigrants adultes pour les aider à s'intégrer pleinement à la société canadienne.

▶ L'exemple du Québec

La sélection des ressortissants étrangers souhaitant s'établir au Québec se fait donc selon un plan annuel d'immigration précisant les volumes d'immigration projetés pour favoriser l'enrichissement du patrimoine socioculturel du Québec. Ce plan prévoyait d'atteindre le chiffre de 48 000 admissions en 2007, sachant que la part découlant de la sélection québécoise devrait être de l'ordre de 67 à 68 % du total des admissions. La proportion des immigrants francophones au moment de leur admission devrait atteindre environ 57 % du volume global.

Il existe un Programme d'intégration comprenant l'apprentissage de la langue française pour ceux qui n'ont pu démontrer, selon la procédure d'évaluation prévue par règlement, une connaissance suffisante du français pour assurer leur intégration harmonieuse au sein de la majorité francophone de la société québécoise. Une aide financière peut être apportée à un bénéficiaire des services d'intégration linguistique.

Le Conseil supérieur de la langue française au Québec se penche tout particulièrement sur la question de l'intégration linguistique de ces immigrants dans la société québécoise. Rappelons qu'en 2004, l'augmentation de la population active au Québec était assurée à 63 % par l'immigration ; certaines études prévoient que cette proportion passera à 100 % d'ici 2014 ! C'est pourquoi le Plan stratégique en matière de politique linguistique 2005-2008 du Conseil a décidé d'accorder à la francisation des immigrants l'une de ses deux priorités (l'autre étant la qualité de la langue). Le Conseil s'intéresse notamment à la situation des femmes immigrantes.

Quant aux enfants des immigrants, ils sont tenus de fréquenter l'école de langue française, sauf pour ceux qui sont admissibles à l'école anglaise en vertu de la Charte de la langue française (dite loi 101, 1977). Celle-ci stipule que peuvent suivre un enseignement anglophone « les enfants dont le père et la mère ne sont pas citoyens canadiens mais dont l'un d'eux a reçu un enseignement primaire en anglais au Québec, pourvu que cet enseignement constitue la majeure partie de l'enseignement primaire reçu au Québec ».

Pour finir, insistons sur la rencontre entre deux facteurs sociaux importants au Canada : la pression migratoire et la dénatalité, rencontre que les francophones entendent mettre à profit. Le défi consiste donc pour eux, plus que jamais, à concilier la pluralité culturelle qui touche à l'identité de la personne et l'unité linguistique, patrimoine historique et garantie de cohésion sociale.

4. Conclusion

Il est clairement établi que l'Union européenne se range désormais parmi les grandes régions d'immigration, avec les États-Unis, le Canada et l'Australie. L'immigration est devenue un élément constitutif de ces sociétés qui sont de plus en plus multiculturelles. Il s'agit là d'un domaine extrêmement sensible qui donne lieu à des débats passionnés. Les mesures d'accueil et d'accompagnement prises à l'égard des familles sont d'autant plus nécessaires que beaucoup de celles-ci sont confrontées à des difficultés socio-économiques. La plupart des pays du Nord semblent avoir pris conscience que la maîtrise de la (ou des) langue(s) du pays d'accueil est indispensable à la réussite de leur intégration. Au sein de l'Union, la France, la Belgique et le Luxembourg s'efforcent d'harmoniser leurs politiques sur cette question, mais la coopération s'étend au-delà de l'Atlantique. Ainsi, l'un des objectifs de la Déclaration de partenariat renforcé, signée le 22 janvier 1997 entre la France et le Canada, concerne l'immigration. Les deux pays ont exprimé leur volonté de travailler ensemble au développement de mécanismes de gestion efficace des migrations et des mouvements de réfugiés.

Mini-bibliographie

BADEFORT (M.), *Objectif TFI, Test de français international*, Edulang, 2006, 124 p.
CUQ (J.-P.), GRUCA (I.), *Cours de didactique du français langue étrangère et seconde*, Grenoble, Presses universitaires de Grenoble, 2005, 504 p.
DEPREZ (C.), *Langues et migrations : dynamiques en cours*, Linguistique (La), 2005, vol. 41, n° 2, p. 9-23.
RICHARD (J-L.), *Les Immigrés dans la société française : dossier*, Documentation française/Paris, 2005, n° 916, 119 p.
TARIN (R.), *Apprentissage, diversité culturelle et didactique*, Bruxelles, Labor, 2006.

Chapitre 6

Créolophonie et Francophonie [1]

Les créoles sont des langues issues de la colonisation européenne, donc récentes. Suivant la base de leur lexique, on distingue des créoles anglais, espagnol, français, néerlandais, portugais. Il n'existe donc pas une langue créole unique mais une variété de créoles : plus d'une centaine dans le monde.

À la différence du pidgin, qui est une forme simplifiée de langue assurant l'intercompréhension, le créole est une langue première. Mais un pidgin devient un créole s'il est transmis comme langue natale.

Le terme « créole [2] » désigne d'abord un esclave né sur place, par opposition à un esclave « importé ». Il sert ensuite à désigner toute personne née et élevée dans les colonies européennes (la population noire constituant les « Créoles de couleur ») et, par extension, la langue de cette population, le créole.

Le créole s'est imposé comme un puissant révélateur d'une identité culturelle particulière à laquelle de nombreux auteurs ont contribué en la précisant. Ainsi, Jean Bernabé, Patrick Chamoiseau et Raphaël Confiant : « Ni Européens, ni Africains, ni Asiatiques, nous nous proclamons Créoles. Cela sera pour nous une attitude intérieure, mieux : une vigilance, ou mieux encore une sorte d'enveloppe mentale au mitan de laquelle se bâtira notre monde en pleine conscience du monde. [3] »

Dans les années 1970, des poètes, des nouvellistes, des dramaturges et, plus rarement, des romanciers s'attachent donc à bâtir une vraie littérature en langue créole. C'est le cas – outre les auteurs martiniquais que l'on vient de citer – d'Hector Poullet en Guadeloupe, d'Élie Stephenson en Guyane, de Frankétienne en Haïti… Contes, devinettes, proverbes, comptines, chansons sont ainsi mis à contribution.

Le créole, jusque-là limité à la vie privée, est désormais repris dans le théâtre, les médias, les discours politiques, la publicité. Dans les chants et dans la musique, il rassemble toutes les composantes culturelles et sociales. Parmi les musiques créoles célèbres, citons le gwoka, la biguine et le zouk.

Les langues créoles à base française ont plus de 10 millions de locuteurs dont 1,6 million dans les départements français d'outre-mer. Le créole est d'ailleurs la plus importante langue régionale de France puisqu'il est parlé par environ 2 millions de personnes sur le territoire de la République.

---

1. Principales sources : site de Jacques Leclerc, L'aménagement linguistique dans le monde, Québec, TLFQ, Université Laval, http://www.tlfq.ulaval.ca ; *Atlas des langues*, éd. Acropole, 2004 ; *Langues et cité : les créoles à base française*, bulletin de l'observatoire des pratiques linguistiques, Délégation générale à la langue française et aux langues de France, n° 5, octobre 2005.
2. Pour de plus amples précisions, se reporter au site de Jacques Leclerc.
3. *Éloge de la créolité*, voir l'encart en fin de chapitre.

Quelle relation le français entretient-il avec le(s) créole(s) et comment la Francophonie dialogue-t-elle avec l'espace, ou plus exactement les espaces créolophones ? La Créolophonie est-elle perçue comme un danger pour la Francophonie ou comme une alliée avec laquelle il faut tisser des liens ?

> ### Quelques précisions terminologiques préalables
>
> **Langue première :** première langue apprise par l'enfant, au contact de son environnement immédiat. Elle est entendue, comprise et parlée.
> **Langue seconde :** langue apprise en plus de la langue maternelle. Elle est le plus souvent inculquée à l'enfant grâce à l'école.
> **Langue véhiculaire :** langue utilisée entre locuteurs n'ayant pas la même langue première. C'est la langue fonctionnelle des échanges.
> **Langue vernaculaire :** langue première utilisée entre gens d'un même groupe. C'est la langue de l'identité.
> **Diglossie :** situation dans laquelle deux langues se partagent de manière inégalitaire un même espace linguistique, l'une en position dominante, l'autre en position dominée.

1 La place du créole dans la société

Dans de nombreux territoires de la Caraïbe, de l'océan Indien et d'Afrique, le créole est la langue première. Le français, l'anglais et le portugais sont alors des langues dites secondes. Mais, bien que la grande majorité de la population parle le créole, la langue de l'ancien colonisateur demeure la langue du prestige et du pouvoir. En tant que langue de l'administration, de l'école et des médias, le français sert d'instrument de promotion sociale, tandis que le créole reste socialement dévalorisé. Le français et le créole sont ainsi, la plupart du temps, en situation de diglossie. Le français peut être employé dans n'importe quelle situation, le créole tend à ne l'être que dans les situations informelles. À cela s'ajoute une forte alternance codique[4]. La reconnaissance officielle du créole par un État ne supprime pas nécessairement les préjugés dévalorisants…

L'administration

Le créole dans l'administration des pays et territoires francophones

À Haïti, dans les services publics, le français est la première langue utilisée tant par les fonctionnaires que par les citoyens (lorsque ceux-ci le connaissent). Un créolophone unilingue peut toujours être servi dans sa langue, mais la plupart des documents écrits ne sont rédigés qu'en français.

En Guadeloupe, en Guyane et en Martinique, la langue de l'administration est le français puisque c'est la langue officielle, mais le créole est largement utilisé dans toutes les communications orales, sauf dans les îles Saint-Barthélemy et Saint-Martin où ce sont respectivement le français et l'anglais qui sont parlés majoritairement.

---

4. Alternance codique : tendance à alterner l'utilisation de deux codes linguistiques différents, en l'occurrence, le créole et le français.

Il en est de même dans l'administration réunionnaise. Le français est la langue écrite de l'administration, mais les communications orales peuvent se faire en créole réunionnais. En matière de justice, la seule langue utilisée est le français, bien que le créole puisse être utilisé dans les communications orales à caractère informel.

Dans les administrations municipales mauriciennes, les hôpitaux et les établissements de santé, l'usage spontané est d'employer le créole, puis le français. L'anglais n'est utilisé que sur demande expresse, notamment avec des citoyens d'origine indienne ou chinoise. Ainsi, l'anglais est la langue de l'État, mais pas celle de la population, qui semble généralement plus favorable au français.

▶ Le créole dans l'administration des pays anglophones

Dans l'administration publique seychelloise, les documents écrits sont toujours rédigés en anglais, ensuite traduits en français, rarement en créole. Mais dans les communications orales le créole occupe la toute première place, puis l'anglais, puis le français.

▶ Le créole dans l'administration des pays lusophones

Au Cap-Vert, le créole portugais demeure sans contredit la grande langue véhiculaire du pays. Pour cette raison, il est utilisé oralement, concurremment avec le portugais, dans les débats parlementaires, les cours de justice, la fonction publique et les médias électroniques.

En Guinée-Bissau, le portugais est la langue du Parlement, pour la promulgation et la publication des lois, mais le créole capverdien est souvent utilisé à l'oral, dans les débats et lors des témoignages dans les tribunaux. L'administration publique pratique de même à l'égard des demandes orales (en créole) et des demandes écrites (en portugais).

Le portugais tient une place prépondérante au sein de l'administration à Sao Tomé-et-Principe.

Cultures créoles

De l'océan Indien à la Caraïbe, la créativité de la langue et de la culture créoles est célébrée dans toutes ses dimensions. Ancêtre en la matière, le Festival international créole a tenu sa vingtième édition en 2006 aux Seychelles, à travers musique, danse, arts plastiques, théâtre, mode, artisanat et cuisine. Son petit cousin, le festival créole de Rodrigues, fêtait sa septième édition fin 2005 à Maurice. Dans la Caraïbe, Sainte-Lucie et La Dominique – où se tient également un festival de théâtre franco-créole –, célèbrent en octobre semaine et mois créoles.

2 Statut des langues et estimation des locuteurs

Caraïbe

États/habitants (en million)	Langue(s) officielle(s)	Statut du français	Locuteurs de français[5]	Créole (base lexicale)	Statut du créole	Locuteurs de créole	Langue(s) d'enseignement	Observations
Dominique 0,07	anglais	langue étrangère	2 %	français	langue majoritaire	80 % comme langue première	anglais	
France-Guadeloupe 0,45	français	langue officielle	langue seconde pour 80,2 % de la population	français	langue régionale	96,8 %		
France-Guyane 0,20	français	langue officielle	langue seconde pour 73 % de la population	français (créole guyanais 38 % ; haïtien 8 % ; guadeloupéen, martiniquais 6,4 % ; sainte-lucien 0,5 % ; anglais (sranan tongo 6,5 % ; ndjuka, aluku, pamaka) ; anglo-portugais (saamaka 1,7 %)	langue régionale	63 %	français	le créole fait partie depuis 2001 de la liste des langues régionales de France
France-Martinique 0,40	français	langue officielle	langue seconde pour 80,2 % de la population	français	langue régionale	96 %		
Haïti 8,3	français/ créole	langue co-officielle	15,5 %	français	langue co-officielle et langue première de la presque totalité de la population	81 % ; bilingues français/créole : 5 à 10 %	bilingue français / créole	
Sainte-Lucie 0,16	anglais	langue étrangère	1,7 %	français	langue première majoritaire	75 % comme langue première	anglais	

5. Francophones et francophones partiels.

Chapitre 6 • *Créolophonie et Francophonie*

Afrique subsaharienne

États/habitants (en million)	Langue(s) officielle(s)	Statut du français	Locuteurs de français[6]	Créole (base lexicale)	Statut du créole	Locuteurs de créole	Langue(s) d'enseignement	Observations
Cap-Vert 0,48	portugais/créole	langue étrangère	20 %	portugais	langue première pour la majorité	98 %	portugais	
Guinée-Bissau 1,6	portugais	langue étrangère	1 %	portugais	langue première, langue véhiculaire et langue de l'administration	80 %	portugais	forte présence de langues africaines
Sao Tomé-et-Principe 0,15	portugais	langue étrangère	65 %	portugais (3 variétés)	langue véhiculaire	85 %	portugais	

Océan Indien

États/habitants (en million)	Langue(s) officielle(s)	Statut du français	Locuteurs de français[7]	Créole (base lexicale)	Statut du créole	Locuteurs de créole	Langue(s) d'enseignement	Observations
France-Réunion 0,78	français	langue officielle	langue seconde pour 84,5 % de la population	français	langue régionale	85 % comme langue première	français ; expériences d'enseignement bilingue dans le primaire ; enseignement du créole au primaire et au secondaire depuis peu	le créole fait partie depuis 2001 de la liste des langues régionales de France
Maurice 1,2	anglais	langue nationale langue présente dans les médias	72,7 %	français	langue première et langue véhiculaire	73 %	anglais	une douzaine de langues dont les 4 principales sont : l'anglais, le français, le créole et le bhojpuri (30 %) ; l'anglais est la langue du travail et de l'administration
Seychelles 0,08	français/anglais/créole	langue co-officielle	60 %	français	langue co-officielle ; langue utilisée à l'Assemblée nationale	95 %	français/anglais/créole	l'anglais est la langue de l'administration et de la justice

Océanie

États/habitants (en million)	Langue(s) officielle(s)	Statut du français	Locuteurs de français[8]	Créole (base lexicale)	Statut du créole	Locuteurs de créole	Langue(s) d'enseignement	Observations
Vanuatu 0,22	français/anglais/bichlamar	langue co-officielle	45 %	bichlamar : anglais pour 90 % du vocabulaire, 4 % mélanésien et 3 % français	langue première et langue seconde	langue seconde de la majorité de la population		contexte multilingue (environ 105 langues)

Le bichlamar est également présent en Nouvelle-Calédonie, de même qu'un créole à base lexicale française, le tayo, parlé par environ 1 % de la population.

6. Francophones et francophones partiels.
7. *Id.*
8. *Id.*

Première partie 89

3. La place des langues dans l'enseignement

Les politiques linguistiques dans les systèmes éducatifs

▶ Caraïbe

♦ Dominique
Système éducatif anglophone
- L'anglais est la langue d'enseignement au primaire.
- Le français est l'une des langues enseignées au secondaire (25 % des élèves) et des expériences d'enseignement du créole sont en cours.
- Les études supérieures se déroulent entièrement en anglais.

♦ France-Guadeloupe, France-Guyane, France-Martinique
Système éducatif francophone

Dans tous ces départements, la langue française est la langue officielle. L'article 21 de la loi n° 84-747 du 2 août 1984 relative aux compétences des régions de Guadeloupe, de Guyane, de Martinique et de La Réunion permet, en principe, un enseignement en langue régionale. D'autant qu'en 2001, le créole a été inscrit sur la liste des langues régionales de France, favorisant la création d'une licence, d'une maîtrise, d'un DEA, d'un doctorat et d'un Capes de créole au sein de l'Université des Antilles et de la Guyane.

Cependant, le créole est le plus souvent enseigné comme une langue étrangère. Or, mis à part les enfants issus de milieux socioculturels privilégiés, les élèves qui entrent à l'école ignorent tout de la langue française, d'où d'inévitables difficultés pédagogiques, même si les programmes officiels autorisent une référence au contexte local. En octobre 2002, le corps d'inspection martiniquais de l'Éducation nationale a préconisé la mise en place de cours « Humanités créoles », avec un horaire, un enseignement et des contrôles adaptés. Parallèlement se développent des cours de français langue étrangère (depuis 1994 en Martinique). Au sein de l'Université des Antilles et de la Guyane (UAG), l'Institut supérieur d'études francophones (ISEF) est à la fois un département de didactique du français langue étrangère (FLE) et un centre international d'apprentissage du français pour étrangers. Plus d'un millier d'étudiants ont déjà suivi ces formations diplômantes. À ces formations sur place s'ajoutent des programmes à distance, en direction d'étudiants du Brésil, de la Caraïbe, du Costa Rica, du Honduras, du Nicaragua, de Panamá, du Venezuela, ainsi que des programmes délocalisés dans des universités étrangères (Université autonome de Saint-Domingue, École normale supérieure de Port-au-Prince).

♦ Haïti
Système éducatif francophone
Le programme scolaire vise à l'instauration d'un bilinguisme équilibré français-créole [9].
- Dans les six années du primaire, le français et le créole constituent, en principe, les deux langues d'enseignement à égalité. En fait, dans la capitale, l'enseignement se fait surtout en français alors que le créole est utilisé en province. Les manuels scolaires sont presque tous rédigés en français, à l'exception des grammaires du créole.
- La langue d'enseignement au secondaire et à l'université reste le français, qui permet l'acquisition des connaissances scientifiques et l'accès à la culture universelle. L'Agence universitaire de la Francophonie intervient pour la mise à niveau en français des étudiants à l'entrée à l'université et pour la formation de formateurs.

---

9. *Cf.* compte rendu du colloque « La coexistence du français et du créole en Haïti et ses implications didactiques », 12 juin 2006, faculté de linguistique appliquée d'Haïti. www.ird.mq.fr

Chapitre 6 • Créolophonie et Francophonie

◆ Sainte-Lucie
Système éducatif anglophone
Le français est enseigné du primaire au supérieur et des mesures sont prises pour que le créole puisse trouver sa place dans l'enseignement.

▶ Afrique subsaharienne

◆ Cap-Vert
Système éducatif lusophone
- La langue d'enseignement demeure le portugais à tous les niveaux, mais, au primaire (six années), les enseignants peuvent utiliser le créole capverdien quand un problème de compréhension en portugais se pose.
- L'enseignement secondaire est également de six années et il comporte trois cycles :

1er cycle (2 ans) : portugais : 4 h par semaine ; anglais : 4 h par semaine ; français : 4 h par semaine.	2e cycle (2 ans) : portugais : 4 h par semaine ; anglais : 3 h par semaine ; français : 3 h par semaine.	3e cycle (2 ans) : portugais : 3 h par semaine ; anglais : 4 h par semaine ; français : 4 h par semaine.

- Dans l'enseignement supérieur, il existe des formations en anglais, en français et quelques-unes en portugais. Pour la formation en créole à l'Institut supérieur de l'éducation, on utilise naturellement le créole.

◆ Guinée-Bissau
Système éducatif lusophone
Les écoles n'enseignent qu'en « portugais guinéen » (une variété de portugais qui mêle la langue de la métropole, le portugais du Brésil et des termes africains) aussi bien au primaire qu'au secondaire. La plupart des manuels scolaires proviennent du Portugal. Les langues bissau-guinéennes ne sont pas prises en compte. Le français est le plus souvent appris comme deuxième langue au secondaire.

◆ Sao Tomé-et-Principe
Système éducatif lusophone
La quasi-totalité des élèves apprend le français au secondaire comme langue étrangère, et ce, bien avant l'anglais. Au niveau supérieur, l'Institut supérieur polytechnique de Sao Tomé dispense ses cours en portugais.

▶ Océan Indien

◆ France-Réunion [10]
Système éducatif francophone
Des expériences d'enseignement bilingue (créole-français) dans le primaire et d'enseignement du créole au primaire et au secondaire ont été mises en place. En outre, un mastère 1, spécialité FLE, à l'Université de La Réunion, a pour objectif principal de former ou de compléter la formation des enseignants de français langue étrangère ou seconde.

◆ Maurice
Système éducatif anglophone
Les manuels sont en anglais.
- Au primaire, la loi prescrit l'enseignement en anglais, mais dans la pratique tout le premier cycle du primaire ne se fait qu'en créole et en français.

---

10. Voir France-Guadeloupe, France-Guyane, France-Martinique.

• Au second cycle, l'anglais devient une langue d'enseignement obligatoire mais les écoles continuent généralement de dispenser les cours en français et en créole. Cette prédilection pour le français s'explique par le fait que le créole lui est apparenté. L'anglais devient toutefois important en raison des examens de sortie qui se déroulent dans cette langue. Ainsi, à la fin de ses études secondaires, l'élève mauricien est généralement trilingue.
• À l'université, on enseigne dans l'une ou l'autre des trois langues, selon les enseignants.

Les langues indiennes ont été introduites au primaire à partir de 1940 comme matières facultatives pour les élèves indo-mauriciens. Sans grand succès, car ceux-ci jugent peu utile la connaissance de leur langue ancestrale.

◆ **Seychelles**

Système éducatif anglophone
• Le créole seychellois est la seule langue employée et enseignée à la maternelle et dans les quatre premières années du primaire.
• À partir de la cinquième année, l'anglais langue seconde prend progressivement la place du créole (qui demeure une langue d'enseignement dans certaines matières non sanctionnées par des examens). Le français est obligatoirement la troisième langue enseignée.

Au bout du compte, le créole ne concerne que 34 % du temps d'enseignement des langues, contre 42 % pour l'anglais et 23 % pour le français.
• Dans les établissements post-secondaires, l'anglais (surtout) et le français demeurent les seules langues d'enseignement. À l'École polytechnique et à l'Institut national de l'éducation, le français est enseigné comme matière principale.

▶ Océanie

◆ **Vanuatu**

L'anglais et le français sont les langues d'enseignement au Vanuatu. Le système scolaire propose deux filières parallèles, l'une francophone, l'autre anglophone. Dans les faits, le français occupe une place privilégiée du primaire à la fin du secondaire.

Arrivés au supérieur, les étudiants francophones se dirigent vers l'Université du Pacifique-Sud en Nouvelle-Calédonie.

La formation des enseignants

• À la différence des langues natales africaines parlées par les élèves à leur entrée à l'école, le créole a pour base la langue européenne que ceux-ci devront apprendre. La pédagogie consistera donc à s'appuyer d'abord sur les éléments communs : phonétiques, lexicaux, grammaticaux. Dans les zones fortement créolophones, les enseignants et professeurs sont ainsi formés à des méthodes adaptées au contexte multiculturel et multilingue.
• L'Académie de la Réunion propose un stage « comparaison créole/français ». Il s'agit d'étudier les fonctionnements lexicaux et syntaxiques du créole et de comprendre les difficultés rencontrées par les élèves créolophones.
• Le Plan académique de formation 2005-2006 de Guadeloupe prévoyait la formation des formateurs du réseau de lutte contre l'illettrisme avec pour thème : « Les difficultés de la lecture en contexte bilingue créole/français ».
• L'Institut supérieur d'études francophones (ISEF), implanté en Martinique, intervient dans les universités de toute la Caraïbe pour former des enseignants de français.
• Le Centre international de recherches, d'échanges et de coopération de la Caraïbe et des Amériques, créé en 1982 par Jean Bernabé, en liaison avec l'Université des Antilles et de la Guyane, organise des stages à l'intention des enseignants de français des Amériques.

4. Travail sur la langue créole

L'écriture du créole

Le texte littéraire en créole le plus ancien remonte à 1754. Il s'agit d'un poème de Saint-Domingue : *Lisette quitté la plaine* écrit par un Blanc créole, Duvivier de La Mahautière. La première grammaire créole date de 1770 (J. M. Magens, *Grammatica over det creolske sprog*, Copenhague). En 1885, le Guyanais Alfred Parépou publie le tout premier roman en langue créole, *Atipa*. Parépou invente un système mixte, mi-étymologique mi-phonétique, dans lequel tous les mots d'origine française sont notés avec l'orthographe française, les autres mots (amérindiens, africains ou créoles) étant notés phonétiquement.

Après la Seconde Guerre mondiale, deux pasteurs protestants étasuniens, Mac Connell et Laubach, inventent le premier système graphique entièrement phonétique pour traduire la Bible en créole. En 1960, deux linguistes haïtiens, Faublas et Pressoir, améliorèrent ce système qui rencontra toutefois une forte opposition auprès des élites francisantes haïtiennes et ne fut guère utilisé.

Les linguistes s'accordent aujourd'hui pour reconnaître le créole comme une langue à part entière avec les caractéristiques de toute langue : systématicité, complexité, homogénéité, singularité par rapport aux autres langues. Plusieurs problèmes se posent donc : la description des structures phonologiques, l'orthographe, la codification, l'enrichissement.

L'écriture des créoles français consiste essentiellement en transcriptions phonétiques normalisées permettant de distinguer les nombreux mots identiques à l'oral. Certains prônent cette transcription phonétique, sans autres aménagements. D'autres souhaitent l'établissement d'une véritable orthographe. D'autres encore, à l'inverse, contestent l'idée d'un créole écrit.

Cependant, la standardisation du créole semble en marche. Jean Bernabé, dans *Fondal-Natal*, publié en 1975, a établi de manière rigoureuse la syntaxe des créoles martiniquais et guadeloupéen, provoquant une réflexion sur ce qu'il appelle « la souveraineté scripturale du créole et la nécessité de forger une langue écrite créole autonome par rapport à son oralité ». En fait, les solutions en matière d'orthographe doivent concilier cohérence scientifique, données politiques (séparations ou réunions de dialectes proches), données économiques et données psychologiques (représentations et attitudes des locuteurs). Haïti est le seul pays où une orthographe a été fixée par décret (en 1979).

La recherche

Le Groupe d'études et de recherches en espace créolophone et francophone

Le GEREC-F, fondé en 1973, regroupe des chercheurs attachés à l'étude et à la description linguistique des créoles à base lexicale française de la zone Amérique-Caraïbe. Une équipe au sein du GEREC-F, le Groupe informatique et langage (GIL), travaille sur des questions de linguistique générale et de philosophie du langage, notamment en ce qui concerne des questions cruciales comme le phénomène de diglossie. Le GIL entreprend aussi de doter le créole d'outils de traitement automatique de la langue et de *corpus* électroniques.

Le GEREC-F produit des travaux sur l'écriture du créole – notamment une famille de normes concernant sa graphie, qui fait référence depuis 1976 – et publie des ouvrages destinés à mettre les travaux de ses chercheurs entre les mains du grand public (dictionnaires abrégés, précis de grammaire). Parallèlement, il développe un *corpus* d'expériences et de savoirs concernant la rédaction en créole, ainsi que la traduction du français – ou d'autres langues européennes – vers le créole, et inversement.

Il s'intéresse aussi à d'autres dimensions de la culture créole, notamment l'anthropologie et l'histoire de la naissance des sociétés créoles, tant dans les Petites Antilles qu'en Guyane ou dans l'océan Indien, et la psychologie éducative. Par ailleurs, le GEREC-F organise des séminaires scientifiques, anime un atelier de recherche sur l'enseignement du créole et du français dans l'espace américano-caraïbe, et organise des séminaires de travail tous les deux mois.

▶ Le Comité international des études créoles

Fondé en 1976 à Nice, le CIEC regroupe des créolistes élus par leurs pairs en fonction de la diversité des points de vue, des théories et des mondes créoles qu'ils sont susceptibles de représenter. Il organise régulièrement des congrès dans les différents pays concernés. Le XIe s'est tenu au Cap-Vert (31 octobre-7 novembre 2005), sur le thème : « Les créoles face aux défis de l'éducation pour tous et de la mondialisation ».

▶ Le Groupe européen de recherches en langues créoles

Le Groupe européen de recherches en langues créoles, financé par le CNRS, regroupe des linguistes, rattachés principalement à douze universités européennes, dont l'université de Provence à Aix-en-Provence qui abrite le Centre d'études créoles et francophones. L'objectif est d'impulser de nouvelles recherches dans les domaines de l'histoire des langues créoles, de la connaissance des textes anciens, et des transformations induites par le passage à l'écriture et de diffuser ces recherches dans le monde par une coopération informelle mais aussi par une coopération structurée à travers les programmes européens Socrates.

On peut toutefois se demander si, dans les Antilles, la promotion du créole par le biais de l'enseignement, de la recherche et de la littérature, n'aboutira pas – étant donné les différences entre les créoles en présence – à la naissance d'un créole commun, une koïnè[11] permettant la mutualisation des actions en faveur de cette promotion.

5 La coopération francophone

Les prix attribués par la Francophonie

Le prix international Kadima s'inscrit dans le cadre des stratégies de renforcement du plurilinguisme et de la diversité culturelle au sein de l'espace francophone par la valorisation des langues transnationales qui y sont pratiquées – langues africaines et créoles – parallèlement aux actions de promotion du français. Créé en 1989, il récompense, tous les deux ans, la meilleure œuvre dans trois domaines : langues, littérature et traduction. La dotation est de 3 millions de francs CFA (soit 4 644,93 euros) pour chaque lauréat, outre la prise en charge de la publication de l'œuvre primée. En 2005, le prix de littérature a été décerné à la Seychelloise Théresia Dick pour son roman en créole *Kose mirak*.

Les « Journées »

→ Les « Journées de la Francophonie » sont l'occasion, chaque année autour du 20 mars, de fêter l'alliance du créole et du français. En 2005, le secrétaire général de l'OIF a effectué à cette occasion une visite officielle à Haïti du 19 au 22 mars.

→ Les journées du cinéma africain et créole de Montréal, « Vues d'Afrique », bénéficient du soutien de l'OIF et contribuent aussi depuis plus de vingt ans à faire connaître au grand public les cultures africaines et créoles.

---

11. Forme interdialectale de langue, créée artificiellement et compréhensible par tous.

Les aides à l'édition et à la traduction

L'aide à l'édition en langues africaines et créoles

Cette aide a vocation à soutenir le développement des langues partenaires, à encourager la créativité intellectuelle et littéraire et à répondre à la pénurie de livres en langues africaines et créoles.

Le Réseau international des langues africaines et créoles

Le Rilac s'attache à la promotion des langues transnationales, nationales et locales par la production d'ouvrages didactiques, la traduction de textes, la formation d'interprètes traducteurs.

6. Conclusion

Plus question donc de donner du créole, langue du peuple, une image dévalorisée et dévalorisante. Cependant, on peut se demander si sa transmission intergénérationnelle est réellement assurée. En dehors de l'école, elle est fonction de la catégorie socioprofessionnelle des locuteurs. Dans les milieux bilingues français-créole, le français est transmis par les parents et le créole acquis la plupart du temps dans l'enfance par des individus de la même génération qui se côtoient et dont certains ne parlent que le créole. Dans les milieux inférieurs sur le plan socioprofessionnel, c'est le créole qui est transmis, à la fois verticalement et horizontalement, tandis qu'à l'école c'est le français qui est transmis.

En Martinique, par exemple, « la transmission intergénérationnelle n'est pas assurée correctement en créole, tant au niveau familial que dans le milieu scolaire. [...] les pratiques quotidiennes tendent à faire une place de plus en plus grande au français [...]. Même si le créole est aujourd'hui compris et parlé par la quasi-totalité de la population, il y a de quoi nourrir des inquiétudes lorsqu'on sait que la mort (lente) des langues commence lorsqu'elles sont de moins en moins utilisées dans le milieu familial et qu'elles n'occupent qu'une place annexe dans le système éducatif [12] ». En France, en 1999, lors du recensement de la population, une question portait sur la transmission familiale des langues. En ce qui concerne le créole antillais, en métropole, sur 974 individus nés aux Antilles (moyenne d'âge quarante ans) interrogés, 83 % ont déclaré avoir reçu le créole de leurs parents, 60 % d'entre eux le pratiquaient toujours et 53 % le transmettaient à leurs enfants. À noter cependant que la mixité des couples joue en défaveur du créole et que la transmission la plus importante est due aux femmes qui élèvent seules leurs enfants.

La tendance serait néanmoins à une revalorisation du créole. Rappelons-le, de nombreux auteurs défendent la culture et la langue créoles. En Martinique, Césaire, Glissant, Maran, Mauvois, Zobel [13]. En Guadeloupe, Maximin, Pineau et Maryse Condé, et, en Haïti, le poète Syto Cavé. Derek Walcott, poète de Sainte-Lucie, a reçu le prix Nobel de littérature en 1992 ; René Depestre, poète, romancier, essayiste haïtien, a été lauréat de nombreux prix littéraires, dont le prix Théophraste Renaudot, le prix de la Société des gens de lettres, le prix du roman de l'Académie royale de langue et de littérature françaises de Belgique...

Véritable enjeu identitaire, la Créolophonie – et sans doute plus encore la Créolophilie [14] – s'affirme.

---

12. Conférence « Pour un développement durable de la langue et de la culture créoles », animée par Manuella Antoine et Daniel Barreteau, le 15 octobre 2004 à la Martinique.
13. Le grand écrivain martiniquais Joseph Zobel, l'un des fondateurs de la littérature caribéenne de langue française, auteur du célèbre roman *La Rue Cases-Nègres*, est décédé le 17 juin 2006.
14. « La créolité peut parler en français comme en créole », affirme Maryse Condé dans un entretien accordé à la revue *Études francophones*, vol. 20, n° 2, Université de Louisiane à Lafayette, automne 2005.

Ouvrages de référence

Bernabé (J.), *Fondal-natal. Grammaire basilectale approchée des créoles guadeloupéen et martiniquais,* Paris, L'Harmattan, 1983.
Bernabé (J.), Chamoiseau (P.), Confiant (R.), *Éloge de la créolité,* Paris, Gallimard, 1989.
Chaudenson (R.), Calvet (L.-J.), *Les langues dans l'espace francophone : de la coexistence au partenariat,* Institut de la Francophonie, Paris, L'Harmattan, coll. « Langues et développement », 2001.
Chaudenson (R.), *Les Créoles,* Paris, PUF, coll. « Que sais-je ? », 1995 ; *Le « Kont » créole : à l'interface de l'écrit et de l'oral,* coord. par Alex-Louise Tessonneua, Paris, AIF/L'Harmattan, coll « Études créoles », vol. 25, n° 2, 2002 ; *La Créolisation : théorie, applications, implications,* Paris, L'Harmattan, 2004 ; *Éducation et langues : français, créoles, langues africaines,* Paris, L'Harmattan, 2006.
Contacts de créoles, créoles en contact, Revue Études créoles du Comité international des études créoles, vol. 28, n° 1, Paris, L'Harmattan/AIF, 2005.
Hazaël-Massieux (M.-C.), *Bibliographie des études créoles,* CIRELFA, coll. « Langues et développement », diff. Didier-Érudition, 1991 ; *Écrire en créole,* Paris, L'Harmattan, 1993 ; *Contacts de langues, contacts de cultures, créolisation* (éd. avec D. de Robillard), Paris, L'Harmattan, 1997 ; *Les Créoles : l'indispensable survie,* Paris, Éditions Entente, coll. « Langues en péril », 1999 ; « Théorie de la genèse ou histoire des créoles : l'exemple du développement des créoles de la Caraïbe », *La Linguistique,* revue de la Société internationale de la linguistique fonctionnelle, 2005, p. 129-136.
Mufwene Saliko (S.), *Créoles, écologie sociale, évolution linguistique,* Paris, AIF/Institut de la francophonie, L'Harmattan, 2005.
Ndaywel É Nziem (I.), *Les Langues africaines et créoles face à leur avenir,* Paris, L'Harmattan, 2004.
OIF : *Cognition, interculturalité et recherches sociolinguistiques dans l'océan Indien,* Actes de la rencontre régionale des chercheurs en sociolinguistique de l'océan Indien (Antananarivo, les 23 et 24 février 2005), Réseau sociolinguistique et dynamique des langues de l'AUF/Agence universitaire de la Francophonie ; *Situation du français et politiques linguistiques et éducatives* – Sainte-Lucie, 22-24 juin 2004 – réunion régionale de réflexion et de concertation des pays francophones de la Caraïbe, OIF.
Toumson (R.), *La Transgression des couleurs. Littérature et langage des Antilles,* Paris, L'Harmattan, 2000, 2 vol.
Valdman (A.), « Vers la standardisation du créole haïtien », *Revue française de linguistique appliquée* X (1), 2005, p. 39-52 ; « Vers un dictionnaire scolaire bilingue pour le créole haïtien ? », *La Linguistique* 41 (1), 2005, p. 83-105.
Et aussi :
Antilles Guyane : anthologie de poésie antillaise et guyanaise de langue française, sous la dir. de J. Rancourt, éd. Le Temps des cerises, coll. « Miroirs de la Caraïbe », 2006.

Chapitre 6 • *Créolophonie et Francophonie*

Le français dans les organisations internationales [15]

La dernière conférence ministérielle de la Francophonie, qui s'est tenue à Bucarest en septembre 2006 a adopté un *vade-mecum* relatif à l'usage de la langue française dans les organisations internationales. Outre le rappel de l'attachement des francophones aux statuts de langue officielle et de travail du français, ce document constitue un réel engagement des États membres à utiliser le français à défaut de leur propre langue quand cela est possible et à veiller systématiquement à sa présence, y compris dans les documents écrits.

En se préoccupant de l'usage du français dans les organisations internationales (et aux Jeux olympiques), la Francophonie a défini une stratégie fondée sur l'analyse des dangers du monolinguisme. En réfléchissant aux arguments à mettre en avant pour contester la suprématie, de plus en plus écrasante, de l'anglais, les francophones ont avancé quelques principes simples autour desquels s'est réuni un cercle beaucoup plus vaste que les seuls « défenseurs du français ». Ils constituent désormais l'une des forces agissantes d'un large mouvement en faveur du plurilinguisme et de la diversité culturelle, comprenant aussi bien des lusophones, des hispanophones, des sinophones, des russophones que des arabophones, dont les langues sont souvent également langues officielles et/ou de travail des organisations internationales.

Tous s'accordent en effet sur quelques évidences :

• Les organisations internationales ou régionales existent dans le but de favoriser le dialogue et la coopération entre les pays afin d'assurer, selon les cas, les conditions de bon voisinage, de commerce mutuel, d'échanges d'informations, etc. Certaines ont même la prétention de produire un droit applicable à l'ensemble des pays qui les constituent, comme l'Union européenne, le Conseil de l'Europe au travers de ses conventions, ou l'ONU à travers ses résolutions.

• À ces fins, les décisions prises doivent être le résultat d'une discussion ou d'une négociation fondée sur un niveau équivalent d'information et une compréhension partagée des attentes ou revendications des partenaires. Ces conditions sont le gage de la réelle efficacité requise dans le fonctionnement des organisations internationales.

• Dans aucune autre langue que sa langue maternelle, un individu ne saurait plus précisément exposer sa pensée ni comprendre pleinement celle de son interlocuteur. À défaut, un éventail suffisamment large d'autres langues doit lui permettre de choisir la langue étrangère la plus familière (par l'apprentissage ou la proximité géolinguistique). L'interprétation trouve ici sa pleine justification.

• On ne peut exiger de tous les citoyens concernés par les textes produits dans ces organisations de maîtriser suffisamment ni toutes les langues officielles, ni l'une d'elles en particulier. La traduction est donc un passage obligé.

• La question des coûts liés au respect du plurilinguisme, dont les valeurs relatives sont objective-

---

15. Pour un développement complet sur ce sujet voir : *De Ouagadougou à Bucarest, 2004-2006*, rapport du secrétaire général de la Francophonie, Paris, OIF, 2006 (http://www.francophonie.org/ressources/rapport.cfm) ; *La Place et l'usage de la langue française aux Jeux olympiques d'hiver de Turin 2006*, Paris, OIF (http://www.francophonie.org/doc/dernieres/Rapport_francais_Turin.pdf) ; *Rapport au Parlement sur l'emploi de la langue française*, Délégation générale à la langue française et aux langues de France, ministère de la Culture et de la Communication, Paris, 2006.

ment très faibles, ne peut prendre le pas sur les objectifs principaux ayant présidé à la création des organisations concernées, dont aucune n'a été fondée dans le but premier de baisser ses coûts de fonctionnement !

• Enfin, l'ensemble de ces évidences se trouve inexorablement corrodé par l'évolution spontanée des attitudes et des pratiques quotidiennes suscitées par l'urgence et le manque de recul, qui provoquent l'émergence d'un idiome dégradé à base d'anglais dominant la forme orale, et la primauté d'un anglais appauvri dans l'expression écrite. L'action politique concertée et volontariste est donc nécessaire.

Les responsables des organisations concernées, eux-mêmes stimulés par les directives de leurs commanditaires politiques, ont progressivement mis en place des mesures et des systèmes de correction visant à mieux respecter les règlements en vigueur concernant le plurilinguisme.

L'examen de la situation du français dans les différentes organisations régionales et internationales fait l'objet d'un suivi permanent de l'Organisation internationale de la Francophonie ainsi que de la France. La première examine, tous les deux ans, la partie qu'y consacre le secrétaire général dans son rapport [16] et, tous les quatre ans, le rapport *ad hoc* du grand témoin francophone aux Jeux olympiques [17] ; la seconde s'y adonne à l'occasion de la présentation par la Délégation générale à la langue française et aux langues de France de son rapport annuel au Parlement [18]. On y relève que l'ONU et ses différents services, tout comme l'Union européenne ou l'Union africaine, se sont dotés d'instruments d'observation et parfois de valorisation du plurilinguisme. Ces documents permettent surtout de constater les évolutions réelles, de signaler les progrès ou les régressions, ainsi que d'envisager les perspectives à venir.

Pour ce qui concerne l'Union européenne, les catastrophes annoncées concernant le respect du plurilinguisme après l'élargissement, qui a porté le nombre de langues officielles à vingt et une et bientôt vingt-trois, ne se sont pas produites, même si la pression vers l'unilinguisme anglais continue de s'exercer et de progresser à certains moments (en fonction, notamment, des présidences du Conseil européen).

À l'ONU, la volonté de son secrétaire général, alliée aux efforts des États francophones, a permis de mieux connaître les champs prioritaires à investir (Internet, procédures de recrutement, traductions écrites...) et de faire parfois reculer le monolinguisme.

Enfin, les informations concernant les organisations régionales africaines, particulièrement bien développées dans le rapport du secrétaire général présenté au XIe Sommet de la Francophonie à Bucarest, font apparaître un nouveau champ d'investigation que la Francophonie inaugure avec un plan pour le français qui leur est spécifiquement dédié. Il faut rappeler que, outre l'ONU – avec sa commission économique pour l'Afrique (CEA), ses programmes pour l'environnement (PNUE) et pour l'habitat (PNUH) –, vingt-sept organisations internationales sont présentes sur le continent africain, et que les principales comptent des États appartenant à l'OIF, même si leurs sièges se trouvent souvent situés dans des capitales anglophones [19].

Comme chaque fois qu'il est question de la situation difficile de la langue française dans les organisations internationales, la dimension politique, au sens des responsabilités auxquelles s'astreignent les États eux-

---

16. *De Ouagadougou à Bucarest, 2004-2006*, rapport du secrétaire général de la Francophonie, Paris, OIF, 2006.
17. *La Place et l'usage de la langue française aux Jeux olympiques d'hiver de Turin 2006*, Paris, OIF.
18. *Rapport au Parlement sur l'emploi de la langue française*, Délégation générale à la langue française et aux langues de France, ministère de la Culture et de la Communication, Paris, 2006.
19. Voir le cahier cartographique en milieu d'ouvrage.

mêmes en participant à une structure supranationale et des buts qu'elles leur assignent, se révèle la plus importante. La Francophonie institutionnelle n'est pas la seule à défendre cette idée, et son combat pour le français se fait combat pour le plurilinguisme aux côtés, selon les circonstances, des organisations concernées, auxquelles elle apporte son appui, ou des alliés objectifs que sont les pays ou structures interétatiques attachés à une langue particulière : arabe, espagnol, russe, allemand, portugais, etc.

En conclusion, la question demeure de savoir si le résultat de cette mobilisation politique s'ajoutant enfin à la revendication – souvent silencieuse – des peuples renversera significativement la force d'inertie à l'œuvre qui semble engloutir inexorablement toute expression linguistique différente de l'anglais. Du moins peut-on se réjouir d'avoir vu tomber enfin le faux nez des « modernes », tenants de l'efficacité et de la rationalisation des coûts, au profit des vrais enjeux démocratiques en cause.

DEUXIÈME PARTIE

Culture
et création

Chapitre 1

La diversité culturelle

1 La Convention sur la protection et la promotion de la diversité des expressions culturelles

Le 2 novembre 2001, la 31ᵉ Conférence générale de l'Unesco adoptait à l'unanimité une Déclaration universelle sur la diversité culturelle considérée comme « un patrimoine commun de l'humanité ». Lors de leur IXᵉ Sommet à Beyrouth, au Liban, en 2002, les chefs d'État et de gouvernement des pays membres de l'OIF saluaient la déclaration de l'Unesco, et appuyaient « le principe de l'élaboration d'un cadre réglementaire universel ». Du Réseau international des politiques culturelles aux membres de la Coalition pour la diversité culturelle, nombreuses étaient les instances nationales et internationales qui appelaient également de leurs vœux l'instauration d'un instrument juridique contraignant qui permettrait d'exclure définitivement la culture de toute instance de négociations commerciales.

L'avant-projet

Après l'adoption, le 14 octobre 2003, d'une résolution donnant mandat au directeur général de soumettre à la prochaine Conférence générale, en 2005, un projet de convention sur la diversité culturelle, l'Unesco réunissait un groupe international de quinze experts chargé de faire des suggestions et de donner des avis sur l'élaboration d'un canevas de convention relatif à la protection des contenus culturels et des expressions artistiques, puis de formuler les articles clés d'un avant-projet de convention portant sur ses objectifs, son champ d'application, les droits et obligations des États parties, la coopération internationale, les mécanismes d'application. Dans le même temps, l'Unesco menait des consultations auprès de représentants de la société civile, et recueillait les avis et commentaires d'autres organisations internationales – Organisation mondiale du commerce (OMC), Organisation mondiale de la propriété intellectuelle (Ompi) et Conférence des Nations unies sur le commerce et le développement (Cnuced) –, ainsi que des États.

De septembre 2004 à juin 2005, trois réunions d'experts gouvernementaux étaient organisées, sur la base de rapports d'experts indépendants, pour finaliser un avant-projet. Dans ce laps de temps, plusieurs événements marquaient la mobilisation en faveur de la diversité culturelle comme, à Paris en mai 2005, les rencontres pour l'Europe de la culture ou, à Madrid en juin 2005, la rencontre internationale des ministres de la Culture durant laquelle les délégués et ministres présents de 71 pays lançaient un appel pour l'adoption du projet de convention. Du côté de la société civile, les coalitions pour la diversité culturelle continuaient d'œuvrer, à l'instar des signataires de la Déclaration de Namur pour le soutien à la convention à l'issue du colloque organisé par la coalition belge en septembre 2005.

L'OIF s'est fortement impliquée tout au long du processus, tout d'abord par la tenue de la Conférence ministérielle sur la culture à Cotonou en juin 2001, puis par la mobilisation des acteurs culturels de l'espace francophone, l'envoi de représentants spéciaux du secrétaire général pour des missions de sensibilisation auprès des gouvernements et de la société civile, et la mise en place d'une veille juridique avec des experts chargés d'examiner les projets de texte.

L'avant-projet, quant à lui, était jugé par les représentants des États-Unis de nature, par son « ambiguïté » et ses « contradictions », à permettre à « certains États d'ériger, au nom de la culture, des murs, y compris ceux des idées »…

L'adoption de la Convention

Bien qu'une trentaine d'amendements aient été déposés par les États-Unis, la Convention a été adoptée en session plénière de l'Unesco le 20 octobre 2005 à une majorité écrasante, avec 148 voix pour, 2 contre et 4 abstentions.

Nombre de ministres de la Culture s'étaient déplacés pour l'occasion, marquant l'importance et l'enjeu des débats, de même que les représentants de groupes de pays comme le groupe des 77 ou la zone Caraïbe. La Commission européenne, ayant reçu mandat pour négocier au nom de la Communauté européenne et de ses États membres, pouvait parler d'une seule voix et peser ainsi de tout son poids. Pour sa part, le représentant de la Grande-Bretagne déclarait au nom de l'Union européenne, après l'adoption du texte, que celui-ci offrait « un cadre cohérent, clair, équilibré ».

Pour entrer en vigueur, la Convention devra être ratifiée par 30 États au moins dans les deux ans qui suivent son adoption, mais elle ne vaudra que pour les États qui l'auront acceptée…

Le directeur général de l'Unesco, à l'occasion d'une réunion sur le patrimoine immatériel en février 2006, déclarait que l'Unesco disposait désormais d'un « dispositif normatif complet constitué de sept conventions, si on inclut la convention sur le droit d'auteur de 1952 », soulignant l'importance, notamment, des conventions de 1972 sur le patrimoine mondial, de 2003 sur le patrimoine immatériel et de 2005 sur la diversité des expressions culturelles. En effet, à la différence de la Déclaration sur la diversité culturelle, la Convention est un instrument juridique contraignant, apte à lier les États qui l'auront ratifiée.

Le contenu de la Convention

La Convention, dans son article premier, vise à « reconnaître la nature spécifique des activités, biens et services culturels en tant que porteurs d'identité, de valeur et de sens » qui ne sont pas des produits comme les autres.

Elle « réaffirme le droit souverain des États de conserver, d'adopter et de mettre en œuvre les politiques et mesures qu'ils jugent appropriées pour la protection et la promotion des expressions culturelles sur leur territoire », ce qui permet aux pays signataires d'élaborer des politiques autonomes de soutien au patrimoine culturel et à la création artistique (défiscalisation, subventions, mesures réglementaires, etc.), « quels que soient les moyens et technologies utilisés », et d'échapper au droit commun du commerce international.

Elle prévoit les modalités d'une nouvelle forme de solidarité, dans le cadre de la coopération internationale, plaçant la culture au cœur du développement et, pour ce faire, « un traitement préférentiel pour les pays en développement », avec la mise en place d'un fonds de coopération alimenté par des contributions volontaires des États et des dons privés.

Elle a la même valeur juridique que les autres instruments existants (OMC, traités bilatéraux) ; elle ne doit pas entrer en conflit mais en complémentarité avec les autres traités et ne leur sera pas subordonnée. En cas de différend, une procédure de conciliation est prévue. Toutefois la possibilité pour les États signataires de ne pas reconnaître cette procédure n'est pas sans maintenir un certain flou…

D'autres principes directeurs sont avancés, tels que le respect des droits de l'homme, l'égale dignité et respect de toutes les cultures, la libre circulation des idées et des œuvres, la complémentarité des aspects économiques et culturels du développement, la participation de la société civile, l'éducation et la sensibilisation du public...

Comme le soulignait Katerina Stenou, directrice de la division des politiques culturelles et du dialogue interculturel à l'Unesco : « Un soin particulier a été apporté pour éviter un débat manichéen entre un « tout culturel « et un « tout commercial « ; un relativisme culturel qui, au nom de la diversité, reconnaîtrait des pratiques culturelles contraires aux principes fondamentaux des droits humains ; une conception étroite de la culture entendue comme simple divertissement, et non comme source d'identité et de dignité des individus et des sociétés. » De son côté, Jean Musitelli, membre du groupe d'experts internationaux chargés de rédiger le texte, évoquait les avancées permises par la Convention : « C'est la première fois que la communauté manifeste de façon aussi majoritaire une volonté de mettre un coup d'arrêt à une libéralisation sans freins.[1] »

Les conséquences sur les industries culturelles

L'article 14, intitulé « Coopération pour le développement », met l'accent sur l'objectif de renforcement des industries culturelles des pays en développement et de leurs capacités de production, par le biais notamment d'un accès plus large de leurs biens et services culturels au marché mondial, de la mobilité de leurs artistes ou de l'émergence de marchés locaux et régionaux viables. Toujours dans ce sens, seront soutenus les transferts de technologies et de savoir-faire, la formation, l'échange d'expériences et d'expertises. Pour ce faire, sont prévus un Fonds international pour la diversité culturelle ainsi que d'autres formes d'aide financière, telles que des prêts à faible taux d'intérêt ou des subventions. La constitution par l'Unesco d'une banque de données concernant les différents secteurs et organismes dans le domaine des expressions culturelles représente également un outil précieux pour le développement des industries culturelles.

À l'avenir

« La Francophonie poursuivra sa mobilisation au service de la diversité culturelle au cours des prochains mois. C'est une des conditions de l'émergence d'industries culturelles viables, notamment dans les pays du Sud qui n'ont pas encore valorisé leur patrimoine et leurs créateurs », a déclaré Abdou Diouf.

La mobilisation a porté ses fruits mais la vigilance demeure nécessaire... Il est notamment fondamental pour la Francophonie que ses États membres ratifient la Convention. C'est le sens de la résolution prise par la Conférence ministérielle de la Francophonie, lors de sa 21e session en novembre 2005, qui recommande aux États et gouvernements membres « de mettre en œuvre le plus rapidement possible les procédures de ratification de la Convention sur la protection et la promotion de la diversité des expressions culturelles et d'en déposer les instruments auprès du secrétariat de l'Unesco, sans tarder, et, en tout état de cause, avant la tenue du Sommet de Bucarest ». C'est le Canada qui était pionnier en la matière en signant la Convention en novembre 2005. Il était suivi par Maurice en mars 2006, par Monaco et la Roumanie en juillet, par la Croatie et Djibouti en août, par le Burkina Faso, Madagascar et le Togo en septembre, par la Moldavie en octobre, par l'Albanie, le Cameroun, le Mali et le Sénégal en novembre, par l'Autriche, la Bulgarie, la France, la Lituanie, le Luxembourg, la Slovaquie et la Slovénie en décembre. À la date du 18 décembre 2006, ce sont donc vingt et un États membres ou observateurs de la Francophonie qui avaient déposé à l'Unesco leur instrument de ratification, d'acceptation, d'approbation ou d'adhésion. D'autres États

---

1. *Le Monde,* 19 octobre 2005.

avaient ratifié la Convention dans leurs instances nationales mais n'avaient pas encore déposé leurs instruments de ratification à l'Unesco, comme le Cambodge. Hors Francophonie, quatorze pays l'avaient fait, et l'adhésion de la Communauté européenne, en tant qu'organisation d'intégration économique régionale, constituait une première ! La Convention sur la protection et la promotion de la diversité des expressions culturelles entrera donc en vigueur le 18 mars 2007, soit trois mois après le dépôt du trentième instrument de ratification effectué le 18 décembre 2006 au siège de l'Unesco. Il s'agit là d'un grand succès salué par le directeur général de l'Unesco en ces termes : « Le processus de ratification a connu un rythme inédit. Aucune convention de l'Unesco dans le domaine de la culture n'a été adoptée par autant d'États en si peu de temps. »

2 Les risques de remise en cause

Lors d'un colloque sur la diversité culturelle organisé à l'occasion du festival de Cannes 2005, les cinéastes du Sud présents ont tous fait état de pressions exercées sur leur pays par les États-Unis dans le cadre de négociations commerciales pour supprimer ou limiter les systèmes publics de soutien au cinéma. Les conséquences des accords de libre-échange passés auparavant au Chili et au Mexique sont emblématiques. Au Mexique, par exemple, la production cinématographique a chuté de manière considérable, passant d'une centaine de films par an dans les années 1990 à cent deux en quatre ans entre les années 2000 et 2004. En revanche, en Argentine, grâce à l'existence de lois de protection de la production cinématographique et d'un fonds de soutien, le cinéma a résisté, représentant 3 % du PIB. À ce propos, il est intéressant de noter que la « résistance » s'organise en Amérique latine. Une loi approuvée par l'Assemblée nationale vénézuélienne, mais initiée par les milieux cinématographiques du pays, au début de l'automne 2005, devrait permettre un quota de 20 % de films nationaux (ou d'autres cinématographies que les films sortis des studios hollywoodiens) à l'affiche, ainsi que la création d'un fonds de soutien. Saluant cette décision, une jeune cinéaste vénézuélienne, Alejandra Szeplaki, déclarait dans les pages du quotidien *Libération* du 21 septembre 2005 : « On dit qu'un pays sans cinéma est comme une maison sans miroir ; nous, on commence juste à se regarder… »

En Corée du Sud, un système de quotas de 40 % pour la diffusion de films nationaux, existant depuis trente ans, a permis à la production nationale d'occuper 54 % des parts de marché dans le pays (42 % pour le cinéma américain et 4 % pour les autres cinématographies). En 1999, un traité avec les États-Unis avait suscité la mobilisation des professionnels et créé une prise de conscience dans le pays. Au moment de l'adoption de la Convention à l'Unesco, l'actrice coréenne Moon Sori exprimait son inquiétude dans les pages du journal *Le Monde* du 19 octobre 2005 : « Nous subissons une pression persévérante de la part des États-Unis qui nous demandent de supprimer ce système… » Cette pression s'exerce également, selon le quotidien : « sur l'industrie musicale et les contenus des programmes de télévision – qui diffusent aujourd'hui 80 % d'émissions coréennes ». Cela fait rêver, mais cela peut-t-il durer ? Au début de l'année 2006, les autorités sud-coréennes annonçaient leur intention de diminuer de moitié le nombre de jours réservés aux films nationaux dans les salles, mesure exigée par les États-Unis dans le cadre d'un accord de libre-échange, au motif que le cinéma sud-coréen n'avait plus besoin d'un quota aussi élevé. Les professionnels du cinéma se mobilisent mais auront-ils gain de cause ? Rien n'est moins sûr.

Lors d'un colloque organisé au festival de Namur 2005, Rasmane Ouedraogo, délégué des coalitions africaines pour la diversité culturelle, déclarait : « Les États-Unis exerceront des pressions inimaginables sur des pays fragilisés par leurs problèmes multiples. […] Que peut faire le Burkina Faso seul face aux États-Unis, alors que nous avons des problèmes de crickets, de famine, etc. La tentation est forte de céder à l'offre ! [2] » On ne peut mieux dire !

---

2. www.africultures.com

Chapitre 1 • *La diversité culturelle*

Le patrimoine culturel immatériel

Ratifiée, à la date du 31 octobre 2006, par soixante-cinq États dont près de la moitié sont membres de l'Organisation internationale de la Francophonie, la Convention pour la sauvegarde du patrimoine culturel immatériel entrait en vigueur au printemps 2006. Les États parties à la Convention s'engageaient ainsi à prendre les mesures nécessaires pour la conservation et l'inventaire de leur patrimoine avec la participation des communautés concernées, et avec l'aide de la coopération internationale [3].

Un fonds africain visant à aider les États de la région à améliorer la préservation de leur patrimoine culturel et naturel était lancé en mai 2006 en Afrique du Sud. Sur plus de 800 sites inscrits sur la liste de l'Unesco, une soixantaine seulement se trouve en Afrique subsaharienne.

Quelques exemples de manifestations issues de, ou mettant en valeur des cultures minoritaires dans des pays membres de la Francophonie		
En Afrique subsaharienne	Burundi	Performances spectacles de la communauté des Batwa.
	Centrafrique	Semaine culturelle sur les Pygmées Aka.
	Cameroun	Festival des arts et de la culture bamiléké.
	Comores	Festival de la Lune avec concerts de groupes traditionnels.
	Guinée	« Clin d'œil au patrimoine culturel Loma », avec exposition, conférence et création d'un spectacle à partir de contes du pays Loma ; festival de danses et percussions traditionnelles des quatre régions du pays.
	République démocratique du Congo	Projet de festival du folklore francophone regroupant les communautés francophones installées dans le pays.
	Sao Tomé-et-Principe	Théâtre de marionnettes, musiques traditionnelles et représentation théâtrale : le « tchiloli ».
	Sénégal	Festival des arts et de la culture peuls avec la participation de 18 pays africains.
	Tchad	Spectacles musicaux et ballets valorisant les cultures régionales du pays.
En Afrique du Nord	Maroc	Festival « Timitar » centré sur la culture amazighe à Agadir.
En Amérique	Québec	Festival du monde arabe de Montréal ; festival international « Nuits d'Afrique » ; festival « Vues d'Afrique », journées du cinéma africain et créole ; festival des journées d'Afrique, danses et rythmes du monde ; semaine québécoise des rencontres interculturelles.
	Nouveau-Brunswick	Festival arménien ; festival multiculturel « Magma » ; festival de musique traditionnelle.
En Asie-Océanie	Cambodge	Festival du film de réfugiés ; série de vidéo-conférences sur les minorités ethniques du pays.
	Viêt Nam	Organisation d'une exposition photographique sur les ethnies du pays.
En Europe	Communauté française de Belgique	Festival Recyclart sur les cultures urbaines et populaires ; festival des libertés sur la participation citoyenne ; rencontres de danses et de cultures urbaines ; exposition *175 Ans de vie juive en Belgique* au Musée juif de Belgique. …/…

3. www.unesco.org

.../...		
En Europe	**France**	Organisation, en juin 2006, à Pau, du premier forum international des peuples autochtones avec, notamment, des délégations du Mali, du Maroc et du Niger ; à Douarnenez, festival de cinéma des cultures minorées qui ont célébré « les Belgiques » en 2004, les Berbères en 1994, les DOM-TOM en 1980 ou encore le Québec en 1978.
	Hongrie	Organisation d'un festival de films sur l'immigration turque en Allemagne et l'immigration maghrébine en France.
	Luxembourg	Festival des migrations et de la culture.
	Pologne	Festival des quatre cultures ; festival « Au croisement des chemins » à Varsovie.
	Suisse	Prix annuel « Salut l'étranger » (créé en 1995) ; manifestations interculturelles « Neuchàtoi » dans le canton de Neuchâtel ; projet Paris 18-Zurich 4 qui vise à faire dialoguer les minorités de deux quartiers pauvres par la multiplicité des cultures.

Chapitre 2

L'actualité culturelle francophone

En 2005 et en 2006, dans le monde entier, de multiples manifestations ont offert l'occasion d'aller à la rencontre des cultures francophones et de croiser les imaginaires et les créations venues de l'ensemble de l'espace francophone.

1 L'actualité culturelle francophone dans les États et gouvernements membres de l'OIF

Événements culturels

Le Printemps des poètes est décliné en Belgique, en Bulgarie, au Burkina Faso, en Égypte, au Luxembourg, au Liban, à Madagascar, au Rwanda, en Tunisie, au Vanuatu… La fête de la musique au Cambodge, à Djibouti, au Gabon, en Guinée, en Guinée-Bissau, au Laos, en Lituanie, au Luxembourg, au Nouveau-Brunswick, en Tunisie, au Vanuatu… Lire en fête à Djibouti, à Madagascar, au Togo…

Bien au-delà de ces événements devenus traditionnels, les manifestations culturelles se multiplient sur tous les continents de l'espace francophone.

► Afrique subsaharienne

L'Afrique d'abord

Dans le précédent rapport, nous évoquions la forte présence des artistes africains sur les scènes et les cimaises internationales; l'actualité des années 2005-2006 ne la dément pas, bien au contraire. Ainsi, comme le note l'hebdomadaire *Courrier international*[1]: « De Rokia Traoré à Youssou N'Dour, en passant par Amadou et Mariam ou Alpha Blondy, on ne compte plus les chanteurs africains qui ont réussi à séduire l'Occident. Leur audience n'est plus confinée à un petit cercle d'amateurs de musique africaine. » Il n'y a pas que la musique, les auteurs de l'article évoquent également le succès rencontré par l'exposition *Africa Remix* à Paris, après Berlin et Londres, ainsi que l'attention portée par les éditeurs français aux écrivains du continent noir.

Dans les pays non membres de l'OIF, l'ensemble des arts africains était en vedette à Rome lors de la Festa d'Africa, première grande manifestation dédiée à l'Afrique dans la capitale italienne. Citons aussi: Africa 05, un an de festivités africaines à Londres; le festival AfroBerlin 2006 en Allemagne; le cinéma africain au festival de Tarifa en Espagne, ou à ceux de Milan et de Rome en Italie; des expositions d'œuvres sélectionnées aux Rencontres africaines de la photographie de Bamako, à Barcelone, à Milan, à São Paulo ou à Düsseldorf; des festivals de cinéma africain dans plusieurs grandes villes américaines…

1. *Courrier international*, n° 762, du 9 au 15 juin 2005.

Les manifestations culturelles sont nombreuses sur le continent même. En voici quelques exemples.

• Au **Bénin**, Quintessence festival international du film de Ouidah, festival international de théâtre, festival international de marionnettes.

• Au **Burkina Faso**, Recréatrâles, festival panafricain du cinéma et de la télévision de Ouagadougou, « Yeelen » festival international de contes et de musiques traditionnelles, festival international de théâtre pour le développement, Jazz à Ouaga, festival international de la culture hip-hop, festival international de théâtre de marionnettes, semaine nationale de la culture à Bobo-Dioulasso.

• Au **Cameroun**, 1re biennale des arts visuels de Douala en 2005, festival des arts et de la culture bamiléké, festival de courts-métrages, rencontres théâtrales internationales de Yaoundé, biennale internationale de danses et de percussions, Écrans noirs.

• Au **Cap-Vert**, festival de musique, festival international de théâtre, carnaval de Mindelo.

• En **Centrafrique**, festival international du conte et de l'oralité, rencontres théâtrales de Bangui.

• Aux **Comores**, Medina festival.

• Au **Congo**, où le poste diplomatique français souligne que les arts de la scène sont en pleine renaissance, « Fespam » festival panafricain de musique, 1re édition en 2005 d'un festival populaire de musiques traditionnelles, festival panafricain de musique avec pour thème, en 2005, « L'héritage de la musique africaine dans les Amériques et les Caraïbes ».

• En **Côte d'Ivoire**, quinzaine des cinémas du monde, 1er salon international des industries culturelles d'Abidjan en 2005.

• À **Djibouti**, festival de musique « Fest'Horn ».

• Au **Gabon**, festival « Gabao » hip-hop, festival international de théâtre.

• En **Guinée**, rencontres poétiques internationales de Conakry, festival africain « Le rap aussi », festival francophone des arts du conte, festival international de théâtre, salon du livre.

• À **Madagascar**, 1re biennale de la photographie Photoana en 2005, 1res rencontres professionnelles internationales des créateurs musicaux des pays de l'océan Indien organisées par la Sacem en 2006, rencontres francophones de la chanson, chantier théâtre de l'océan Indien.

• Au **Mali**, festival sur le Niger, « Étonnants voyageurs » à Bamako et dans neuf autres villes, 1re biennale artistique et culturelle de la jeunesse malienne, rencontres de la photographie africaine de Bamako, festival de danse de Bamako, festival au désert, semaine nationale du film africain de Bamako, rencontres cinématographiques de Bamako.

> **Ali Farka Touré**, merveilleux musicien malien incarnant la synthèse entre musiques africaines et blues américain, disparaissait le 7 mars 2006. Celui qui venait d'obtenir un second Grammy Award pour l'album *In the Heart of the Moon* laissait aussi orphelins ses administrés de la commune de Niafunké où il avait exercé les fonctions de maire.

• À **Maurice**, festival de théâtre de Port-Louis, festival créole de Rodrigues.

• Au **Niger**, « Pilotobe » issu des Nouvelles rencontres théâtrales du Niger, « Gatan Gatan » festival des contes et des arts de l'oralité, festival international de la mode africaine.

• En **République démocratique du Congo**, festival international de l'acteur, festival panafricain de musique, rencontres de conteurs et griots, festival international de théâtres en cités.

> **Azalaï**, les rencontres transsahariennes des arts et de la culture au Niger. Invités par l'Association française d'action artistique à célébrer tous les domaines de la création dans cette zone, douze pays du Maghreb et de l'Afrique subsaharienne avaient rendez-vous en 2005.

- Au **Rwanda**, festival international de cinéma de Kigali, festival des arts, festival panafricain de la danse.
- À **São Tomé-et-Principe**, biennale de l'art et de la culture.
- Au **Sénégal**, festival « Africa Live », festival « Music Ebène », festival de jazz de Saint-Louis, festival international de théâtre pour la paix, « Kaay Fecc » festival de toutes les danses, biennale de l'art contemporain « Dak'art » avec pour thème, en 2006, « Afrique : entendus, sous-entendus et malentendus », foire internationale du livre, festival « Africa fête », 1er festival « Gorée diaspora » en 2005, festival de cinéma « Image et vie ».

> En 1966 était organisé, sous l'égide du président Senghor, le premier festival mondial des arts nègres, manifestation prestigieuse à laquelle participaient des artistes et des intellectuels du continent et des diasporas noirs. Après plusieurs reports, le pari a été pris par le Sénégal de rééditer l'événement en juin 2008...

- Aux **Seychelles**, festival « Kreol », festival des arts, fête Afrique.
- Au **Tchad**, festival de théâtre afro-arabe, rencontres chorégraphiques de la jeune création, festival international des arts dramatiques et plastiques, journées du hip-hop.
- Au **Togo**, festival international du film vidéo de Lomé, festival de théâtre de la fraternité.

▶ Afrique du Nord et Moyen-Orient

- En **Égypte**, biennale des arts visuels d'Alexandrie, foire internationale du livre du Caire, festival itinérant du film franco-arabe.
- Au **Liban**, festival de films nationaux « Nés à Beyrouth », salon du livre francophone de Beyrouth « Lire en français et en musique », festival international de Baalbek, programme de tournées de jeunes talents français dans une boîte de nuit beyrouthine très réputée et très fréquentée.
- Au **Maroc**, salon international de l'édition et du livre de Casablanca, festival international du cinéma méditerranéen de Tétouan, rencontres internationales de poésie et festival international du film de Marrakech, festival international de théâtre d'Agadir, festival international d'art vidéo de Casablanca, salon international du livre de Tanger, 1er festival pluridisciplinaire de Casablanca en 2005, festival international des rythmes du monde à Rabat, festival « Gnawa » d'Essaouira, festival « Transes Atlantique », rencontre entre les traditions musicales locales et les musiques actuelles occidentales, festival du film francophone de Safi, festival « Timitar » à Agadir, événement musical autour de la culture amazighe, festival francophone du rire à Marrakech, festival du cinéma africain à Khouribga, festival des musiques sacrées à Fès, festival international du cinéma d'animation à Mekhnès.
- En **Tunisie**, rencontres chorégraphiques et théâtrales de Carthage « le Printemps de la danse », salon international du livre, festival euro-méditerranéen du théâtre de la jeunesse, 1er festival du film français de Tunis en 2005, rendez-vous de la chanson francophone.

▶ Amérique du Nord et Caraïbe

- Au **Nouveau-Brunswick**, festival international du cinéma francophone en Acadie, « Francofête », salon du livre de Dieppe, festival des arts visuels en Acadie, semaine de la Fierté française, festival littéraire « Northrop Frye », festival acadien de Caraquet.
- Au **Québec**, journées du cinéma africain et créole « Vues d'Afrique » avec un hommage au Sénégal en 2005 et au Maroc en 2006, festival « Nuits d'Afrique » consacré à la musique, festival international de contes et récits de la Francophonie, festival du théâtre des Amériques, salon du livre de Montréal, Francofolies de Montréal, Coup de cœur francophone dans huit villes de la région, festival des films du monde de Montréal, festival international du film de Québec, au cours de l'année 2005 manifestations pluridisciplinaires « Regards croisés Québec-Algérie » et, de septembre 2005 à février 2006, « Québec/Wallonie/Bruxelles : depuis 25 ans et pour longtemps ». Enfin, en 2006, Montréal est devenue la première ville d'Amérique du Nord à intégrer le réseau des villes Unesco de design.

Montréal, capitale du livre

Le 23 avril 2005, à l'Unesco, Montréal était consacrée capitale mondiale du livre pour une année. Scène littéraire à la croisée de cultures diverses, Montréal était la cinquième ville à être ainsi élue, après Madrid, Alexandrie, New Delhi et Anvers. Pour célébrer l'événement, une grande fête du livre était organisée à Montréal autour de l'inauguration de la Grande Bibliothèque du Québec. Avec 4 millions de documents sur une surface de 33 000 m², des espaces d'exposition et deux auditoriums, la Grande bibliothèque du Québec offre les services d'un véritable centre culturel. Durant les années 2005 et 2006, d'autres manifestations comme le salon du livre de Montréal, les Bouquinistes du Saint-Laurent, le festival international de littérature, le marché francophone de la poésie, le festival littéraire international de Montréal « Métropolis bleu », un symposium international sur le droit d'auteur, ont placé ces douze mois sous le signe de la lecture au Québec.

Du côté du cirque québécois

Le renouveau du cirque en France a déjà quelques années, mais, incontestablement, le cirque québécois a tenu la vedette ces derniers temps. En est témoin le succès prodigieux du cirque du Soleil. Créé à Montréal au milieu des années 1980 avec une vingtaine de saltimbanques, il est devenu une véritable entreprise culturelle avec plus de 2 700 employés, dont plus de 600 artistes, des représentations dans plus de 100 villes du monde ayant attiré près de 50 millions de spectateurs. Avec une logistique basée à Montréal, ce ne sont pas moins de dix troupes – dont cinq itinérantes et cinq permanentes aux États-Unis [2], qui présentent des spectacles différents. Renouant avec ses origines de spectacle de rue, l'entreprise reverse chaque année 1 % de son chiffre d'affaires à des associations spécialisées dans l'action auprès de jeunes en difficulté.

Sur un mode mineur en termes d'entreprise mais majeur en termes de sensibilité et de créativité artistiques, le cirque Éloize, basé également à Montréal, a été créé au début des années 1990 par des artistes originaires des îles de la Madeleine. Inutile de définir le soleil, mais il faut savoir que le terme « éloize » signifie dans le vocabulaire acadien : éclair d'orage... L'équipe d'Éloize – deux troupes, une centaine de personnes – a donné plus de 1 000 représentations dans quelque 200 villes et 20 pays, devant plus de 2,5 millions de spectateurs, et participé au spectacle de la cérémonie de clôture des JO de Turin en 2006. Les arts du cirque sont soutenus par le Conseil des arts et des lettres du Québec et, dans un quartier défavorisé de Montréal, la Cité des arts du cirque comprend le siège du cirque du Soleil, l'École nationale du cirque et une grande salle de spectacle.

- En **Haïti**, festival du conte et de la chanson francophone.
- À la **Dominique**, festival de théâtre franco-créole, semaine créole, World Creole Music Festival.
- À **Sainte-Lucie**, le mois créole.

Caraïbe en créations

À l'automne 2005, un nouveau programme, inauguré par les rencontres Caraïbe en créations à Saint-Domingue, était lancé par l'Association française d'action artistique afin d'organiser l'appui aux expressions artistiques dans cette région du monde.

---

2. Quatre à Las Vegas et une à Orlando, en Floride.

▶ Asie et Océanie

• En **Arménie**, festival du cinéma.

• Au **Cambodge**, festival Ciné Mékong, Nuits chorégraphiques d'Angkor, festival de cirque ; festival du film des réfugiés.

• En **Géorgie**, festival international du film.

• Au **Vanuatu**, festival musical « Fest-Napuan ».

• Au **Viêt Nam**, festival biennal de Hué, projections de films francophones dans le cadre du panorama du festival de Cannes 2005, projections de films d'animation français.

▶ Europe

• En **Albanie**, festival international de théâtre, festival folklorique des pays balkaniques.

• En **Andorre**, une lecture musicale en français et en catalan, « Frontière-Fontera », réalisée en partenariat avec des communes françaises, a fait l'objet de représentations dans la principauté et en France.

• En **Autriche**, festival d'automne, festival international de cinéma.

• En **Bulgarie**, festival international de la chanson francophone de Plovdiv, Printemps français de Sofia, exposition consacrée aux rencontres de la photographie africaine de Bamako.

• En **Communauté française de Belgique**, le festival international du film francophone de Namur fêtait ses vingt ans en 2005 ; le festival international du film indépendant de Bruxelles célébrait le cinéma marocain ; la Foire du livre de Bruxelles accueillait plus de 70 000 visiteurs en 2006 ; Couleur café à Bruxelles ainsi que le festival international de poésie Wallonie-Bruxelles ; Liège fêtait le Printemps du cinéma congolais et le festival international des arts de la scène ; Louvain accueillait le festival Afrika films ; Spa renouvelait les Francofolies musicales. Plus généralement, musiques émergentes, danse contemporaine et théâtre pour la jeunesse sont en plein essor.

Une vague ou un tsunami ?

Faisant référence à l'éclat de la création artistique belge dans tous les domaines, *L'Hebdo de Lausanne*[3] répondait à la question : « Ce n'est plus une vague belge ; c'est un tsunami. » *Une vague belge*, tel était le titre du livre dans lequel G. Duplat[4] traçait le portrait d'une vingtaine d'artistes et de créateurs représentatifs de la vitalité de la culture belge. En effet, des frères Dardenne, lauréats pour la deuxième fois de la Palme d'or cannoise en 2005 avec *L'Enfant*, aux prix littéraires – le Goncourt pour François Weyergans et le Médicis pour Jean-Philippe Toussaint en 2005 –, en passant par la floraison d'acteurs comme Olivier Gourmet, Natacha Régnier, Jérémie Rénier ou Benoît Poelvoorde, sans oublier, dans le domaine musical, les succès d'Axelle Red, de Maurane ou d'Arno, c'est toute la palette des activités artistiques qui trouve ainsi à s'épanouir au plat pays et à en franchir les frontières.

• En **Croatie**, festival de théâtre francophone annuel.

• En **Grèce**, festival international du film, festival du film européen.

• En **Hongrie**, où la grande exposition *400 Ans d'art français, ombres et lumières*, pour laquelle un catalogue a été édité en français et en hongrois, a accueilli plus de 300 000 visiteurs : journées du film français, trois festivals de théâtre en français pour élèves et étudiants.

---

3. *Courrier international*, n° 798, du 16 au 22 février 2006.
4. Guy Duplat, *Une vague belge*, Bruxelles, éd. Racines, 2005.

- En **Lituanie**, Printemps de la Francophonie, festival de films français, nuit du court-métrage francophone.
- Au **Luxembourg**, journées littéraires de Mondorf.
- En **Macédoine**, soirées poétiques de Struga consacrées en 2006 à Léopold Sédar Senghor, Été francophone, concours de théâtre francophone des lycéens, prix littéraire « Francophonica ».
- En **Moldavie**, festival du film francophone de Chisinau.
- À **Monaco**, la confrontation de l'art traditionnel et de l'art contemporain marquait l'exposition *Arts of Africa*, riche de la présentation de plus de 500 œuvres au Grimaldi Forum, et, en marge de l'exposition, se tenait le festival musical « Africa live ».

« francofffonies ! » : le festival francophone en France en 2006

« Ce festival aura pour vocation, en réunissant artistes, entrepreneurs, écrivains, scientifiques, intellectuels, venus de tous les horizons, de mettre en valeur les réalités de la francophonie, la richesse et la vitalité des peuples qui la composent. Il s'agit encore de montrer que la France est elle aussi francophone, dans les tissages de son identité, en invitant l'Hexagone à se confronter aux singularités culturelles et à partager, sans peur, tous les cousinages qui l'ouvrent à une autre vision de la mondialisation, créative et joyeuse », a déclaré Monique Veaute, commissaire générale du festival.

Lancée par le président Jacques Chirac lors du Sommet de la Francophonie de Beyrouth en 2002, l'idée d'une grande manifestation francophone en France a trouvé sa réalisation en 2006 avec « francofffonies ! ». Durant huit mois, encadrés par le Salon du livre dédié aux littératures francophones le 16 mars, et la célébration du centenaire de la naissance de Léopold Sédar Senghor le 9 octobre, ce sont des créateurs et artistes de plus de soixante pays sur les cinq continents, plus de deux mille personnalités, et plus de quatre cents manifestations qui ont permis à l'Hexagone de voir, d'entendre, d'admirer et de découvrir les multiples voix et voies de la francophonie mondiale. En effet, « bien plus qu'une série de spectacles », le festival avait vocation à « exprimer une certaine idée du monde », comme le soulignait le secrétaire général de la Francophonie, Abdou Diouf.

Qu'il s'agisse d'événements spécialement créés pour l'occasion ou de l'invitation de la francophonie dans des festivals généralistes, il est impossible de citer toutes les manifestations de ce bouquet, qui fera dire au conteur Grand Grenier : « La francophonie, c'est le jardin le plus complet du monde. » En voici quelques exemples parmi les plus florissants :

C'est au Salon du livre, en mars, que s'est ouvert le festival avec l'accueil des littératures francophones, suivi par un tour de France des quarante écrivains de tout l'espace francophone, hôtes privilégiés du salon. Pour la première fois, l'invité d'honneur du salon n'était pas un pays mais une langue, et il faut croire que le thème était bien choisi, puisque le nombre de visiteurs augmentait en 2006 de plus de 5 % par rapport à l'année précédente.

Les littératures de langue française étaient également célébrées aussi bien à Paris – à la Sorbonne, au centre Wallonie-Bruxelles, à la Société des gens de lettres, à l'Unesco – qu'à Bordeaux avec l'Escale du livre et l'université Montaigne, ou encore à Clermont-Ferrand, à Limoges, à Balma et à Lyon.

La musique occupait une place de choix avec, dans toute la France, un 25e anniversaire de la Fête de la musique paré aux sons de la francophonie ; à Paris, un long week-end francophone d'été à La Villette, des métissages kabyles à la Cité de la musique, les nouvelles tendances musicales de l'océan Indien à la Maroquinerie, des musiciens québécois au Café de la danse ; en région, l'accueil de musiciens et conteurs sénégalais sur les rives de la Garonne à Toulouse, d'artistes marocains à Cahors, québécois dans le Limousin, la création d'un opéra d'Amin Maalouf à Strasbourg, des nouveaux talents de la création musicale francophone en tournée dans plusieurs villes de France, sans compter, bien sûr, les traditionnelles Francofolies de La Rochelle ou les Déferlantes francophones à Capbreton.

Le théâtre et le conte n'étaient pas en reste avec le Caravansérail des conteurs en tournée dans les régions et villages de France, les dix années du festival « Les Météores » de Douai, les Francophonies théâtrales de Limoges (avec, notamment, un spectacle créé en Nouvelle-Calédonie), le programme spécial francophonie du festival de l'Imaginaire à la Maison des cultures du monde, la programmation du Tarmac à La Villette, la sélection francophone du festival « Paris quartier d'été », la fête du Québec au théâtre du Châtelet, et de multiples tournées destinées à accompagner la rencontre des spectateurs français avec les comédiens et metteurs en scène de l'espace francophone lointain comme le Québec ou l'Afrique, voisin comme l'Algérie ou contigu comme la Belgique.

La Biennale de la danse à Lyon, les Rencontres francophones de Niort ou les 6e Rencontres chorégraphiques de l'Afrique et de l'océan Indien à Paris complétaient la panoplie du spectacle vivant francophone. Le cinéma célébrait d'abord sa francophonie au festival de Cannes comme il se doit ! Mais c'est aussi dans de nombreux festivals que des gros plans étaient réalisés sur les cinémas des régions et des pays de l'espace francophone, comme l'Asie au festival international des films de femmes de Créteil, le Québec au festival international du film d'Aubagne ou du moyen métrage de Brive, la Communauté française de Belgique au centre Wallonie-Bruxelles et l'Afrique au musée Dapper à Paris, et d'autres cinématographies encore dans le cadre de la Biennale des cinémas arabes à l'Institut du monde arabe ou du festival international du film de La Rochelle.

Les artistes plasticiens francophones installaient leurs œuvres contemporaines dans des aires de jeux pour enfants ; les Rencontres africaines de la photographie de Bamako étaient accueillies à Lille ; une douzaine de galeries parisiennes étaient mises à contribution ; des expositions étaient organisées au musée Dapper et au musée du Quai-Branly à Paris, ainsi qu'à Nice, Quimper, La Rochelle, Saint-Étienne, Rennes, Nîmes, Mulhouse, Le Havre, Metz, Troyes, Bordeaux, etc.

L'école, bien sûr, était également au centre des préoccupations avec des débats sur la francophonie et la place des cultures francophones dans le système éducatif français, ainsi que l'opération « 100 témoins pour 100 écoles », qui s'est déroulée tout au long de l'année scolaire pour recueillir le témoignage de migrants devant des jeunes Français scolarisés.

D'autres domaines de la pensée étaient aussi mis en lumière dans le cadre de débats et colloques, comme à Toulouse sur la question d'une culture juridique francophone, à Paris au Sénat sur les liens entre francophonie et mondialisation et au Centre de conférences internationales sur les entreprises et la francophonie, à Nantes sur le thème « Quelles solidarités scientifiques en francophonie ? », à Lyon sur « Francophonie : économie de la culture – économie équitable », et à Strasbourg sur : « Francophonie et Europe »...

2006, année Senghor

Le festival francophone en France n'aurait pu se passer de Léopold Sédar Senghor, mais la célébration du poète président, qui aurait eu cent ans en 2006, a largement dépassé les frontières de l'Hexagone, s'élargissant à l'ensemble du monde francophone et au-delà.

Pour l'Organisation internationale de la Francophonie, tête de file dans l'organisation des manifestations, « il s'agit là moins de commémorer un passé, de célébrer un homme, aussi exemplaire soit-il, que de constater combien la vie, l'action et les engagements de cet homme d'exception se retrouvent aujourd'hui encore d'une particulière actualité et illustrent le message francophone au service du respect de la diversité des cultures et des civilisations et la promotion du dialogue entre les peuples ». Qui, en effet, mieux que Senghor pouvait illustrer l'idéal de la Francophonie ? Senghor pour lequel, comme le dit le secrétaire général de la Francophonie, Abdou Diouf, « poétique et politique procèdent du même rêve et de la même volonté : rêve de changer le monde ». C'est encore en ces termes, pour constater l'actualité de son message, que la Fédération des Alliances françaises rend hommage au poète président : « Les griots, véritables historiens de l'Afrique, chantent encore les louanges de cet homme extraordinaire qui a réussi à construire des ponts entre les hommes, à transmettre son amour pour le continent noir et pour la langue et la culture françaises. »

Les événements consacrés à Senghor ont été multiples tout au long de l'année 2006 : lecture de l'*Anthologie de la poésie nègre et malgache de langue française*, publiée par Senghor en 1948, à la Comédie-Française ; projection dans le métro parisien d'extraits de ses œuvres ; rencontre sur Senghor et Césaire au musée Dapper ; colloques : « Senghor et la Francophonie » à Paris et à Dakar, « Léopold Sédar Senghor : la pensée et l'action politique » à l'Assemblée nationale à Paris, « Léopold Sédar Senghor, les forces de l'écriture » à la Bibliothèque nationale de France, Césaire-Senghor en Martinique, Damas-Senghor en Guyane ; cinquantenaire du premier Congrès des écrivains et artistes noirs à l'Unesco...

Et encore : expositions ; spectacle du Béjart ballet de Lausanne en hommage à Senghor ; sortie d'un album de Meïssa Mbaye, musicien sénégalais ayant choisi de « participer à une large diffusion de l'œuvre de Senghor chez la jeune génération » en mettant en musique dix de ses poèmes ; tables rondes au Salon du livre de Paris ; Grand Prix international de la poésie Senghor et prix Senghor de la création artistique ; concours sur l'actualité de Senghor pour les jeunes francophones ; concours de poésie au Cambodge ; hommages à Senghor dans le cadre du marché de la poésie à Montréal, à Struga en Macédoine ou à Namur ; conférences dédiées à Senghor à Alexandrie, en Normandie, à Paris, à Sao Tomé-et-Principe, en Pologne...

Plus de vingt pays ont édité à cette occasion un timbre spécial, une vingtaine de villes ont baptisé une place, un boulevard ou une rue au nom de Senghor, tandis qu'au-delà de l'espace francophone étaient organisées des célébrations au Brésil, en Chine, en Équateur, en Italie, en Inde, en Iran ou au Portugal.

Théâtres francophones de La Villette à Limoges

Après le départ de son fondateur, Gabriel Garran, à la fin de l'année 2004, le Théâtre international de langue française, devenu le Tarmac de La Villette, s'ouvre à une plus grande pluridisciplinarité en accueillant dorénavant, en plus du théâtre et de la danse, la littérature, les arts de l'image et les films documentaires, ainsi qu'en recevant des créateurs en résidence.

Les 22es Francophonies en Limousin à l'automne 2005, dernier festival organisé par Patrick Le Mauff, accueillaient Les Rencontres de La Villette hors les murs, faisant entrer dans ceux de Limoges hip-hop et slam. C'était aussi l'occasion d'un hommage au grand dramaturge congolais Soni Labou Tansi, avec, notamment, l'inauguration d'une rue à son nom. L'édition 2006 affichait une majorité de spectacles africains, la création d'une nouvelle pièce de Wajdi Mouawad, *Forêts*, et un forum « Francophonie, colonisation et décolonisation ».

• En **Pologne**, deux festivals internationaux de théâtre l'un à Varsovie, l'autre à Cracovie consacré à la Suisse en 2005, festivals et concours de théâtre francophone lycéen et universitaire, organisation d'un « choix polonais » dans les sélections du prix Goncourt et du festival de la bande dessinée d'Angoulême.

• En **République tchèque**, organisation des Olympiades de français et du concours scolaire francophone consacré en 2006 à la vie et à l'œuvre de Senghor, festival international de cinéma de Karlovy Vary, concerts d'artistes francophones.

• En **Roumanie**, festival international de théâtre de Sibiu, festival de théâtre francophone de Bucarest et de Cluj, fête du cinéma français, « Bookarest » – manifestation consacrée à la langue et à la littérature françaises.

- En **Slovaquie**, plus d'une cinquantaine d'événements annuels organisés ou soutenus par l'Institut français de Bratislava. Le festival international du film francophone, dont l'organisation fait l'objet d'une coopération avec plusieurs autres pays membres, a tenu sa septième édition en 2006.

- En **Slovénie**, festival des musiques du monde, festival du film européen.

- En **Suisse**, d'innombrables événements culturels se déroulent chaque année. Dans le domaine littéraire : les littératures et les éditions africaines, avec pour thème « Femmes et figures de femmes » en 2005, et « Afrique : connaissance et reconnaissance » en 2006, se retrouvaient au Salon africain du livre dans le cadre du Salon international du livre et de la presse de Genève, et également : la foire du livre de Bâle, les journées littéraires de Soleure, le festival international de la bande dessinée à Sierre ; dans le domaine du cinéma : « Visions du réel » à Nyon, festival international de films de Fribourg et de Locarno, festival international du film fantastique de Neuchâtel, « Black movie » festival des films du monde, et cinéma Tout écran à Genève ; dans le domaine musical : le « Paleo festival » de Nyon, des festivals de rock à Avenches et à Beck, le « Bâtie-festival » également consacré à la danse et au théâtre à Genève ; le festival pluridisciplinaire Afrique noire à Berne.

La circulation des spectacles et les coproductions dans l'espace francophone

▶ Afrique subsaharienne

Des artistes centrafricains ont été accueillis à Paris à l'occasion des journées de Centrafrique en juin 2005, et des tournées théâtrales, musicales et chorégraphiques ont été effectuées dans les pays limitrophes ainsi qu'en France et en Espagne. Dans le sens inverse, des artistes algériens, ivoiriens ou camerounais ont donné des spectacles dans le pays.

Les échanges culturels des Comores ont lieu avec les îles de l'océan Indien. De la même façon, coproductions et circulation des spectacles impliquent Madagascar, La Réunion ainsi que la France.

Le centre culturel franco-guinéen offre l'occasion de nombreux spectacles et rencontres entre des artistes africains et européens. Des artistes tchadiens ont participé aux Rencontres chorégraphiques de l'Afrique et de l'océan Indien, aux 6es Jeux de la Francophonie à Niamey et à de nombreux festivals en Europe. Réciproquement, les grandes manifestations nationales accueillent des artistes d'autres pays de l'espace francophone. Même chose pour des artistes camerounais, congolais, guinéens, togolais…

Des coproductions, dans les domaines du théâtre et de la danse, ont été engagées entre compagnies belges, burkinabées, camerounaises, congolaises, françaises, suisses, togolaises…

▶ Afrique du Nord et Moyen-Orient

Au **Maroc**, la participation de nombreux artistes africains, notamment des musiciens, est fréquente, ainsi que des tournées de cinéastes et d'écrivains d'autres pays de l'espace francophone. Des artistes et des spectacles marocains sont invités à se produire en Belgique ou en France, notamment à l'initiative d'associations d'immigrés et de collectivités locales. De leur côté, des pays francophones ont organisé au Maroc quelques événements : ainsi l'ambassade de France et la délégation Wallonie-Bruxelles, avec des rencontres d'auteurs d'expression française au printemps 2006, ou la Suisse avec des expositions de photos.

▶ Amérique du Nord et Caraïbe

Au **Nouveau-Brunswick**, la participation d'artistes de la province à des événements culturels de pays francophones s'est développée – à l'instar des spectacles et musiciens acadiens au festival interceltique de Lorient et aux Déferlantes francophones de Capbreton en France ou, en Afrique, à l'occasion du Sommet de Ouagadougou –, de même que des coproductions théâtrales avec la France et la Belgique notamment.

Le **Québec** a accueilli près de 200 représentations de spectacle vivant en provenance principalement de Belgique et de France. Une quarantaine d'organismes québécois dans le secteur des arts de la scène ont effectué plus de 800 représentations en tournées dans l'espace francophone, notamment dans les pays du Nord et au Liban. Plus de 87 artistes québécois se sont produits en France en 2006 à l'occasion du festival « francofffonies ! ». Dans le cadre de la Commission internationale du théâtre francophone, huit projets de coproduction ont été menés avec le Burkina Faso, la République démocratique du Congo, la Belgique et la France.

▶ Asie et Océanie

Des échanges culturels, tournées de spectacles notamment, existent entre le **Laos** et le **Cambodge**.

Au **Viêt Nam**, la circulation de spectacles est régulière à l'initiative des pays de la francophonie actifs dans le domaine de la coopération et de la diffusion culturelles, principalement la France, la Communauté française de Belgique et le Canada. Les coproductions sont nombreuses à l'occasion de manifestations organisées dans le cadre européen et durant le mois de la francophonie. Par ailleurs, le Viêt Nam s'investit dans sa représentation culturelle à l'étranger lors de festivals (Avignon, Paris, Bruxelles…).

▶ Europe

En **Bulgarie**, quelques spectacles bulgares ont été représentés en France, mais c'est avec le Canada et la Belgique qu'ont été montées des coproductions culturelles.

Un certain nombre d'accords de coopération, qui prévoient de nombreux échanges culturels, lient la **Communauté française de Belgique** à plusieurs pays membres de la Francophonie du Nord ou du Sud. Les productions chorégraphiques et les spectacles pour la jeunesse ont bénéficié de ces échanges. Une coproduction tout à fait originale mérite d'être signalée : il s'agit d'un court métrage réalisé à partir de la rencontre de jeunes sourds belges et marocains.

En **Hongrie**, le festival Sziget invite tous les ans plus de trente groupes musicaux et compagnies de pays membres de l'OIF. La chanson française classique reste attractive dans le pays, et les artistes de musiques du monde commencent à y être connus et appréciés. Des spectacles et des artistes hongrois sont présentés surtout en France, tandis que des coproductions dans le domaine musical, notamment en jazz, ou dans le domaine cinématographique, réunissent artistes français et hongrois.

En **Lituanie**, quelques productions théâtrales ont été montées avec des pays membres de l'OIF, ainsi que quelques coproductions cinématographiques avec la France.

La **Pologne** a bénéficié d'une coproduction cinématographique avec le Luxembourg.

En **République tchèque** ont été réalisés des projets communs entre la France, le Canada, l'Égypte, l'Algérie et la délégation de Wallonie-Bruxelles.

À travers des organismes comme Présence Suisse et Pro Helvetia, la **Suisse** favorise la circulation de ses spectacles et de ses productions culturelles dans le monde. Les coproductions interviennent surtout dans le domaine du cinéma et de l'audiovisuel avec d'autres pays européens et le Canada.

Les programmes de l'Organisation internationale de la Francophonie (OIF) [5]

Dans le cadre de la programmation quadriennale 2006-2009, quatre programmes ayant trait à l'objectif stratégique « Préserver et mettre en valeur la diversité culturelle et linguistique » ont été définis : développer des politiques nationales en matière de culture et de langues ; renforcer la coopération internationale en matière de gestion et de régulation de la diversité culturelle ; accroître la production et la diffusion des produits et contenus culturels des pays du Sud ; accroître la capacité des États du Sud à faire face aux défis de la culture numérique.

Spectacle vivant, musique
- organisation de stands et invitation de professionnels et d'artistes des pays du Sud dans les grands marchés internationaux : pour la neuvième année consécutive, une vingtaine de sociétés de production phonographique en provenance de treize pays francophones ont été invitées au Marché international du disque et de l'édition musicale (Midem) à Cannes en janvier 2006 et, à cette occasion, était produite la 9e compilation « Francophonie », avec une sélection d'artistes d'Afrique et du Moyen-Orient ;
- séminaires de formation en matière de formulation de projets et gestion d'entreprises culturelles ;
- programme d'aide à la diffusion des spectacles (théâtre, musique, danse).

Cinéma
- appui à la production : 46 productions télévisuelles et cinématographiques soutenues en 2006 suite à la tenue des deux commissions de sélection (en avril en Tunisie, en juillet à Paris) ;
- diffusion numérique : 10 nouveaux DVD sont venus compléter la collection des 30 DVD de films africains du patrimoine édités par l'OIF ;
- promotion : appui aux festivals en 2006 : Cannes – Écrans noirs – Vues d'Afrique – Quintessence ;
- formation : atelier Sud Écriture en Tunisie.

Livre
- fonds de soutien à l'édition de jeunesse : organisation d'ateliers de formation et résidences d'écriture ;
- appui aux politiques nationales de lecture publique ;
- quatre prix visant à favoriser la création littéraire et éditoriale ;
- organisation de séminaires sur la politique du livre en Afrique centrale.

Industries culturelles
- fonds de garantie des industries culturelles en Afrique de l'Ouest : organisation de séminaires de formation en analyses économique et financière des projets culturels.

Politiques culturelles

Afrique subsaharienne

Les participants à la deuxième conférence des ministres de la Culture de la Communauté économique des États de l'Afrique de l'Ouest (Cedeao), en août 2005, ont adopté une déclaration portant sur la protection de la diversité culturelle, le soutien à des manifestations culturelles d'envergure régionale et la promotion des musées. Ils ont également mis au point un mécanisme de financement des activités culturelles en Afrique de l'Ouest.

---

5. Pour plus d'informations, se reporter au rapport du secrétaire général de la Francophonie.

La deuxième phase du Programme d'appui et de valorisation des initiatives artistiques et culturelles – l'un des volets de la coopération culturelle de l'Union européenne avec les pays d'Afrique, Caraïbe et Pacifique – était lancée à l'automne 2005 au **Mali** alors qu'elle venait de s'achever au **Burkina Faso**.

Le ministère de la Culture du **Burundi** dispose d'un budget d'appui à la créativité artistique et littéraire.

Au **Cameroun**, un compte d'affectation spéciale mis en place par le gouvernement soutient les industries culturelles.

En **Centrafrique**, à la suite d'un forum culturel tenu en novembre 2005, le bureau des droits d'auteur a été restructuré et une charte culturelle a été votée par l'Assemblée nationale, sans pour autant qu'un programme de soutien aux industries culturelles ait pu encore être élaboré.

Les **Comores** n'ont toujours pas ratifié la Convention de Florence sur les biens culturels et éducatifs, qui sont donc taxés à 57 %.

Au **Congo**, le budget de l'État prévoit un soutien aux activités du livre.

À **Madagascar**, une loi cadre sur la politique culturelle a été adoptée par le Parlement en 2005.

▶ Afrique du Nord et Moyen-Orient

Au **Maroc**, le ministère de la Culture mène une politique de soutien aux éditeurs marocains par une aide directe à la publication (ouvrages en arabe en majorité) et par l'achat d'ouvrages destinés au réseau de lecture publique, ainsi qu'en assurant la présence des éditeurs et de leur production dans les principaux salons internationaux. Le réseau de lecture publique est développé en coopération avec l'ambassade de France (création de 70 médiathèques et d'une centaine de petites bibliothèques). Dans le domaine cinématographique, le Fonds d'aide au cinéma national, géré par le Centre cinématographique marocain, a contribué à la production et à l'exploitation en salles à hauteur de 2,7 millions d'euros en 2005, et de 4,5 millions d'euros en 2006.

En **Tunisie**, le ministère de la Culture soutient la création à travers l'achat de spectacles et d'œuvres, des fonds d'aide au cinéma, des aides directes à la diffusion musicale, des exonérations fiscales pour l'édition notamment, l'accès aux mécanismes d'aide à l'exportation. La part du budget de l'État consacré à la culture devrait passer de 1,1 % à 1,25 % en 2009 afin de permettre la création de nouveaux lieux culturels prestigieux, telles la nouvelle Bibliothèque nationale ou la Cité de la culture, et la modernisation des maisons de la culture ou d'un certain nombre de musées.

▶ Amérique du Nord et Caraïbe

Arts **Nouveau-Brunswick** et Patrimoine Canada soutiennent les industries culturelles à travers des programmes d'aide à l'édition de livres et de périodiques ainsi qu'à l'industrie du film et de la musique.

Au **Québec**, un nouveau dispositif visant à accroître les investissements privés dans la culture et les communications, les Placements culture, a été mis en place en novembre 2005. Programmes d'aide de la Société de développement des industries culturelles (Sodec) en 2004-2005 : 23,4 millions de dollars pour le cinéma et la production télévisuelle ; 7,9 pour le disque et le spectacle de variétés ; 3,7 pour le livre et l'édition spécialisée ; 2,7 pour les métiers d'art ; 3 pour l'exportation. Le Conseil des arts et des lettres du Québec a attribué, en 2004-2005, 1 149 bourses aux écrivains et artistes professionnels pour la recherche et la création, toutes disciplines artistiques confondues, 538 bourses pour des activités de perfectionnement ; il a également accordé son soutien financier à plus de 500 organismes artistiques.

▶ Asie

Au **Viêt Nam**, la production cinématographique, autrefois totalement financée et contrôlée par l'État, doit faire face depuis les années 1990 à une diminution constante des subventions publiques. De plus en plus, les réalisateurs se tournent vers des compagnies et des partenaires privés, de même que vers des sociétés étrangères. Une nouvelle loi sur le cinéma est à l'étude à l'Assemblée nationale, marquée, semble-t-il, par une volonté d'établir un nouveau système d'aide, dont la mise en œuvre est cependant encore floue. L'un des freins majeurs au développement des industries cinématographiques, audiovisuelles et musicales reste évidemment la bonne santé du marché pirate local, contre lequel les autorités vietnamiennes peinent à agir, malgré les pressions internationales et les protestations de certains professionnels vietnamiens. De très nombreux magasins revendent des films de fiction piratés, parmi lesquels les films francophones sont nombreux, notamment les plus récents, ainsi que la « nouvelle vague » et les grands classiques ; le même phénomène existe pour les CD. Compte tenu de ces réseaux de vente très développés au Viêt Nam, tolérés par l'État, il n'existe pas de véritable commerce légal de produits audiovisuels, y compris en ce qui concerne les logiciels. Dans d'autres domaines culturels, il existe des aides de l'État et des collectivités territoriales.

Par ailleurs, le pays continue le programme de rénovation et d'extension systématique de ses structures d'enseignement culturel (École des beaux-arts, Conservatoire de musique, Opéra Ballet, École du cirque, etc.). Une véritable réflexion sur les objectifs et missions des établissements au regard des contraintes contemporaines nationales et internationales a été engagée.

Europe

La **Communauté française de Belgique** soutient l'édition par des prêts sans intérêts et des subventions, la production d'enregistrements sonores, la réalisation de vidéoclips, la création et la diffusion de spectacles vivants ainsi que l'exportation au travers de tournées et de promotions. Nous avions, dans le rapport 2002-2003 du HCF [6], évoqué les succès du cinéma belge francophone ainsi que les mécanismes de soutien de la Communauté française de Belgique qui lui permettent de s'épanouir. La mise en place d'un système d'incitation fiscale à l'investissement cinématographique est venue compléter ce dispositif ; permettant d'élargir les sources de financement, la Tax Shelter devrait ouvrir la voie à des projets cinématographiques plus nombreux et plus ambitieux.

> En mai 2006, le ministre français de la Culture annonçait la création d'un nouvel organisme, l'agence CulturesFrance, doté d'un budget de 30 millions d'euros et visant à chapeauter l'action culturelle de la France dans le monde en regroupant plusieurs organismes, comme l'Association française d'action artistique et l'Association pour la diffusion de la pensée française. Une triple exigence définit la vocation de CulturesFrance : « encourager la réciprocité des échanges entre la France et les réseaux internationaux ; développer la dimension européenne de ces échanges ; affirmer sa vocation solidaire avec les autres cultures du monde afin de contribuer au développement et de permettre la libre circulation des créateurs [7] ». Parmi les projets forts de la nouvelle structure, on notera la construction d'une Villa Senghor à Gorée, au Sénégal, et d'une Villa pour les artistes français à New York.

En **Hongrie**, le ministère de la Culture a mis en place un programme de soutien à l'industrie du disque pour les musiques actuelles et a ouvert un bureau export de la musique hongroise. Une baisse sur la TVA applicable à tous les biens a été votée. Le Fonds national pour la culture soutient de nombreux projets culturels de dimension internationale.

Le ministère de la Culture de **Lituanie** soutient l'édition, et un nouveau programme de promotion des industries culturelles a été inscrit par le gouvernement en 2006.

---

6. *La Francophonie dans le monde 2002-2003*, Larousse, 2003.
7. Olivier Poivre d'Arvor, directeur de CulturesFrance, revue *Rézo*, n° 20, printemps 2006.

Au **Luxembourg**, où il y a quarante sociétés de production, le Fonds national de soutien à la production audiovisuelle vise à encourager les coproductions cinématographiques internationales [8].

En **Pologne**, douze programmes opérationnels sont gérés par le ministère de la Culture et du Patrimoine national. Il existe notamment un Institut du livre ainsi qu'un Institut du cinéma, dont le budget de soutien au cinéma national est d'environ 15 millions d'euros avec pour objectif de porter à quarante le nombre de films produits en 2006. Une TVA sur les billets de spectacle a été introduite.

En **Slovaquie**, un système de subventions géré par le ministère de la Culture est destiné à soutenir divers domaines des arts et de la culture. En revanche, un taux unique de TVA sur tous les produits et services empêche tout soutien indirect de l'État au secteur culturel.

En **Suisse**, les activités culturelles relèvent en premier lieu des cantons et des communes. La Fondation Pro Helvetia intervenant au niveau national met l'accent sur la création artistique contemporaine, les échanges culturels et le dialogue entre les cultures. De son côté, l'Office fédéral de la culture assure le soutien au cinéma, aux arts plastiques et appliqués, à la vidéo et à la photo. Le Département fédéral des affaires étrangères dispose également d'outils de soutien à la culture suisse. Divers instruments permettent d'aider le cinéma suisse, comme l'aide liée au succès, l'aide sélective pour le maintien de la diversité de l'offre cinématographique, l'aide aux festivals. Le marché du livre est fragmenté suivant les régions linguistiques ; en Suisse romande, l'arrivée d'une grande chaîne française bénéficiant de la loi Lang sur le prix unique a suscité une dérégulation du marché, provoquant la disparition de nombreux libraires indépendants…

Quelques nouvelles du monde de la musique

Les ventes de disques en France pour les neuf premiers mois de 2005 perdaient 1,2 % en valeur mais gagnaient 2,8 % en volume. Après deux années de très forte crise, le marché semble se stabiliser mais reste fragile. La variété francophone, elle, demeure en tête des genres musicaux malgré un léger recul, passant de 35,4 % en 2004 à 32,8 % en 2005. Sur le plan mondial, la baisse de 6 % des supports musicaux a été partiellement compensée par le fort développement des ventes numériques, donnant au final une régression de 1,9 % au premier semestre 2005. Le chiffre d'affaires des supports physiques régresse dans tous les pays, mais c'est en France que le marché se dégrade le moins, cela étant partiellement lié à de très significatives baisses des prix [9].

Le nombre d'artistes francophones présents dans le top 100 des diffusions radio en France a subi une baisse notable, passant de 44 % en 2004 à 32 % en 2005. Même si les quotas de chansons francophones sont désormais largement respectés par les radios, « le très grand nombre de passages d'un même titre en une semaine et la durée de vie de plus en plus courte d'une chanson à la radio menacent toujours la diversité culturelle », constatent les auteurs d'un article dans *Le Monde Télévision* des 12 et 13 juin 2005.

Un dispositif de soutien à l'industrie du disque a été mis en place par le ministère français de la Culture avec la création, en janvier 2006, d'un fonds d'avances remboursables, doté de 2 millions d'euros, destiné aux entreprises indépendantes et, en prévision, un crédit d'impôt pour la production phonographique.

Autre facteur d'incertitude pour le marché du disque, les réglementations sur la piraterie opposent les multinationales du disque, adeptes d'un marché très encadré, à une partie de la profession ainsi qu'aux auditeurs, à la recherche d'une réglementation plus souple et d'une réforme de la propriété intellectuelle,

---

8. *Courrier international*, n° 810, du 11 au 17 mai 2006.
9. http://www.disqueenfrance.com

si ce n'est, pour certains, de libéralisme en la matière afin de favoriser la convivialité musicale et l'expression de la diversité...

Il est certain que, sur le continent africain, la piraterie qui sévit empêche le marché de se développer, amenant la fermeture pendant quelques semaines, au printemps 2005, en signe de protestation, des deux principaux producteurs maliens de cassettes Mali K-7 et Seydoni Mali. Sur le marché malien, 2 % seulement des cassettes vendues seraient légales, mais les pouvoirs publics se sont organisés pour lutter contre ce fléau avec des opérations de saisie massives de cassettes illicites au printemps et à l'automne 2005. Par ailleurs, l'inexistence ou le fonctionnement aléatoire des sociétés civiles de gestion collective du droit d'auteur et des droits voisins sur le continent africain sont un autre frein, même si les choses avancent – le Bénin, par exemple, s'est doté en 2005 d'une commission nationale de lutte contre la piraterie des œuvres littéraires et artistiques.

Lieux et productions culturels

Des lieux culturels ont été créés, transformés ou rénovés dans nombre de pays durant les années 2005 et 2006. Les productions culturelles mentionnées font référence aux années 2004 et 2005 en général.

▶ Afrique subsaharienne

Au **Bénin**, ouverture de l'atelier Fiwe pour former les techniciens du cinéma, inauguration d'un musée d'art contemporain africain, ouverture de l'institut cinématographique de Ouidah.

Au **Burkina Faso,** une cinquantaine d'œuvres littéraires ont été publiées en 2006.

Au **Burundi**, douze titres publiés par une maison d'édition ; augmentation des lieux de vente de livres et de productions audiovisuelles, selon les constats du poste diplomatique français.

Au **Cameroun**, une centaine de titres ont été édités par une dizaine de maisons publiant totalement ou partiellement en langue française, notamment dans le domaine universitaire ; une dizaine de longs métrages et une trentaine de courts métrages ont été réalisés sur support numérique. Deux espaces privés ont été créés, l'un organisant expositions, concerts et représentations théâtrales, l'autre accueillant résidence de création théâtrale et programmant les compagnies de Yaoundé.

Aux **Comores**, publication de dix titres par la maison d'édition KomEdit et de treize disques, dont un en français ; ouverture d'une salle de spectacles au palais du Peuple.

Au **Congo**, le secteur de l'édition est sinistré, avec seulement deux maisons ayant publié une dizaine de livres. Le cinéma, en revanche, connaît une certaine émergence avec six films produits par deux maisons, Horten's films et Médiafrique ; dix disques produits.

En **Centrafrique**, production de trois disques dont un français et deux bi- et trilingues (français, sango, anglais).

Au **Gabon**, réouverture du musée des Arts et Traditions.

En **Guinée**, ouverture de deux centres culturels : l'un associatif, le centre Wakili Guinée, l'autre privé, Le petit musée ; création d'une nouvelle librairie, La maison du livre, et d'une maison d'édition, Tabala. Six maisons d'édition ; trois films ; environ 70 albums, CD et K7, produits par an, dont 45 % en français (il s'agit de rap pour la majorité).

Au **Mali**, grâce à des financements européens, un programme d'appui à la valorisation des initiatives artistiques et culturelles – qui prévoit, entre autres, la construction de musées régionaux – a été lancé dans le pays pour la période 2005-2007 ; ouverture à Bamako de la Maison de la photographie.

À **Madagascar**, ouverture d'une médiathèque sur les cultures francophones à l'Alliance française d'Antananarivo ; création du Centre malgache pour le développement de la lecture publique et de l'animation culturelle, accompagnée de l'extension du réseau des centres de lecture et d'animation culturelle en milieu rural ; disparition d'une librairie généraliste ; une douzaine de maisons d'édition ont publié plus de 260 titres en français ; 18 films ; plus de 110 000 disques, dont 3 000 en français, la plupart étant des autoproductions.

En **République démocratique du Congo**, 528 titres ont été publiés par la quinzaine de maisons d'édition « viables », selon les termes du poste diplomatique français (très majoritairement en sciences sociales et en religion) ; un seul long métrage a été réalisé.

À **São Tomé-et-Principe**, création par une association d'un centre de promotion de l'artisanat local.

Au **Tchad**, publication de quatre titres (dont trois rééditions) aux éditions Sao (scolaire, essais) et sept aux éditions Al-Mouna (histoire) ; deux films en français par les productions Al Kanto, et quinze, dont treize en français, par le Service audiovisuel pour l'éducation ; dix enregistrements d'artistes locaux par la structure professionnelle Electron et une douzaine par le Service audiovisuel pour l'éducation, majoritairement en français dans les deux cas. En outre, un projet d'appui aux maisons de la culture dans les quatre plus grandes villes du pays est soutenu par l'Union européenne et la France.

Au **Togo**, publication d'une dizaine de titres dans trois maisons d'édition ; production d'un film documentaire et d'une dizaine de disques en français.

▶ Afrique du Nord et Moyen-Orient

En **Égypte**, 24 longs métrages en 2004 et 220 écrans de cinéma.

Au **Liban**, création de deux musées privés et de trois bibliothèques publiques en région ; quatre maisons d'édition ont publié une vingtaine de titres en français ; production de cinq films aidés par Arte et le Centre national français de la cinématographie ; 86 écrans de cinéma.

Au **Maroc**, inauguration de nouveaux studios de cinéma à Ouarzazate ; création de bibliothèques publiques. Le projet de Bibliothèque nationale doit être achevé courant 2007, ainsi qu'un musée d'archéologie ; un musée d'art moderne et contemporain est également en construction. Le nombre de titres culturels publiés dans le pays est estimé à 1 241 (données 2004), dont 410 titres en français (avec un tirage moyen de 2 000 à 3 000 exemplaires). Il s'agit là des données du dépôt légal, qui signale qu'environ 20 % de la production ne sont pas déclarés. Vingt-trois films de long métrage, la plupart avec une version sous-titrée en français ; environ 140 écrans de cinéma.

En **Tunisie**, ouverture de la nouvelle Bibliothèque nationale, richement dotée de près d'un million de monographies, 40 000 titres manuscrits et 16 000 collections de périodiques, et des derniers supports numériques permettant de gérer le fonds ; quatre maisons d'édition ont publié près de 70 livres en français ; 9 films produits, 60 films importés dont dix en français pour vingt salles de cinéma ; 160 disques produits dont 7 en français, 500 disques importés dont 150 en français.

▶ Amérique du Nord et Caraïbe

Au **Nouveau-Brunswick**, ouverture d'un nouveau théâtre à Moncton et d'un centre d'arts à Fredericton ; 4 grandes maisons d'édition ; 25 films produits dont 21 en français ; 30 disques dont 12 en français ; 3 salles de cinéma.

Au **Québec**, 158 maisons d'édition (113 en 1998), 4 362 nouveaux titres (3 825 en 1998) avec une part québécoise dans le marché du livre de 49 % (72 % pour le livre scolaire) en 2002 et, là aussi, une nette progression par rapport à 1998 ; cinéma : 19 longs métrages, 7 courts et moyens métrages, 44 documentaires ; part des ventes de CD attribuables aux produits québécois sur le plan artistique : 47 % en 2004 (32 % en 2002).

À la **Dominique**, une vingtaine de CD ont été produits.

▶ Asie-Océanie

En **Arménie**, sept films et dix documentaires.

Au **Cambodge**, une dizaine de titres ont été publiés par des maisons éditant totalement ou partiellement en langue française ; 50 films ont été produits dont un téléfilm en français, et 150 disques dont deux en français. La vente de plusieurs équipements culturels pour des opérations immobilières a abouti à leur fermeture ; c'est le cas notamment d'un centre culturel, d'un musée et d'un théâtre… Le centre de ressources audiovisuelles Bophana sur l'histoire du pays, dû à l'initiative du cinéaste Rithy Panh, a été inauguré à la fin de l'année 2006.

Au **Laos** s'est ouvert une librairie qui propose, pour environ le tiers de ses offres, des revues et des ouvrages en français.

Au **Viêt Nam**, un programme prévoit la création et le réaménagement de musées dans tout le pays d'ici à 2020 ; un nouveau Centre culturel français a été créé à Hué et de nouvelles librairies à vocation internationale, ayant un département important consacré aux produits culturels francophones, ont été créées. Trois maisons d'édition, totalement ou partiellement en langue française, ont publié 25 titres en 2004-2005 ; chaque année, une trentaine de films sont produits, pour moitié sur des budgets d'État (en particulier les films d'animation et les films historiques) et pour moitié sur des fonds privés. Enfin, depuis 2004, on assiste à la construction, sur fonds privés, de nouvelles salles de cinéma dans les principales villes. Ce sont généralement des sociétés productrices et/ou distributrices de films qui sont à l'origine de ces projets.

▶ Europe

Deux théâtres ont été inaugurés en **Belgique**, le Nouveau Théâtre national et celui de Mons ; ouverture du Centre européen d'art contemporain en juin 2006.

En **Communauté française de Belgique**, la production cinématographique était de douze longs métrages majoritaires et quatre longs métrages minoritaires. Concernant la production discographique, comme il n'existe pas de dépôt légal en Belgique, les chiffres sont des évaluations réalisées sur la base d'autorisation de la société d'auteurs. Ils se montent à près de 300 enregistrements annuels. Environ 20 % de ces enregistrements, dont la majorité en autoproduction, sont en français.

En **Bulgarie**, deux grandes librairies, Orange et Helikon, ont ouvert leurs portes en 2004 et vendent des livres français, mais le principal distributeur demeure la chaîne de librairies Colibri. Une cinquantaine de maisons d'édition ont publié une centaine d'ouvrages, les éditions Colibri ayant publié 21 ouvrages de linguistique et de didactique du FLE et des romans français en bulgare. Dix films ont été produits ; 150 films importés, dont 15 en français pour 106 salles de cinéma.

> Le 20 mai 2006 était inauguré le musée des Arts et Civilisations du quai Branly à Paris, dédié aux arts premiers anciens et contemporains. Accueillant les collections du musée des Arts d'Afrique et d'Océanie et celles du laboratoire du musée de l'Homme, il est également doté d'espaces d'expositions temporaires, d'une salle de lecture, d'une bibliothèque médiathèque, d'un cinéma, d'ateliers et d'un centre de recherche avec une université populaire. Avec 300 000 objets de collection, dont 3 500 œuvres exposées en permanence, le musée abrite notamment l'un des fonds les plus importants du monde consacrés à l'art africain.

> Au début de l'été 2006 était lancé, par la Délégation générale à la langue française et aux langues de France et le Hall de la chanson, le site www.languesdefranceenchansons.com qui propose un parcours de 25 étapes et plus de 150 extraits sonores. Au croisement des musiques du monde et des musiques actuelles, les chansons dans les langues de France (plus de 75 en métropole et en outre-mer) allient tradition et création.

En **Hongrie** s'est ouvert le Palais des arts de Budapest, qui comprend un musée d'art contemporain et deux grandes salles de spectacle. Vingt-huit films produits ; 231 films importés dont 25 en français pour 489 salles de cinéma ; 300 disques produits.

En **Lituanie**, où s'est ouvert un Institut culturel italien, une douzaine d'ouvrages scolaires ou de tourisme édités totalement ou partiellement en français ont été publiés par six maisons d'édition ; deux à trois films et quelques dizaines de disques avec un réseau de distribution faible sont produits par an.

Au **Luxembourg**, création du musée d'Art moderne, du musée de la Forteresse, et d'une salle de concerts.

En **Pologne**, création d'un réseau de galeries d'art contemporain et du musée de l'Insurrection de 1944 à Varsovie. La production cinématographique était de 24 films en 2005 ; 25 films français étaient distribués sur un total de 224 films importés. En musique, sur le nombre total de supports musicaux vendus, 41 % sont des productions locales.

En **Roumanie**, une dizaine de longs métrages sont produits par an.

Entre trois et quatre films par an en **Slovaquie** ; de quatre en 2004 à huit en 2005 en **Slovénie**.

En **Suisse** romande, il y a une soixantaine de maisons d'édition qui ont édité en langue française 2 428 titres en 2004, 1 972 en 2005. Le pays possède un des réseaux de librairies les plus denses du monde : près de 14 millions de livres francophones sont vendus chaque année et la dépense moyenne pour l'achat de livres est de 234 euros en Suisse romande et de 187 euros en Suisse alémanique. Du côté du cinéma, la Suisse a produit 22 documentaires, dont 4 en français en 2004, et 34, dont 9 en français en 2005, ainsi que 25 fictions, dont 4 en français, en 2004, et 16, dont 9 en français, en 2005. En 2004, plus de 428 000 spectateurs permettaient au cinéma suisse de s'octroyer près de 2,5 % de part de marché ; 237 films, dont 74 nouveaux en français, étaient montrés en 2004 pour une part de marché de plus de 8 %. Dans le domaine discographique, sur un total de 20 millions de disques vendus, la part des artistes suisses représentait 8 % et le marché romand absorbait 25 % des ventes.

En **République tchèque**, 23 films ont été produits, dont 19 ont été exportés.

L'Alliance globale

Créée en 2002, l'Alliance globale pour la diversité culturelle [10] est une initiative de l'Unesco destinée à promouvoir les industries culturelles. Avec quelque 500 membres (PME, multinationales, ONG, fondations, pouvoirs locaux et régionaux, personnalités privées), l'Alliance globale vise à créer les conditions favorables pour la rencontre entre professionnels du secteur culturel. Dispositif pragmatique, l'Alliance a suscité une cinquantaine de projets pilotes dans tous les secteurs de la création et de la diffusion culturelle, dont : une coopérative des musiciens au Burkina Faso avec la visée, à moyen terme, d'un réseau panafricain ; la pérennisation et la professionnalisation du festival du désert au Mali ; la formation d'opérateurs de la filière musicale en Afrique en vue de leur participation aux marchés internationaux ; des donations de livres africains pour les bibliothèques africaines à travers l'achat d'œuvres éditées localement ; une étude de l'industrie du livre et une aide à la mise en place de politiques du livre en Gambie, en Guinée et au Sénégal *via*, notamment, le développement de l'édition en langues locales au Sénégal ; la promotion du commerce intra-africain, et en direction des diasporas, de biens culturels ; une étude et un plan d'action pour le développement du livre au Maghreb ; une formation de formateurs pour lutter contre la piraterie en Bulgarie...

---

10. www.unesco.org/culture/alliance

2. L'actualité culturelle francophone dans les États hors OIF

La fête de la musique est célébrée au Bangladesh, en Bolivie, au Brésil, en Colombie, en Éthiopie, en Israël, au Myanmar, en Ouganda, au Népal, au Pakistan, aux Philippines, en République dominicaine... Lire en fête au Bahreïn, au Bangladesh, en Corée du Sud, en Finlande, au Myanmar, aux Philippines, à Saint-Vincent et Grenadines... Le Printemps des poètes au Danemark, en Équateur, en Indonésie, en Islande, au Myanmar, en République dominicaine...

Les coopérations entre ambassades des pays membres de la Francophonie ont lieu dans le cadre de la Journée de la Francophonie bien sûr [11], mais aussi à d'autres occasions. La circulation des spectacles et diverses coopérations culturelles lient les pays avec des États membres de l'OIF, comme en Afrique du Sud, en Angola, en Bolivie, en Islande, au Mozambique ; le plus souvent avec des pays proches géographiquement comme Haïti, le Canada et la Nouvelle-Angleterre aux États-Unis, la Nouvelle-Calédonie, l'Australie et le Vanuatu, le Myanmar avec le Laos et le Cambodge ou encore Cuba et Haïti.

Un partenariat rapproche aussi les centres culturels français et allemands, comme au Bangladesh et en Ouganda, ou l'ensemble des centres culturels de pays tiers en Équateur. Enfin, les coopérations sont fréquentes entre les États membres de l'Union européenne, notamment à l'occasion de festivals du film européen, comme en Argentine ou à la Jamaïque.

Afrique

→ Du côté des équipements culturels : réouverture des centres culturels français de Constantine en 2005, de Tlemcen en 2006, et ouverture de quatre librairies distribuant des produits francophones à Constantine, en Algérie ; restructuration de l'Alliance française et création de deux salles d'exposition au Swaziland.

→ Du côté des manifestations culturelles : festival ou cycle du film francophone au Mozambique, en Tanzanie ; ateliers et échanges de DJ français et angolais ; instauration de rencontres francophones mensuelles au Mozambique ; concours de chansons en français au Kenya ; une cinquantaine de manifestations annuelles en Afrique du Sud ; plusieurs créations théâtrales en français en Algérie.

Amériques

États-Unis

→ Du côté des manifestations culturelles : entre le festival de films français à Boston, une série de concerts d'artistes de l'espace francophone, des créations théâtrales en français, les activités de la « French Library » et la réhabilitation de lieux de mémoire, la Nouvelle-Angleterre demeure un havre pour la francophonie culturelle. La Louisiane aussi, avec la création en 2005 d'une Alliance française à Lafayette et plusieurs événements mensuels, notamment dans le domaine musical, mais aussi plusieurs annulations dues au passage du cyclone Katrina et, surtout, à des difficultés d'obtention de visas pour des artistes francophones. Par ailleurs, la France était en vedette aux États-Unis avec « Act French », la 1re saison de théâtre contemporain français à New York en 2005, et les rendez-vous du cinéma français à Los Angeles mais aussi à New York et à Richmond en Virginie.

---

11. Voir l'encart sur la Journée de la Francophonie dans l'introduction de l'ouvrage.

> ### La France en Amérique/France in America
>
> En mai 2005, la Bibliothèque nationale de France (BnF) et la Bibliothèque du Congrès à Washington ont lancé conjointement sur la Toile un site interactif sur la présence française en Amérique du XVIe à la fin du XIXe siècle, à travers une sélection conjointe de textes imprimés et manuscrits, de cartes, de dessins, d'estampes et de photographies. Pour la BnF, le site s'inscrit dans le cadre de la bibliothèque numérique Gallica [12], et pour la Bibliothèque du Congrès dans celui du programme de numérisation international « Global Gateway [13] ». Dès le lancement, les deux sites ont présenté l'empire colonial français en Amérique et la contribution de la France à la fondation des États-Unis avec un premier corpus comprenant plus de 700 documents de toute nature. Fin 2006, un deuxième corpus proposait un panorama des échanges intellectuels, politiques et économiques entre les deux nations au cours du XIXe siècle.

Caraïbe et Amérique latine

➜ Du côté des équipements : rénovation de l'Alliance française (AF) de Mexico, pointe avancée d'un réseau qui comprend 62 antennes, programme 120 tournées artistiques, accueille 35 000 étudiants et organise des formations pour 500 enseignants ; ouverture du nouveau bâtiment de l'AF de Guatemala, d'une annexe à La Havane ; rénovation de l'AF de Montevideo, en Uruguay.

➜ Du côté des manifestations culturelles : en Argentine, près de 45 000 personnes ont participé aux activités culturelles de l'AF de Buenos Aires, et des coproductions franco-argentines en musique contemporaine étaient montées en 2005. La France était invitée d'honneur de la 12e biennale du livre de Rio de Janeiro, au Brésil, et à Fortaleza, où l'Alliance française mène une activité importante et très partenariale, se tenait un festival de cinéma francophone, notamment africain. D'autres festivals et manifestations étaient organisés, dont : un festival du cinéma français et un concours de la chanson française à Cuba ; un tour du cinéma français au Costa Rica ; un festival de cinéma français (34 films dans 4 grandes villes pour 35 000 spectateurs) et Eurociné, organisé notamment avec la Belgique, en Colombie ; un concours de chansons françaises et des expositions des pays africains francophones en Équateur ; un festival du film français au Honduras ; un festival du film francophone et un salon culturel et commercial « A touch of France » à la Jamaïque ; un festival du film francophone en République dominicaine.

Asie et Océanie

➜ Du côté des équipements : inauguration des premières Alliances françaises à Almaty, au Kazakhstan, et à Oulan Bator, en Mongolie ; ouverture d'une neuvième AF en Chine ; ouverture d'une AF à Koweït, d'une nouvelle antenne à Bahreïn et au Bangladesh ; mise en place d'un centre de ressources sur la France et la francophonie à l'AF de Manille, aux Philippines ; ouverture de la librairie de Paris en 2005 en Jordanie ; création de rayons de livres français dans plusieurs librairies de Téhéran et des principales villes de province en Iran.

➜ Du côté des manifestations culturelles :
En Australie, une compilation de chansons francophones a été publiée ; le théâtre français de Melbourne crée deux pièces par an et une librairie francophone s'est ouverte en 2005 à Perth ; sans compter les nombreuses manifestations culturelles dans tous les domaines, régulièrement organisées avec des artistes et des écrivains de plusieurs pays de l'espace francophone.

---

12. http://gallica.bnf.fr/FranceAmerique/fr/default.htm
13 http://international.loc.gov/intldl/intldlhome.html

L'Année de la France en Chine et le festival Croisements en 2006 ont donné lieu à un panorama du cinéma français ainsi qu'à plusieurs créations en français dans le domaine musical et théâtral avec des artistes chinois, même si un certain nombre d'événements culturels ambitieux n'ont pu se réaliser. Après Hong Kong, Singapour, la Thaïlande, les Philippines et la Malaisie, le Printemps français a tenu sa première édition en Indonésie, en 2005, sous le signe du métissage et de la diversité culturelle.

En Corée du Sud, où le 120e anniversaire des relations diplomatiques franco-coréennes a été célébré en 2006, plus d'une soixantaine d'événements ont jalonné l'année, dont la semaine des courts métrages francophones, les concours de poésie et de chanson francophones ou le salon du livre franco-coréen.

En Iran, les liens avec l'espace francophone, et notamment la France, ont donné lieu à une rencontre de poètes français et iraniens, à une coopération cinématographique « Au Sud du cinéma », plusieurs coopérations théâtrales, la fête du livre de la jeunesse, une exposition photographique *Afrique et création*.

En Nouvelle-Zélande, une adaptation de Molière a été réalisée par le club francophone de l'université Victoria de Wellington.

Ailleurs : festival ou semaine du film français à Brunei, en Indonésie, au Népal, à Oman, en Ouzbékistan, en Thaïlande ; festival du film français et francophone à Singapour ; séances de cinéma francophone à Bahreïn, aux Émirats arabes unis, en Israël, en Jordanie, au Koweït, aux Philippines ; festival de cinéma franco-roumain en Azerbaïdjan ; concours « Allons en France », représentation théâtrale et publication d'un recueil de nouvelles écrites par des élèves dans les Territoires palestiniens ; premier concours national de la chanson française et des créations franco-birmanes (adaptation d'un roman de George Sand et d'un conte de Perrault) ; semaine de l'art contemporain français et Folle journée inspirée du festival nantais de musique classique au Japon ; production de quatre pièces de théâtre surtitrées en français et lectures croisées arabe-français par le Centre culturel français en Syrie ; en Jordanie, représentations théâtrales d'une troupe roumaine et d'une pièce d'une dramaturge jordanienne en français…

Europe

→ Du côté des équipements : ouverture à Londres d'une nouvelle librairie francophone, « Au fil des mots », située tout près du lycée français ; à Copenhague, au Danemark, du café francophone, le Franske Bogcafe ; à Oslo, en Norvège, d'une section française dans une librairie ; à Stockholm, en Suède, d'une librairie française joliment dénommée « La plume de ma tante » ; à Sarajevo, en Bosnie-Herzégovine, d'une librairie internationale proposant des ouvrages en français. En Italie, en revanche, deux librairies ont fermé leurs portes.

→ Du côté des manifestations culturelles :

En Allemagne, où il y a un fort intérêt pour la danse contemporaine africaine, nombreuses sont les lectures-rencontres avec des écrivains de langue française et les concerts de musiques de l'espace francophone ; en plus de festivals du cinéma français, une section a été consacrée au cinéma de langue française dans les festivals internationaux de Munich et de Hambourg ; enfin, les activités à destination des lycéens sont nombreuses : festival itinérant de films francophones, prix des lycéens allemands inspiré du prix Goncourt des lycéens, opération Chanson française.

En Irlande, en sus du festival de danse contemporaine des pays francophones, c'est sur huit mois que s'est déroulé le festival de la francophonie, en 2006, avec plus d'une trentaine d'événements et la participation des ambassades de nombreux pays membres.

En Italie, l'année 2006 a été particulièrement riche en événements célébrant tout ou partie de l'espace francophone et amenant une coopération importante dans le cadre du groupe des ambassadeurs et chefs de mission francophones : journées romaines de la Francophonie de mars à octobre ; « Festa d'Africa » à Rome également ; tables rondes autour des littératures d'expression française à Bari, à Florence, à Palerme ; cinéma à Gênes et à Milan ; journées du théâtre scolaire francophone à Naples...

En Finlande, les journées internationales de la francophonie de mars 2006 ont donné lieu à l'organisation d'un salon de la Francophonie et à de multiples événements dans une douzaine de lieux de la capitale, mettant en valeur, notamment, la contemporanéité des cultures africaines. En Norvège, le festival des pays de la francophonie, au mois de mars, prend de l'ampleur et s'organise conjointement entre neuf ambassades de pays membres et le Centre culturel africain d'Oslo, alors que, tout au long de l'année, divers lieux et manifestations artistiques font appel à une programmation francophone, dans le cadre de festivals de théâtre, de cinéma ou de musique. Les musiques du monde, avec des concerts de grands artistes francophones, sont très appréciées en Suède ; le festival du film africain ou celui du film français, des représentations d'opéras en français ainsi que des représentations théâtrales contemporaines y maintiennent une présence francophone.

Les activités culturelles de l'Institut français du Royaume-Uni, en collaboration avec des ambassades des pays membres de l'OIF selon les programmes, sont foisonnantes : Mosaïques, festival dédié aux cultures francophones et aux autres cultures, salon du livre de jeunesse, journées du cinéma belge, tournées du cinéma français, et célébration de la fête de la musique avec de nombreux artistes francophones. L'Écosse a célébré le « French film festival » et la fête de la musique.

La Turquie célébrait son premier Printemps français en 2006.

Ailleurs : festival de cinéma francophone et représentations théâtrales en français à Chypre ; festival de théâtre francophone « Point de rencontre de Zagreb » en Croatie ; prix littéraire des ambassadeurs francophones et festival de théâtre universitaire en français au Danemark ; festival du film français au Danemark, en Islande ; nombreuses invitations d'écrivains francophones en Espagne, au Portugal ; festival dédié au cinéma africain à Tarifa, en Espagne ; création d'un opéra français, *Le Pays,* et nouvelle traduction de l'ouvrage de Jules Verne, *Voyage au centre de la Terre,* en Islande, ainsi qu'en 2007, l'organisation d'un grand festival intitulé « Pourquoi pas », en réciprocité du festival islandais à Paris de 2004 ; Printemps français à Kiev, en Ukraine, ainsi qu'un festival de théâtre francophone estudiantin à Dniepropetrovsk ; « Café francophone » en Lettonie.

Place nette sur le Net ?

Ultralibéraux libertaires contre répressifs liberticides ? Cette question, certes caricaturale, peut cependant servir à illustrer la violence des débats sur la législation des droits d'auteur sur Internet. Nous avions évoqué ces questions dans le précédent rapport du HCF en soulignant à quel point le piratage, essentiellement par diffusion de cassettes, était un frein au développement des industries culturelles du Sud. Ainsi, réunis en janvier 2006, à Dakar, les professionnels de l'industrie de la musique plaidaient pour la ratification des traités internationaux par le Sénégal, l'intensification de la lutte contre la piraterie, l'application rigoureuse des textes législatifs et une réorganisation du secteur.

Mais, concernant Internet, et élargissant le débat à d'autres domaines que la culture, les participants du forum de Porto Alegre, au Brésil, en janvier 2005, ont appelé de leurs vœux une alliance entre concepteurs de logiciels libres et militants antipauvreté : « Il faut revenir, *via* les logiciels libres, à l'Internet espace de créativité et d'innovation, d'échange et de gratuité », estimait ainsi Gilberto Gil, ministre de la Culture du Brésil [14].

---

14. *Libération*, 31 janvier 2005.

Dans les pays du Nord, c'est le téléchargement sur Internet des musiques et des films qui agite les milieux professionnels. L'invention successive du MP3, un mode de compression qui rend la musique mobile et maniable, et du P2P, un mode d'échange de fichiers musicaux ou audiovisuels, a totalement modifié les pratiques culturelles, notamment des jeunes, dans les pays occidentaux.

En France, le premier internaute condamné pour téléchargement immodéré de musique gratuite, en février 2005, a suscité, pour sa défense, une pétition signée par plusieurs dizaines de milliers de personnes, exacerbant ainsi le conflit entre tenants de la réforme du droit de la propriété intellectuelle sur Internet et partisans d'un encadrement strict des pratiques de téléchargement : « On assiste d'ailleurs à un étrange front renversé opposant, d'un côté, les multinationales du disque réclamant plus d'État pour un marché encadré et, de l'autre, des adeptes de convivialité musicale et de diffusion universelle de tous les talents, qui prônent, eux, un très libéral « laissez faire, laissez aller ». [15] »

En juin 2005, la Cour suprême américaine, jugeant que les services du P2P pouvaient être tenus responsables des téléchargements pirates, donnait satisfaction aux industries de la musique et du cinéma. Depuis le début du millénaire, plus de 11 000 plaintes aux États-Unis et quelques centaines en Europe étaient instruites contre des usagers du P2P. En octobre 2005, plus de 800 multinationales ont formé à Londres une coalition pour lutter contre les infractions à la propriété intellectuelle. Et cela ne concerne pas seulement la musique : en France, selon une étude réalisée par le Centre national de la cinématographie et l'Association de lutte contre la piraterie audiovisuelle, 38 % des films sortis en salles d'août 2004 à juillet 2005 ont été piratés sur Internet... Selon Pascal Nègre, président-directeur général d'Universal Music France, la France serait le pays d'Europe où le piratage est le plus répandu [16].

À la fin de l'année 2005, un projet de loi sur les droits d'auteur et droits voisins dans la société de l'information, issu d'une directive européenne, fait l'objet d'un débat parlementaire agité en France. Le texte prévoit l'interdiction pour le consommateur de contourner les dispositifs techniques empêchant la copie privée, la reconnaissance de la responsabilité des éditeurs de logiciels pour l'échange irrégulier de fichiers, la mise en place d'offres légales de vidéos à la demande, la création d'une autorité de régulation, enfin une riposte graduée en termes de sanctions pour les pirates. Or, créant la stupéfaction, une trentaine de députés ont adopté des amendements légalisant les échanges de fichiers sur Internet *via* le système P2P. La discussion du projet de loi a alors été suspendue, tandis que le tollé et l'indignation surgissaient dans les milieux de l'industrie musicale et cinématographique. En effet, la crainte est grande que soit ainsi ouverte la voie à la création d'une licence globale, qui pourrait permettre aux internautes de télécharger librement films et musique contre un forfait mensuel. C'est d'ailleurs ce mécanisme que promeut l'association de défense des consommateurs, UFC-Que choisir.

Le débat est ouvert et il est vif. Dans une libre opinion du quotidien *Libération* du 21 décembre 2005, le député UMP du Tarn, Bernard Carayon, s'inquiète de la fragilisation de la diversité culturelle par « un inutile montage juridique destiné à protéger les oligopoles dépassés par le progrès technique » et craint que « le bien culturel qui a échappé à la marchandisation mondiale et intégrale à l'Unesco y retombe dans l'Hexagone à la faveur de cette loi ». Dans leur « Plaidoyer pour la copie privée sur Internet », le président et le gérant de l'Adami – société civile pour l'administration des droits des artistes et musiciens interprètes – défendent la licence globale, caricaturée selon eux par ceux qui s'y opposent et plaident « pour la coexistence possible » des revenus de la licence globale et des recettes de vente traditionnelle ou en ligne, de la même façon que « la radio n'a pas tué le disque », ni la télévision le cinéma [17]. En revanche, le président et le directeur général de la Société civile des producteurs de phonogrammes en France soulignent le risque que ferait courir la licence globale en termes d'effondrement des ventes de CD et

---

15. *Libération*, 14 février 2005.
16. *Télérama*, n° 2912, 2 novembre 2005.
17. *Le Figaro*, 18 janvier 2006.

d'étouffement de l'offre légale de musique en ligne, ainsi que ses conséquences néfastes sur le secteur indépendant et la scène de spectacle [18]. De son côté, le ministre français de la Culture souligne qu'avec la licence globale « personne n'a trouvé un système acceptable de répartition des droits » et que, de surcroît, la licence globale augmenterait fortement le prix de l'abonnement, indépendamment de la consommation réelle des consommateurs. Il ajoute qu'il s'agit de lutter contre la contrefaçon numérique à grande échelle, mais aucunement d'interdire la copie privée, et, enfin, que la licence globale est incompatible avec les règles du droit international [19].

Résultat des courses : fin janvier 2006, le projet de loi sur les droits d'auteur sur Internet était reporté par les autorités françaises... Rediscuté en mars à l'Assemblée nationale, le texte modifié répondait à quatre objectifs : favoriser l'offre légale sur Internet de musique et de films ; légaliser les mesures de protection anticopie ; instaurer un régime gradué et proportionné de contraventions ; faciliter l'interopérabilité, soit la possibilité de lire les œuvres quel que soit le support (cette dernière mesure étant très fortement critiquée par les entreprises concernées – notamment Apple – comme une menace pour l'innovation). L'épisode suivant allait se dérouler en juin 2006, au Sénat, où la loi sur les droits d'auteur et les droits voisins sur Internet était définitivement adoptée. Dans ce contexte, était créée une autorité administrative indépendante pour la régulation de conflits sur la copie privée (dont le nombre pour un usage personnel n'est pas fixé par la loi), ainsi que pour l'interopérabilité, dont la France est le seul pays à avoir inscrit le principe dans une loi, même si celui-ci était quelque peu entamé par rapport aux propositions antérieures. Par ailleurs, étaient maintenues les exceptions au droit d'auteur en faveur des bibliothèques, des musées, des archives et des handicapés, et était instituée une nouvelle exception pour la recherche et l'enseignement.

Au Canada, une réforme du droit d'auteur numérique est également en discussion. S'il permet aux écoles de profiter de l'Internet pour enrichir leurs apprentissages, le projet limite la durée d'utilisation d'œuvres protégées par le droit d'auteur à trente jours suivant la fin du cours, tandis que les documents numériques fournis par les bibliothécaires et par les archivistes ne pourraient dépasser une durée d'utilisation de sept jours [20].

Fin 2005, un protocole d'accord sur le cinéma à la demande, pour élargir l'offre payante de films sur la Toile, était signé entre les professionnels français du cinéma, les diffuseurs et les fournisseurs d'accès à Internet, ces derniers s'engageant à contribuer au développement du cinéma français et européen. Les ripostes, autres que répressives, existent. D'après une étude du Syndicat national des éditions phonographiques [21], « les ventes numériques dans le monde ont progressé de façon exponentielle en 2004 avec la multiplication des plates-formes légales et l'accroissement du nombre de consommateurs utilisant les services légaux de musique en ligne ». Près d'un million de titres étaient ainsi disponibles sur les catalogues.

Plus fondamentalement, tandis que les effets de la numérisation rendent le coût de la distribution quasi nul et obligent à repenser l'organisation de l'ensemble du secteur, l'évolution des biens culturels semble inéluctable à l'aune et à l'ère des nouvelles technologies. L'historien du livre Roger Chartier souligne ainsi : « le texte électronique est un texte ouvert, malléable, polyphonique [...], toujours l'objet possible d'une transformation » ; ce qui amène à poser la question suivante : « Comment reconnaître l'identité perpétuée d'une œuvre dans un support technique qui ne donne ni frontières ni identité stables au texte ? [22] »

---

18. *Le Figaro*, 18 janvier 2006.
19. *Le Figaro*, 22 décembre 2005 ; *Lettre d'information* du ministère de la Culture et de la Communication, janvier 2006.
20. *La Crise du droit d'auteur au Canada*, Michael Geist, université d'Ottawa.
21. *L'Économie du disque 2005*.
22. *Le Monde*, 18 et 19 décembre 2005.

Chapitre 3

Les prix

Les prix littéraires

- **Association des écrivains de langue française 2005**
  - **34e prix de l'Afrique méditerranéenne/Maghreb** : Fawzia Assad pour *Ahlam et les éboueurs du Caire*, et Leila Marouane pour *La Jeune Fille et la mère* ;
  - **45e grand prix littéraire de l'Afrique noire** : Véronique Tadjo pour *Reine Pokou* ;
  - **22e prix littéraire des Caraïbes** : Keed J. Kendall pour *De la rivière à la scène* ;
  - **38e prix France-Communauté française de Belgique** : Werner Lambeersy pour *L'Éternité est un battement de cil* ;
  - **25e prix France-Liban** : Aïda Kanafani-Zahar pour *Le Liban : vivre ensemble* ;
  - **41e prix France/Québec/Jean Hamelin** : Jean-François Beauchemin pour *Le Jour des corneilles*.
- **Grands prix de l'Académie française 2005** : grand prix de littérature Henri Gal à Denis Tillinac, membre du HCF, pour l'ensemble de son œuvre ; grand prix de la Francophonie à Jane Conroy, écrivain de nationalité irlandaise, pour l'ensemble de ses ouvrages écrits en français ; grande médaille de la Francophonie à Elias Sanbar, de nationalité palestinienne, pour l'ensemble de son œuvre écrite en français.
- **Prix Alioune Diop 2005** à l'Institut Panos Afrique de l'Ouest (1er prix) et aux Éditions Ruisseaux d'Afrique (Bénin) [2e prix].
- **Prix des cinq continents de la Francophonie 2005** : Alain Mabanckou (Congo) pour *Verre cassé*.
- **Prix France-Acadie 2005** : section « création littéraire » Lili Maxime (Québec) pour *Ouragan sur le Bayou* ; section « sciences humaines » Michel Cormier pour *Louis-J. Robichaud : une révolution si peu tranquille*.
- **Prix France-Québec/ Philippe-Rossillon 2005** : Jean Lemieux pour *On finit toujours par payer*.
- **Prix Goncourt 2005** : François Weyergans (Belgique) pour *Trois Jours chez ma mère*.
- **Prix Hurston/Wright Legacy Award 2005** (catégorie fiction), prix américain distinguant des œuvres d'auteurs d'ascendance africaine : Maryse Condé (Guadeloupe) pour *Célanire cou-coupé*.
- **Prix Kadima 2005**
  - **des langues** : François-Xavier Gasimba Munuzero (Rwanda) pour son ouvrage *Inganzo y'ubwantditsi*, outil didactique sur la création et la composition littéraires en langue kinyarwanda ;
  - **de littérature** : Thérésia Dick (Seychelles) pour son roman en créole *Kose mirak* ;
  - **de traduction** : Marcel Kalunga Mwela (République démocratique du Congo) pour sa traduction en swahili de la pièce de théâtre *Le Roi s'amuse* de Victor Hugo.
- **Prix Kourouma 2005** : Tanella Boni pour *Matins de couvre-feu*.
- **Prix littéraire de la Fédération internationale des professeurs de français 2005** : Edem (Togo) pour *Port-Mélo*.
- **Prix littéraire des ambassadeurs des pays membres de la Francophonie au Danemark 2005** : Peter H. Fogtdal pour *Le Front Chantilly*.
- **Prix littéraires des V^{es} Jeux de la Francophonie 2005** : littérature : Ritta Baddoura (Liban), or ; Jean-Baptiste Navlet (France), argent ; Ghislaine Sanou (Burkina Faso), bronze ; conte : François Lavallée (Canada), or ; Aboubacar Adamou (Niger), argent ; Nathalie de Pierpont (CFB), bronze.

- **Prix Médicis 2005** : Jean-Philippe Toussaint (Belgique) pour *Fuir*.
- **Prix Ouest-France étonnants voyageurs 2005** : Alain Mabanckou (Congo) pour *Verre cassé*.
- **Prix Louis Guillaume du poème en prose 2005** : Marc-André Brouillette (Québec) pour *M'accompagne*.
- **Prix de poésie de l'académie Mallarmé 2005** : Hélène Dorion (Québec) pour *Ravir des lieux*.
- **Prix du premier roman 2005** : Hédi Kaddour (France-Tunisie) pour *Waltenberg*.
- **Prix RFO du livre 2005** : Alain Mabanckou (Congo) pour *Verre cassé*.
- **Prix Sony Labou Tansi des lycéens 2005** : Moussa Konaté (Mali) pour *Un appel de nuit*.
- **Prix Tropiques 2005 de l'Agence française de développement** : Daniel Maximin (France) pour *Tu, c'est l'enfance*, et Somanos Sar (Cambodge) pour *Apocalypse khmère*.
- **Grand Prix de littérature dramatique 2006** : Denise Bonal (France) pour *De dimanche en dimanche*, et Daniel Danis (Québec) pour *« e »*.
- **Prix Louis-Guilloux 2006** : Léonora Miano (Cameroun) pour *L'Intérieur de la nuit*.
- **Prix Ahmadou Kourouma 2006** : Koffi Kwahule (Côte d'Ivoire) pour *Baby Face*.
- **Prix de la langue française 2006 décerné par la ville de Brive-la-Gaillarde** : Christiane Singer.
- **Prix littéraire « Association France-Québec » 2006** : Jean Barbe (Québec) pour *Comment devenir un monstre*.
- **Prix littéraire RFI Témoin du monde 2006** : Khaled Hosseini (Afghanistan) pour *Les Cerfs-volants de Kaboul*.
- **Prix Montalembert 2006** : Léonora Miano (Cameroun) pour *L'Intérieur de la nuit*.
- **Prix de poésie Alain Bosquet 2006** : Abdellatif Laâbi (Maroc) pour l'ensemble de son œuvre.
- **Prix du jeune écrivain francophone 2006** : Charles Tenguene Gomtsou (Cameroun) pour *Le Ruisseau*.
- **Prix Jean Amila Mecker 2006** qui récompense le meilleur ouvrage francophone d'expression populaire et de critique sociale : Nan Aurousseau (France) pour *Bleu de chauffe*.
- **Prix du jury France-Québec 2006** : Fabien Ménar pour *Le Musée des introuvables*.
- **Prix des cinq continents de la Francophonie 2006** : Ananda Devi (Maurice) pour *Ève de ses décombres*.
- **Prix Fémina 2006** : Nancy Huston (Canada) pour *Lignes de faille*.
- **Prix du Québec Athanase-David 2006** : Mavis Gallant pour l'ensemble de son œuvre.
- **Prix des lecteurs France-Québec 2006** : Sergio Kokis pour *La Gare*.
- **Prix Renaudot 2006** : Alain Mabanckou (Congo) pour *Mémoires de porc-épic*.
- **Prix de la Société des auteurs et compositeurs dramatiques 2006** : Patric Saucier pour *Deux Semaines après l'éternité*.

Les prix cinéma et arts plastiques

- **Biennale internationale de Venise 2005** : Lion d'or du meilleur Pavillon national, Annette Messager (France).
- **Bourse francophone de promotion internationale d'un film du Sud 2005** : Minh Nguyen-Vô (Viêt Nam) pour *Gardien de buffles* ; mention spéciale : Yasmine Kassari (Maroc) pour *L'Enfant endormi*.
- **Césars 2005** : prix du meilleur scénario, du meilleur film et du meilleur réalisateur à Abdellatif Kechiche pour *L'Esquive*.
- **Festival de Cannes 2005**
    - Palme d'or : Jean-Pierre et Luc Dardenne (Belgique) pour *L'Enfant* ;

- prix de la mise en scène : Michael Haneke (France-Autriche) pour *Caché* ;
- prix de l'Espoir sélection Un certain regard : Simon Pierre Yaméogo (Burkina Faso) pour *Delwende*.
- **Festival international des premiers films d'Annonay 2005** : prix du Public à Fanta Régina Nacro (Burkina Faso) pour *La Nuit de la vérité*.
- **Fespaco 2005** : prix TV5 du meilleur scénario à Fanta Régina Nacro (Burkina Faso) pour *La Nuit de la vérité*.
- **Festival international du film francophone de Namur 2005**
    - Bayard d'or du meilleur film : Cristi Puiu (Roumanie) pour *La Mort de Monsieur Lazarescu* ;
    - prix spécial du jury : Simon Pierre Yaméogo (Burkina Faso) pour *Delwende*.
- **Festival international de films de Fribourg 2005** : grand prix Regard d'or à Fanta Régina Nacro (Burkina Faso) pour *La Nuit de la vérité*.
- **Festival Vues d'Afrique de Montréal 2005**
    - prix Images de femmes Micheline Vaillancourt : Fanta Régina Nacro (Burkina Faso) pour *La Nuit de la vérité* ;
    - prix long métrage : Yasmine Kassari (Maroc) pour *L'Enfant endormi* ;
    - prix documentaire : Jean-Marie Teno (Cameroun) pour *Le Malentendu colonial*.
- **European Film Awards meilleur film européen 2005** : Michael Haneke (France-Autriche) pour *Caché*.
- **Prix Génie 2005 de l'Académie canadienne du cinéma et de la télévision** : Sylvain Chomet pour *Les Triplettes de Belleville*.
- **Festival du film de Paris Île-de-France 2005** : prix de la Francophonie à Daoud Aoulad Syad (Maroc) pour *Tarfaya*.
- **Festival du cinéma méditerranéen de Tétouan 2005** : prix de la critique à Daoud Aoulad Syad (Maroc) pour *Tarfaya*.
- **6es Rencontres africaines de la photographie 2005**
    - prix Seydou Keïta : Rana El Nemr (Égypte) ;
    - prix de l'Agence intergouvernementale de la Francophonie : Ulrich-Rodney Mahoungou (Congo) ;
    - prix AFAA Afrique en créations : Fatoumata Diabaté (Mali).
- **Jutra québécois 2005** : prix du meilleur film à Francis Leclerc pour *Mémoires affectives*.
- **Biennale de l'art africain contemporain de Dakar (Dakar) 2006**
    - grand prix Léopold Sédar Senghor : Mounir Fatmi (Maroc) ;
    - prix de la créativité décerné par l'Union européenne : Khalifa Ababacar Dieng (Sénégal).
- **Festival international des jeunes réalisateurs de Saint-Jean-de-Luz 2006** : La « Chistera d'or » à Luc Picard (Québec) pour *L'Audition*.
- **Festival international du film de Namur 2006** : Bayard d'or du meilleur film à Michel Kammoun (Liban) pour *Falafel*.
- **Oscars 2006** : prix du meilleur documentaire à Luc Jacquet et Yves Darondeau (France) pour *La Marche de l'empereur*.
- **Prix Vues d'Afrique de Montréal 2006**
    - prix du long métrage à Mohamed Chouikh (Algérie) pour *Douar de femmes* ;
    - mention spéciale du jury à Raoul Peck (Haïti) pour *Sometimes in April*, et Zézé Gamboa (Angola) pour *Un héros* ;
    - prix du court métrage à Ali Benkirane (Maroc) pour *Amal*.
- **Journées cinématographiques de Carthage 2006**
    - tanit d'or : *Making off* de Nouri Bouzid (Tunisie) ;
    - tanit d'argent : *Daratt (saison sèche)* de Mahamet Saleh Haroun (Tchad) ;
    - prix spécial du Jury : *Bamako* d'Abderrahmane Sissako (Mauritanie).

Les prix des arts du spectacle

- **Les prix du syndicat de la critique 2005**
    - meilleure création d'une pièce en langue française à François Bon (France) pour *Daewoo* ;
    - meilleur spectacle étranger à Heiner Goebbels (théâtre Vidy de Lausanne-Théâtre de l'Europe) pour *Erarijaritjaka*.
- **Prix de la francophonie SACD 2005** : Mohamed Kacimi.
- **Molières 2005** : prix de l'auteur francophone vivant à Wadji Mouawad (Liban-Québec) pour *Littoral*.
- **Prix East Cost Music Awards 2005** : enregistrement francophone de l'année : le groupe acadien Grand Dérangement (Nouvelle-Écosse) pour leur album *Dérangé*.
- **Grammy Awards 2005** : Youssou N'Dour (Sénégal) et Ladysmith Black Mambazo (Afrique du Sud).
- **Prix du printemps de la Sacem 2005** : prix Roger Seiller du groupe français à Tryo.
- **Prix Sony Labou Tansi des lycéens 2005** : Moussa Konaté (Mali) pour sa pièce *Un appel de nuit*.
- **Victoires de la musique 2005** : révélation de l'année : Ridan (France) pour son premier album *Le Rêve ou la Vie*.
- **Ve Jeux de la Francophonie 2005**
    - **chanson** : Stéphanie Blanchoud (Communauté française de Belgique), or ; le groupe Hoba Hoba (Maroc), argent ; le groupe Langl (Congo), bronze ;
    - **danse** : troupe Oridanse (Bénin), or ; troupe Raiz Di polon (Cap-Vert), argent ; compagnie Kagnondé (Côte d'Ivoire), bronze.
- **Prix RFI musiques du monde 2005** : Tcheka (Cap-Vert) ; Ba Cissoko (Guinée) ; Naneth (Gabon).
- **Prix RFI Danse 2006** : la compagnie Li-Shanga (Congo) pour le spectacle *Mona Mambu*.
- **Victoires de la musique 2006** : meilleur album de musique du monde : Souad Massi (Algérie) pour *Mesk Elil*.
- **Rencontres chorégraphiques de l'Afrique et de l'océan Indien 2006** : premier prix à la compagnie 1er Temps (Sénégal).
- **Prix SACD de la dramaturgie francophone 2006** : Patrick Saucier (Québec) pour sa pièce *Deux Semaines après l'éternité*.
- **Prix de la SACEM 2006** : grands prix de la chanson française : Francis Cabrel, créateur-interprète et Franck Langolff, compositeur ; grand prix de la chanson française à l'étranger, Nana Mouskouri.
- **Prix Charles Cros Lycéen 2006 de la nouvelle chanson francophone** : Sansévérino pour *La Cigarette* et MeLL pour *Même pas peur*.

Chapitre 4

Les littératures d'expression française

1. Écrivains francophones, écrivains de langue française ?

Ce débat est fortement réapparu à l'occasion du Salon du livre 2006 dédié aux littératures francophones. Dans un article intitulé « Contre la littérature francophone » paru dans *Le Monde des livres*[1], Amin Maalouf déclarait : « Réservons les vocables de "francophonie" et de "francophones" à la sphère diplomatique et géopolitique, et prenons l'habitude de dire "écrivains de langue française" en évitant de fouiller leurs papiers, leurs bagages, leurs prénoms ou leur peau ! » Deux semaines plus tard, Alexandre Najjar répondait dans le même quotidien : « La Francophonie est une chance », et soulignait le risque qu'on courait en la refusant de conduire à « abolir tous les particularismes et à faire abstraction de la langue et de la nationalité pour aboutir à une sorte d'écrivain sans passeport[2] ».

Alors, la Francophonie, continent ou ghetto littéraire ? Autour du Salon du livre, des colloques et rencontres étaient organisés, des dossiers et suppléments étaient consacrés dans la presse française aux écrivains de langue française non originaires de l'Hexagone, faisant entendre des voix parfois discordantes mais le plus souvent unifiées autour du métier d'écrivain.

Lise Gauvin, dans un colloque sur l'écrivain dans l'espace francophone organisé par la Société des gens de lettres en mars 2006, remarquait : « Plus on parle de francophonie, plus cette notion échappe, devient multiforme » ; et elle analysait les points communs à la francophonie littéraire : une jeune littérature à la croisée des langues, qui propose une réflexion sur la langue en même temps qu'un sentiment d'étrangeté dans la langue. Du droit à « un français de plein air » revendiqué par Ramuz, au droit à l'irrégularité de Gaston Miron, il s'agit, pour les écrivains de l'espace francophone, de se démarquer de la littérature française sans tomber dans l'exotisme. Alain Mabanckou, lauréat de multiples prix en 2005 pour son roman *Verre cassé*, relève lui aussi les affinités entre les écrivains francophones qui « ont en commun la superposition des cultures, le fait pour beaucoup d'être nés dans des anciennes colonies, de parler plusieurs langues de leur contrée, [ce qui] finit par engendrer une vraie solidarité dans la création[3] ».

L'attrait pour l'exotisme sous toutes ses formes, Daniel Maximin, intervenant lors du même colloque, le récuse violemment, exigeant de revenir à l'écriture sans attendre quelque « sang neuf » ou quelque « ensoleillement » que ce soit de la langue française par les écrivains de l'espace francophone.

---

1. Du 10 mars 2006.
2. *Le Monde des livres*, 24 mars 2006.
3. *Francofffonies*, lettre d'information, n° 31, 23 février 2006.

Les prises de position des écrivains concernés déclinent ainsi toute une palette de nuances. Dans la lignée de Sony Labou Tansi qui disait « se foutre de la langue », Dany Laferrière proclame : « Je veux être pris pour un écrivain, et les seuls adjectifs acceptables pour un écrivain sont "bons" ou "mauvais". [4] »

Au début du millénaire, plusieurs écrivains avaient déjà pris position pour récuser l'appellation de littérature francophone porteuse de hiérarchisation entre ce qui serait la « vraie » littérature française et celle des marges :

« Ce mot qui a son histoire convient peut-être aux hommes politiques, mais gêne les écrivains. On a l'impression qu'on désigne par francophones non pas les écrivains français de souche, mais tous ceux qui emploient cette langue tout en n'étant pas français », Tahar Ben Jelloun [5].

« L'institutionnalisation de la littérature dite francophone ne signifie en rien une dissémination culturelle en France. Il suffit de noter son invisibilité dans les programmes scolaires ou dans les unités de formation et de recherche universitaires, où les romans d'auteurs francophones sont rejetés dans les marges critiques », Farid Laroussi [6].

« Parler de poésie ou de littérature francophone, cela ne résonne jamais positivement, mais donne plutôt le sentiment d'un assujettissement, d'un sous-ensemble forcément dévalué, d'une littérature de seconde zone », Monchoachi [7].

La question du classement en librairie soulève aussi des objections de la part de ceux qui soulignent leur refus d'une classification géographique au profit de la seule classification linguistique, mettant dans les mêmes rayons des librairies les ouvrages des auteurs français et francophones, comme c'est la règle dans les espaces anglophones ou hispanophones. Ainsi, Pierre Assouline souligne la confusion régnante et se plaint de trouver « Tahar Ben Jelloun au rayon littérature étrangère, Édouard Glissant dans celui du roman antillais… [8] ». Anna Moï, l'une des quarante auteurs invités par le festival des francofffonies, s'inquiète du classement de ses ouvrages au rayon Viêt Nam alors que son prochain roman va se dérouler en Normandie… [9] De son côté, Jean-Marie Borzeix avoue au contraire aimer « que les classements soient multiples, aléatoires et transversaux [10] »…

Des arguments plaident toutefois en faveur d'une signalisation par aire géographique, dans la mesure où elle permet de donner aux auteurs une vitrine, et ainsi de créer une chaîne d'intérêt. Selon Bernard Magnier, directeur de la collection « Afriques » aux éditions Actes Sud, le critère géographique est pertinent pour assurer une bonne visibilité et montrer la diversité des écritures africaines, en préservant toutefois une identité de présentation des ouvrages par rapport aux autres collections pour ne pas ghettoïser les auteurs [11]. C'est le même souci de visibilité qui a conduit à un classement spécifique du fonds de littérature francophone à la Bibliothèque nationale de France, notamment pour « les écrivains de qualité qui passent par des éditeurs à faible tirage, et ne sont pas encore reconnus et médiatisés », et envers lesquels « la BnF a un rôle de protection, de valorisation », souligne Marie-France Eymery, bibliothécaire en charge de ce fonds [12]. Jean-Marie Borzeix, conseiller du président de la BnF et président du festival des Francophonies en Limousin, souligne, lui, les aspects positifs de l'appartenance à l'espace francophone : « Être écrivain francophone, c'est d'emblée, si on le souhaite, appartenir à un milieu […] ; réseau d'associations, de libraires, de

---

4. *Le Monde des livres*, 3 février 2006.
5. *L'Orient Le jour*, 4 octobre 2002.
6. *Le Monde*, 24 novembre 2004.
7. *Le Monde des livres*, 14 mars 2003.
8. *Le Monde 2*, 11 février 2006.
9. *Francofffonies*, lettre d'information, n° 30, 16 février 2006.
10. Jean-Marie Borzeix, *Les Carnets d'un francophone*, éd. Bleu autour, 2006.
11. Colloque « L'écrivain dans l'espace francophone » organisé par la SGDL, le 27 mars 2006.
12. *Chroniques de la BnF*, n° 34, avril 2006.

bibliothécaires, d'éditeurs, de festivals, de foires du livre dont les écrivains qui ne sont pas estampillés francophones n'ont pas la moindre idée.[13] »

Pour d'autres écrivains, notamment ceux qui ne viennent pas de l'espace francophone, écrire en français et se réclamer de la francophonie n'est ni de l'ordre du hasard ni de celui de l'injonction :

« Aujourd'hui, le français me fait toujours rêver. Ça a été quelque chose à conquérir, comme une provocation », Laetitia Ilea[14].

« Le français n'est pas ma langue maternelle, c'est ma langue d'accueil. [...] C'est peut-être cela qui fait le charme de la francophonie, le sentiment que j'écris un français venu d'ailleurs », Eduardo Manet[15].

« J'aime cette expérience intime, quand la langue française perd pour moi cette expression de surplomb et qu'elle marine dans les langues vernaculaires pleines de saveur et de rythme », Eugène Ebodé[16].

« Je me définis effectivement comme auteur francophone. Le français est ma langue, la culture française a nourri mon imaginaire dès ma prime enfance », Boualem Sansal[17].

Mais, pour tous, la vraie langue c'est celle de l'écriture :

« La première patrie, la vraie patrie d'un écrivain, c'est sa langue », Raphaël Confiant[18].

« La langue française ne m'habite donc pas, c'est moi qui l'habite puisque je la domine et en fais ce que je veux », Ken Bugul[19].

« Je me sens écrivain tout simplement et comme tout écrivain, j'invente finalement ma langue, dans le français », Seyhmus Dagtekin[20].

« Je me vois davantage comme un "francographe" que comme un francophone, c'est-à-dire quelqu'un qui écrit en français », Louis-Philippe Dalembert[21].

« Pour forcer le trait, on pourrait dire qu'auparavant on se voulait d'abord nègre et, aujourd'hui, on se voudrait d'abord écrivain et accessoirement nègre », Abdourahman A. Waberi[22].

« De temps en temps, au cœur du français que j'écris se fait entendre une langue inaudible et mystérieuse », Nimrod[23].

« La littérature française est la somme bigarrée et fascinante de tous ces imaginaires », Gaëtan Soucy[24].

« La langue que j'écris est une langue littéraire, celle de mon prochain livre », Lyonel Trouillot[25].

« Pour écrire africain, le romancier africain n'a d'autre issue que d'écrire en français, sans écrire français », Henri Lopes[26].

---

13. *Le Magazine littéraire*, n° 451, mars 2006.
14. *Le Monde*, spécial Salon du livre 2006, 17 mars 2006.
15. *Ibid.*
16. *Ibid.*
17. *Témoignage chrétien*, n° 3196, 16 mars 2006.
18. *Le Magazine littéraire*, n° 451, mars 2006.
19. *Ibid.*
20. *Ibid.*
21. *Rézo*, revue de l'Afaa, mars 2006.
22. *Le Monde diplomatique*, décembre 2004.
23. *Ibid.*
24. *Le Magazine littéraire*, n° 451, mars 2006.
25. *Courrier international*, n° 802, du 16 au 22 mars 2006.
26. *Le Monde*, spécial Salon du livre 2006, 17 mars 2006.

« Je suis partisan du multilinguisme en écriture, la langue qu'on écrit fréquente toutes les autres », Édouard Glissant [27].

« De l'entre-deux langues en naît une troisième, à usage personnel », Luba Jurgenson [28].

Pour conclure, il faut souligner la percée des auteurs de l'aire francophone ; en témoigne le succès du Salon du livre 2006 consacré aux littératures francophones qui augmentait son nombre de visiteurs de plus de 5 % par rapport à l'année précédente. Certes, il a fallu du temps, mais l'édition de ces littératures a connu de grandes avancées en France depuis quinze ans. Bernard Magnier rappelle qu'en 1990, par exemple, alors que 80 titres cubains étaient édités, il n'y en avait que 100 pour tout le continent africain…[29] Certes, des progrès restent à faire. Emmanuel Dongala, dans son propos sur la place des auteurs francophones aux États-Unis, signale qu'un écrivain francophone y remplit plus les salles qu'un écrivain français et rappelle que le Booker Price, contrairement au Goncourt, est ouvert à tout le Commonwealth [30].

On laissera le dernier mot à Alain Mabanckou, qui insiste sur le fait qu'il est « suicidaire d'opposer d'une part la littérature française, de l'autre la littérature francophone » et conclut : « La littérature française est une littérature nationale. C'est à elle d'entrer dans ce grand ensemble francophone [31] »…

2 L'édition au Maghreb

« Tenter de prouver qu'un éditeur du Sud n'exclut pas la rigueur et le respect des normes internationales de qualité, perpétrant ainsi une expérience originale, fragile et malaisée […], celle d'un éditeur indépendant, citoyen et ouvert sur les autres » pour les éditions Cérès (Tunisie) ; « faim de découvrir ou redécouvrir les auteurs algériens édités ailleurs » pour les éditions Bouchène (Algérie) ; « arriver à casser les cloisons, cette espèce d'étanchéité qui existe entre ces deux mondes pour faire en sorte que des francophones puissent avoir accès à une littérature arabophone et *vice versa* », ou encore « nous réapproprier une écriture qui a eu tendance à se décentrer vers l'étranger, notamment vers la France » pour les éditions Barzakh (Algérie)… Autant de prises de position d'éditeurs du Maghreb qui, dans un espace méditerranéen en pleine mutation, souhaitent à la fois retrouver et donner à connaître tout un patrimoine littéraire et culturel, et prendre toute leur place dans le dialogue des cultures.

En effet, si la littérature au Maghreb compte des noms prestigieux comme Assia Djebar, Tahar Ben Jelloun, Kateb Yacine et bien d'autres, l'édition y a été pendant plusieurs années en proie à de nombreuses difficultés contraignant son développement. Longtemps coupé du grand public, confronté à l'exil de ses meilleurs écrivains et freiné par l'absence quasi complète de politique du livre, le secteur de l'édition semble connaître aujourd'hui un nouveau souffle. Malgré les tensions locales et la conjoncture internationale, de plus en plus de maisons d'édition apparaissent et de plus en plus de professionnels du livre s'investissent pour maintenir la diversité et la créativité de la production éditoriale maghrébine.

S'il y a aujourd'hui, dans cette partie du monde, une série de micro-entreprises et un réel potentiel en termes de lectorat, les difficultés sont loin d'être levées pour autant : faiblesse du pouvoir d'achat, insuffisance de la production locale et dépendance vis-à-vis de l'extérieur – notamment de la France –, fiscalité, censure… Les barrières douanières rendent

---

27. *Le Monde*, spécial Salon du livre 2006, 17 mars 2006.
28. *La Croix*, 17 mars 2006.
29. Colloque « L'écrivain dans l'espace francophone », organisé par la SGDL, le 27 mars 2006.
30. *Ibid.*
31. *Le Monde*, 19 et 20 mars 2006.

difficiles les échanges horizontaux entre les pays. C'est toute la chaîne du livre qui demanderait à être mieux structurée et consolidée. Le nombre d'éditeurs va néanmoins croissant au Maghreb, et si le marché reste encore sous l'emprise du livre religieux, de fortes perspectives existent, notamment pour le livre de jeunesse.

Dans une zone où le degré de connaissance, tant de l'arabe classique que du français, est faible dans la majorité de la population et où les pratiques de lecture sont peu répandues, le public auquel s'adresse l'édition demeure limité. Cependant, la difficulté est plus grande encore pour les éditeurs en langue arabe ; ainsi le souligne le romancier tunisien Hassan Ben Othman : « Pour le malheur des romanciers de langue arabe, ceux qui sont prêts à les lire les lisent dans une autre langue, le français. Les arabisants préfèrent les livres religieux. Nous sommes donc orphelins de lecteurs.[32] » En effet, selon une étude du Bureau international de l'édition française, « un taux non négligeable de leur lectorat, parmi le plus éduqué et le plus enclin à une forte pratique de la lecture, privilégie l'usage de la langue française[33] ». Toutefois, le lectorat d'aujourd'hui dépasse ce cercle de lettrés et s'élargit, notamment au public féminin. D'une façon générale, malgré la diversité éditoriale des pays du Maghreb, le marché du livre reste dominé par le livre scolaire et par le livre de jeunesse, plus « vendeurs » que la littérature.

Il s'agit également d'un secteur où les nécessités de formation sont importantes. Le Centre africain de formation à l'édition et à la diffusion de Tunis, programme de formation permanente dans la totalité des maillons de la chaîne du livre lancé par la Francophonie, a fêté ses quinze ans en 2005. Sur la cinquantaine d'actions menées, certaines ont concerné le Maghreb ; le Maroc et la Tunisie ont ainsi été et demeurent impliqués dans la constitution de réseaux de professionnels du livre. De son côté, le Bureau international de l'édition française (Bief), en partenariat avec l'Association internationale des libraires francophones (AILF) et l'appui de l'Organisation internationale de la Francophonie et du ministère français des Affaires étrangères, a organisé dès la fin de l'année 2003, à Rabat au Maroc, des sessions de formation des libraires du Maghreb[34]. À la demande des éditeurs algériens et des organisations professionnelles du secteur, le Bief a également conçu un programme de formation à destination de responsables de maisons d'édition à travers l'échange d'informations et d'expériences avec des professionnels algériens et français ; l'AILF, pour sa part, se chargeant, avec l'Association des libraires algériens, de l'organisation de séminaires à l'attention de libraires.

Enfin, c'est dans l'évolution démocratique et la part prise par la société civile que le livre, vecteur de conquête d'espaces de liberté et de développement, pourra prendre toute sa place. C'est ce que souligne le président du Syndicat algérien des éditeurs de livres à propos de la création de la revue professionnelle *Livres.DZ* : « Notre ambition est de réunir […] les conditions les plus à même de garantir le plein épanouissement d'un secteur sans lequel la démocratie et la modernité ne seraient jamais conçues dans la plénitude de leur sens. »

Le paysage éditorial au Maghreb

En Algérie

De 1966 à 1989, avec 65 % des ouvrages en arabe et 35 % en français, l'édition et la diffusion en Algérie sont étatiques avec des avantages – des coûts bas et une bonne rémunération des auteurs – et des inconvénients – censure, médiocrité des publications, retards (dus

---

32. *JA/ L'intelligent*, n° 2 315, du 22 au 28 mai 2005.
33. Bief, *L'Édition arabe au Moyen-Orient, les acteurs éditoriaux du livre de jeunesse*, enquête, département Études, octobre 2002.
34. www.bief.org ; www.librairesfrancophones.org

aux pannes, aux pertes, au manque de papier, etc.), lourdeur des procédures et malfaçons. Avec la libéralisation du secteur du livre au début des années 1990, l'Association des éditeurs algériens et quelques petites maisons d'édition privées voient le jour comme Bouchène à Alger puis à Paris, Lauric pour la poésie et Lafomic à Alger ; Casbah dans les années 1990 ; Marsa à Paris en 1996, transplantée à Alger en 1998. Une floraison de petites maisons d'édition apparaît à la faveur de Djazair – l'année de l'Algérie en France, en 2003 : Barzakh, du Tell, Zelig, Le Chèvrefeuille étoilé, etc. [35] La petite maison d'édition Barzakh, par exemple, a publié une soixantaine de livres depuis sa création en 2000, pour deux tiers en français et un tiers en arabe. Son directeur souligne qu'il « s'édite autant de livres en arabe qu'en français en Algérie, mais selon la répartition suivante : pour le français, la littérature générale ; pour l'arabe, le livre utile (scolaire, universitaire), les livres de cuisine, les essais historiques », et fait état d'une « progression du roman arabophone, une émergence de la littérature féminine, un reflux des thématiques liées au terrorisme, à l'islamisme, au politique en général, une omniprésence de l'humour [36] ».

L'organisme public Anep éditions reste très actif dans la publication de littérature algérienne en français et en arabe [37]. Lancé en juin 2002, un projet de développement du secteur éditorial algérien, piloté par l'Alliance globale (Unesco), vise, avec les professionnels du livre et les pouvoirs publics, à créer un environnement légal et administratif, à produire des données statistiques, à lutter contre la piraterie, à organiser des formations aux métiers du livre et à susciter le développement de nouveaux marchés [38].

Après quatorze ans d'interruption, le Salon international du livre d'Alger a rouvert ses portes en 2000. Sa 8e édition, en septembre 2003, rendait hommage au grand écrivain Mohamed Dib, disparu en mai de la même année. L'écrivain Rachid Boudjedra y évoquait la « multiplication des maisons d'édition, privées et publiques, qui publient de jeunes auteurs dans les deux langues, arabe et français ». Des éditeurs soulignaient aussi cette renaissance culturelle et un « souffle nouveau dans la littérature », cependant peu médiatisés faute de suivi critique. La 9e édition, en 2004, permettait la réunion, au sein du comité d'organisation, de différents acteurs, dont l'Anep (l'Entreprise nationale pour l'édition et la publicité), mandatée par le ministère de la Culture, mais aussi l'Association des libraires algériens (Aslia), le Syndicat national des éditeurs de livres et le Syndicat professionnel du livre. L'ambition était de transformer l'événement, de vaste « marché au livre » qu'il était, en une manifestation qui permette aux professionnels de confronter leur expérience avec celle d'opérateurs internationaux et qui soit un lieu d'échanges pour le public. Cette édition a remporté un réel succès avec 584 maisons d'édition – soit une centaine d'exposants supplémentaires par rapport à l'année précédente –, représentant plus de 20 pays et 260 000 visiteurs. En 2005, l'interruption du salon pendant deux jours pour cause de référendum ainsi que le blocage d'ouvrages – notamment ceux des éditions de La Découverte – par la commission de contrôle ont pu susciter quelque mécontentement…

L'expérience d'un éditeur francophone en Algérie [39]

Les éditions Marsa ont été fondées en 1996 à Paris, à un moment où la chaîne éditoriale algérienne était très sinistrée. La maison a commencé par éditer une revue liant création, critique littéraire, arts plastiques et roman. Refondée en 1998 à Alger, elle a dû « rapatrier » les textes pour que les auteurs exilés puis-

---

35. Guy Dugas, *Du Maghreb au Proche-Orient : l'édition en ébullition*, Journée sur l'édition francophone, 25 mars 2004, à la Bibliothèque nationale de France.
36. Magazine *Lire*, mars 2006.
37. *Le Monde des livres*, 26 septembre 2003 ; *La Voix des libraires*, n° 26, février 2003.
38. http://www.unesco.org/culture/alliance
39. Marie Virolle, Éditions Marsa, Journée sur l'édition francophone, 25 mars 2004, à la Bibliothèque nationale de France.

sent être lus en Algérie, acheter les droits auprès des éditions françaises et chercher un imprimeur privé, l'imprimerie étant liée à l'État en Algérie. La publication s'est d'abord faite en édition de poche à bas prix (2 euros). Les éditions Marsa ne republient jamais le même auteur et tous les textes sont imprimés en Algérie : 100 nouveaux auteurs d'œuvres littéraires en français depuis dix ans et 20 œuvres en arabe. Il existe de surcroît deux coéditions avec le Seuil et d'autres partenaires associés. La question de la traduction est très handicapante en Algérie car il y a peu de traducteurs littéraires formés. Pourtant, les éditions Marsa ont traduit quatre romans du français vers l'arabe et quatre autres de l'arabe vers le français. Mais le lectorat arabisant ne lit pas d'œuvres littéraires et le foisonnement d'auteurs quinquagénaires écrivant en français ne saurait masquer le manque de jeunes romanciers et poètes en Algérie.

Les éditions Bouchène, d'Alger à Paris

Les éditions Bouchène fondées en 1986 à Alger, puis décentrées en 1997 à Paris, travaillent sur les marchés algériens et français et organisent des diffusions au Maroc et en Tunisie. Il s'agit, à travers la publication de plus de soixante ouvrages dans cinq collections, de faire découvrir ou redécouvrir les auteurs du patrimoine algérien qui ne sont toujours pas édités dans le pays ainsi que de mettre à la disposition des lecteurs des études historiques, sociologiques ou économiques.

L'édition scolaire, qui représente l'essentiel des ventes (environ 75 %), est en voie de privatisation et aiguise l'appétit des grands éditeurs car l'enjeu est important. En effet, le pays, qui compte plus de 33 % de moins de 15 ans, connaît une demande croissante d'édition en français, l'enseignement obligatoire du français première langue étrangère à partir de la deuxième année d'école primaire – ce qui correspond à un effectif de 800 000 élèves par an – étant entré en application depuis la rentrée 2004, et le français étant redevenu langue d'enseignement, notamment dans les disciplines scientifiques et de gestion. L'ouverture de l'édition scolaire aux éditeurs privés a permis à plusieurs d'entre eux de remporter des appels d'offre lancés par le gouvernement algérien, et les salons du livre ont suivi la tendance en installant de plus en plus d'espaces spécifiques pour le livre de jeunesse, comme lors de la 9e édition du Salon international du livre d'Alger où était organisé le 1er Salon international du livre de jeunesse avec des stands gratuits. Toutefois, selon le Bureau international de l'édition française, les tentatives nationales restent encore rares et ne parviennent pas à combler la demande. De plus, toujours selon le Bief, « la fabrication des ouvrages nécessite la mise en œuvre de techniques qui ne sont pas toujours maîtrisées et est dépendante de la cherté des matières premières, principalement le papier, dont l'importation est soumise à des taxes et à des droits de douane ». Par ailleurs, la recherche universitaire souffre du manque de livres, de traductions, d'échanges et de publications.

Les professionnels s'organisent. L'Association des libraires algériens (Aslia), créée en 2001 et qui comprend une soixantaine de libraires, met en place des sessions de formation et se préoccupe également de la défense des droits et de la moralisation de la profession, de l'organisation et de la participation à des rencontres professionnelles et culturelles ainsi qu'aux foires nationales et internationales, de la promotion de la création et de la lecture, et, enfin, de la défense de la liberté d'expression. En effet, souligne le vice-président de l'association, Yassine Hannachi, les quelque 300 libraires qui travaillent dans le pays se heurtent à « l'absence de lois et à la dégradation du pouvoir d'achat », au prix du livre lié principalement à la lourdeur des taxes douanières ainsi qu'à l'absence de politique de promotion du livre et de la lecture. Comme en Afrique subsaharienne, le poids des importations de livres en provenance de France est massif (l'Algérie étant le quatorzième client de l'édition française à l'export), notamment dans l'édition scolaire – secteur dans lequel il est exonéré de taxes douanières – et parascolaire. Aussi, les éditeurs algériens souhaitent-ils que s'opère un glissement d'un marché export vers un marché de la coédition, de la cession de droits, ou encore de l'impression sur place à moindre coût. À titre d'exemple, Hélène Wadowski, chez Flammarion, propose deux formes de coopération, notamment pour le livre de jeunesse : « Vendre les droits et proposer à un éditeur algérien d'adapter certains titres pour une production et une impression sur place […], ou bien travailler en amont avec un éditeur et lui proposer la production et l'impression en France d'une version moins chère (couverture souple par exemple). [40] »

▶ Au Maroc

Au Maroc, où il n'y a jamais eu d'édition d'État, le nombre d'éditions privées a été multiplié par quatre à partir du milieu des années 1990. On peut citer Aini Bennaï, Eddif, La Porte, Le Fennec, Malika, Marsam, Tarik, Toubkal, Yomat, Youmad, etc. Le réseau de librairies est assez important ; des salons du livre à Tanger et à Casablanca et plusieurs associations – des professionnels du livre, des éditeurs, des écrivains marocains... – contribuent à la structuration du secteur. Évoquant le « net recul » de la production éditoriale dans le monde arabe, un article du quotidien *Le Monde* du 3 février 2006, à propos de la Foire du livre du Caire, soulignait : « Pour autant des pays émergent sur le marché de l'édition, comme le Maroc, principal pourvoyeur d'une production de qualité depuis vingt-cinq ans. »

Toutefois, les quelque 150 librairies du pays connaissent encore une situation très fragile, comme l'évoque Abdelkader Retnani, directeur des éditions Eddif et président de l'Association des éditeurs du Maroc : « Bon nombre parmi eux, à bout de patience et au bord de la faillite, se sont reconvertis à d'autres métiers. » Selon le poste diplomatique français au Maroc, le recours aux points de vente presse est quasi systématique, y compris pour la production francophone à faible coût, tandis que la présence du livre en français est croissante dans les grandes surfaces, essentiellement pour le parascolaire et le livre de poche soldés.

La politique publique du livre permet d'allouer des aides à quelques éditeurs pour les frais d'impression du livre à caractère culturel et de maintenir un réseau d'environ 150 bibliothèques publiques.

Le 11e Salon international de l'édition et du livre de Casablanca, durant lequel s'est tenue l'assemblée constitutive de l'Union des éditeurs maghrébins en 2005, a vu se succéder tables rondes et conférences autour, notamment, de la littérature maghrébine d'expression française et des bilans et perspectives de l'édition au Maroc. Les professionnels marocains, à l'occasion des rencontres organisées par le Bureau international de l'édition française, ont pu faire part de leurs difficultés récurrentes, semblables à celles des autres pays de la zone – prix élevé des ouvrages, absence de culture du livre, manque de formation – mais aussi des progrès accomplis dans le développement de rayons jeunesse dans les librairies et l'augmentation de la production dans ce secteur (une centaine de titres contre à peine une quinzaine dans les années précédant 1990), ainsi que dans la promotion de la lecture.

Le Salon international du livre de Tanger a tenu sa 9e édition en 2005, avec pour thème de réflexion : « De quoi demain sera-t-il fait ? » abordé lors de tables rondes et de conférences avec des invités d'Europe et du monde arabe. Y étaient présents une trentaine d'éditeurs marocains et français, ainsi que plusieurs libraires de la région et une dizaine de milliers de visiteurs. L'édition 2006 déclinait la thématique de l'indépendance du Maroc ainsi que l'évolution des arts et des lettres des cinquante dernières années dans ce contexte.

---

40. *La Lettre,* Bureau international de l'édition française, 28 janvier 2005.

> ## L'édition d'auteurs du Maghreb en France
>
> Au début des années 1970 se créait la maison d'édition Sindbad, première du genre en France, destinée à faire connaître la littérature, l'histoire et la culture du monde arabe et de l'islam. Le catalogue d'environ 170 titres, repris au milieu des années 1990 par les éditions Actes Sud, a été enrichi d'une quarantaine de nouveaux titres auxquels sont venues s'ajouter des rééditions, notamment dans la collection de poche « Babel ». Avec la publication d'une vingtaine d'ouvrages par an, Sindbad édite des classiques aussi bien que de la littérature contemporaine et des essais.
> L'intérêt porté à la renaissance de la création littéraire au Maghreb s'exprime aussi en dehors de ses frontières. Ainsi se tenait les 5 et 6 février 2005, à l'Hôtel de Ville de Paris, la 11e édition du salon Le Maghreb des livres, organisé par l'association Coup de soleil, avec pour invitée d'honneur la Tunisie ; l'occasion pour les lecteurs de rencontrer plus de 200 auteurs issus du Maghreb avec plus de 4 500 ouvrages de tout genre.

En Tunisie

L'édition s'est constituée très tôt en Tunisie, avec un secteur privé et une myriade de maisons d'édition : Apollonia, Alif-les éditions de la Méditerranée, Simpact, Alyssa, Clairefontaine, L'Arbre, etc., qui éditent de 1 000 à 4 000 ouvrages. La principale maison d'édition privée, Cérès, a été créée dès 1964. Longtemps tourné vers la publication de beaux livres, son directeur, Noureddine Ben Khader, a « axé le développement vers le lectorat tunisien[41] », à partir de 1979. Cérès est aujourd'hui un important groupe de communication dans l'édition, la distribution et l'impression, qui comporte un catalogue de plus de 700 titres dans des domaines très divers et publie en moyenne cinquante nouveaux titres par an. Le réseau de distribution de la maison d'édition est bien structuré en Tunisie, géré par une société sœur, Déméter, présente sur les marchés d'Algérie, du Bénin, de Côte d'Ivoire, d'Égypte, de France, du Liban, du Maroc et du Sénégal.

Comme dans les autres pays de la zone, c'est l'édition scolaire qui tire le marché, la littérature, la poésie et la philosophie se vendent mal… Du côté des politiques publiques, des mesures d'appui existent, comme la compensation sur le prix du papier utilisé dans l'édition du livre. Selon Noureddine Ben Khader, la Tunisie est plutôt bien lotie par rapport aux autres pays du continent africain dans la mesure où il y a une politique du livre (380 bibliothèques publiques) ainsi qu'une industrie des arts graphiques. Toutefois, un certain nombre de problèmes subsistent, voire se sont accentués : la difficulté pour les éditeurs tunisiens de croiser une véritable politique éditoriale avec une politique commerciale ; le manque d'enquêtes, d'études et de publications sur les questions de la lecture et de l'édition ; l'absence presque totale de critiques littéraires ; l'édition d'ouvrages correspondant aux attentes des publics, voire le risque d'autocensure (« Trop peu de livres parlent des problèmes réels. Y a-t-il quelque part une peur de dire les problèmes de la société ? ») ; la médiocre qualité des livres pour enfants. En revanche, selon lui, le prix du livre est un obstacle moins important que la faible place donnée au livre et à la culture en général dans la société tunisienne[42]. Et, il souligne encore : « La procédure du dépôt légal, dont la vocation initiale est de sauver la mémoire nationale, fait office d'une structure de contrôle et de censure. Certains titres restent parfois plusieurs mois avant d'obtenir le visa du dépôt légal… »

---

41. *Le Monde*, 4 février 2005.
42. www.ceres-editions.com

S'il y a quelque 3 000 points de vente de livres dans le pays, les vraies librairies généralistes ne dépasseraient pas la vingtaine.

Il faut également rappeler le rôle, dans la zone, du Centre africain de formation à l'édition et à la diffusion (Cafed), basé à Tunis, qui bénéficie depuis sa création du soutien de la Francophonie.

La Foire internationale de Tunis connaît un fort retentissement. L'édition 2005 s'est imposée comme un des moments forts du calendrier culturel tunisien avec 500 éditeurs, dont une centaine de maisons d'édition françaises ainsi que canadiennes, et une affluence record de quelque 200 000 visiteurs. Le Salon du livre pour enfants de Sfax, plus régional, accueillait, en 2005, plus de 60 éditeurs, distributeurs et libraires tunisiens et étrangers.

Assia Djebar à l'Académie française

Élue au fauteuil du juriste Georges Vedel, le 16 juin 2005, Assia Djebar devient la cinquième femme, la deuxième personnalité africaine après Léopold Sédar Senghor et le premier auteur du Maghreb à siéger sous la coupole de l'Académie française.

L'Académie royale de littérature de Belgique l'avait élue dès 1999, reconnaissant en cette grande romancière, poétesse, femme de théâtre et cinéaste, une « femme d'exception », selon l'expression de Tahar Ben Jelloun, lequel saluait ainsi son entrée à l'Académie française : « Les séances du dictionnaire, le jeudi, seront dorénavant des séances où les mots seront trempés dans de nouvelles épices. Tant mieux ! C'est la France et la langue française qui s'enrichissent et prennent de nouvelles couleurs. [43] »

L'élection d'Assia Djebar représente en effet un signal très fort pour la Francophonie. Celle qui a grandi entre trois langues – le berbère, l'arabe dialectal et le français – se dit « écrivain français de parents algériens » et déclare : « La langue française est ma maison. »

3 L'édition en France

Alors qu'en 2004 la hausse était de plus de 2 % pour l'édition française, avec plus de 50 000 titres publiés, le marché du livre chutait de 0,5 % en 2005 pour la première fois depuis 1997. Les professionnels sont inquiets : baisse de fréquentation au Salon du livre 2005 ; « tyrannie du best-seller », selon l'expression de l'éditrice Liana Levi [44] ; effritement des ventes au premier trimestre 2005 ; désaffection des grands lecteurs pour la librairie traditionnelle ; continuation des mouvements de concentration dans l'édition avec le rachat par le groupe Editis des éditions du Cherche Midi, et par le géant allemand des médias, Bertelsmann, du premier réseau de librairies générales dans l'Hexagone, Privat, dont le secteur édition a lui-même racheté les éditions du Rocher, ou encore la reprise éditoriale des éditions Climats par Flammarion. Selon une enquête effectuée par l'agence Dilicom pour le Syndicat national de l'édition en 2004, si huit éditeurs à peine sont à l'initiative de 111 000 titres en catalogue, ils sont un peu plus de 1 500 à avoir publié moins de dix livres chacun, et un tiers des 3 582 structures d'édition répertoriées génère 96 % de la production éditoriale française [45] ! Avec les mouvements de rachat et de fusion, les transferts de plumes lucratives d'un éditeur

---

43. *Le Point*, 23 juin 2005.
44. *Le Monde,* 18 mars 2005.
45. *Le Monde,* 8 juillet 2005.

à l'autre, l'augmentation massive des tirages de best-sellers présumés, « les préoccupations littéraires et esthétiques cèdent devant les logiques marchandes. Bref, l'édition à son tour adopte le modèle du marché de masse, du marketing et du star-système [46] ». Antoine Gallimard, évoquant les mouvements de rachat et de fusion qui touchent l'édition française, résume d'un trait ces difficultés : « [...] tout est agité. Et ce n'est pas fini. On est dans la tempête [47] ». Au début de l'année 2006, Hachette rachetait Time Warner Book, filiale livre du grand groupe américain, obtenant ainsi la position de troisième éditeur mondial...

Pendant ce temps, les plumes du serpent renaissaient... Créée par le label discographique Naïve productions, et dirigée par Pierre Astier, ex-directeur du Serpent à plumes, une collection éditoriale « Naïve francophones » était inaugurée au début de l'année 2006, tandis que d'autres professionnels, issus également du Serpent à plumes, créaient avec Ubu une toute nouvelle maison.

La bataille du livre

Le 14 décembre 2004, les fondateurs du principal moteur de recherche sur la Toile, Google, annonçaient leur intention de numériser et de mettre en ligne en six ans une quinzaine de millions de livres, sans hiérarchie ni critère de classement, afin « d'organiser l'information à l'échelle mondiale et [de] la rendre universellement accessible ». Le projet Google Print, qui faisait l'objet d'accords de numérisation signés avec de prestigieuses bibliothèques anglo-saxonnes [48], devait permettre aux internautes d'accéder aux ouvrages tombés dans le domaine public dans leur totalité, mais sans pouvoir télécharger, sauvegarder ou imprimer, et de bénéficier d'extraits d'ouvrages encore soumis aux droits d'auteur.

Face à cette ambition, les réactions ne se sont pas fait attendre. Le président de la Bibliothèque nationale de France (BnF), Jean-Noël Jeanneney, prônait une « contre-attaque » européenne au nom de la diversité culturelle dans une tribune du journal *Le Monde*, en janvier 2005. Dans son ouvrage *Quand Google défie l'Europe – Plaidoyer pour un sursaut* [49], il précisait ses inquiétudes : le risque que l'accès aux livres ne soit dominé par un point de vue exclusivement anglo-saxon ; la nécessité d'une mise en ligne conçue selon des critères bibliographiques ; la crainte qu'un critère de profit ne finisse par se substituer à l'intérêt général dans l'organisation de l'offre culturelle ; le souci de l'avenir des bibliothèques et des éditeurs... En mars de la même année, le président de la République française lançait l'idée d'un projet de bibliothèque virtuelle européenne. En avril, une vingtaine de bibliothèques nationales européennes s'y associaient et six États [50] saisissaient l'Union européenne. Lors des Rencontres pour l'Europe de la culture, en mai, à Paris, le président de l'Union européenne, Jean-Claude Juncker, y répondait favorablement. La BnF, dont le site Gallica compte près de 80 000 documents et plus de 70 000 images, engageait un partenariat avec le Québec dont la Bibliothèque nationale, riche de 55 000 ouvrages et documents numérisés, venait d'être inaugurée. En juillet, un comité de pilotage en vue de la création d'une bibliothèque numérique européenne était créé en France sous l'égide du ministère de la Culture.

En août, face aux réactions des associations d'éditeurs américains, les promoteurs de Google Print suspendaient une partie de leurs activités dans l'attente d'accords avec les maisons d'édition détentrices des droits de reproduction, mais avaient d'ores et déjà pris contact avec des éditeurs européens, dans la

---

46. *Télérama*, n° 2902, 24 août 2005.
47. *Libération*, 5 janvier 2005.
48. Les bibliothèques universitaires américaines de Stanford, du Michigan et de Harvard, la New York Public Library et la bibliothèque britannique d'Oxford.
49. Éditions Mille et Une Nuits, collection « Essai », avril 2005.
50. Allemagne, Espagne, France, Hongrie, Italie, Pologne.

perspective d'un élargissement du projet à six langues européennes : le français, l'allemand, l'italien, le néerlandais, l'espagnol et le portugais.

Selon les auteurs d'une libre opinion dans la chronique Rebonds du quotidien *Libération*[51], il faut toutefois remercier Google d'avoir « levé le lièvre », les livres assez anciens pour être libres de droit – soit 70 ans après le décès de l'auteur – pouvant faire l'objet d'une diffusion gratuite, faisant bénéficier d'un « nouveau service public, moderne, adapté aux techniques contemporaines ». Aux bibliothèques de s'emparer de cette fonction en ouvrant leur contenu au public...

À l'automne 2005, le feuilleton connaissait de nouveaux rebondissements et la concurrence entrait en lice... La société Google était poursuivie en justice par la Guilde des auteurs ainsi que par l'Association des éditeurs américains au nom de cinq grands groupes d'édition. C'est également ce que menaçaient de faire des éditeurs français, au début de l'année 2006, découvrant que des extraits de centaines d'ouvrages encore soumis au droit d'auteur avaient été numérisés sur la bibliothèque francophone de Google... En juin 2006, le groupe La Martinière, évaluant à une centaine au moins le nombre de ses titres mis en ligne, lançait la première salve en attaquant en justice le moteur de recherche américain. Alors que, dans une libre opinion parue dans le quotidien *Libération*[52], Alexandre Laumonier, directeur des éditions Kargo, se prononçait, au nom des petits éditeurs, pour l'utilisation de « tous les moyens disponibles pour rendre les livres visibles »...

Le groupe Internet américain Yahoo lançait à son tour une initiative visant à la numérisation de milliers de livres et de contenus multimédia, au sein d'un consortium regroupant une dizaine d'organismes dont l'université de Californie et celle de Toronto. Microsoft engageait un partenariat avec la British Library pour numériser 25 millions de pages de documents tombés dans le domaine public.

À l'orée de l'année 2006, le projet de bibliothèque numérique européenne était prévu pour 2007... La création d'un réseau francophone des bibliothèques nationales numériques, impliquant six États et régions membres de la Francophonie[53], annoncée en février 2006, en était partie prenante.

---

51. Du 30 août 2005.
52. Du 7 juin 2006.
53. Belgique, Canada, France, Luxembourg, Québec, Suisse.

Chapitre 5

Panorama des cinémas francophones

1. Les cinémas de l'Afrique subsaharienne

En Afrique subsaharienne, quatre à cinq films seulement sont produits par an, et le Niger, qui a été le premier pays africain à avoir une industrie cinématographique, ne produit plus de films depuis vingt ans...[1] Baba Hama, délégué général du festival panafricain du cinéma et de la télévision de Ouagadougou (Fespaco), déplore cette situation : « L'Afrique de l'Ouest, mis à part le Burkina qui continue à faire exception dans la région [...], ainsi que l'Afrique centrale semblent au creux de la vague.[2] » Le parc des salles est sinistré et se compte par unité dans la plupart des pays. À l'extérieur du continent, le cinéma de l'Afrique subsaharienne reste peu présent ; un seul film – *Bamako* d'Abderrahmane Sissako – était présenté à Cannes en 2006, en sélection officielle mais hors compétition.

Selon un article paru dans le quotidien *Le Monde* à propos du Fespaco 2005 : « Toute une jeune génération de cinéastes est en train d'émerger », qui utilisent le numérique, tournent avec « des moyens dérisoires et en un temps record ». Leurs films sont « souvent très influencés par la sitcom », ils « frappent par leur acuité documentaire, leur façon de capter les lumières et les sons de la ville[3] ». D'ailleurs, près de la moitié des films présentés au Fespaco 2005 appartenaient au genre du documentaire, présent dans toutes les sections et mis à l'honneur notamment à travers la manifestation « Côté doc ».

« De fait, confirme le cinéaste Idrissa Ouédraogo, il faut repenser les conditions d'existence du cinéma africain. Et d'abord en considérant que son principal marché doit être le marché national. Par exemple, pour moi, il faut d'abord m'intéresser au Burkina, puis au niveau régional, ensuite au niveau africain et, enfin, si c'est possible, au marché mondial. » L'association qu'il a créée avec l'appui des autorités burkinabées encourage la production de films vidéo avec des budgets modestes, dans le but de réaliser une dizaine de films par an, et de les distribuer aussi bien dans les salles qu'à la télévision et en VCD[4]. Il y a deux maisons de production au Burkina Faso qui ont produit une dizaine de films depuis 2004 : Savane communications et Dromadaire. Cette dernière est tenue par Boubacar Diallo, qui travaille avec des structures comme Africa Productions pour la commercialisation de ses films en DVD/VCD auprès de la diaspora, et diffuse des films en français dans d'autres pays d'Afrique. Une production locale en numérique s'est ainsi mise en place avec un financement local et parfois avec l'aide d'ambassades. Le public retrouve le chemin des salles avec 200 à 300 entrées en moyenne par film, alors qu'avec 20 000 à 30 000 entrées comme ce fut le cas pour *La Nuit de la vérité* de Fanta Régina Nacro et *Tasuma* de Kollo Daniel Sanou en 2004, des films du continent dépassent les cinémas indien et américain[5].

---

1. Émission « Le rideau rouge, Cinéma : le Sud aussi », TV5, mai 2005.
2. *JA/L'intelligent,* n° 2300, du 6 au 12 février 2005.
3. *Le Monde,* 6 et 7 mars 2005.
4. DVD bas de gamme.
5. « Les fermetures de salles sont inéluctables », entretien sur www.africultures.com, 28 octobre 2005.

Au Cameroun et au Sénégal aussi, on assiste au début d'une économie du cinéma avec le numérique. Selon le réalisateur sénégalais Moussa Touré, qui vise surtout la télévision et préside un festival de documentaires itinérant : « Le numérique est comme l'informel, une soupape [...]. Je n'ai pas voulu entrer dans le canevas où l'Afrique attend l'aide. »

Toutefois, lors des 3es rencontres cinématographiques de Bamako en 2005, organisées par l'Union des cinéastes et entrepreneurs du cinéma et de l'audiovisuel d'Afrique de l'Ouest, une association animée par le cinéaste malien Souleymane Cissé, deux visions du développement du cinéma africain se sont affrontées. Le producteur nigérian Balunga propose de suivre le modèle de son pays dont l'industrie est capable de produire près de 1 200 films par an, d'employer plus de 300 000 personnes et de générer plus de 100 millions d'euros de chiffre d'affaires annuel. Mais, selon le réalisateur Mahamat Saleh Haroun, ce système serait difficilement exportable en Afrique francophone, étant donné que le Nigeria dispose d'un public potentiel de 120 millions d'habitants et d'un réseau de 70 chaînes de télévision, mais surtout que l'exemple nigérian ne « répond absolument pas à la question de "l'invisibilité" des films africains »…

L'enjeu pour l'Afrique subsaharienne est la production de ses propres images cinématographiques et télévisuelles. D'après une étude réalisée pour le compte de l'Union économique et monétaire ouest-africaine, en 2004, le chiffre d'affaires du secteur de l'image dans la région est encore faible (50 milliards de francs CFA), mais il s'agit d'un marché en forte croissance, avec une augmentation des dépenses audiovisuelles des ménages. Une autre étude commanditée par Canal France international auprès de 144 professionnels de télévision et de 14 groupes de téléspectateurs avance la préférence que ces derniers expriment pour les fictions africaines.

Or, si dans les pays du Nord le cinéma repose en bonne partie sur les chaînes de télévision, que ce soit pour son financement ou pour sa diffusion, il est loin d'en être de même en Afrique subsaharienne francophone. Faute d'une offre conséquente de programmes télévisuels et de films africains, le marché profite en effet aux fictions étrangères, peu coûteuses pour les télévisions publiques. Charles Mensah, cinéaste, directeur du Centre national du cinéma du Gabon, le souligne : « Les télévisions africaines n'ont pas de politique d'acquisition ni de production. [...] Nous ne produisons pas assez de longs métrages, une quinzaine par an et très peu de films africains sont diffusés sur les antennes africaines. [6] » Non seulement les télévisions nationales n'achètent pas les droits de diffusion des films africains, mais des pratiques comme la commercialisation partielle de l'antenne accordée au secteur privé (par échange d'espaces publicitaires accordés gratuitement par la télévision à des intermédiaires, contre la cession – également gratuite – de programmes de faible valeur commerciale) obèrent leurs ressources publicitaires. Les budgets très limités des télévisions publiques, leurs lourdeurs structurelles, l'absence de redevance télévisuelle, ainsi que l'insuffisant développement des chaînes privées, empêchent un retour suffisant vers la production des flux financiers générés par la diffusion ainsi que la naissance et le développement de producteurs africains indépendants : « On est très loin aujourd'hui, dans la sous-région, de ce cercle vertueux "production-diffusion-production". [7] »

Dans cette situation, la plupart des séries africaines sont proposées gratuitement par Canal France international et les films africains, achetés par les chaînes francophones internationales, sont parfois diffusés avant même leur sortie en salle sur le continent, ce qui détruit leur potentiel commercial dans les pays. S'est développée ainsi « une culture de

---

6. *Les Enjeux de la télévision en Afrique : écrans d'État, écrans d'ailleurs, écrans miroir*, colloque organisé au Sénat par CFI, 15 septembre 2005, publié le 16 septembre 2005, www.africultures.com
7. *Programme d'actions communes pour la production et la circulation de l'image au sein des États membres de l'Uemoa*, Union économique et monétaire ouest-africaine, département du développement social, Ouagadougou, mai 2004.

la gratuité des programmes, et d'absence de nécessité de rémunérer producteurs et réalisateurs, qui reste très prégnante chez les dirigeants des télévisions et les responsables politiques[8] ».

D'autres politiques sont possibles. Dans le précédent rapport sur la Francophonie dans le monde, nous évoquions la décision prise par le Maroc, en 1997, de verser au fonds de soutien cinématographique 5 % des recettes publicitaires de la télévision, ce qui a permis de multiplier par trois le nombre de films aidés. En Afrique du Sud, depuis les années 1990, d'importantes chaînes privées ont commandé et diffusé des films documentaires et de fiction, souvent en coproduction avec des télévisions étrangères ou des maisons de production indépendantes[9].

En Afrique subsaharienne francophone, la Côte d'Ivoire est le seul pays où des obligations sont inscrites dans le cahier des charges de la Radiodiffusion télévision ivoirienne (RTI) concernant la programmation et la diffusion : programmation pour 50 % d'émissions « d'inspiration ivoirienne », affectation de 0,50 % du chiffre d'affaires de la RTI à la production nationale cinématographique, et du même pourcentage à la production audiovisuelle privée. Le Burkina Faso et le Sénégal pratiquent une discrimination positive en faveur des films africains, grâce à des mesures d'exonération de taxes. Bien sûr, de telles mesures supposent qu'il n'y ait pas de proposition de libéralisation du secteur de l'audiovisuel à l'Organisation mondiale du commerce…

Du côté des coopérations, la structure Africa cinémas, créée au sein d'Europa cinémas en 2003, a aidé quatorze films, qui ont bénéficié d'un soutien à la fabrication et à la circulation de copies et de matériel de production, et équipé en matériel professionnel vidéo ou classique une quinzaine de salles dans huit pays d'Afrique subsaharienne, qui se sont engagées à programmer des films du continent.

Par ailleurs, en 2005, le ministère français des Affaires étrangères a mis en place le Plan Images Afrique, pour encourager la production et la diffusion d'images africaines. Le Plan Images archives, doté de 4 millions d'euros sur trois ans, prévoit, dans le cadre de la sauvegarde du patrimoine cinématographique, la numérisation d'une partie du fonds de la cinémathèque Afrique (soit plus de 1 200 films et documentaires des années 1960 à nos jours). De son côté, l'OIF numérise une dizaine de films par an[10].

Les « théâtres » sénégalais

Au Sénégal, les « théâtres », petites productions cinématographiques locales tournées en wolof et diffusées une fois par semaine à la télévision publique, rencontrent un véritable succès populaire. Pape Demba N'Diaye, responsable de la troupe de théâtre Daray Kocc, note que ces films, « plutôt destinés au départ aux Sénégalais de l'extérieur », doivent leur succès à l'intérieur du pays au fait qu'ils sont « inspirés de la vie quotidienne des Sénégalais[11] ».

---

8. *Ibid.*
9. Samuel Lelièvre, *Lagunimages 2004 : les télévisions africaines en question*, 18 mars 2005, www.africultures.com
10. « La sauvegarde des images du Sud : une obligation pour la diversité culturelle », www.africultures.com
11. François Tillinac, « Les "théâtres", des petits films qui passionnent les Sénégalais », AFP, 11 décembre 2005.

La critique cinématographique en Afrique

Deux événements ont permis ces dernières années la structuration d'une véritable critique cinématographique en Afrique. Dans le cadre du Fespaco 2003, des journalistes jettent les bases d'un réseau et d'un site Internet : Africiné. En 2004, le Fonds des inforoutes de l'OIF soutient le projet, en partenariat avec l'association Africultures. La même année, durant les Journées cinématographiques de Carthage, des professionnels de plusieurs pays africains créent la Fédération africaine de la critique cinématographique. En juin 2006, on pouvait trouver sur www.africine.org le recensement de plus de 1 400 films et de plus de 250 critiques.

2 Les cinémas du Moyen-Orient

Égypte

En Égypte, où plus d'une centaine de films par an étaient produits dans les années 1950, la nationalisation du cinéma dans les années 1960 et la concurrence de la télévision ont fait chuter la production. Malgré un renouveau dans les années 1990, la rénovation d'une cité du cinéma et des médias au Caire et la présence de 18 studios dans le pays, 35 films seulement sortaient des studios égyptiens en 2004, dont 24 longs métrages. Entre 1996 et 2005, la proportion d'entrées de films égyptiens en Europe était de 8 %[12].

Liban

Au Liban, qui produisait en 2006 six longs métrages, un Comité pour le cinéma était créé en mars de la même année par le ministère de la Culture avec un budget de 60 000 dollars. Cinq festivals annuels de cinéma, dont « Beyrouth DC » et « Docudays », permettent de faire connaître le cinéma libanais dans le pays, où la plupart des salles sont monopolisées par les films américains. La cinquième édition du festival « Né à Beyrouth », le seul dont la programmation avec 40 films est exclusivement nationale, a eu lieu en août 2005[13].

Deux exemples hors Francophonie

Avec 90 % de spectateurs supplémentaires et 64 films sortis dans les salles, le cinéma argentin s'exportait dans le monde entier en 2004. Conséquences de ce développement : le quasi-plein-emploi dans l'industrie cinématographique et la construction de nouvelles salles[14].

Au Pérou, Stefan Kaspar, membre fondateur du « Grupo Chaski » qui regroupe des cinéastes, a mis en place un projet dont le but est de promouvoir des microcinémas équipés pour la projection de DVD. À terme, il s'agirait de développer l'initiative à l'échelle de toute l'Amérique latine. Le Brésil a débloqué un premier crédit pour l'aménagement de vingt microcinémas sur son territoire[15].

---

12. Focus 2006, *Tendances du marché mondial du film,* Observatoire européen de l'audiovisuel.
13. « Le malaise libanais au festival "Né à Beyrouth" », *Le Monde*, 27 août 2005.
14. « Un cinéma en plein essor », *Courrier international*, n° 787, du 1er au 7 décembre 2005.
15. « Le cinéma péruvien sort du purgatoire », *Un seul monde*, n° 2, juin 2006, et www.grupochaski.org

3. Le cinéma français [16]

En 2005, et pour la première fois, les 73,6 millions de spectateurs pour le cinéma français dans le monde, en hausse de 49 % par rapport à 2004, dépassaient le nombre de spectateurs en France même. Dans un contexte mondial de baisse de la fréquentation des salles, les films français progressaient, notamment en Allemagne, en Espagne, aux États-Unis, en Grande-Bretagne et en Italie, ainsi que dans les grands pays de l'Amérique du Sud (Argentine, Brésil, Mexique). En revanche, ils étaient en reflux en Russie, après cinq années de hausse, ainsi qu'en Asie, où il faut néanmoins noter une pénétration du marché chinois [17].

Avec plus de 16 millions de spectateurs dans le monde, le documentaire animalier de Luc Jacquet, *La Marche de l'empereur*, se révélait la production française la plus performante, tandis que, distribué dans 190 salles, *The March of the Penguins* faisait un carton aux États-Unis durant l'été 2005. Le film de Christophe Barratier, *Les Choristes*, enregistrait à l'orée de l'été 2005 plus de 4,3 millions d'entrées dans le monde, notamment en Espagne avec 1,5 million de spectateurs ou au Québec avec une deuxième place au box-office dès la première semaine d'exploitation.

Le nombre de films français produits en France atteignait en 2005 le chiffre record de 240, tandis que les coproductions internationales, notamment avec la Belgique et le Canada, étaient en hausse. Le financement par les télévisions, en baisse, était compensé par les fonds régionaux, le crédit d'impôt ainsi que les minima garantis des distributeurs et des éditeurs vidéo. Il faut signaler à ce propos qu'à l'issue de deux années d'examen, la Commission européenne avalisait, en mars 2006, l'ensemble des mécanismes français de soutien au cinéma et à l'audiovisuel.

En 2005, la part des films français en salles représentait 37 %, celle des films américains 46 %, alors que la consommation vidéo en augmentation marquait un déséquilibre plus grand encore, ne laissant que 23,5 % aux films français contre 63,8 % aux films américains [18]. La même année, la fréquentation des films en salles baissait de 10 % par rapport à l'année précédente, ce qui était le cas également dans la plupart des pays européens et en Amérique du Nord. Que faut-il incriminer ? Succès du DVD, lancement de la télévision numérique terrestre (TNT), piratage, inflation des sorties et rotation trop rapide des films ? Selon le producteur Marin Karmitz, rien de tout cela ou tout cela à la fois, mais surtout le manque d'exigences de la part des professionnels du cinéma et, partant, la médiocrité des productions cinématographiques… [19] Toutefois, durant les premiers mois de l'année 2006, la fréquentation des salles était de nouveau en hausse, avec près de 20 % de plus qu'en 2005.

Une nouvelle cinémathèque

Le 26 septembre 2005 a eu lieu l'inauguration officielle de la Cinémathèque française dans ses nouveaux bâtiments à Paris. Elle réunit sur 14 000 m², pour la première fois depuis sa fondation en 1936, programmations de films, expositions des collections permanentes, expositions temporaires, ateliers pédagogiques, bibliothèque et médiathèque [20].

---

16. Focus 2005 et 2006, *Tendances du marché mondial du film*, Observatoire européen de l'audiovisuel ; « Bilan statistique de la production cinématographique française » en 2004 et en 2005, Centre national de la cinématographie.
17. Source Unifrance films : www.unifrance.org
18. Source : Centre national du cinéma.
19. *Télérama*, n° 2905, 14 septembre 2005.
20. *Lettre d'information*, ministère de la Culture et de la Communication, septembre 2005.

TROISIÈME PARTIE

Médias et communication

Chapitre 1

Les principaux acteurs de la Francophonie médiatique internationale [1]

Tous les organes de presse aujourd'hui, quel que soit leur support, ont la possibilité, grâce à Internet, de toucher un public international. Mais cette possibilité ne suffit pas à faire de tous, même s'ils disposent de cet outil, des médias d'envergure internationale : il faut, pour atteindre cette dimension, avoir la capacité de s'adresser à des publics diversifiés et pouvoir traiter, de manière informée, des sujets intéressant la planète tout entière. Ce qui suppose une stratégie et des moyens. De ce point de vue, et comme cela a été mis en évidence en mars 2006 lors d'une table ronde consacrée au « Passé, présent et avenir de la presse francophone [2] », la plupart des médias francophones sont encore confinés au territoire national ; ils sont disparates (les ressources, les publics, les traditions, l'environnement légal et la qualité connaissent de grandes variations selon les régions et les pays), peu solidaires (en Afrique, la tentative a échoué d'organiser une importation collective de papier lorsque son prix a doublé), et à la recherche de modèles économiques viables. Quelques grands vecteurs internationaux ont émergé, mais ils sont le plus souvent français (comme RFI ou l'AFP). La seule vraie et grande réussite multilatérale de la Francophonie dans ce domaine reste TV5 [3], qui représente, à l'heure actuelle, le deuxième réseau de télévision mondiale. La France met sur pied une chaîne d'information internationale, dont l'aboutissement permettra, entre autres, de mesurer si la Francophonie est capable de se doter d'instruments puissants susceptibles de fonctionner en synergie et avec cohérence.

Chacun des opérateurs succinctement présentés dans la palette qui suit dispose d'un site où sont disponibles des informations plus précises et complètes sur ses chantiers en cours. L'action de plusieurs de ces opérateurs est également évoquée dans le chapitre « Médias francophones en Europe centrale et orientale » du présent rapport.

1 Télévisions

TV5 (www.tv5.org) [4]

Seule chaîne publique mondiale généraliste francophone, TV5 est aujourd'hui reçue 24h/24 par plus de 165 millions de foyers et 3 millions de chambres d'hôtels. Présente sur 55 transpondeurs, TV5 est reprise par 6 000 réseaux câblés et en ADSL dans plus de 200 pays. C'est le deuxième réseau de télévision internationale (après MTV). Selon les zones du monde, elle est accessible soit en réception directe par satellite, soit *via* un abonnement à un

---

1. Par « Francophonie médiatique » nous n'entendons pas ici la somme des médias nationaux des pays membres de la Francophonie (la plupart émettent en effet dans des langues autres que le français). Mais la Francophonie médiatique traitée dans ce chapitre ne se limite pas non plus aux médias de stricte expression française, puisque sont prises en compte les diffusions en langues étrangères d'opérateurs tels que RFI ou CFI. TV5, quant à elle, qui diffuse l'ensemble de ses programmes en français, sous-titre dans des langues de plus en plus nombreuses afin d'élargir son public.
2. Forum « Presse et information », états généraux de la Francophonie, Bucarest, Roumanie, 21-23 mars 2006.
3. Même si elle demeurait financée à 76,5 % par la France en 2006.
4. Voir le compte rendu détaillé des actions de TV5 dans le rapport d'activité du secrétaire général de la Francophonie (2006).

bouquet satellitaire, soit *via* le câble et les réseaux MMDS. Son site Internet constitue désormais un signal à part entière, avec la diffusion vidéo des journaux d'actualité et son centre de ressources multimédia sur le monde francophone. TV5 Monde à Paris gère les signaux TV5 France/Belgique/Suisse, TV5 Europe, TV5 Afrique, TV5 Orient, TV5 Asie, TV5 États-Unis et TV5 Amérique latine, tandis que TV5 Québec Canada gère le signal destiné à ses territoires. L'information est la colonne vertébrale de TV5 Monde avec quatorze journaux quotidiens, quatre éditions des journaux des chaînes partenaires, et « Le monde de TV5 », qui propose un tour de la planète en une heure et en direct. Si l'actualité l'exige, la chaîne peut se transformer en chaîne d'information continue. Elle offre également fictions, documentaires, reportages, divertissements et productions propres (comme le magazine musical « Soda » ou le magazine « Terre de sports »). Elle produit et diffuse une large palette de programmes consacrés à l'Afrique : ainsi le magazine économique « Wari » ou les magazines politiques « Et si vous me disiez toute la vérité » et « Afrique presse ». Sur le continent, elle a ouvert quinze « Maisons TV5 Monde », situées majoritairement au Burkina Faso, au Bénin et au Sénégal. Depuis 1995, elle développe son programme « Apprendre et enseigner avec TV5 », qui touche plusieurs centaines de milliers d'élèves et de professeurs, et qu'elle a enrichi, en novembre 2005, d'un outil multimédia d'apprentissage du français à partir du magazine d'actualité « Sept jours sur la planète »[5].

Canal France International (CFI) [www.cfi.fr]

Canal France International, acteur français de la coopération audiovisuelle, favorise le développement des télévisions des pays émergents, en Afrique, Asie-Océanie, Europe centrale et orientale, et dans le monde arabe. En quinze ans, dans près de 85 pays, CFI a développé un réseau de plus de 100 télévisions partenaires, auxquelles sont fournies chaque année plus de 6 000 heures de programmes français et africains. Afin de répondre aux besoins des télévisions partenaires, CFI a décidé de conforter et de compléter sa mission de fournisseur de contenus, en menant sur le terrain une politique de coopération par la formation et l'expertise. En 2005, plus de 110 missions de conseil, de formation, d'étude ou d'accompagnement à la production ont ainsi été réalisées.

EuroNews (www.euronews.net)

EuroNews, lancée en 1993, emploie 240 permanents (dont 160 journalistes) et diffuse en sept langues : français, anglais, allemand, espagnol, italien, portugais, russe. Elle est reçue par 185 millions de foyers dans 119 pays, en Europe, au Moyen-Orient, en Afrique, en Asie, *via* le câble et le satellite (68,7 millions de foyers) ainsi que les réseaux hertziens (108 millions de foyers) ; 25 chaînes nationales dans 17 pays diffusent son signal en direct sur leur réseau terrestre. Depuis son passage au numérique, elle est la chaîne paneuropéenne la plus diffusée. EuroNews est la propriété d'un groupement de 19 chaînes ou groupes publics européens et maghrébins formant la Sécémie (Société éditrice de la chaîne multilingue d'information EuroNews).

MCM (Ma chaîne musicale) [www.mcm.net]

MCM TOP, chaîne musicale qui programme un minimum de 40 % de clips francophones, est diffusée en France et sur les marchés internationaux où elle est distribuée par le câble et le satellite dans plus de 30 pays. Sa première zone de distribution se situe en Europe du Sud et sur le pourtour méditerranéen, avec notamment le Portugal, la Turquie et Israël.

---

5. Pour consulter les sites de ses principales télévisions partenaires : France Télévisions - France 2, France 3, France 5 (www.francetv.fr) ; Radio télévision belge francophone (www.rtbf.be) ; Radio suisse romande (www.rsr.ch) ; Radio Canada (www.radio-canada.ca) ; Télé Québec (www.telequebec.qc.ca) ; Arte (www.artefrance.fr) ; Réseau France outre-mer (www.rfo.fr).

Vient ensuite l'Europe centrale et orientale, avec de fortes croissances en Russie et dans les pays russophones, en Estonie et en Slovénie. MCM TOP se développe également dans les départements français d'outre-mer ainsi qu'en Europe du Nord et, depuis peu, en Belgique et aux Pays-Bas.

Canal+ Horizons (www.canalhorizons.com)

En 1991, le groupe Canal+ lance Canal+ Horizons, la première chaîne à péage du continent africain. Sport, cinéma, divertissement, sa grille de programme est similaire à celle de Canal+ France avec, en supplément, des émissions et de grands événements sportifs spécifiques, comme la Coupe d'Afrique des nations et deux soirées de la Ligue des champions. Canal+ Horizons est disponible dans plus de 40 pays d'Afrique subsaharienne *via* Canalsat Horizons, le premier bouquet de chaînes en langue française, lancé en mai 2002 en Afrique de l'Ouest et sur une partie de l'Afrique centrale, et DSTV, le bouquet sud-africain dont l'opérateur est MultiChoice ; le dispositif est complété par les réseaux MMDS en mode hertzien. Aujourd'hui, Canalsat Horizons compte plus de 50 chaînes, radios et services interactifs, en qualité numérique et en réception directe par satellite.

Espace francophone (http://tv-francophonie.com)

Le magazine télévisé « Espace francophone », diffusé toutes les semaines par France 3, CFI, France Ô, RFO Tempo, TV5 Québec-Canada et plus de 40 télévisions nationales dans le monde, favorise une véritable connaissance mutuelle entre les téléspectateurs des pays ayant en commun la langue française et développe dans les opinions publiques une prise de conscience communautaire francophone. Afin de compléter sa visibilité mondiale, en touchant des publics bien au-delà du monde d'expression française, « Espace francophone » a décidé de lancer sur Internet tv-francophonie.com, une chaîne de découverte des peuples, des cultures et des institutions de la Francophonie. Plus de 200 émissions représentatives de la diversité de la Francophonie mondiale sont déjà « en ligne » et peuvent être visionnées dans leur intégralité. Pour élargir la visibilité de la Francophonie, certaines des émissions présentées sur tv-francophonie.com sont sous-titrées en arabe, en chinois, en anglais et en hindi.

France 24, une chaîne d'information internationale en français

France 24, la chaîne française d'information internationale, associe, selon la Convention signée le 29 novembre 2005, TF1 (opérateur privé) et France Télévisions (opérateur public à qui revient la direction de la chaîne) dans une société détenue à parts égales par les deux acteurs qui mettront à contribution leurs programmes et leurs équipes (TF1, LCI, France 2, 3 et 5). La chaîne dispose pour 2007 d'un budget de 86 millions d'euros. Les zones de diffusion prioritaires ciblées sont : l'Europe (la chaîne diffusera également sur le territoire national français mais hors TNT), l'Afrique, le Proche- et le Moyen-Orient, et la côte est des États-Unis (notamment des villes comme New York et Washington). Lancée le 6 décembre 2006, d'abord sur Internet puis sur le câble, le satellite et l'ADSL, la chaîne s'exprime en français (sur un canal exclusivement francophone), en anglais (sur un canal où l'anglais représente 75 % des programmes et le français 25 %), et s'exprimera très rapidement aussi en arabe et en espagnol. Sa rédaction est composée de 170 journalistes de 28 nationalités différentes, mais France 24 fait également appel aux correspondants à l'étranger de l'AFP et de RFI, des partenariats étant par ailleurs noués avec TV5, Arte, EuroNews, Public Sénat, LCP-AN, soit l'ensemble des organismes audiovisuels publics. La France, entre TV5 Monde, CFI, EuroNews, RFI..., consacre plus de 314 millions d'euros à son dispositif audiovisuel extérieur. D'où le problème de l'harmonisation et de la rationalisation des forces. Mais les propositions formulées dans le « rapport Brochand » (suppression des programmes d'information de TV5, ou, à long terme, fusion d'Arte et d'EuroNews) sont loin d'avoir fait l'unanimité.

Pour comparaison (et par ordre alphabétique), les principales chaînes d'information internationales :
- Al-Jazira : créée en 1996, cette chaîne détenue par l'émir du Qatar est diffusée principalement au Proche-Orient, mais aussi en Europe ; son budget s'établit à plus de 118 millions d'euros, et elle touche environ 120 millions de foyers. Elle prépare une déclinaison en langue anglaise pour la fin 2006.
- BBC World : cette entreprise britannique de production et de diffusion détient plusieurs chaînes – affaires, sport, documentaires... Le groupe revendique le 3e rang mondial pour sa chaîne d'information lancée en 1991 : elle peut toucher plus de 258 millions de foyers et dispose d'un budget de 480 millions d'euros. Une chaîne en langue arabe, destinée à concurrencer Al-Jazira, devait naître avant 2007, avec un budget de 350 millions d'euros.
- CNN International : cette chaîne américaine du groupe Time Warner, lancée dès 1985 par Ted Turner, parle cinq langues (anglais, allemand, espagnol, japonais et turc) et se décline en cinq éditions. Avec un budget de 650 millions d'euros, elle touche environ 260 millions de foyers.
- Deutsche Welle : créée en 1992, la chaîne internationale allemande bénéficie d'un budget annuel de 114 millions d'euros et touche 137 millions de foyers. Ses programmes sont disponibles en allemand, en anglais, en espagnol et en arabe.

2 Radios

RFI (www.rfi.fr)

Avec 44 millions d'auditeurs, RFI est la troisième radio internationale après BBC World Service (146 millions d'auditeurs), Voice of America (91 millions d'auditeurs), avant Deutsche Welle (31 millions). Ses émissions en français ou dans l'une de ses 19 langues étrangères [6] sont diffusées partout dans le monde : en ondes courtes ou en FM, par réseaux câblés, satellites de transport ou de diffusion directe. RFI fournit également des programmes à de nombreuses radios partenaires (françaises ou étrangères), propose des émissions pédagogiques et trois « journaux en français facile », et anime deux sites Internet, l'un consacré à l'actualité [7] et l'autre aux musiciens et musiques francophones [8]. L'action de RFI est prolongée par ses filiales : Radio Monte-Carlo – Moyen-Orient (RMC–MO) qui diffuse au Moyen-Orient et au Maghreb en arabe et en français, et Radio Paris Lisbonne (RPL) qui émet en français et en portugais. RFI-Sofia (Bulgarie), Radio Delta RFI FM à Bucarest (Roumanie) et RFI-Deutschland complètent le dispositif en Europe centrale [9].

MFI

Créée en mai 1982, MFI est l'agence multimédia de RFI. Elle produit et fournit plus d'un millier d'articles (libres de droits) et de fiches documentaires à environ 300 médias dont la majorité se situe en Afrique subsaharienne (172). Elle élabore aussi des dossiers spéciaux, par exemple sur « Afrique, culture et développement » (2005), « La colonisation en mémoire » (janvier 2006) ou encore sur « L'eau en partage » (mars 2006). Depuis 2002, elle achemine sa production par courriel. Elle est également un des opérateurs du site Internet de RFI lancé en octobre 1996.

---

6. Pour comparaison, VOA diffuse en 54 langues, BBC en 43 langues et Deutsche Welle en 30 langues (source : World Media 2004).
7. www.rfi.fr
8. www.rfimusique.com
9. Voir le chapitre suivant « Les médias francophones en Europe centrale et orientale ».

Africa n° 1 (www.africa1.com)

Première radio généraliste internationale du continent africain, Africa n° 1 est une société d'économie mixte qui associe le Gabon et la France, et qui a commencé d'émettre en 1981 à partir d'émetteurs installés à Moyabi (à 600 km au sud de Libreville). Elle compte aujourd'hui 31 millions d'auditeurs répartis entre l'Afrique, l'Europe (1 million d'auditeurs en région parisienne) et l'Amérique du Nord. Considérée comme « la voix de l'Afrique », elle est présente en FM dans les capitales africaines, et accessible en OC, mais désormais aussi par Internet et le satellite (sur le bouquet satellitaire Africasat), dans le monde entier. Tous les abonnés à Canal Satellite France et à Canal Digital Espagne peuvent recevoir Africa n° 1 dans leur bouquet de radios. Sa rédaction est située à Libreville et dispose de correspondants dans toute l'Afrique et en Europe.

Radio Méditerranée Internationale (Médi 1) [www.medi1.com]

Radio Méditerranée Internationale, née à Tanger en 1980 d'un partenariat franco-marocain, est une radio privée généraliste bilingue (français-arabe) d'information internationale et de divertissement. Elle couvre l'ensemble du bassin méditerranéen, touchant entre 22 et 23 millions d'auditeurs et jusqu'à 25 millions en période estivale. Elle est diffusée depuis l'émetteur de Nador en ondes classiques, mais aussi par Internet et satellite. Elle dispose d'une importante discothèque de musique arabe, française, espagnole, italienne et anglo-saxonne, dont elle diffuse près de 300 titres par jour.

❸ Agences de presse

Agence France Presse (AFP) [www.afp.com]

Fondée en 1835 par Charles-Louis Havas, l'AFP, aujourd'hui entièrement numérisée, couvre 165 pays, dispose de 110 bureaux et de plus de 50 correspondants locaux, se répartissant en Amérique du Nord (9 bureaux, dont le siège à Washington), en Amérique latine (21 bureaux, dont le siège à Montevideo), en Asie-Pacifique (25 bureaux, dont le siège à Hong-Kong), en Europe (36 bureaux, dont le siège à Paris), en Afrique (16 bureaux, la direction régionale étant basée à Paris) et au Moyen-Orient (9 bureaux, dont le siège à Nicosie). L'agence produit à elle seule entre 400 000 et 600 000 mots, 700 photos et 50 infographies chaque jour. Elle emploie 2 000 collaborateurs (900 travaillent à l'étranger), dont 1 200 journalistes et 200 photographes. Elle dispose de filiales spécialisées (information financière, sport, diffusion par satellite…).

Agence Panapress (www.panapress.com)

L'agence panafricaine de presse Panapress, née en 1963 en même temps que l'Organisation de l'unité africaine, est une agence privée qui produit plus de 60 000 mots par jour. Elle possède le réseau de correspondants le plus dense du continent, et son site Internet totalise plus de 165 000 connections par jour (près de 5 millions d'internautes ont accès à sa production tous les mois). La rédaction centrale, basée à Dakar, centralise les dépêches quotidiennes d'information, édite une revue hebdomadaire de la presse africaine et assure la coordination de plusieurs fils quotidiens d'informations sur l'actualité africaine (économie, technologie, politique, santé, sports, environnement, culture, etc.). Ses langues de travail sont le français, l'anglais, l'arabe et le portugais.

Agence Syfia (www.syfia.info)

Créée en 1988, Syfia est la première agence associative spécialisée sur les pays du Sud et sur l'Afrique ; elle regroupe 10 agences de presse (Belgique, Bénin, Burkina Faso, Cameroun,

Canada, France, Madagascar, République démocratique du Congo, Sénégal et Suisse). Son réseau de 70 correspondants couvre 35 pays et alimente environ 200 titres francophones en Asie et en Afrique, en Europe et au Canada. Elle produit également des reportages pour une centaine de radios africaines (un programme mensuel de reportages radio sur la vie quotidienne en Afrique, sous le label « Fréquence Verte »), dispose d'une importante photothèque (plus d'un millier de photographies sur les pays du Sud, essentiellement d'Afrique), et a contribué à la formation d'environ 200 journalistes originaires principalement d'Afrique. Syfia propose aussi des articles sur les communautés africaines et haïtiennes en Europe ou au Canada.

4 Regroupements professionnels

Conseil international des radios et télévisions d'expression française (Cirtef) [www.cirtef.org]

Créé en 1978, le Cirtef est un instrument de coopération entre pays du Nord et pays du Sud, qui rassemble aujourd'hui 44 organismes de radio et/ou de télévision issus de 31 pays. Il assure une programmation régulière sur les réseaux de TV5 (émissions « Reflets Sud », « Rêves en Afrique », « Afrique Plurielle »), et impulse des échanges de programmes et des coproductions. Il a créé trois centres de production et de formation à Cotonou, à Yaoundé et à Niamey en 2002, et prévoyait l'installation d'un centre à Maurice dès 2006 pour l'Afrique de l'Est et l'océan Indien. Il organise des formations touchant à tous les secteurs de l'audiovisuel (21 radios-télévisions concernées durant les trois dernières années). Tous les ans, il organise une rencontre entre professionnels, le Sefor (séminaire de formation), qui s'est tenue à Libreville en 2004, à Bordeaux en 2005 et à Nouakchott en 2006. Parmi les thèmes récemment abordés : l'audience, la concurrence, l'intégration numérique. Le Cirtef, qui détient d'importantes archives, a la responsabilité conjointe avec l'OIF du Fonds francophone de production audiovisuelle du Sud, et a développé le projet Aime (Archivage intelligent multimédia économique) : un logiciel a été lancé, à disposition gratuite des organismes du Sud, qui, avec l'appui de l'OIF, devait être déployé dans sept pays dès 2006.

Communauté des télévisions francophones (CFT) [www.tvfrancophones.org]

La CTF réunit les chaînes publiques francophones des pays du Nord : Belgique (RTBF), Canada (Radio-Canada, Télé-Québec, RDI, TV5 Québec-Canada), Suisse (TSR), France (France 2, France 3, France 5, CFI, RFO) et TV5 Monde. Elle favorise les coproductions et les échanges d'expertises (colloques sur les genres, les formats, les écritures nouvelles, le documentaire). Elle a mis sur pied deux nouveaux groupes de travail. Le premier est consacré au sport, et notamment à la question des droits ; le second réunit les décideurs pour mener une réflexion sur le développement stratégique des chaînes et leur diversification. Sa 72e session plénière, qui s'est tenue en juin 2006 à Deauville (France), a porté sur le défi du numérique et les nouveaux modes de consommation des programmes. C'est Dominique Wolton, membre du HCF, qui a présenté la synthèse des travaux.

Les radios francophones publiques (RFP) [www.radiosfrancophones.org]

Les RFP associent *Radio France*, la Radio Suisse Romande (RSR), Radio-Canada et la Radiodiffusion belge d'expression française (RTBF), soit une vingtaine de réseaux ou de chaînes, et près de 75 millions d'auditeurs potentiels. Elles permettent des échanges permanents d'informations, d'émissions et de personnels, mais aussi de nombreuses coproductions. En 2005 naissait une nouvelle émission hebdomadaire « La librairie francophone », diffusée sur les quatre grandes chaînes généralistes, avec notamment, en multiplex, la participation de quatre libraires suisse, canadien, belge et français. Ce rendez-vous complète les événements annuels comme « Couleurs francophones », grand concert public diffusé à l'occasion de la Journée de la Francophonie, les petits matchs humoristiques enregistrés chaque année en public, « Cause toujours ! », ou encore les « Rencontres d'écrivains francophones ». Les RFP, qui décernent plusieurs prix et récompenses, encouragent aussi les jeunes journalistes (bourse Payot) et les jeunes musiciens solistes. L'ouverture aux pays et aux radios du Sud se poursuit, notamment dans « L'actualité francophone » et dans « Échos de la planète francophone ». La diffusion de dix heures d'émissions et de reportages consacrés à l'histoire du terrorisme devait commencer dès la fin 2006.

5 Associations

Union internationale de la presse francophone (UPF) [www.presse-francophone.org]

L'UPF, qui a fêté fin novembre 2000 son 50e anniversaire, regroupe aujourd'hui près de 3 000 journalistes, responsables et éditeurs de la presse écrite et audiovisuelle répartis dans 125 pays. Sa publication, *La Gazette de la presse francophone*, est diffusée à 20 000 exemplaires dans 183 pays. L'UPF a mis en service un « Internet de la presse francophone » (CDI-Communication, Documentation, Information) à destination de son réseau et du grand public. Dans le même temps, elle a perfectionné son site Internet et développé son agence de presse. Elle a tenu ses 37es Assises internationales de la presse francophone en 2005 à Lomé, sur le thème « Liberté et responsabilité des journalistes », et ses 38es Assises en 2006 à Bucarest dans l'environnement du XIe Sommet de la Francophonie. Chaque année, elle décerne le « Prix de la libre expression », attribué en 2005 à la journaliste libanaise May Chidiac, grièvement blessée dans un attentat à Beyrouth.

Association internationale de la presse francophone (AIPF) [www.aipf.net]

Fondée en 1993, l'AIPF met en relation plus de 500 éditeurs de presse écrite de langue française dans les pays francophones et non francophones. Chaque année, elle lance son concours « Chasseurs de presse », engageant les globe-trotters à lui faire parvenir tous les journaux francophones glanés sur leur parcours. Fin 2005, elle a réalisé une opération avec le journal *Le Trait d'union* de Pondichéry (Inde) en faveur de pêcheurs victimes du tsunami (achat de deux bateaux) et a soutenu les écoles du soir de la région (dons pour la rénovation des locaux et l'achat de matériel). Après avoir aidé à la création d'une maison de la presse et à la rénovation de l'école de journalisme de Niamey au Niger, elle soutient l'association Africamédias au Mali (mise en œuvre dès 2006 d'une évaluation destinée à élaborer une stratégie de développement des médias du pays). Par ailleurs, elle poursuit ses opérations de jumelage entre titres du Nord et titres du Sud.

6 Organismes institutionnels

Les ministères en charge de la coopération dans les pays du Nord (Belgique, Canada, France, Suisse...), les structures internationales (Banque mondiale, Unesco, Union européenne...) ou encore les organismes non gouvernementaux comme la Fondation Friedrich Ebert mènent, pour leur part, des actions de soutien aux médias du Sud, souvent en partenariat entre eux et avec les institutions de la Francophonie multilatérale.

Organisation internationale de la Francophonie (OIF) [10]
[www.francophonie.org]

Les programmes de l'OIF ciblent les médias du Sud, qui jouent un rôle clé dans le processus de démocratisation des sociétés. Dans le domaine de la presse écrite, par le biais du Fonds d'appui à la presse francophone du Sud, l'OIF intervient en dotation d'équipements, actions de formation, gestion managériale, accès aux nouvelles technologies. Elle soutient également des réseaux professionnels comme le Médiaf (plate-forme électronique d'échanges), l'agence de presse Syfia ou encore le réseau d'alerte Presse et démocratie. Elle aide également à la structuration des instances de régulation et d'autorégulation de la communication. Dans le secteur audiovisuel, elle a notamment lancé un programme de création de radios locales et déployé le programme « Images », dont l'un des principaux outils est le Fonds francophone de production audiovisuelle du Sud. Elle assure la promotion des créations du Sud aux festivals et rencontres professionnelles, comme le Marché international des programmes de télévision (Mip-TV) de Cannes, en France.

---

10. Voir le compte rendu détaillé des actions de l'OIF dans le rapport d'activité du secrétaire général de la Francophonie (2006).

Chapitre 2

Les médias francophones en Europe centrale et orientale [1]

1 Grandes tendances

Dans cette région traditionnellement francophile et francophone, la naissance de la presse de langue française se confond souvent avec la naissance même de la presse nationale. Pendant plus d'un siècle, de la seconde moitié du XVIIIe jusqu'au milieu du XXe, la suprématie des médias de langue française – presse écrite puis radio – a été incontestable. Dans les revues diplomatiques et mondaines, le français avait même tendance à se substituer aux langues locales. Les publications en anglais n'avaient que peu ou pas cours, et la diffusion des journaux allemands était circonscrite aux minorités germanophones disséminées dans l'*Östmitteleuropa*.

L'instauration du communisme a provoqué une brusque rupture : tous les médias ont été étatisés et les publications en langues étrangères supprimées [2]. Dans les années 1960, où s'inaugurait la *coexistence pacifique*, le français a retrouvé droit de cité. Ce qui s'est concrétisé par l'édition en français de revues scientifiques et universitaires, et de publications destinées à l'étranger. Le marché des médias d'information demeurait quant à lui strictement contrôlé. Pourtant, malgré les mesures prises par les régimes totalitaires contre toute intrusion d'information venue de l'Ouest (censure, propagande, désinformation) [3], les élites, au moins dans les grandes villes, ont toujours eu accès aux informations venant de l'étranger. La principale source d'information était représentée par les radios qui très tôt occupèrent le terrain. « Premiers sur les rangs, les Américains ont tout de suite compris que les médias pouvaient les aider à contrer les Soviétiques, à l'intérieur de leurs propres frontières […], surtout Voice of America, qui émet en Europe dès 1944 […]. La Voix de la Pologne libre est née en 1950 et, à partir de 1959, Radio Liberty/Radio Free Europe […]. Les programmes de ces radios, comme "Jazz in America", sont très suivis. […]. Ils véhiculent la culture populaire américaine à grande échelle, jusqu'au fin fond de l'URSS. Lors du premier concert d'Elton John à Moscou, toute la salle a repris en chœur ses chansons, au grand étonnement de celui-ci [4] ! » Les médias francophones viendront plus tard ; RFI, par exemple, n'émettra en Pologne qu'en 1981.

Aujourd'hui, l'offre linguistique s'est libéralisée. L'anglais a massivement bénéficié de la nouvelle conjoncture créée par l'effondrement du communisme et a acquis une position dominante dans cette zone. « En Europe de l'Est, l'Union européenne est arrivée avec sa

---

1. L'Europe est prise ici au sens géographique large.
2. En 1948, les autorités communistes roumaines ont décidé la fermeture de l'Institut français de Bucarest, ainsi que de toutes les écoles en langues étrangères. Les écrivains d'expression française – Ionesco, Cioran, Eliade, Celan, etc. – ont été interdits. Quelques revues destinées aux partis communistes « frères » d'Europe occidentale ont été maintenues à Prague, comme à Moscou.
3. Par exemple, à la télévision nationale roumaine, les images les plus diffusées de la France montraient en hiver les soupes populaires, en été les incendies de forêts.
4. Marie-Anne Sorba, *L'Information incontrôlable : retour à l'Est du rideau de fer*, www.regard-est.com/.

législation, les Américains sont venus avec des films, des cassettes et ont immédiatement pris position dans les circuits de salles, les chaînes de télévision », déclarait Xavier Merlin, directeur des Affaires européennes et internationales au Centre national français de la cinématographie[5]. Les productions anglo-saxonnes ont fortement investi le marché, les programmes déjà amortis aux États-Unis ayant été fournis gratuitement à des télévisions à vocation plus commerciale que culturelle. Cette situation a engendré une cascade d'effets, y compris l'anglicisation prononcée de la presse écrite.

La presse écrite francophone dans les pays d'Europe centrale et orientale donne l'image d'un malade sous perfusion. Les quelques journaux et revues qui survivent aujourd'hui sont le plus souvent soutenus par la coopération française et l'OIF. Les publications pédagogiques éditées par les associations locales affiliées à la Fédération internationale des professeurs de français (FIPF) complètent le paysage. En ce qui concerne l'importation de presse francophone, essentiellement française, l'Europe centrale et orientale (hors Union européenne) occupe une place modeste (0,8 % en valeur). Malgré le dynamisme de quelques marchés (Roumanie, Turquie), les ventes ont régressé de 17,5 % en 2005.

Plus dynamiques, les radios francophones se sont lancées, au lendemain de la chute du Mur, à la conquête de l'Est : Europe Développement (groupe d'Europe 1) a lancé en 1990 à Prague un clone d'Europe 2, Evropa 2, avant de se voir attribuer, en 1993, une licence nationale pour la radio Frekvence 1. Fun Radio (alors possédée par Robert Hersant et, à partir de 1993, par la Compagnie luxembourgeoise de télédiffusion-CLT) a fondé trois stations à Bucarest, à Cracovie et à Bratislava, dès le début de 1990. RTL a créé une radio à Prague, RTL City Radio, revendue depuis, et sa filiale belge, Radio Contact, a inauguré en 1990 une station à Bucarest. RFI est présente dans la quasi-totalité des capitales : RFI Sofia en Bulgarie, RFI Praha en République tchèque, Radio Delta RFI FM à Bucarest en Roumanie, à Budapest en Hongrie (où, depuis le 1er mai 2003, RFI émet en fréquence partagée avec la BBC sur la FM), à Tirana en Albanie (où RFI est également retransmise en FM à Durrës et Fieri 24h/24). Elle s'implante aussi en province, avec des relais à Iasi, Cluj-Napoca et Craiova en Roumanie ; quant au réémetteur de Kortcha, à proximité de la frontière grecque en Albanie, il a été rééquipé et permet désormais une diffusion 24 h/24. Au Bélarus, des conventions ont été signées entre RFI et quatre radios privées et publiques, dont deux en province (Radio Luxe, Radio Alpha, Radio Brest, Radio Stalitsa) ; c'est également le cas en Pologne, où ses programmes sont repris par des radios partenaires. En Ukraine, où les radios en langues étrangères ne peuvent émettre directement en FM, les programmes de RFI sont repris par deux stations locales (Radio Super Nova et Trans-M Radio).

Les télévisions francophones sont également présentes depuis l'ouverture des pays de l'Europe de l'Est à l'économie de marché. TV5 figure aujourd'hui parmi les grands acteurs francophones de la région. Ses émissions sont diffusées par satellite (en analogique *via* Eutelsat, Hotbird 7, en numérique via Eutelsat, Hotbird 6 et Astra 1) et par câble, touchant ainsi près de 26 500 000 téléspectateurs potentiels[6]. CFI[7] s'attache pour sa part à accompagner les télévisions publiques dans leur développement afin de relever le défi nouveau de la concurrence du secteur audiovisuel privé. Elle est très bien implantée avec 56 chaînes partenaires dans 21 pays différents, comprenant les pays baltes, les pays de l'Europe centrale, six pays du Caucase et d'Asie centrale – ce qui représente un potentiel de 135 millions de téléspectateurs. Les fictions arrivent en tête, les chiffres ayant littéralement explosé en 2002 et 2003. Les documentaires connaissent également un grand succès, suivis des programmes pour la jeunesse. 9 442 heures de programmes de CFI, soit plus d'une heure par jour et par télévision, ont été diffusées par l'ensemble de ses télévisions partenaires en 2005 (ce qui représente une augmentation de 1 139 heures, soit + 13 % par rapport à 2004)[8]. Les pays et régions

---

5. Cité dans un article de Nicole Vulser paru dans *Le Monde* du 14 octobre 2003.
6. Sur 100 267 045 en Europe (163 468 384 dans le monde entier).
7. http://www.cfi.fr/partenaires.php3?lang=fr&id_rubrique=7.
8. Tous les chiffres indiqués s'entendent hors diffusion de programmes Arte France.

qui privilégient le sous-titrage sont l'Albanie, la Bosnie-Herzégovine, la Croatie, l'Estonie, l'ex-République yougoslave de Macédoine, le Kosovo, la Roumanie et la Serbie ; ceux qui diffusent en « voice-over [9] » sont l'Azerbaïdjan, le Bélarus, la Géorgie (TV Iberia), la Lettonie, la Lituanie, la Moldavie, le Monténégro et l'Ukraine. Les pays qui doublent les programmes sont l'Arménie, la Bulgarie et la Géorgie (SAK TV) [10]. L'apprentissage du français a quasiment disparu des grilles de programmes en Europe centrale et orientale (41 heures, soit moins de 1 %). Présente dès 1990, La Sept Arte a conclu plusieurs accords de coopération sur le mode d'un échange gratuit de programmes (doublés ou sous-titrés) à la demande des télévisions nationales publiques de Hongrie, de Pologne, de Tchécoslovaquie, de Yougoslavie, de Roumanie et de Saint-Pétersbourg. En échange, les télévisions hongroise, polonaise et tchèque ont apporté à Arte quelques programmes musicaux, des films et des extraits d'archives. À partir de 1993, les changements géopolitiques (en Yougoslavie à cause de la guerre ; en Tchécoslovaquie, à cause de la partition du territoire) ou législatifs [11] survenus dans l'évolution de certains pays de la région ont conduit à modifier les accords existants. En conséquence, la coopération gratuite avec les télévisions de Hongrie, de République tchèque, de Slovénie et de Saint-Pétersbourg arrive à terme. Avec la Bosnie-Herzégovine et la Roumanie, les accords initiaux ont été maintenus. Les besoins de financement du secteur audiovisuel public dans cette zone restent très importants. Arte France y concentre son action de soutien en programmes transportés au sein des télévisions partenaires *via* satellite par Canal France International dans le cadre d'une convention signée en 2003. Aux accords existant depuis 1990 avec les télévisions publiques de Bosnie-Herzégovine (SP/PBS BIH) et de Roumanie (TVR), se sont ajoutés, en 1999, deux accords avec la télévision du Kosovo (RTK) et celle de l'ex-République yougoslave de Macédoine (MRTV). Depuis 2003, un accord est signé avec TPA (Arménie), ETV (Estonie), SAKTV (Géorgie), Télémoldova (Moldavie), RTCG (Monténégro), RTS et TV Novi-Sad (Serbie), UT (Ukraine), Lider (Azerbaïdjan). Un projet d'accord devait se concrétiser en Albanie courant 2006. Ce dispositif aura favorisé depuis 1991 la diffusion en langues locales sur cette partie de l'Europe de plus de 5 000 heures de programmes coproduits par Arte France. L'adhésion de télévisions partenaires d'Arte Geie (Groupement européen d'intérêt économique) se développe. TVP S.A. (télévision polonaise) a ainsi accédé le 10 novembre 2000 au statut de membre associé au Geie d'Arte. Elle sert de levier à la distribution commerciale conduite par Arte France en mobilisant les chaînes privées (le nombre de programmes achetés à l'occasion des marchés a significativement augmenté). Arte intéresse aussi les câblo-opérateurs. Actuellement, l'intégralité du programme est reprise en Bulgarie, en Estonie, en Hongrie, en Lettonie, en Lituanie et en Slovénie. Des négociations sont en cours avec l'ex-République yougoslave de Macédoine, la Pologne, la République tchèque, la Roumanie, la Slovaquie.

L'OIF (en partenariat avec le ministère français des Affaires étrangères) s'emploie quant à elle à agir sur le long terme dans le cadre du Plan pluriannuel d'action pour le français, en préparation de l'élargissement de l'Union européenne qu'elle met en œuvre suite à un accord de coopération signé en 2002 entre la Communauté française de Belgique, la France et le grand-duché de Luxembourg. Plusieurs actions de formation régionales (stages, universités d'été) ont été reconduites en direction de journalistes accrédités auprès de l'Union européenne, issus des 25 pays membres et des deux candidats de 2007. Les institutions universitaires francophones développent leurs propres stratégies en direction des pays de

---

9. Technique de mixage sonore qui diminue le niveau du son d'ambiance et/ou de la musique afin de mieux détacher la voix d'un commentaire (http://www.geocities.com/ouvrardbenoit/glossaire.html).
10. En 2005, sur le total de 9 442 heures de programmes de CFI, 4 071 heures, soit 44 %, ont été diffusées en « voice-over » ; 3 438 heures, soit 36 %, ont été sous-titrées ; 1 810 heures, soit 19 %, ont été doublées, et 122 heures, soit 1 % (essentiellement des programmes musicaux), ont été diffusées en version originale française. Par rapport à 2004, la structure des diffusions CFI en langues locales reste inchangée, avec une baisse légère des programmes sous-titrés et en langue française (de 1%).
11. En 1995, le Parlement hongrois a voté une loi réencadrant l'audiovisuel ; en 1998, en Russie, un décret présidentiel a réorganisé le secteur audiovisuel public, et la télévision de Saint-Pétersbourg a été privatisée.

l'Est. L'École supérieure de journalisme (ESJ) de Lille a ainsi contribué à la création d'une école à dimension régionale à Sarajevo (Institut Media Plan de Sarajevo), qui reçoit chaque année, depuis 1998, des étudiants d'Albanie, d'ex-Yougoslavie et de Bulgarie. En matière de formation, CFI axe son intervention dans cette région sur l'adaptation des programmes en langue locale.

Les pays d'Europe centrale et orientale représentent un enjeu important pour la Francophonie, en raison notamment de leur intégration au sein de l'Union européenne où ils pèseront sur la place que tiendra le français dans cette architecture politique élargie : « Là se joue son avenir en tant que langue de communication internationale [12]. » Avenir du français, mais aussi des valeurs auxquelles la Francophonie est désormais associée, au premier rang desquelles la diversité culturelle. Nul doute que, dans cette perspective, les médias, témoins et acteurs de la pluralité des identités et des points de vue sur le monde, ont un rôle de premier plan à jouer. Mais le combat n'est pas gagné d'avance, car la standardisation des formats et des contenus est une tendance lourde de l'univers médiatique. Y résister suppose une volonté politique, des moyens (y compris financiers) et une solidarité accrue entre médias de l'espace francophone qui, à l'exception d'une minorité à dimension internationale, restent encore souvent confinés à leurs territoires nationaux.

2 Pays membres de l'OIF

Albanie

Presse écrite. Entre les deux guerres, on recensait, en français, outre le *Bulletin officiel*, la revue du lycée français de Kortcha, *Lyceum* (bilingue), la revue *L'Albanie nouvelle*, éditée par la communauté albanaise de France, et *Albania*, la publication de la mission archéologique française. Aujourd'hui, il n'y a plus de presse francophone éditée localement, mis à part *Balzakus*, le bulletin de l'association « Les Amis de Balzac », et *Reflet*, la revue de l'Association albanaise des enseignants de français, membre de la Fédération internationale des professeurs de français (FIPF). En anglais est publié un quotidien national, *Albanian Daily News*, doté d'un site Internet. L'import de presse étrangère est insignifiant (parfois, on trouve *Le Monde* et *Elle* dans les grands hôtels).

Radio. La RTSH (Radiotélévision albanaise) diffuse tous les jours, vers l'Europe de l'Ouest, de 21 h 30 à 22 h, une émission en langue française, alors que ses émissions en anglais couvrent toute l'Europe et l'Amérique du Nord durant 90 minutes [13]. RFI est retransmise 24 h/24 à Tirana, à Kortcha, à Durrës et à Fieri. Un bulletin d'information en albanais est diffusé par RFI tous les jours de 7 h à 7 h 30 pour les auditeurs de France et d'Europe occidentale. BBC et Deutsche Welle diffusent également des émissions quotidiennes.

Télévision. TV5 est reçue sur l'ensemble du territoire albanais 24 h/24 par 315 000 foyers. Parallèlement, il existe une plate-forme numérique, Sat +, qui compte plus de 40 000 abonnés. Les chaînes françaises sont captables par satellite. La Télévision nationale albanaise, liée par une convention avec CFI, retransmet régulièrement des émissions et des fictions françaises doublées en albanais. Depuis 1995, CFI a noué un double partenariat avec les télévisions privées TV Klan [14] et Albimage [15]. En 2004, avec un total de 759 heures de programmes français de CFI diffusés, l'Albanie arrivait en deuxième position après la Serbie-

---

12. http://www.diplomatie.gouv.fr/fr/actions-france_830/francophonie-langue-francaise_1040/francophonie_3026/francais-dans-monde_11936/francais-europe_41357.html
13. http://rtsh.sil.at/.
14. Propriété d'Ada Group Holding (créé en 1990), dirigé par le Français Julien Roche, implanté en Albanie dans les années 1980.
15. Albimage est aussi une société de production.

Monténégro. En 2005, en revanche, elle a connu une baisse significative de 196 heures. Un projet d'accord devait intervenir entre Arte France et la RTSH avant la fin 2006.

Multimédia. Sur le site de l'Agence télégraphique albanaise (ATA), sont disponibles un bulletin et des informations en français.

Arménie [16]

Presse écrite. Localement est édité le bulletin de l'Association arménienne des enseignants de français, *Je crois au français*. Plusieurs titres sont publiés à Paris par la communauté arménienne de France [17] : les quotidiens *Haratch* et *Gamk* ; l'hebdomadaire *La Lettre de l'UGAB* ; le bimensuel *Achkhar* (*Monde*) ; le magazine *Nouvelles d'Arménie* ; le mensuel *France Arménie* (publié à Lyon) ; etc. Localement, l'anglais est très présent dans le paysage de la presse écrite avec *Armenia Now*, *Armenia Photos*, *Armenia Times*. En russe, *Golos* est le plus important quotidien.

Radio. RFI peut être captée à Erevan. La communauté arménienne de France dispose de plusieurs stations FM : Radio AYP FM (à Alfortville), Radio Arménie (à Decines), Radio Arménie (à Vienne), Radio Arménie Valence. Radio 1 diffuse des émissions en russe.

Télévision. Le partenariat entre CFI et la Télévision nationale d'Arménie, signé en 1995 et renouvelé en 2002, a eu comme résultat la diffusion de 627 heures de programmes français en 2005, soit une progression de 18 %, par rapport à 2004.

Multimédia. Plusieurs associations culturelles ont leur site, comme NetArmenie [18] (en français, en anglais et en arménien) et Nouvelles d'Arménie en ligne [19] (informations quotidiennes en français).

Bulgarie

Presse écrite [20]. La revue *Fréquences francophones* (2 numéros par an), éditée par la section locale de la Fédération internationale des professeurs de français (FIPF), est la seule publication en français du pays. La librairie française de Sofia, Colibri, ainsi que quelques kiosques et grands hôtels présentent une quarantaine de titres francophones importés (*Le Monde, Le Figaro, Le Point, L'Express, Le Nouvel Observateur, Paris-Match, 20 Ans, Action Auto, Arts et Décoration, Les Cahiers du cinéma, Le Canard enchaîné, Elle*…). La version bulgare du *Monde diplomatique*, tirée à 5 000 exemplaires, existe depuis 2005. Cette même année, les ventes de presse française se sont élevées à 150 000 euros, soit une progression de 1,9 % en valeur et de 1,42 % en termes de vente. La section locale de l'Union de la presse francophone internationale (UPF) rassemble 55 membres. Plusieurs quotidiens en anglais sont présents en version papier et électronique : *Bulgaria Daily, Bulgaria Post, Sofia Echo* et *Kapital* (bilingue).

Radio. RFI est présente à Sofia et dans ses environs avec 11 heures de décrochage quotidien en langue bulgare (les émissions en français et en bulgare sont intercalées sur les 24 heures). En France et en Europe de l'Ouest, RFI diffuse une émission en bulgare tous les jours de 9 h à 10 h HL [21]. La radio nationale bulgare émet en 10 langues étrangères. La rédaction française propose des émissions en français sur Khz pour le Canada, à partir de 2 h, heure d'hiver, et de 1 h, heure d'été TU ; et pour la France, 4 émissions entre 8 h et 22 h HL. Sur son site Internet, des articles sur des thèmes très divers sont disponibles en français.

---

16. Le premier journal arménien, *Massis*, édité à Constantinople, dans l'Empire ottoman, date de 1852.
17. La presse arménienne de France est née il y a plus de 150 ans, en 1855. Cette année-là, Gabriel Aïvazian, le frère du célèbre peintre de marines, Hovhannés Aïvazian (ou Aïvazovski) publiait à Paris le mensuel bilingue *Massiats Aghavni* (*La Colombe du Massis*). Cf. http://www.acam-france.org/contacts/journaux/
18. http://www.netarmenie.com
19. http://www.armenews.com/
20. La presse en français a une longue histoire en Bulgarie où, dès la seconde moitié du XIXe siècle, on pouvait lire le *Courrier des Balkans*. Cf. Gilles Kramer, *Trois Siècles de presse francophone dans le monde, hors de France, de Belgique, de Suisse et de Québec*, L'Harmattan, 1995, p. 109.
21. HL = heure locale ; TU = temps universel.

Télévision. Les chaînes paneuropéennes les plus regardées sont Eurosport, EuroNews, BBC World et les chaînes étrangères : SAT 1, RTL, PRO 7, RTL 2, RAI 1, Polsat. L'offre des câblodistributeurs comporte également des chaînes francophones : France 2, La Cinquième, Arte, Mezzo, M6, EuroNews en français, Fashion TV, Chasse et pêche. La TNB est l'un des premiers partenaires de CFI dans les pays d'Europe centrale et orientale, grâce à un accord conclu dès 1999. En 2004, elle a diffusé 607 heures de programmes, dont 298 heures de fiction et 135 heures de documentaires [22]. En 2005, le taux de diffusion a augmenté de 37 %. TV5 est présente sur les circuits câblés de l'ensemble de la Bulgarie (567 379 foyers « initialisés » et 20 000 abonnés *via* la plate-forme numérique ITV) et est partenaire d'actions diverses (formation pour l'enseignement du français avec le programme Vifax notamment, jeux-concours en relation avec la librairie française de Sofia, Colibri).

Multimédia. Les sites Internet des ambassades francophones (Belgique, Canada, France, Suisse) sont les seuls à proposer des ressources en français. L'association Bulgaria-France possède un site général en français [23]. Un portail canadien, Business Portal Canada, propose des informations économiques et financières en bulgare, en français et en anglais. La BTA (Bulgarska Telegrafna Agentsia / Bulgarian News Agency / L'Agence télégraphique bulgare), diffuse simultanément, 24 h/24, des informations en bulgare et en anglais [24]. Sofia News Agency [25], News.bg et News-bg.com diffusent des informations exclusivement en anglais.

Croatie

Presse écrite. Le bulletin de l'Association croate des professeurs de français, *Échos croates*, tiré à 200 exemplaires, est la seule publication en français. En italien est disponible le quotidien *La Voce del Popolo* (*La Voix du peuple*). En 2005, les ventes de presse française ont représenté 487 000 euros, avec la Slovénie.

Radio. RFI diffuse trois bulletins d'information en serbo-croate sur Khz, de 6 h à 6 h 30, de 15 h à 16 h et de 20 h à 21 h TU en France et en Europe de l'Ouest. La station peut être écoutée sur son site Internet [26].

Télévision. HRT a signé un accord de partenariat avec CFI dès 2002. Au cours de l'année 2004, la chaîne publique a diffusé 144 heures de programmes français (principalement des documentaires, des fictions et des programmes destinés à la jeunesse), soit 12 heures par mois. La progression a été de 10 % en 2005. TV Sljeme, éditeur de la chaîne privée Z1, qui diffuse sur Zagreb et sa grande banlieue, est devenue depuis avril 2005 la deuxième télévision partenaire de CFI. Elle diffuse 9 heures par mois de ses programmes. TV5 est reçue par 609 812 foyers.

Multimédia. Le meilleur portail sur la Croatie indiqué par l'ambassade de France à Zagreb, est bilingue, en croate et en anglais [27]. Les sites des ambassades francophones (Belgique, Canada, France, Suisse) sont les seules ressources multimédia disponibles en français.

Géorgie

Presse écrite. Une seule publication, *La Géorgie francophone*, est éditée localement, avec le concours de l'Association des professeurs de français. Celle-ci dispose de son propre bulletin, *Bonjour*, support pédagogique destiné aux enseignants, soutenu par l'ambassade de France. *Georgia Post* est un quotidien en anglais, bien fourni en informations.

Radio. RFI diffuse ses émissions à Tbilissi.

---

22. Au total, cela représente environ deux heures de programmes par jour.
23. http://www.bulgaria-france.net/association/nous.html
24. http://www.bta.bg/site/bg/index.shtml
25. http://www.novinite.com/
26. www.rfi.fr
27. http://www.hr/english

Télévision. CFI a signé deux accords de partenariat dans ce pays. Le premier en 1999 avec Sakteleradio, la télévision publique géorgienne, qui dispose d'une couverture nationale (478 heures diffusées en 2004). Un deuxième partenariat a été signé en 2003 avec Iberia, une chaîne privée dite « culturelle » à la programmation très francophile (324 heures diffusées en 2004). Une convention avec la télévision privée géorgienne MZE a également été signée en novembre 2005 (8 h 30 mensuelles de programmes fournis par CFI, notamment des fictions). En 2005, la diffusion des programmes français a subi une légère baisse de 8 %. 55 248 foyers peuvent recevoir TV5. En 2004 et en 2005, dans le cadre de la coopération bilatérale avec la France, plusieurs programmes ont été mis sur pied (formation continue pour les journalistes de télévision, axée sur le reportage et le documentaire ; formation gratuite pour les réalisateurs et opérateurs des télévisions publiques et privées de Tbilissi, comme des autres régions).

Multimédia. Les sites des ambassades francophones (Canada, France) sont les seules ressources multimédia disponibles localement.

Grèce

Presse écrite. La presse francophone est contemporaine de la révolution nationale et de la fondation de l'État grec (*Le Messager d'Athènes*, influent journal des Balkans, a été publié de 1875 à 1975)[28]. Depuis mars 1997, le mensuel *Tribune hellénique* est devenu hebdomadaire, avec pour ligne directrice de préserver la présence de la langue française en Grèce. Depuis septembre 2000, le site généraliste info-grece.com met les articles de la *Tribune hellénique* à portée du public international francophone. L'Association des professeurs de français de formation universitaire édite le bulletin *Contact+* (quatre fois par an) et les *Actes* de ses congrès annuels. L'Association des professeurs de langue et littérature françaises en Grèce du Nord publie la revue *Communication* (quatre numéros par an). Le quotidien bilingue grec/anglais *Kathimerini* (*Le Quotidien*) et *Athens News,* exclusivement en anglais, se partagent le marché anglophone. La Grèce occupe la première place en Europe centrale et orientale pour les ventes de presse française. En 2005, celles-ci ont représentées 266 000 euros. L'évolution est positive, en valeur (2,9 %) comme en termes de ventes (3,50 %).

Radio. RFI est diffusée 24 h/24 à Athènes et sur tout le territoire grec.

Télévision. Les chaînes francophones sont disponibles à la demande chez tous les câblo-opérateurs. TV5 peut être reçue dans 1 632 587 foyers.

Multimédia. Il y a peu de sites Internet en français, à l'exception des sites d'informations touristiques comme http://www.la-grece.com/club.htm (français, anglais et espagnol).

Hongrie

Presse écrite. *La Lettre* est la publication bimestrielle de Budapest Accueil, l'association des francophones de Hongrie, membre de la Fédération internationale des accueils français à l'étranger (FIAFE). Elle possède également un site Internet[29]. Les Français expatriés disposent du *Journal francophone de Budapest*, bimensuel, tiré à 4 000 exemplaires. Le magazine d'actualité *Europe nouvelle*, édité à Budapest en 2005, a cessé de paraître après quelques numéros. Se maintiennent en revanche trois publications en anglais et deux en allemand. L'Union internationale de la presse francophone dispose d'une section locale (39 membres) qui se réunit à l'Institut français de Budapest. Les ventes de presse française (242 000 euros) ont progressé de 1,34 % (5,56 % en valeur) en 2005.

Radio. RFI est reçue à Budapest. Radio Budapest (station internationale du service public) diffuse des émissions quotidiennes en six langues (français, anglais, allemand, russe,

---

28. Gilles Kramer, *op. cit.*, p. 109.
29. http://www.budapest-accueil.org/

espagnol et italien). L'émission en français peut être écoutée entre 16 et 16 h 30 TU. Le site Internet est également accessible en français.

Télévision. Sont captables et diffusées en bouquets de nombreuses chaînes paneuropéennes et transnationales (Eurosport, National Geographic, CNN, Cartoon Network, BBC World, Mezzo, MCM Top…), ou nationales (l'allemande PRO 7 ou l'italienne RAI). La Hongrie est le premier pays d'Europe centrale et orientale où s'est installé l'américain HBO dès 1991, et c'est toujours sa base principale dans la région. TV5 peut être captée par 2 076 404 foyers 24 h/24, mais son audience est estimée à 0,1 %. La chaîne est accessible en réception directe, par satellite, et distribuée en bouquet par le câblo-opérateur UPC *Direct* en bande KU [30].

Multimédia. L'Association hongroise des enseignants de français produit tous les ans un cédérom « Outil pour mieux se préparer au baccalauréat du français ». Le site Internet du *Journal francophone de Budapest*, bimensuel, mentionné par la section hongroise de l'Union internationale de la presse francophone, n'est pas accessible. Plusieurs associations franco-hongroises ont un site bilingue comme lahongrie.net.

Lituanie

Presse écrite. Les seuls titres disponibles en français sont le *Bulletin semestriel de l'Association des professeurs de français* ; *Les Cahiers lituaniens* (revue annuelle d'histoire, de culture, de langue et de littérature lituaniennes, destinée au public francophone, et disponible également en format électronique) et *Label France*, revue trimestrielle éditée par l'ambassade de France (300 exemplaires en français, 100 en anglais et 15 en russe). Ces titres sont publiés chaque automne avec le soutien de la Fondation Robert Schuman et de l'Association Alsace-Lituanie. La section lituanienne de l'Union internationale de la presse francophone (UPF) a été constituée lors d'une assemblée générale à Vilnius, le 13 mars 2004, dans le cadre des manifestations officielles lituaniennes de la journée annuelle mondiale de la francophonie. Les plus importantes publications quotidiennes en autres langues étrangères sont *The Baltic Times* (en anglais), *City Paper Baltic News* (en anglais), *Baltische Rundschau* (en allemand, édité à Vilnius), *Przyjazn* (en polonais).

Radio. RFI est captée à Vilnius et dans les environs. Le service public (LR4) ne diffuse d'émissions en langues étrangères qu'en russe.

Télévision. La LRT a signé une convention de partenariat avec CFI en 1993. En 2004 ont été diffusées, en moyenne, 52 heures par mois de programmes français (principalement des documentaires). En 2005, ont été diffusées au total 628 heures de programmes, soit 7 % de plus. TV5 peut être captée par 329 622 foyers. Mezzo et France Télévision sont disponibles sur le câble. Les chaînes internationales et paneuropéennes les plus largement diffusées sont Eurosport, Discovery, Cartoon Network, Travel Channel, Animal Planet, MTV Europe, CNN International, TNT, National Geographic, Euronews, BBC World, Deutsche Welle ou encore CNBC. Elles émettent pratiquement toutes en anglais. S'y ajoutent des chaînes russes (TV6, ORT, RTR, qui couvrent autour de 30 % de la population), polonaises (TV Polonia, Polsat, TVN 7) et allemandes (Viva, PRO7, RTL, SAT1, RTL II).

Multimédia. Les sites des ambassades francophones (Belgique, Canada, France, Suisse), les sites de quelques petites entreprises françaises établies en Lituanie, le site de la Coordination des associations France-Lituanie [31] et le portail central du site Internet de la Lituanie [32] représentent les seules ressources multimédia en français.

---

30. La bande KU est la partie du spectre électromagnétique définie par les fréquences de 10,7 à 12,75 gigahertz. Elle est attribuée aux services de radiodiffusion par satellite (services TV, radios et données informatiques).
31. http://www.france-lituanie.org/
32. http://www.lietuva.lt/ (gouvernemental, accessible également en anglais, russe, allemand, polonais et lituanien).

Ex-République yougoslave de Macédoine

Presse écrite. Le *Courrier de l'Association des professeurs de français de Macédoine* (biannuel) est le seul titre en français. En 2005, les ventes de presse française ont subi une véritable chute (– 89,47 % ; 1 500 euros, soit – 88,4 % en valeur), due à la baisse du nombre de soldats francophones en poste.

Radio. RFI peut être captée à Skopje 24 h/24 et dispose d'un relais qui lui permet de diffuser ses émissions sur la bande FM. Le service macédonien de la BBC est bien implanté dans le pays. Il diffuse des émissions tout au long de la journée et ses bulletins d'information sont repris par de nombreuses stations FM locales.

Télévision. 145 929 foyers peuvent recevoir TV5, dont 20 000 en réception directe. Le partenariat entre CFI et la MTV, télévision publique, remonte à 1997 et permet la diffusion d'émissions françaises sous-titrées. MTV est le troisième partenaire de CFI dans la région, avec 56 heures de programmes diffusées par mois, soit 674 heures pour toute l'année 2004. En 2005, la diffusion a augmenté de 35 points, et représente 796 heures (66 heures par mois). Entre décembre 2004 et septembre 2005, « la télévision francophone » de Skopje a diffusé sur la 4e chaîne macédonienne des programmes entièrement en français (clips et films).

Multimédia. Les sites Internet des ambassades francophones (Belgique, Canada, France, Suisse) sont les seules sources d'information locales disponibles en français.

Moldavie

Presse écrite. Le *Francofil*, journal de l'Alliance française (publication trimestrielle diffusée gratuitement par l'Alliance française et ses antennes situés en neuf localités, 1 500 exemplaires) et le *Courrier de Moldavie*, journal de l'Association des professeurs de français de Moldavie, sont les seuls titres locaux en français.

Radio. Radio-Moldova, la radio nationale, propose des émissions d'information en français (une demi-heure tous les jours de 22 h 30 à 23 h, aux côtés des émissions en espagnol, en anglais et en russe) et des émissions à caractère pédagogique comme « Dis-moi tout ». Son site, en revanche, n'est accessible qu'en roumain et en anglais. RFI peut être écoutée à Chisinau.

Télévision. La télévision nationale diffuse une émission éducative hebdomadaire, « Bienvenue en France ». En 1995, elle est devenue partenaire de CFI. En 2004 et en 2005, elle a diffusé 34 heures de programmes CFI par mois. 375 085 foyers peuvent capter TV5.

Multimédia. Le site Internet de l'Alliance française de Moldavie[33] est la plus importante ressource multimédia locale.

Pologne

Presse écrite. Le 15 avril 2003, le bimensuel *Les Échos de Pologne* remplaçait *Le Courrier de Varsovie* (mensuel), disparu en mars 2003, seul titre en français édité dans le pays. Tiré à 3 000 exemplaires, il est distribué dans toute la Pologne et dans quatre points de vente en France (trois à Paris et un à Lille). Une centaine d'abonnés le lisent en France, mais aussi en Allemagne, aux États-Unis et en Belgique. Son site[34] est actualisé quotidiennement ; sa lettre d'information bimensuelle lancée en septembre 2003 est devenue hebdomadaire en septembre 2004. L'Association des professeurs de français édite annuellement une revue intitulée *Prof-Europe*. En Pologne, à Varsovie comme dans les villes les plus importantes, il est possible d'acheter chaque jour *Le Monde*, *Le Figaro*, ou chaque semaine *Le Nouvel Observateur*, au rayon « presse étrangère », dans les hôtels et dans les aéroports. Parmi les publications anglophones, *Poland Monthly* (mensuel) et trois hebdomadaires généralistes (*Warsaw*

---

33. http://www.alfr.md/main.html
34. www.echos.pl

Voice, Warsaw Business Journal, tirés tous deux à 10 000 exemplaires, et New Warsaw Express) se partagent le marché avec quelques publications spécialisées dans des secteurs d'activités précis, comme l'immobilier. En 2005, le contexte politique et économique instable, dû aux élections, a déterminé la baisse de la consommation, et en premier lieu de l'achat de presse écrite. La presse étrangère en général, et française en particulier, a suivi cette tendance. L'importation des publications françaises a régressé en valeur de 5,52 % et en termes de vente de 7,17 %. Elle a représenté 425 000 euros.

Radio. RFI en langue française est captable en ondes courtes 9 heures par jour et est disponible, comme France Inter, sur le câble, notamment sur Aster City, principal câblo-opérateur de la région de Varsovie. Une vingtaine de stations FM locales reprennent partiellement ses programmes. Radio Bis (publique) diffuse du lundi au vendredi un cours de français complété le samedi matin par une émission didactique sur la langue française. Cette même radio consacre aussi le lundi matin une tranche horaire à la société et à la musique françaises. Le service externe de Radio Polonia diffuse des informations et des émissions en plusieurs langues, même en esperanto, mais a cessé d'émettre en français. Il possède, avec cinq autres radios (Radio Austria International, Radio Budapest, Radio Slovakia International, Radio Slovenia International et Radio Prague), un site Internet exclusivement en anglais destiné aux pays d'Europe centrale (Insight Central Europe / À l'intérieur de l'Europe centrale) [35].

Télévision. TV5 est reçue par 6 146 713 foyers 24 h/24, dont 3 millions sur le câble, qui représentent environ 6 % de la distribution de TV5 Monde en Europe. Cyfra+ (contrôlé par Canal+) et Wizja, deux bouquets satellitaires apparus en 1998, ont fusionné au printemps 2002. Jusqu'à cette date, ils proposaient de nombreuses chaînes francophones : TV5, MCM, Euronews, Muzzik, Planète, Fashion TV, Seasons, Game On, etc. Plusieurs ont disparu de la grille après la fusion : EuroNews, MCM, Muzzik et Seasons. Ces chaînes sont néanmoins proposées par les deux gros câblo-opérateurs : PTK et Aster City, qui incluent également dans leur bouquet France 2, Arte/La Cinquième et M6. Paris Première a disparu du câble suite au retrait de la subvention du ministère français des Affaires étrangères.

Multimédia. Les portails francophones les plus importants sont *Wirtualna Francja* et *Gazeta Beskid*. Le journal *Échos de Pologne* dispose d'un site d'information complémentaire à la version papier [36]. En 2004, le taux d'internautes était de 25 % en Pologne [37] contre 4 % en Ukraine voisine.

Roumanie

Presse écrite [38]. Des périodiques roumains rédigés en français sont mentionnés dès le XVIIIe siècle, comme *Le Courrier de Moldavie*, publié à Iasi à partir de 1790. Suivent, au XIXe siècle, des publications très diverses (politiques, mondaines, littéraires, économiques, militaires, scientifiques, etc.), dont *L'Indépendance roumaine* (1877), considérée, comme le premier véritable journal moderne roumain. Au début du XXe siècle, on recense 60 titres en français rien qu'à Bucarest ! Aujourd'hui la production se réduit à quelques titres au tirage limité, destinés à un public francophone (sur place et au-delà des frontières). Le quotidien *Bucarest Matin* [39] (en difficulté du fait de problèmes de gestion, de distribution et de manque de recettes publicitaires venant s'ajouter à une qualité rédactionnelle médiocre) s'est transformé en

---

35. http://incentraleurope.radio.cz/ice
36. www.echos.pl
37. Marie-Anne Sorba, « L'Est dans le chaos informatif », Dossier : Médias à l'Est : les raisons des espoirs déçus, *Regard sur l'Est*, 1er mai 2005.
38. Les informations historiques sont tirées du livre de Sultana Craia, *Francofonie si francofilie la romani (Francophonie et francophilie chez les Roumains)*, Editura Demiurg, 1995.
39. Né en 1996, *Bucarest Matin* (groupe Nine o'clock publications) était alors diffusé à environ 10 000 exemplaires. Malgré sa restructuration, le tirage a baissé (7 000 exemplaires en 2004). Ses lecteurs étaient les étudiants des filières francophones, les diplomates, les hommes d'affaires, les politiciens, la communauté française de Roumanie. Les huit pages du quotidien traitaient de politique roumaine et internationale, d'économie et de sport.

mars 2002 en *Bucarest Hebdo*. Sa diffusion est essentiellement gratuite (hôtels, ambassades). Son nouveau site[40] est désormais accessible. Un mensuel généraliste, *Le Regard* (entre 3 000 et 5 000 exemplaires, suivant la portée des événements francophones, vendu en kiosques – 500 exemplaires – et sur abonnements), a été lancé fin 2003 avec le soutien financier de la chambre de commerce franco-roumaine. Il est aujourd'hui édité par la Fondation Francofonia (de droit roumain). À l'approche du Sommet de la Francophonie, il s'est doté d'un site Internet. S'y ajoutent les journaux des associations de professeurs de français : le bulletin d'information et de liaison *Le Messager* (biannuel) et les *Actes du colloque de la Francophonie* (annuel). La représentation Wallonie-Bruxelles à Bucarest édite, avec le Bureau économique et commercial de la région wallonne, une publication trimestrielle, *La Lettre*. Le 12 avril 2006 a été lancée la version roumaine du *Monde diplomatique*, qui compte 80 % de traductions d'articles et 20 % de productions locales. En Roumanie, l'AFP devance largement ses consœurs AP et Reuter, avec 25 clients (ministères et médias locaux).

Des revues scientifiques francophones étaient éditées par les académies nationales et par les institutions universitaires et de recherche à l'époque communiste. Si presque toutes ont gardé des titres français, les articles sont aujourd'hui rédigés dans diverses langues : français, allemand, anglais, espagnol, italien. Les revues de sciences humaines et littéraires restent essentiellement francophones, ou alors le français y est à parité avec l'anglais. Ainsi la revue universitaire *Le Réseau global* (*The Global Network*), qui traite de la vie des médias et de la place des femmes (trois numéros par an). *La Revue de la Transylvanie*, de circulation internationale, éditée par l'Institut culturel roumain, a pris, elle, un titre anglais (*Transylvanian Revue*), mais conserve une majorité d'articles en français (son site est trilingue : roumain, français, anglais). Pour les sciences « dures » l'anglais est hégémonique, les publications n'ayant plus de francophone que le titre. On recense également quelques publications conjoncturelles, à la diffusion incertaine ou très circonscrite : *Dialogue franco-roumain*, revue éditée par l'ambassade de Roumanie en France, ou *Seine et Danube*, revue diffusée dans le milieu des écrivains de l'Est d'expression française, éditée chez Paris Méditerranée par l'Institut culturel roumain de Paris. En 2005, l'importation de presse française a augmenté (9,81 % en valeur et 15,92 %, en termes de vente) grâce à l'ouverture de nombreux « Relay » à travers la Roumanie, ouverture stimulée par l'approche du Sommet de la Francophonie. Globalement, 631 000 euros ont été réalisés sur le marché roumain, qui vient en troisième position en Europe centrale et orientale pour l'importation de presse française. À Bucarest, dans les points de vente « Immedio » et « Relay », on trouve, outre la presse, quelques livres en français.

Radio. RFI Roumanie (l'ancienne Radio Delta RFI), la seule station francophone en Roumanie, est la plus importante filiale de RFI à l'étranger. Elle est présente à Bucarest, (13e radio sur 28, dans le peloton de tête des radios internationales)[41], mais aussi à Iasi depuis 2004 et à Cluj-Napoca et à Craiova depuis 2005. Elle puise ses émissions à trois sources : sa rédaction de Bucarest (informations en roumain), la rédaction en roumain de RFI – Paris et la rédaction de RFI – Monde (qui diffuse des informations 24 h/24). L'alternance toutes les deux heures d'émissions en français et en roumain ayant échoué à fidéliser un public, une nouvelle grille a été mise en place : le matin, diffusion d'informations en roumain (actualités internationales) ; à partir de 10 h, un programme à dominante de musique européenne ; l'après-midi, des émissions en roumain (portant sur l'actualité intérieure et internationale) ; le soir et la nuit, des émissions en français. Le programme matinal réalisé par RFI Roumanie en duplex avec la section roumaine de RFI est rediffusé à Chisinau, en république de Moldavie.

---

40. www.bucarest-hebdo.ro
41. Cette station a débuté comme radio-école de l'Université polytechnique de Bucarest, en 1990. En 2000, un siège moderne a été aménagé, l'équipe de journalistes s'est agrandie et la station s'est dotée des équipements techniques de dernière génération. Elle conserve ses fonctions d'école dans le cadre de son partenariat avec l'École polytechnique, et collabore étroitement avec la Faculté de journalisme de l'Université de Bucarest. Parmi ses journalistes, certains sont également correspondants de presse de divers quotidiens français.

L'histoire du service français de Radio Roumanie Internationale[42] commence quant à elle après la Seconde Guerre mondiale avec Andrée Fleury, ancien professeur de l'École française de Bucarest. La station a un correspondant permanent à Paris. Le service en français de la RRI, qui diffuse en 13 langues, émet 4 heures sur 24 en OM vers la France, la Belgique et la Suisse. Le site de cette radio diffuse également des articles en langue française.

Télévision. La télévision nationale, qui a des correspondants permanents dans les grandes capitales francophones du Nord, propose une émission hebdomadaire consacrée à la Francophonie et à l'enseignement du français. Depuis juillet 2005, ses quatre canaux (TVR 1, TVR 2, TVR Cultural et TVR International) ont l'autorisation d'émettre sur le territoire français. Le bulletin d'actualité de minuit de TVR International est diffusé en anglais. La TVR est le premier partenaire historique de CFI en Europe centrale et orientale (février 1990). En 2004, elle a diffusé 551 heures de programmes de CFI, soit 46 heures par mois (principalement des documentaires). Cette offre est destinée à renforcer la chaîne TVR Cultural, qui ne représente que 0,2 % du marché télévisuel roumain. La diffusion des programmes fournis par CFI a connu une hausse de 18 % en 2005, ce qui représente une moyenne de 50 heures par mois (597 heures globalement). On observe par ailleurs un net essor des chaînes M6 et TV5 (reçue par 2 427 367 foyers, le public roumain constituant l'audience cumulée quotidienne la plus forte d'Europe). Toutes les chaînes francophones sont captables par satellite ou par câble, à la demande. La chaîne musicale MCM a disparu du paysage audiovisuel roumain en avril 2000, pour faire place à sa déclinaison roumaine MCM Romania. La diffusion de cette dernière a été soudainement et illégalement interrompue au profit de la chaîne anglo-saxonne MTV. Des procédures judiciaires sont en cours. La concurrence des chaînes anglo-saxonnes (qui sous-titrent leurs programmes en roumain et fondent des filiales roumaines) est très sévère.

Multimédia. La version roumaine du *Petit journal*, publication en ligne des Français expatriés[43] a été lancée à Bucarest le 21 mars 2006. Créé depuis Paris, le site La Roumanie de France propose les informations les plus diverses sur la Roumanie. Les sites des universités roumaines, pourtant membres de l'Agence universitaire de la Francophonie, ne sont pas disponibles en français.

Slovaquie

Presse écrite. *L'Amitié* est un mensuel d'apprentissage de la langue et de la civilisation françaises destiné aux enfants et aux adolescents. Très peu vendu dans le commerce, il fait traditionnellement partie intégrante de l'apprentissage du français dans les établissements scolaires. *Panorama de Slovaquie* est un bulletin touristique bimensuel publié par le ministère local de l'Économie en français, en anglais, en allemand et en slovaque. Le *Bulletin* de l'Association slovaque des professeurs de français (trimestriel) est diffusé uniquement dans le milieu enseignant. En 2005, l'Institut français de Bratislava a financé la diffusion d'un supplément du quotidien national *SME*, proposant quatre nouvelles de Maupassant en édition bilingue, et l'intégration d'une page en français dans le magazine mensuel pour les enfants, *Zornicka*[44]. Plusieurs publications en anglais disposent également de versions électroniques : les journaux *Slovakia Globe, Slovakia News, Slovakia News Agency, Slovensko*, l'hebdomadaire *The Slovak Spectator* (qui publie un supplément bimensuel, *Spex*, sur l'actualité locale pour le public expatrié), ainsi que le mensuel *What's on* (actualité culturelle et artistique). En 2005, l'importation de presse française a atteint 72 000 euros, soit une progression de 17,37 % (en valeur) et de 13,52 % (en termes de vente).

---

42. Les premières informations en français de la Société roumaine de Radio furent émises à l'intention du corps diplomatique, au début des années 1930, et consistaient en un journal diffusé un quart d'heure avant minuit. Il fut complété, à partir de mars 1932, par de brèves conférences en français (sur l'économie, la vie culturelle et artistique), données deux fois par semaine.
43. www.lepetitjournal.com/bucarest.html
44. Édité à plus de 25 000 exemplaires et diffusé essentiellement dans les écoles.

Radio. Radio Slovaquie Internationale émet deux heures quotidiennement en français, et propose notamment une émission de 30 minutes consacrée à l'actualité (politique, culturelle, économique, sociale). Son site offre des articles en français sur des sujets très variés. En 2001, RFI a conclu un accord de principe pour retransmettre ses programmes à Bratislava. Tandis que la BBC est diffusée en modulation de fréquence, RFI n'est reçue qu'en ondes courtes, avec difficulté.

Télévision. Depuis mi-janvier 2006, la 2e chaîne nationale diffuse chaque samedi matin la méthode d'apprentissage du français « Reflets ». À compter du 2e semestre 2006, cette même chaîne diffusait tous les matins le bulletin d'actualité de TV5 de la veille, avec des sous-titrages en slovaque. Les canaux TV5 (944 832 foyers « initialisés ») et La Cinquième/Arte font partie d'un bouquet d'une quarantaine de chaînes proposées aux téléspectateurs disposant du câble ou du satellite. La concurrence des chaînes d'information et de divertissement anglo-saxonnes (CNN, BBC World, MTV Eurosport, etc.) est forte. EuroNews est diffusée en anglais et en allemand. Un programme de formation des enseignants à l'utilisation de TV5 dans les classes de langue a été mis en place par l'Institut français de Bratislava.

Multimédia. Quelques associations franco-slovaques ont des portails, par exemple le Club francophone de Trnava. Selon ses informations, il toucherait « plus de 3 000 francophones en Slovaquie »[45].

Slovénie

Presse écrite. Il n'y a pas de journal en français édité localement. L'Union internationale de la presse francophone a une section locale.

Radio. Il n'y a pas de radios francophones et pas d'émissions diffusées en langue française sur les antennes nationales. Les programmes de RFI peuvent être captés *via* son site Internet[46].

Télévision. L'opérateur de câble, Telemach, diffuse par son réseau de nombreuses chaînes internationales (Discovery, Eurosport, CNN, MTV Europe, TNT Cartoon, Animal Planet, BBC World…). TV5 est reçue par 370 500 foyers. De nombreuses chaînes nationales étrangères sont également reçues par les téléspectateurs slovènes : allemandes (ARD, RTL, RTL II, PRO7, KABEL1, DSF), italiennes (RAI1, RAI2, ITALIA1), autrichiennes (ORF1, ORF2), croates (HTV1, HTV2, HTV3), ou encore la chaîne serbe RTS.

Multimédia. Les seuls sites en français sont ceux des ambassades francophones (Belgique, Canada, France, Suisse). Deux journaux électroniques sont publiés en anglais : *Human Rights Watch - Slovenia, One World - Slovenia*.

Tchèque (République)

Presse écrite. Face à la presse anglophone et germanophone, la presse francophone éditée dans le pays tient une place réduite. *À tout Prague*[47], trimestriel, est le principal titre et bénéficie d'une bonne distribution (3 500 exemplaires). La chambre de commerce franco-tchèque publie également une revue intitulée *Contact*, distribuée à 4 000 exemplaires. Un bulletin annuel est diffusé par l'Association des enseignants de français. La plupart des titres français sont disponibles dans les kiosques tchèques (*Les Échos, L'Équipe, Le Figaro, France-Soir, Libération, Le Monde, La Tribune*, etc.). *Czech Business Weekly*, hebdomadaire en anglais retraçant l'actualité économique tchèque de la semaine, est très lu. En 2005, les ventes de presse française ont représenté 401 000 euros. L'évolution a été positive en valeur (5,65 %) mais négative en termes de vente (0,53 %).

---

45. www.clubfrancophone.szm.sk/
46. www.rfi.fr
47. Société franco-tchèque spécialisée dans le domaine du journalisme et de la communication professionnelle.

Radio. Radio Prague diffuse des émissions internationales en anglais, en allemand, en français, en espagnol et en russe. Les émissions en français (5 émissions quotidiennes, d'une demi-heure chacune peuvent être reçues en Europe occidentale et du Sud-Ouest, en Afrique centrale et du Nord-Ouest, ainsi qu'en Amérique du Nord. Pour comparaison, Radio Prague diffuse 13 émissions en anglais, 4 en allemand, 10 en espagnol et 4 en russe. Les programmes en français sont diversifiés (infos, faits et événements, musique et sport, économie et commerce) et s'adressent à un public francophone désireux de découvrir la Tchéquie. RFI est présente en français en FM à Prague 24 h/24. La radio a lancé en juin 2005 une campagne de communication qui devrait lui permettre d'augmenter son audience en visant notamment le public jeune. Une station de radio nationale tchèque propose une émission hebdomadaire sur la chanson française, et une autre a introduit de la variété française dans ses « rotations ».

Télévision. Les chaînes françaises ont pu conforter leur place dans les offres de programmes des câblo-distributeurs grâce à une législation plus claire. Il est possible de recevoir les six chaînes hertziennes françaises. TV5 (captée par 908 506 foyers), MCM, Mezzo et Arte sont les principales chaînes disponibles 24 h/24 en français. La place du français sur les chaînes nationales (CT1 et CT2) est infime (0,005 %).

Multimédia. Les sites des ambassades des pays francophones sont les principales ressources disponibles en français. Un site de la minorité Rom (Roms en République tchèque) diffuse des informations spécifiques en tchèque, en anglais, en allemand et en français. Le site est accessible à partir du portail de Radio Prague [48].

3 Autres pays d'Europe centrale et orientale (hors OIF)

Azerbaïdjan

Presse écrite. La presse francophone n'est présente qu'à la médiathèque du Centre culturel français de Bakou. *Az-Média* est le seul journal en langue française publié localement, mais son site n'est pas accessible [49]. En anglais sont publiés quotidiennement *Bizim Asr* et *Caspian Business News*.

Radio. RFI est captée à Bakou.

Télévision. La télévision privée Lider TV, qui couvre tout le territoire national, a signé une convention de partenariat avec CFI en mai 2003. En 2005, la diffusion de ses programmes a augmenté de façon spectaculaire (67 %) par rapport à 2004, représentant 364 heures, soit 30 heures par mois.

Multimédia. Les seules ressources multimédia disponibles localement sont les sites des missions diplomatiques francophones (Canada et France). En anglais, outre les sites des ambassades britannique et américaine, le journal électronique *Azerbaïdjan International* est actualisé quotidiennement.

Bélarus

Presse écrite. L'Association des professeurs de français édite un bulletin trimestriel, *La Voix francophone en Biélorussie*, et les actes des colloques qu'elle organise. Fruit d'une collaboration entre l'ambassade de France avec l'Espace documentaire franco-biélorusse,

---

48. http://romove.radio.cz/fr/
49. http://www.az-media.net/

l'ambassade d'Allemagne et le Goethe Institut, le « Média-bus » a pour mission de se rendre régulièrement en province pour prêter des documents en langues française, allemande, russe et biélorusse. Le fonds documentaire de ce bibliobus est principalement constitué de livres, mais aussi de cédéroms, de magazines (*Label France* en russe, en anglais, en français), de cassettes vidéo et audio, de DVD.

Radio. Les émissions de RFI peuvent être écoutées sur son site Internet[50].

Télévision. La télévision publique, BRTV, a signé une convention avec CFI en février 2000. Depuis quelques années, plusieurs télévisions privées ont bouleversé l'offre télévisuelle du Bélarus. De son côté, la BRTV a lancé une deuxième chaîne, LAD, en décembre 2003, avec un positionnement dit « familial » : les programmes fournis par CFI y trouvent une place tout à fait privilégiée. En 2005, la diffusion a toutefois diminué de 9 % par rapport à 2004, et a représenté 623 heures. TV5 peut être captée par 230 000 foyers.

Multimédia. La revue trimestrielle *Label France*, éditée en quatre langues (français, russe, espagnol et anglais) est accessible à partir du site Internet de l'ambassade de France.

Bosnie-Herzégovine

Presse écrite. Depuis octobre 2000, à Sarajevo, fonctionne le Bureau régional de coopération audiovisuelle, auprès de l'ambassade de France. Sa compétence s'étend aussi sur la Croatie, la Serbie-Monténégro, le Kosovo, la Bulgarie, l'ex-République yougoslave de Macédoine et l'Albanie. Le Bureau travaille en étroite concertation avec les représentations diplomatiques françaises des pays concernés. Son rôle est de développer l'accès aux images et aux sons français (en renforçant la présence de Radio France International, Arte, TV5, Canal France International et du cinéma français), et de soutenir les médias – écrits et audiovisuels – ou les institutions au service des médias de la région. Son action est centrée sur l'appui aux télévisions publiques, et l'aide à la professionnalisation des médias, l'une des principales contributions de la France au « pacte de stabilité pour l'Europe du Sud-Est ». En Bosnie-Herzégovine, le Bureau soutient les activités de « Médiaplan », l'école de journalisme de Sarajevo, fondée en 1998 et partenaire de l'École supérieure de journalisme de Lille. L'importation de presse française a nettement reculé en 2005 suite à la réduction du nombre de soldats francophones en poste : moins 31,4 % en valeur et moins 30,8 % en ventes, la valeur totale pour toute l'année s'établissant à 25 000 euros.

Radio. Les bulletins d'information de RFI sont repris par Radio Bobar qui les diffuse dans plusieurs villes : Bjelinja, Brcko, Doboj, Goradze, Mostar, Prijedor, Republika Srpska, Sarajevo, Srebrenica, Tomislavgrad, Zenica.

Télévision. Le paysage audiovisuel de Bosnie-Herzégovine est dominé par un secteur public composé de trois chaînes de télévision depuis la refonte du système public intervenue en juillet 2004. Dès 1998, CFI a noué une relation de partenariat privilégiée avec l'une d'entre elles, la RTVBiH, devenue, en juillet 2004, la PBSBiH. En 2005 ont été diffusées 577 heures de programmes, soit 48 heures par mois, ce qui représente une hausse de 23 % par rapport à l'année précédente. Depuis 2001, CFI compte également parmi ses partenaires la télévision privée Hayat TV. Moins de 7 % de programmes CFI ont été repris par celle-ci en 2005 (73 heures, soit 6 heures par mois) par rapport à 2004 (78 heures). TV5 est reçue par 425 479 foyers.

Multimédia. *Media Online*[51] est une revue électronique publiée avec l'aide financière du gouvernement français et de l'agence Press Now des Pays-Bas, qui traite de la problématique des médias dans la région. Les articles paraissent essentiellement en anglais et en bosniaque/serbe/croate. Le choix de textes en français est restreint.

---

50. www.rfi.fr
51. www.medianoline.ba

Chypre

Presse écrite. Un bulletin semestriel, *Flèche*, est édité par l'Association panchypriote des professeurs de français. La mission économique de l'ambassade de France diffuse le mensuel *Infos Chypre*, disponible sur papier et en format électronique. La presse en langue anglaise compte deux titres nationaux : *The Cyprus Mail* (fondé en 1945, quotidien généraliste, 3 000 exemplaires) et *The Cyprus Weekly* (hebdomadaire). Dans un contexte économique plutôt favorable, la presse se porte bien à Chypre. 2005 a été une bonne année pour les importations de presse française : les ventes ont représenté 111 000 euros et ont augmenté de 3,19 % (2 % en valeur).

Radio. Les émissions de RFI peuvent être écoutées sur le site Internet de la chaîne. RIK 2 diffuse une émission quotidienne de 30 minutes à l'attention des touristes francophones. RMC Moyen-Orient diffuse des bulletins d'information en arabe et en français.

Télévision. 58 500 foyers peuvent recevoir TV5 24 h/24. Une émission hebdomadaire de 30 minutes à l'attention des touristes est diffusée par la télévision nationale. On peut capter facilement : Arte, France 2, 3, 4, 5, LCI, I-Télé, Infosport, EuroNews en français, Paris Première, Teva, Multivision.

Multimédia. Les seules ressources multimédia accessibles en français sont les sites des ambassades des pays francophones (Belgique, Canada, France, Suisse) et des sites dédiés au tourisme[52]. *Cyprus Media Net*, site indépendant des Nations unies, traduit en grec, en turc et en anglais des articles sélectionnés dans la presse chypriote grecque et turque.

Estonie

Presse écrite. En collaboration avec le Centre culturel français de Tallinn, l'Association des professeurs de français publie *La Lettre de la coopération linguistique & éducative* (bilingue). Des publications en langue française peuvent être consultées à la médiathèque de l'Institut français. En d'autres langues étrangères, sont disponibles les quotidiens *Baltische Rundschau* (allemand), *Baltic Times* et *Topix* (anglais), *Nasz Czas* (polonais).

Radio. Des émissions d'information de RFI sont reprises et diffusées dans plusieurs villes et leurs régions par Radio 4 (Haapsalu, Jogeva, Narva, Parnu, Rakvere, Tallinn, Tartu, Valga, Viljandi et Voru), par Radio 100 (Tallinn) et par Radio Tallinn.

Télévision. ETV a signé un partenariat avec CFI en avril 2001. En 2005, la diffusion des programmes CFI a régressé de 15 % par rapport à 2004. 373 heures ont été reprises, soit 31 heures par mois, notamment des fictions, des documentaires et des programmes destinés à la jeunesse. 123 067 foyers peuvent capter les émissions de TV5.

Multimédia. Le site de l'association France-Estonie propose une base d'informations sur l'Estonie, en s'appuyant sur un réseau de spécialistes, et des informations sur l'actualité culturelle estonienne en France[53].

Lettonie

Presse écrite. L'Association des professeurs de français dispose d'un bulletin d'information trimestriel. En autres langues étrangères, sont publiés *Chas* (quotidien en russe), *News, Stories, Facts, Figures, Politics and Economy* (quotidien en anglais) et *Baltic Times* (hebdomadaire panbaltique en anglais). En 2005, les ventes de presse française se sont montées à 20 000 euros, en régression par rapport à 2004 (moins 12,06 % en valeur). En volume, les ventes ont baissé de 12,92 %.

Radio. RFI n'a pas réussi à obtenir une fréquence en FM à Riga ; elle peut être écoutée sur son site Internet.

---

52. http://www.kypros.org/Chypre/lachypre.htm
53. http://www.france-estonie.org/

Télévision. LTV est partenaire de CFI depuis 1993. Une diffusion de programmes français sous-titrés est envisagée à la faveur du festival « Un printemps français » en 2007. Le développement de la câblo-distribution favorise la présence de chaînes francophones, notamment TV5 (qui peut être captée par 137 153 foyers), mais aussi M6, MCM, Mezzo (pour citer les principales).

Multimédia. Le Centre culturel français de Riga propose un site bilingue français-letton (2 000 visites par mois en moyenne) qui renvoie sur plus de 800 liens francophones.

Russie

Presse écrite. Le Courrier de Russie, bimensuel francophone, fondé par trois Français expatriés, et publié à Moscou (parution tous les quinze jours, le mercredi), a fêté son deuxième anniversaire en janvier 2005. Ce journal rend compte de l'actualité économique, culturelle, sociale et politique de la Russie. Il traite aussi des relations franco-russes sous un angle d'analyse russe. *Iakimanka 45*, lettre d'information électronique périodique de l'ambassade de France à Moscou, balaie l'actualité des relations franco-russes. Une version imprimée peut être obtenue à la demande. Les différentes associations de professeurs de français affiliées à la Fédération internationale des professeurs de français (Saint-Pétersbourg, Nijni-Novgorod) éditent des périodiques (le journal *La Langue française* et la revue *Les Langues étrangères à l'école*) et divers supports pédagogiques. Dans les kiosques, il n'y a pas de journaux en français. En revanche, dans les grands hôtels et à l'aéroport Cheremetievo 2 de Moscou, on trouve quelques quotidiens et magazines. La presse française est en vente au magasin Stockman du passage Smolenskii. Le marché russe est un marché difficile et en forte régression, du fait de la faiblesse du pouvoir d'achat des locaux. En 2005, l'import de presse française s'est élevé à 274 000 euros, en régression de 28 % en valeur et en volume.

Radio. RFI est captée à Moscou et à Saint-Pétersbourg. Elle diffuse également trois bulletins quotidiens en langue russe.

Télévision. Plusieurs chaînes francophones sont captables en Russie *via* les satellites Telecom 2B (TF1, France 2, France 3, France 5, Arte, M6), Hotbird (Canal +, Arte, France 5, TV5 et le bouquet TPS : TF1, LCI, France 2, France 3, France 5, Arte, M6, avec un décodeur numérique payant) et Astra (bouquet Canal Satellite, TV5). 2 139 464 foyers peuvent capter TV5. La chaîne est dans l'offre de base de l'unique plate-forme satellitaire NTV+, qui compte 440 000 abonnés. La chaîne diffuse chaque semaine plus de 20 heures sous-titrées en cyrillique, renforçant ainsi sa présence dans le paysage audiovisuel local.

Multimédia. L'association Objectif Est, née du désir de quelques volontaires internationaux VIE-VIA [54], dispose d'un site Internet en français. Russie.net offre des informations quotidiennes en français sur l'actualité russe.

Serbie-Monténégro [55]

Presse écrite. Il n'y a pas de presse publiée en français localement. L'Association des professeurs de français du Monténégro diffuse en français des dépliants, des cassettes audio et des livrets à caractère pédagogique.

Radio. À Podgorica, au Monténégro, et à Pristina, au Kosovo, on peut capter RFI 24 h/24 grâce au relais situé à Pristina. Ses bulletins sont repris en français par Radio Kragujevac (Kragujevac, 106.8 FM), par Radio Stoplus (Novi Pazar) et par Antena M (Podgorica).

Télévision. Les médias francophones sont en retrait par rapport à la BBC ou aux grands groupes allemands et autrichiens. Néanmoins, TV5 (qui peut être captée par 500 000 foyers

---

54. Volontariat international en entreprise – Volontariat international en administration.
55. Le Monténégro est devenu indépendant par référendum du 21 mai 2006, mais les données disponibles pour ce rapport concernaient l'entité « Communauté des États de Serbie et du Monténégro ».

24 h/24), également diffusée sur le câble, a signé un accord avec YU Info pour une diffusion mensuelle de 4 heures de programmes. La chaîne est présente dans le bouquet de base des plus importants opérateurs et de la plate-forme SBB. CFI a signé un accord à Belgrade avec la RTS [56] pour 10 heures de programmes mensuels, avec B92 pour 8 heures (4 seulement sont effectivement diffusées) et à Podgorica avec la RTCG (télévision publique du Monténégro) [57]. Arte est également en contact avec la RTS, pour une reprise de ses émissions. L'accès aux chaînes françaises (France 2, France 3, TF1) reste difficile, même par satellite. La télévision publique du Kosovo (RTK), détruite pendant la guerre, a été entièrement reconstruite grâce au soutien financier de l'Union européenne. Une convention de partenariat entre CFI et RTK a été signée en novembre 2000. RTK enrichit ses grilles de programmes grâce à l'offre audiovisuelle de CFI. En moyenne, 58 heures de ses programmes ont été diffusées en 2005 (moins 28 % par rapport à 2004).

Multimédia. Les sites des ambassades des pays francophones (Belgique, Canada, France, Suisse) sont les seules ressources en français disponibles localement.

Turquie

Presse écrite. Une revue, *Francofonia*, partiellement en français, est éditée par l'université Hacettepe à Ankara ; sa diffusion est limitée. Les ventes de presse française ont enregistré une belle progression en 2005, principalement due à une très bonne saison touristique (+ 28 % de touristes français par rapport à 2004) et à une campagne promotionnelle organisée par les Nouvelles Messageries de la presse parisienne (NMPP) avec le distributeur local dans les principales stations balnéaires. 671 000 euros ont été réalisés, soit une progression de 4,09 % en valeur et de 5,63 % en volume. La Turquie occupe la deuxième position en Europe centrale et orientale en ce qui concerne l'importation de presse française.

Radio. Les bulletins de RFI sont repris à Istanbul par Radio Iletisim. Quelques radios culturelles ou universitaires proposent des émissions en français, notamment Açik radyo qui émet sur Istanbul. Un bouquet satellitaire local, Digiturk, dispose d'un canal audio de chansons francophones. Un bouquet de radios francophones (chaînes de Radio France, notamment) est accessible en réception directe sur le satellite Hot Bird.

Télévision. 5 211 328 foyers peuvent capter TV5. La chaîne est disponible sur le bouquet satellitaire Digiturk et le réseau câblé TurkTelekom. On peut également capter Mezzo et MCM. Hors une émission d'enseignement du français sur la 3e chaîne publique, la présence francophone est quasi nulle sur les chaînes nationales.

Multimédia. Les seules ressources Internet disponibles en français sont les sites dédiés au tourisme [58].

Ukraine

Presse écrite. *Le Journal francophone d'Ukraine,* édité à Kharkov par la maison d'édition Konstanta, dispose d'une édition électronique. Un bulletin de liaison, *Les Nouvelles de l'APFU*, est diffusé par l'Association des professeurs de français, assorti de diverses publications à caractère pédagogique. Le ministère de l'Éducation et de la Science, en coopération avec l'ambassade de France, diffuse à 1 500 exemplaires et deux fois par mois une publication – *Le Français* – à destination des enseignants de français du secondaire et du supérieur. Plusieurs titres en anglais ont vu le jour après 1991 : *Brama News*, *Kiev Post*, *Interfax*, *The Day*,

---

56. 814 heures, soit 68 heures par mois, de programmes de CFI ont été diffusées en 2005, ce qui représente une hausse de 7 % par rapport à l'année précédente.
57. En 2005, la diffusion des programmes de CFI a augmenté de 22 %. 430 heures ont été reprises, soit une moyenne de 36 heures par mois.
58. Par exemple, http://www.turquie.com/turquie.asp

Ukraine Business Post, Ukraine FM, Ukraine Life, Ukraine News, Ukraine Post, Ukraine Sport, Ukrainian Observer, Unian, Zerkalo Nedeli. En 2005, l'importation de presse française a enregistré un net recul : de 23,18 % en valeur et de 38,15 % en terme de vente. Globalement, 6 100 euros ont été réalisés sur le marché ukrainien.

Radio. Une radio de Kiev, Radio Super Nova, et une station de Simferopol, Trans-M Radio, reprennent les bulletins d'information de RFI en français. RFI n'est pas diffusée localement pour des raisons de législation, cette radio ne disposant pas de rédaction en langue ukrainienne.

Télévision. CFI a noué deux partenariats en Ukraine, avec la télévision publique UT (en 1994) et, plus récemment (en 2003), avec Prime Time, une société privée de postproduction. En 2005, la diffusion des programmes fournis par CFI a connu une progression considérable par rapport à l'année précédente : 58 % pour UT (220 heures, soit une moyenne de 18 heures par mois) et 198 % pour Prime Time (459 heures, soit 38 heures par mois). 692 000 foyers peuvent y capter les programmes de TV5, sous-titrés en russe.

Multimédia. Un site francophone [59] est consacré à l'actualité du cinéma français en France et en Ukraine. La diaspora ukrainienne de France dispose d'un site Ukraine-Europe, défini comme « le premier site francophone consacré à l'Ukraine ».

Revues et portails francophones sur les pays de l'Europe centrale et orientale

Courrier des pays de l'Est : revue mensuelle publiée par La Documentation française, http://www.ladocumentationfrancaise.fr/revues-collections/courrier-pays-est/index.shtml
Regard sur l'Est : publication trimestrielle en ligne, http://www.regard-est.com/home/
Le Courrier des Balkans : portail de l'association française portant le même nom. Le réseau commence à mettre sur pied des portails nationaux : *Le Courrier du Belarus, Le Courrier d'Ukraine*, etc., http://balkans.courriers.info/
Caucaz.com : hebdomadaire en ligne, http://www.caucaz.com/home/

---

59. www.cinema-francais.kiev.ua

Chapitre 3

La liberté de la presse dans l'espace francophone [1]

La liberté de la presse est considérée comme une pierre angulaire des droits de la personne (car elle est aussi la garantie que d'autres droits seront respectés), et constitue un bon baromètre de la démocratie. « Trop de journalistes sont encore emprisonnés dans les pays membres de notre organisation, ou sujets à la censure. Il n'y a pas de véritable démocratie sans liberté de la presse », déclarait le secrétaire général de la Francophonie, Abdou Diouf, à l'occasion de la Journée internationale de la liberté de la presse, le 3 mai 2006. L'existence d'une presse pluraliste, libre et indépendante, est en effet toujours le gage de la bonne santé politique et citoyenne d'un pays, mais les régimes autoritaires ne sont pas les seuls à être tentés de restreindre la liberté de la presse ; même dans les démocraties bien établies, des tensions existent entre les pouvoirs et les médias (en attestent les procès intentés par les parquets pour obtenir la révélation des sources de certains journalistes : en France contre un journaliste du *Parisien*, en Belgique contre le rédacteur en chef du quotidien flamand *De Morgen*, en Suisse contre trois journalistes du *SonntagsBlick*, au Canada contre un journaliste du quotidien *Hamilton Spectator*).

En 2005, selon le rapport annuel de Reporters sans frontières publié le 4 janvier 2006, 63 journalistes ont été assassinés, 807 interpellés, 1 308 agressés, et 1 006 cas de censure ont été enregistrés [2]. Mais les bilans divergent. Le rapport annuel de l'Institut international de la presse (IPI), publié le 30 mars 2006 à Vienne, fait quant à lui état de 65 assassinats, alors que l'Association mondiale des journaux (AMJ) signale 58 assassinats pour la même période. Selon Reporters sans frontière, la répartition des assassinats est la suivante : 5 en Afrique, 7 en Amériques, 17 en Asie, 7 en Europe et ex-URSS, 27 au Maghreb et au Moyen-Orient, dont 24 uniquement en Irak. Les rapts de journalistes sont courants dans les zones de conflits (la journaliste française du journal *Libération*, Florence Aubenas, et son interprète Hussein Hanoun Al-Saadi ont été ainsi enlevés et détenus en Irak pendant près de six mois, du 5 janvier au 11 juin 2005). Les agressions physiques et les attentats terroristes sur les professionnels des médias sont eux aussi récurrents (au Liban, en 2005, des attentats à la voiture piégée ont coûté la vie à Samir Kassir et Gebrane Tuéni, journalistes du quotidien *An-Nahar*, et mutilé à vie May Chidiac, journaliste de la chaîne de télévision LBC).

Sous prétexte de sécurité nationale, toute une gamme de lois visant à limiter la liberté de la presse peut être adoptée en temps de guerre, justifiant des poursuites contre des journalistes, voire de longues peines d'emprisonnement (au Burundi, la nouvelle loi sur la presse adoptée en 2004 par l'Assemblée nationale de transition prévoit de lourdes peines de prison pour les auteurs de publications portant atteinte à la sûreté de l'État ou classées « Secret Défense »). Des pressions sont souvent exercées par les belligérants dans le but d'intimider les journalistes et de leur faire taire leurs sources d'information (le général Philippe Mangou, chef d'état-major des armées ivoiriennes, avait ainsi, le 24 août 2005, lors d'une rencontre

---

1. Le contenu de ce chapitre est alimenté par les informations fournies dans les rapports et sur les sites des organisations, associations et ONG référencées dans les encarts.
2. Le rapport annuel 2004 de Reporters sans frontières faisait état de 53 assassinats, 907 interpellations, 1 146 agressions ou menaces et 622 cas de censure. Voir les rapports annuels 2004 et 2005 sur http://www.rsf.org

avec la presse, menacé « d'interdire de parution certains journaux [qui] ne travailleraient pas dans l'intérêt de la nation »). Mais les dérives ne sont pas toujours le fait des pouvoirs en place. Les journalistes eux-mêmes sont parfois pris en flagrant délit de manque d'impartialité, d'absence de déontologie dans le traitement de l'information (atteinte grave à la vie privée au Cameroun avec la publication par la presse d'une liste de personnes supposées homosexuelles), appel à la haine et à la xénophobie (en Côte d'Ivoire, les quotidiens *Notre voie*, *Les Échos du matin*, *Le Courrier d'Abidjan* ou *Le Temps* ont exacerbé la xénophobie et le sentiment antifrançais après l'échec des opérations militaires des forces armées ivoiriennes contre la rébellion du 4 novembre 2004, et les représailles de l'armée française qui ont suivi).

Face à la détérioration des conditions de travail des journalistes, des associations de presse ou de défense des droits de l'homme se mobilisent (Amnesty international, Association mondiale des journaux, Journalistes en danger, Reporters sans frontières…). Elles fonctionnent en réseau d'alerte, ce qui permet une réaction rapide afin de contrer, de manière coordonnée et à l'échelle mondiale, toutes les formes d'abus. L'organisation de campagnes ainsi initiées grâce aux réseaux d'alerte contribue à faire libérer des détenus, à lever des interdictions (19 pétitions pour la libération de journalistes emprisonnés dans plusieurs pays sont en ligne sur le site de Reporters sans frontière ; Amnesty international met également en ligne et réactualise des pétitions en faveur de journalistes incarcérés). La plupart des organisations internationales (ONU, UE…) inscrivent la défense de la liberté de la presse au programme de leur action.

Pour sa part, l'Organisation internationale de la Francophonie (OIF) en a fait un principe démocratique de base, comme l'atteste le chapitre IV de la Déclaration de Bamako qui stipule qu'il est nécessaire de « veiller au respect effectif de la liberté de la presse et assurer l'accès équitable des différentes forces politiques aux médias publics et privés, écrits et audiovisuels, selon un mode de régulation conforme aux principes démocratiques [3] ». L'OIF contribue au développement d'une presse pluraliste dans les pays francophones du Sud en particulier, par son Fonds d'appui à la presse du Sud qui fournit des équipements, intervient en matière de formation, de gestion managériale et d'accès aux nouvelles technologies de l'information et de la communication. Elle apporte également, grâce au Réseau médias francophones du Sud, plus connu sous le nom de Médiaf [4], une plate-forme électronique d'échanges permettant aux professionnels qui exploitent les nouvelles technologies de partager des contenus et d'assurer une meilleure circulation de l'information le long des axes Sud-Sud et Nord-Sud. Depuis 2000, l'OIF finance le réseau d'alerte Presse et démocratie [5], un réseau électronique africain pour la liberté de la presse. Il regroupe des observatoires des médias, des maisons de la presse et du journalisme, des associations professionnelles et des médias africains. Il est géré et coordonné par le secrétariat général de Reporters sans frontières. Le réseau offre une série de liens vers des sites d'information des atteintes à la liberté de la presse en Afrique et dans le monde, vers des sites juridiques (droit international de la liberté de la presse, état des législations, codes ou chartes de déontologie), et dresse la liste de ses médias partenaires. Des campagnes éditoriales sont également organisées par le réseau qui octroie quatre prix annuels pour des reportages en presse écrite, en presse photographique, en dessin de presse et en radio. Au titre de son programme 2004-2005, 644 000 euros ont été consacrés par l'OIF aux politiques de développement du droit à l'information, de promotion de la liberté de la presse, de soutien aux instances publiques de régulation de la communication et aux organisations professionnelles [6] (associations de journalistes, observatoires

---

3. *De Ouagadougou à Bucarest, 2004-2006*, rapport du secrétaire général de la Francophonie, Paris, OIF, 2006.
4. www.mediaf.org
5. www.rsf.org/rsf/realip
6. Haut Conseil de la Francophonie, *La Francophonie dans le monde, 2004-2005*, Paris, Larousse, 2005 ; 4e partie, « Médias et communication », chapitre III, « Instances de régulation et organes d'autorégulation de l'audiovisuel et de la communication », p. 193-206, spécialement p. 206.

d'autorégulation, maisons de la presse). L'OIF intervient par des actions de concertation et d'appui au renforcement des capacités de ces structures. Du 5 au 8 décembre 2006, les responsables et gestionnaires des maisons et centres de presse de 14 pays africains[7] se sont ainsi réunis à Ouagadougou. Cette initiative, soutenue par la Francophonie et les coopérations bilatérales française, néerlandaise et danoise, avait pour objectif de coordonner les activités des différents centres et de donner une meilleure visibilité à leur engagement pour la défense et la promotion de la liberté de la presse sur le continent. Par la résolution sur la liberté de la presse adoptée au Xe Sommet de la Francophonie à Ouagadougou en 2004, l'OIF a, en outre, marqué son « soutien au projet d'un nouvel instrument international destiné à renforcer les dispositions en vigueur sur la protection des journalistes, notamment dans les zones de conflits armés, et les outils nécessaires à l'accomplissement de leur mission[8] ». Cet engagement ne peut que répondre à l'attente des associations de professionnels comme l'Union internationale de la presse francophone (UPF) ou encore l'Association des correspondants auprès des Nations unies (Acanu), qui prônaient la création d'un emblème distinctif afin de tenter de limiter le lourd tribut payé par les journalistes opérant dans des pays en guerre.

Sites Internet ressources

Agence France-Presse, http://www.afp.com
Amnesty international, http://www.amnesty.org
Association mondiale des journaux, http://www.wan-press.org
Échange international de la liberté d'expression, http://www.ifex.org/fr
Fédération internationale des journalistes, http://www.ifj.org
Institut international de la presse, http://www.freemedia.at
Journalistes en danger, http://www.jed-congo.org
Observatoire de la liberté de la presse en Afrique, http://www.societecivile.cd/membre/OLPA
Presse et démocratie, http://www.rsf.org/rsf/realip
Reporters sans frontières, http://www.rsf.org
Union internationale de la presse francophone, http://www.presse-francophone.org

1 Afrique du Nord et Moyen-Orient

Dès le 8 novembre 2005, date de l'ouverture de la première phase des élections législatives en **Égypte**, plus de cinquante professionnels des médias ont été entravés dans leur travail et certains ont même été molestés, d'où une déclaration de principe du président Hosni Moubarak, le 19 décembre suivant, devant le Parlement, en faveur de la liberté de la presse. Le 11 juillet 2006, ce dernier, à la grande satisfaction de la profession, a annulé les peines de prison pour les journalistes accusés de diffamation dans les affaires de corruption.

Au **Liban**, depuis 2002, la situation s'est dégradée. L'assassinat de Samir Kassir et Gebrane Tuéni, journalistes du quotidien *An-Nahar*, très critique à l'égard de la Syrie, et l'agression contre May Chidiac, journaliste vedette de la chaîne de télévision LBC, mutilée à vie en 2005, ont fait perdre au Liban sa réputation d'« oasis de la liberté » du monde arabe.

---

7. Bénin, Burkina Faso, Burundi, Côte d'Ivoire, Guinée-Bissau, Liberia, Mali, Nigeria, Niger, Rwanda et Togo. Le Niger, le Sénégal et la Mauritanie ont participé à la réunion en tant qu'observateurs, avec des maisons de la presse en cours de création.
8. Résolution sur la liberté de la presse, in *Actes de la Xe Conférence des chefs d'État et de gouvernement des pays ayant le français en partage*, Ouagadougou (Burkina Faso), 26-27 novembre 2004 ; http://cifdi.francophonie.org/Rech/TextOff.cfm.

Au **Maroc**, les inculpations de journalistes se sont multipliées (surtout pour diffamation envers des particuliers, des hommes politiques ou des élus locaux), souvent assorties de condamnations à une peine de prison ferme, à de lourdes amendes et autres dommages et intérêts. Poursuivi pour diffamation par un Centre de recherche européen, le journal *Hebdomadaire* a été condamné, le 18 avril 2006, à des dommages et intérêts de 3 000 000 de dirhams (270 000 euros). Le directeur de publication et le journaliste auteur de l'article incriminé ont été condamnés chacun à une amende de 50 000 dirhams (4 500 euros). Il s'agit de la plus lourde condamnation pécuniaire jamais prononcée contre des journalistes dans le pays (elle correspond à 143 années de salaire minimum local). L'hebdomadaire *TelQuel* a lui aussi été condamné à verser 500 000 dirhams (50 000 euros) à une plaignante, soit cinq fois le montant maximal mentionné dans le code de la presse en cas de diffamation. Le quotidien *Al Ahdath Al-Maghribia* a également été condamné à verser 250 000 dirhams (22 522 euros) à la même plaignante. Ces peines sont de nature à asphyxier financièrement les organes de presse. Parfois, les auteurs d'articles incriminés sont détenus illégalement et sans aucune procédure judiciaire. Le directeur de l'hebdomadaire *Akhbar Al-Ousbouaâ* a ainsi été incarcéré sans procès pendant 22 mois.

En **Mauritanie**, dans un climat politique tendu suite au coup d'État de 2005, la censure préalable de la presse s'est banalisée et l'autocensure accrue.

En **Tunisie**, l'année 2005 a été marquée par le climat répressif qui s'est installé à Tunis à l'occasion du Sommet mondial sur la société de l'information (SMSI) organisé du 16 au 18 novembre par les Nations unies. Le Syndicat des journalistes tunisiens (SJT) n'a pu tenir ni son premier congrès ni un séminaire prévu pour le 7 septembre, où étaient attendus des centaines de journalistes tunisiens indépendants, ainsi que des représentants d'organisations journalistiques internationales et régionales. Quelques jours auparavant, l'envoyé spécial du journal français *Libération* et les membres d'une équipe de télévision francophone belge avaient été agressés physiquement par les forces de l'ordre, tandis qu'une interdiction d'accès au territoire tunisien était prise à l'encontre du secrétaire général de Reporters sans frontières. L'opportunité d'organiser le SMSI à Tunis a été contestée par le Forum permanent des Sociétés de journalisme en France en ces termes : « Il faut avoir un sens aigu du paradoxe pour confier à la Tunisie, pays soumis à un régime répressif et policier, qui bafoue sans relâche la liberté d'informer et la liberté d'expression, un rendez-vous de cette envergure. » Les autorités tunisiennes ont saisi dans tous les kiosques du pays les éditions des hebdomadaires *Al Maoukif* et *Akhbar Al Joumhouria* ; le dépôt légal, utilisé auparavant comme moyen de contrôle du contenu des publications, a été abrogé. Le ministère de l'Intérieur peut saisir les journaux à tout moment, ce qui précarise la presse et tend à museler les professionnels. Un geste d'ouverture a été fait le 25 février 2006 par le président de la République, qui a accordé sa grâce au directeur de l'hebdomadaire *Al Fajr* après quinze ans de détention et a fait libérer le groupe des six internautes, dits de « Zarzis », emprisonnés depuis avril 2004.

2 Afrique subsaharienne et océan Indien

La répression judiciaire des délits de presse en Afrique subsaharienne francophone a pour caractéristique (à l'exception de pays comme le **Togo** et la **République centrafricaine**) de prévoir la détention préventive et la peine de prison ferme. Les journalistes sont du coup emprisonnés dès la moindre plainte pour diffamation ou injures, surtout lorsqu'elle émane d'hommes politiques. Très souvent la détention est abusive (au-delà du délai légal) et irrégulière, les journalistes ayant été appréhendés sans mandat, sans présentation au juge (cas relevés au **Cameroun**, au **Tchad** et au **Niger**) et parfois gardés dans des lieux secrets (cas relevés en **République démocratique du Congo**). La loi sur la presse, particulièrement répressive au **Niger**, a autorisé la détention préventive de plusieurs dizaines de journalistes et directeurs de publication prévenus de délits de presse, plus exactement de diffamation, et les condamnations à la prison ferme se sont également multipliées, comme pour le directeur de l'hebdomadaire privé *Le Visionnaire* et le rédacteur en chef de l'hebdomadaire indépendant *Échos Express*. Fin 2005, le **Rwanda** maintenait en prison trois journalistes. Deux d'entre eux, de Radio Rwanda (dont Tatiana Mukakibibi, ancienne animatrice et productrice de programmes), étaient accusés d'avoir participé au génocide de 1994, et totalisaient respectivement onze et neuf ans d'emprisonnement sans jugement. L'association Journalistes en danger (JED) signalait, en 2005, 58 cas d'emprisonnements en **République démocratique du Congo** où étaient enregistrés au total 108 cas d'atteintes à la liberté de presse (arrestations arbitraires, détentions préventives irrégulières, violences physiques), dont un assassinat de journaliste. L'année 2005 affichait une régression inquiétante (63 %) par rapport à l'année 2004 (66 cas d'attaques contre les journalistes et médias dont 23 cas de privation de liberté), les villes et provinces à risques étant Kinshasa, le Kasaï occidental et le Katanga. Lorsque la justice est saisie, les amendes et les dommages et intérêts prononcés sont de nature à entraîner purement et simplement la faillite des médias concernés, les peines les plus lourdes étant infligées aux journalistes qui remettent en cause la gestion des affaires publiques. Au **Cameroun**, pour avoir dénoncé dans leurs articles les malversations financières au sein d'une société d'État, le directeur de publication de *L'Œil du Sahel* était condamné au paiement d'environ 12 millions de FCFA (soit plus de 18 000 euros) au titre de dommages et intérêts pour diffamation. Au **Tchad**, la répression contre les journalistes s'est accentuée courant 2005, avec au moins 12 cas de violation de la liberté d'informer et d'être informé : saisies illégales, fermetures d'organes de presse, harcèlement de journalistes, arrestations irrégulières.

Des cas de violences extrajudiciaires envers la presse ont été relevés dans certains pays (**Côte d'Ivoire, Gabon, Guinée équatoriale, Guinée, Mali, Madagascar, Niger, Sénégal**). Plusieurs journalistes ont été agressés physiquement, le plus souvent par les forces de l'ordre, ou menacés d'assassinat par des tiers, tandis que les accréditations des correspondants étrangers étaient refusées ou retirées (retrait, le 3 avril 2006, par le gouvernement nigérien de l'autorisation de réaliser des reportages sur la malnutrition et les problèmes d'approvisionnement alimentaire à une équipe de la BBC, et refus de délivrer des accréditations aux journalistes étrangers souhaitant travailler sur ces questions ; en février 2005, visa et accréditation refusés par les autorités togolaises à l'envoyé spéciale de RFI venu couvrir les élections présidentielles). En **Côte d'Ivoire**, la situation de la presse est particulièrement dramatique depuis l'insurrection armée du 19 septembre 2002. Les journalistes sont régulièrement menacés ou agressés dans la zone rebelle de Bouaké comme à Abidjan en zone gouvernementale. Le 18 janvier 2006, la Radiotélévision ivoirienne (RTI) a été ainsi assiégée par plusieurs centaines de « Jeunes patriotes », partisans du pouvoir, qui, sous la menace, ont obligé les journalistes à lancer des appels à l'insurrection. Au **Burkina Faso**, l'assassinat du journaliste Norbert Zongo, en décembre 1998, continue d'occuper le devant de la scène. Il ne se passe pas une semaine sans qu'un article d'un journal local ne revienne sur cette affaire, particulièrement sensible pour les autorités. En **Côte d'Ivoire**, l'assassin de Jean Hélène, journaliste à RFI, a été arrêté et condamné ; en revanche, l'enquête sur l'enlèvement et la disparition du journaliste franco-canadien Guy-André Kieffer, le 16 avril 2004 à Abidjan, demeure dans l'impasse. En **République démocratique du Congo**, la disparition en 2003 du correspondant de l'AFP Acquitté Kisembo reste un mystère. L'enquête sur le double meurtre, le 3 novembre 2005, du journaliste Franck Kangundu et de son épouse à Kinshasa a conduit à l'inculpation de trois militaires dont le procès a débuté en juillet 2006. La période électorale a déclenché de nouveaux troubles qui ont conduit les organisations professionnelles à réactiver, fin août 2006, le « tribunal des pairs ». À cette date, ont été présentés à la presse les trois présumés assassins du journaliste Bupuwa Mwamba tué à son domicile, le 7 juillet 2006 (la police avance l'hypothèse d'un crime crapuleux). Qualifiée de « zone grise de la liberté d'expression du continent », et d'« enfer immobile pour les journalistes » par l'association Reporters sans frontière, la **Guinée équatoriale**, comme **Djibouti**, tolère mal le pluralisme de l'information. Les journaux indépendants ou d'opposition ont des tirages très confidentiels et l'État conserve le monopole sur les médias audiovisuels. Au **Sénégal**, pays habituellement cité en exemple, la liberté de la presse semble toutefois faire problème : le projet de loi sur la régulation des médias audiovisuels, adopté le 21 décembre 2005 par l'Assemblée nationale, a été décrit comme ambigu, injuste et liberticide par les journalistes locaux, le gouvernement se targuant d'« apporter des réponses pragmatiques face aux défis d'un nouveau paysage audiovisuel ».

La plupart des pays francophones d'Afrique subsaharienne ont des organes de régulation de la communication[9]. Si beaucoup de ces organes exercent leurs activités de manière exemplaire, certains se sont vu ursuper leurs pouvoirs par l'autorité politique : au **Congo**, où il existe un organe de régulation, le Conseil supérieur de l'information et de la communication, et un Observatoire des médias, un préfet a pourtant suspendu une radio locale, radio MOKA, le 2 septembre 2005, pour « manque d'impartialité dans le traitement des informations, non-respect de la déontologie professionnelle des journalistes et non-conformité avec les obligations administratives en matière de création d'entreprises de presse ». Le mélange des genres (raisons professionnelles et raisons administratives) peut parfois permettre de sanctionner un organe de presse pour des motifs inavoués. Au **Gabon**, c'est l'organe de régulation, le Conseil national de la communication, qui a imposé au quotidien *Nku'u-Le Messager* d'infléchir sa ligne critique à l'égard du pouvoir sous peine de fermeture définitive. Des progrès ont été enregistrés en **Centrafrique**, où les délits de presse, au terme d'un bras de fer entre les journalistes locaux et leurs autorités, ont été dépénalisés à la fin novembre 2005. La **République centrafricaine** a donc rejoint le cercle encore très restreint des pays africains comme l'Ouganda ou le **Togo** qui ont décidé de ne plus jeter leurs journalistes en prison. La situation de la presse a aussi évolué favorablement au **Burundi** avec l'adoption, en 2004, par l'Assemblée nationale de transition d'une nouvelle loi sur la presse, plus libérale que l'ancien texte de 1997 : l'obligation de révéler ses sources a été abolie, et une « clause de conscience » permet dorénavant à un journaliste de démissionner en cas de conflit avec son employeur. La loi prévoit également la création d'un fonds public d'aide aux entreprises de presse. Les peines de prison sont cependant maintenues en cas d'atteintes à la sûreté de l'État ou de publication d'informations classées « Secret Défense ». En **Mauritanie**, pays où le secteur de l'information est fortement contrôlé depuis l'indépendance, une Commission nationale sur la presse a rendu, le 31 mars 2006, un rapport qui préconise la « libéralisation totale des médias » et la création d'un organe de régulation. Au **Bénin**, avec quinze quotidiens, trois chaînes de télévision, dont deux privées, et de nombreuses radios, le pluralisme de l'information est réel. Seul revers de la médaille : la multitude des dérives et manquements à l'éthique journalistique. Certains journaux publient ainsi régulièrement des articles sans avoir vérifié la moindre information. Une instance d'autorégulation, l'Observatoire de la déontologie et de l'éthique dans les médias, tente d'alerter les professionnels sur ces questions.

Les outils de protection des journalistes dans l'espace francophone

par Keith Spicer, membre du Haut Conseil de la Francophonie

La protection des journalistes peut être physique (contre le danger de mort) ou professionnelle (contre la censure). Elle peut aussi se définir différemment dans le pays d'origine d'un reporter et à l'international. Dans tous les cas, les outils de protection les plus efficaces ne sont ni les règles ni les institutions, mais la culture d'une presse libre et indépendante.

---

9. Haut Conseil de la Francophonie, *La Francophonie dans le monde, 2004-2005*, Paris, Larousse, 2005 ; 4ᵉ partie, « Médias et communication », spécialement le chapitre III, « Instances de régulation et organes d'autorégulation de l'audiovisuel et de la communication », p. 193-206.

Dans la plupart des pays francophones riches – France, Suisse, Belgique, Canada – les risques auxquels sont confrontés les journalistes chez eux sont, à de rares exceptions près, assez limités. En Afrique francophone, et même dans certains DOM-TOM, il reste de sérieux progrès à faire. Dans les pays riches, on peut dire que le principal danger découle de la mainmise d'une oligarchie sur la diversité d'opinion. Ce danger est très visible en France et au Canada, où une poignée de propriétaires, souvent près du pouvoir, voire de l'industrie de l'armement (Dassault, Bombardier), influent sur la ligne éditoriale de certains organes de presse. L'argent parle éloquemment – souvent de connivence avec des hommes politiques. L'exemple du congédiement du rédacteur en chef d'une grande revue française pour permettre à un ministre de se venger d'une couverture embarrassante laisse songeur. Tout comme une tentative parallèle de supprimer un livre gênant l'avait déjà signalé, l'État en France exerce une tutelle sur la presse qui étonnerait dans d'autres pays avancés.

L'outil principal d'autoprotection des journalistes contre la censure ou l'influence indue devrait normalement être d'autres organes de presse. Mais dans l'ensemble, la presse française est timide et, selon beaucoup, trop près du pouvoir (ou craintive de représailles) pour mener le genre de « croisades » contre des politiques délinquants que l'on retrouve dans la presse anglo-saxonne. La fragilité financière de la presse française aussi calme les ardeurs réformatrices.

L'intrusion de la caste politique dans la liberté d'expression des médias est bien plus grave en Afrique. Là, du nord à l'ouest, des dictateurs ou des hommes politiques contrôlant une bonne partie de la presse font dire ce qu'ils veulent… et interdire ce qu'ils veulent. Cette surveillance peut parfois menacer la vie même des journalistes. Emprisonnements, tortures, même assassinats occasionnels, intimident nombre de journalistes.

Les dangers physiques les plus graves se trouvent maintenant sur les champs de bataille, surtout pour les journalistes de la presse électronique obligés de s'approcher des combats pour enregistrer leurs images et sons. Forcés de se placer près du feu, ces journalistes de guerre sont de plus en plus pris pour cible. Tout antagoniste, d'un moment à l'autre, peut trouver que la « vérité » est un vrai danger de guerre, voire une arme de guerre. Heureusement, la France, suivie des pays francophones et maintenant l'ensemble de la presse internationale, a lancé un mouvement de protection des journalistes avec, au premier rang, Reporters sans frontières (RSF). Cet organisme, dirigé par le pionnier Robert Ménard, agit inlassablement en faveur de journalistes emprisonnés, kidnappés ou torturés. Grâce à cet exemple dans l'espace francophone, un foisonnement d'autres ONG dans quasiment tous les pays cherchent à protéger les journalistes… surtout *via* des campagnes de presse. Même les dictateurs doivent soigner leur opinion publique.

3 Amérique du Nord-Caraïbe

Une des préoccupations majeures de la presse **canadienne** concerne la protection des sources. Un journaliste du quotidien *Hamilton Spectator* installé à Hamilton, dans la banlieue de Toronto, a ainsi été sommé par la justice, le 19 janvier 2006, de livrer à la police ses notes d'interviews, sous peine de prison. Une nouvelle disposition introduite le 15 septembre 2004 dans le code pénal permet en effet d'obliger un journaliste à livrer du matériel (documents, notes, enregistrements sonores, vidéos) qui pourrait être utile à une enquête de police. Le refus du journaliste est passible d'une amende pouvant aller jusqu'à 250 000 dollars et/ou d'une peine de prison de six mois maximum. C'était la première fois, selon la rédaction du *Hamilton Spectator*, que cette disposition entrait en application. Fin 2004, un autre journaliste de la même rédaction avait été condamné à 30 000 dollars d'amende pour avoir refusé de révéler le nom d'une source, mais celle-ci s'étant finalement déclarée, le journaliste avait échappé à la prison et fait appel de sa condamnation en première instance.

En **Haïti**, le départ du président Jean-Bertrand Aristide, le 29 février 2004, semblait mettre fin à « la lente descente aux Enfers de la presse haïtienne[10] » entamée en avril 2000 avec l'assassinat de Jean Dominique, l'un des journalistes les plus célèbres du pays, et d'un deuxième journaliste, Brignol Lindor, tué le 3 décembre 2001. Au cours du seul mois de février 2004, 22 médias avaient été attaqués, saccagés et censurés, et 19 journalistes menacés, agressés, voire blessés par balles. Cette période noire s'est conclue le 7 mars 2004 par la mort de Ricardo Ortega, envoyé spécial de la chaîne espagnole Antena 3. Mais l'accalmie fut de courte durée : des gangs et des groupes armés kidnappèrent, menacèrent ou agressèrent physiquement plusieurs journalistes dans le pays en 2005 et 2006. Laraque Robenson, jeune journaliste de la radio Télé Contact, grièvement blessé lors d'une fusillade le 20 mars 2005 dans le sud du pays, mourut le 4 avril. Jacques Roche, critique littéraire et chef de la rubrique culturelle du quotidien *Le Matin*, enlevé le 10 juillet 2005, fut retrouvé mort le 14 juillet. Les enquêtes sur ces cinq assassinats sont toujours en cours. Certains journalistes ont dû s'exiler (c'est le cas de la présentatrice du magazine hebdomadaire « Métropolis » à Radio Métropole, à Port-au-Prince). La campagne des élections présidentielles de 2006 a provoqué de fortes tensions. Pour garantir la sécurité et les conditions de travail des journalistes, le secrétaire général de la Francophonie, Abdou Diouf, a lancé une initiative en faveur de la liberté de la presse à l'occasion de sa visite en mars 2005. C'est ainsi qu'a été signé entre une trentaine d'organes de presse et d'associations un code de bonne conduite dénommé « Charte des médias et des journalistes d'Haïti en période électorale », et qu'a été installée une Commission de médiation chargée de « contribuer à la réflexion sur des problèmes fondamentaux d'éthique des médias et des journalistes ». En outre, grâce au soutien financier de l'OIF, les journalistes de la presse écrite peuvent bénéficier de stages pratiques depuis le 20 mars 2006.

4 Asie du Sud-Est

Au **Cambodge**, le directeur de la radio indépendante, Ruche FM 105, accusé de diffamation pour avoir critiqué le Premier ministre sur son programme de cession de terres au Viêt Nam, a été incarcéré le 13 octobre 2005. La loi cambodgienne permet en effet d'incarcérer les auteurs de propos diffamatoires, notamment les journalistes, dans l'attente de leur procès et de les condamner à un an d'emprisonnement. Néanmoins la situation évolue, le Premier ministre ayant annoncé, le 14 février 2006, sa décision de supprimer le délit de « diffamation » du code pénal. Seules les amendes seront maintenues. Au **Viêt Nam**, la Commission sur l'idéologie et la culture du Comité central du parti communiste exerce un droit de contrôle et de censure sur la presse. Seule la « cyberpresse » échappe encore partiellement à sa vigilance. Cependant, trois internautes, arrêtés le 19 octobre 2005, sont en prison. Ils sont accusés d'avoir violé l'article 19 du code pénal en incitant la population à « renverser le pouvoir » au cours d'un forum de discussion sur la démocratie hébergé sur Paltalk.com. En revanche, le cyberdissident Nguyen Khac Toan a été remis en liberté le 26 janvier 2006 après quatre années de détention. Il avait été condamné à une peine de douze ans de prison pour espionnage. Fin 2004, les publications *Tuoi Tre*, *Tintucvietnam.com* et *Vnexpress.net* ont été rappelées à l'ordre. Au **Laos**, les journalistes des médias écrits et électroniques sont des fonctionnaires du ministère de l'Information et de la Culture. Le journal du parti, *Paxaxon* (*Peuple*), est le principal organe de presse. Le ministère des Affaires étrangères a également son mot à dire sur le contenu des médias, et la critique des « pays amis » est bannie. Le code pénal permet de condamner un individu à une lourde peine de prison pour la « diffusion d'informations qui affaiblissent l'État ».

---

10. Reporters sans frontières, rapport annuel 2005, Haïti.

5 Europe

En Europe de l'Ouest, la liberté de la presse fait aussi parfois l'objet d'atteintes sournoises, touchant notamment au secret des sources d'information. En **France**, en novembre 2005, un journaliste du *Parisien* a été mis en examen : la justice française lui réclamait la source d'information lui ayant livré les moyens d'écouter les fréquences cryptées de la police. En **Belgique**, le rédacteur en chef du quotidien flamand *De Morgen* a fait l'objet d'une procédure judiciaire à la suite de la publication, en mai 2004, d'un article intitulé « Anvers craint un attentat dans le tunnel ». Le rédacteur en chef et la journaliste auteure de l'article incriminé ont été entendus par la police, le 25 janvier 2005, au siège du journal. La procédure a d'autant plus choqué qu'elle est survenue deux jours avant l'adoption par le Sénat d'une loi renforçant la protection des sources. En **Suisse**, ce sont trois journalistes du *SonntagsBlick*, hebdomadaire zurichois, qui ont été mis en examen à la fin de l'année 2005 pour avoir révélé l'existence de prisons secrètes de la CIA en Europe. Ils sont soupçonnés de s'être procuré un document confidentiel des services secrets de leur pays.

Des « progrès spectaculaires en matière de liberté de la presse » ont été réalisés en **République tchèque**, en **Hongrie**, en **Lituanie**, en **Slovaquie** et en **Slovénie**, qui constituent de « véritables havres de paix pour la liberté de la presse », selon l'association Reporters sans frontières [11]. Cependant, la situation de la liberté de la presse s'est globalement détériorée en Europe de l'Est. Le recours à la justice est fréquent dès qu'un média se montre critique ou tente du journalisme d'investigation, les poursuites judiciaires intentées à l'encontre de la presse indépendante étant généralement le fait des autorités en place. La tracasserie administrative est aussi un procédé employé pour décourager des enquêtes sur des sujets sensibles (le 2 juin 2005, les autorités grecques ont refusé sans aucune motivation des accréditations pour trois journalistes macédoniens de la chaîne de télévision A1 qui devaient rencontrer dans le nord du pays des représentants de la minorité slavo-macédonienne). Les décisions répressives sont parfois tempérées par la Cour européenne lorsqu'elles violent l'article 10 de la Convention européenne des Droits de l'homme (la **Moldavie** a ainsi été ainsi condamnée, le 11 octobre 2005, pour atteinte à la liberté d'expression dans une affaire qui l'opposait au quotidien *Le Nouvel Ordre*). Il existe également des sujets tabous sur lesquels les journalistes ont une liberté d'expression très encadrée, des sanctions sévères étant infligées en cas de dépassement. Ce fut le cas en **Pologne** (pays catholique à plus de 80 %) concernant la personne de l'ancien pape Jean-Paul II. L'article 136.3 du code pénal polonais incrimine l'insulte à « chef d'État étranger », cette disposition ayant été systématiquement invoquée par le parquet pour poursuivre tout article ou commentaire considéré comme insultant à l'égard du chef de l'État du Vatican. Le rédacteur en chef du journal satirique *Nie* et celui de la radio BIS en ont fait les frais.

La violence peut monter de plusieurs crans, et toucher les locaux, voire les personnes : explosion d'une bombe, le 18 décembre 2005, dans la salle de rédaction du quotidien albanais *Shekulli*, pressions et violences physiques contre des journalistes signalées en **Albanie**, en **Géorgie** et en **Croatie**. La pression peut être permanente ou exceptionnelle, liée à la conjoncture sociale. En **France**, des menaces téléphoniques ont été proférées contre des journalistes des journaux *France-Soir* et *Charlie Hebdo* qui avaient reproduit les caricatures du prophète Mahomet initialement publiées par un hebdo danois [12].

---

11. Voir rapport annuel 2005.
12. De violentes manifestations urbaines contre la presse internationale ont eu lieu au Liban ; au Maroc, le siège du journal *Hebdomadaire* fut assailli par des manifestants, suite à des rumeurs accusant ce dernier d'avoir également publié les caricatures du Prophète.

Amnesty international (http://www.amnesty.org/)

Amnesty international est une organisation non gouvernementale à dimension mondiale composée de bénévoles qui œuvrent en faveur du respect des droits de l'être humain tels qu'ils sont énoncés dans la *Déclaration universelle des droits de l'homme* et autres grands textes internationaux. Elle mène de front une mission de recherche et une mission d'action dans le but de prévenir les graves atteintes à l'intégrité physique et mentale des personnes, à la liberté de conscience et d'expression, et elle lutte contre toutes les formes de discrimination. Amnesty international regroupe plus de 1,8 million de membres et sympathisants actifs dans plus de 150 pays et territoires. Sur son site Internet, elle fait circuler en ligne des pétitions et des appels. Par les rubriques « actions du moment » et « actions urgentes » sont concernées des personnes en danger dont le sort ne peut attendre ; il s'agit par exemple de stopper une exécution, de faire cesser des actes de torture ou des mauvais traitements (comme ceux subis par les prisonniers détenus sur la base américaine de Guantanamo) ; les « appels mondiaux » et les « campagnes » sont quant à eux destinés à mobiliser l'opinion publique internationale sur le plus long terme et sur la nécessité de l'adoption de conventions internationales, par exemple sur la peine de mort ou sur les violences faites aux femmes ou encore pour la libération de prisonniers d'opinion. Afin de préserver son impartialité et son indépendance, Amnesty international n'accepte aucune subvention publique. Ses ressources proviennent essentiellement de dons, de fonds privés et des ventes de son rapport annuel.

Association mondiale des journaux (http://www.wan-press.org)

L'Association mondiale des journaux (AMJ) regroupe 71 associations nationales d'éditeurs de presse, des directeurs adhérant à titre individuel dans 100 pays, 13 agences de presse nationales et internationales, une fondation pour les médias et 9 associations régionales de presse. Il s'agit d'une organisation non gouvernementale, à but non lucratif. Elle représente au total plus de 18 000 publications sur les cinq continents. L'Association mondiale des journaux a trois objectifs principaux clairement définis sur son site Internet : défendre et promouvoir la liberté de la presse et l'indépendance économique des journaux, condition essentielle de cette liberté ; contribuer au développement de la presse écrite en favorisant les échanges et les contacts entre les responsables de presse de différentes régions et cultures ; promouvoir la collaboration entre ses organisations membres au plan national, régional ou international. Elle apporte une aide juridique, matérielle et humanitaire aux éditeurs et aux journalistes victimes de représailles. Par le biais de son fonds de développement de la liberté de la presse, elle favorise la croissance de journaux libres et indépendants dans les pays en développement, notamment à travers des programmes de formation. Par le biais de son programme « Le journal à l'école », elle encourage la lecture des journaux. L'AMJ a le statut d'organisation représentative de la presse à l'Unesco, aux Nations unies et au Conseil de l'Europe. Elle est membre du réseau Échange international de la liberté d'expression.

Échange international de la liberté d'expression (http://www.ifex.org/fr)

Le réseau Échange international de la liberté d'expression (Ifex) fondé en 1992, à Montréal (Canada), regroupe 72 organisations membres à travers le monde (voir la liste sur le site) qui défendent la liberté d'expression sous toutes ses formes. L'une des principales activités de l'Ifex consiste à alimenter et à gérer le réseau d'alerte par lequel les organisations membres signalent les violations de la liberté d'expression qui se produisent dans leur région géographique ou leur domaine de compétence. L'Ifex a mis en place un Groupe d'observation de la Tunisie, formé de quinze organisations membres du réseau.

Journalistes en danger (http://www.jed-congo.org/)

L'organisation non gouvernementale Journalistes en danger (Jed) est née à Kinshasa, le 20 novembre 1998, à l'initiative d'un groupe de journalistes de la République démocratique du Congo. Ne rassemblant pas exclusivement des journalistes, c'est une structure indépendante de défense et de promotion de la liberté de la presse, sans but lucratif. À vocation sous-régionale, elle traite principalement de l'Afrique centrale et de la région des Grands Lacs (Burundi, Cameroun, Congo-Brazzaville, Gabon, Guinée équatoriale, République centrafricaine, République démocratique du Congo, Rwanda, Tchad). Jed œuvre au quotidien par des communiqués, des bulletins d'alerte sur son site Internet et par son rapport annuel en faveur des journalistes emprisonnés, persécutés, traqués, harcelés, et pour la défense des droits civils et politiques comme des droits économiques et sociaux des professionnels des médias. Elle a ainsi signé le 31 août 2005, à Kinshasa, une convention de partenariat avec un cabinet d'avocats pour l'assistance juridique des médias et journalistes devant les cours et tribunaux, ainsi que devant les innombrables administrations qui, de droit ou de fait, connaissent des affaires liées au droit d'informer et d'être informé. Ce programme de Jed soutenu par l'Unesco a pour objectif « de sécuriser les professionnels des médias dont beaucoup, faute de moyens pour se payer les services d'un avocat, devaient entrer en clandestinité pendant des mois à la moindre convocation d'un magistrat ». L'association travaille aussi à ce que les journalistes maîtrisent et respectent les règles d'éthique et de déontologie de leur métier.

Observatoire de la liberté de la presse en Afrique (http://www.societecivile.cd/membre/OLPA)

L'Observatoire de la liberté de la presse en Afrique (Olpa) est une organisation non gouvernementale composée essentiellement d'experts juristes et de journalistes voués à la défense et à la promotion de la presse en Afrique. Son action est géographiquement limitée à la République démocratique du Congo et à la république du Congo. Son objectif est la défense de la liberté d'informer, mais aussi l'assistance professionnelle, matérielle et juridique aux médias dans l'exercice de leur métier. L'Olpa mène des enquêtes et lance des campagnes d'alerte. Elle entend également contribuer à l'émergence d'un journalisme d'investigation en Afrique, et au renforcement des capacités des professionnels notamment dans les domaines du droit, de l'environnement, de la santé et des nouvelles technologies. Elle milite aussi pour accroître la présence des femmes dans le monde de la presse.

Reporters sans frontières (www.rsf.org)

Reporters sans frontières est une association reconnue d'utilité publique par les pouvoirs publics français, qui œuvre pour la liberté de la presse au quotidien. Son action est relayée sur les cinq continents grâce à ses sections nationales (Allemagne, Autriche, Belgique, Canada, Espagne, France, Italie, Suède et Suisse), à ses bureaux à Bangkok, à Londres, à New York, à Tokyo et à Washington, et à son partenariat avec des organisations locales ou régionales membres du réseau Reporters sans frontières. Ainsi alertée par plus de cent correspondants, l'association dénonce les violations de la liberté de la presse dans le monde, par communiqués de presse et campagnes de sensibilisation. Elle soutient les journalistes menacés, aide les familles privées de ressources, combat les lois visant à restreindre les libertés et agit également pour améliorer la sécurité des journalistes, notamment dans les zones de conflit. Elle soutient financièrement et matériellement des rédactions mises en difficulté. Trilingue (français, anglais, espagnol), le site Internet de Reporters sans frontières est visité chaque mois par environ 200 000 personnes. Réactualisé plusieurs fois par jour, il propose aux internautes de se mobiliser en signant des pétitions, il présente des articles interdits dans leur pays d'origine, héberge des journaux qui ne peuvent être édités localement, et donne la parole à des journalistes contraints au silence. Le 3 mai de chaque année, Reporters sans frontières célèbre la Journée internationale de la liberté de la presse, et publie à cette occasion un rapport complet sur la situation des médias dans plus de cinquante pays. Une fois par an, elle organise la Journée des journalistes emprisonnés et, en décembre, remet le prix Reporters sans frontières – Fondation de France à un journaliste qui s'est illustré dans la défense de la liberté de la presse dans son pays. Depuis 2000, le secrétariat général de Reporters sans frontières gère et coordonne, par le réseau d'alerte Presse et démocratie [13], un réseau électronique africain pour la liberté de la presse créé et financé par l'Organisation internationale de la Francophonie.

Union internationale de la presse francophone (http://www.presse-francophone.org)

L'Union internationale de la presse francophone (UPF), qui réunit journalistes et médias francophones répartis sur les cinq continents, définit les priorités de son action au cours de ses assises annuelles : « protection des journalistes » pour ses 36es Assises tenues du 16 au 21 novembre 2004 à Ouagadougou, « pluralisme et déontologie : liberté et responsabilité des journalistes » pour ses 37es Assises organisées du 3 au 8 novembre 2005 à Lomé. Le directeur général de l'École supérieure de journalisme (ESJ) de Lille y a notamment plaidé pour une formation déontologique minimale et suggéré l'instauration d'une sorte de « permis de conduire » journalistique [14]. L'UPF, avec le concours de l'OIF, attribue chaque année, depuis 1991, le « Prix de la libre expression », qui récompense soit un journaliste francophone, soit un directeur de publication, de radio ou de télévision, soit l'ensemble de la rédaction d'une publication, d'une station de radio ou de télévision, soit une association ou un syndicat professionnel qui a « dans un environnement difficile, maintenu contre vents et marées l'indépendance de sa ou de ses publications, de ses émissions de radio ou de télévision, malgré les pressions et les atteintes à ses installations ou à sa personne » [15].

---

13. www.rsf.org/rsf/realip
14. *La Gazette de la presse francophone,* n° 125, janvier-février 2006, p. 1-2.
15. Extrait de l'article 2 du règlement, voir sur http://www.presse-francophone.org/uijplf/uijplf_libre_expression.htm

Chapitre 4

La Francophonie et les technologies de l'information et de la communication

Il est indéniable qu'aujourd'hui le monde des nouvelles technologies est dominé par la langue anglaise. À ses côtés, la présence des autres langues semble infime, même s'il est très difficile de donner une estimation du poids respectif des langues. Il est donc nécessaire de comprendre que les résultats que nous utilisons dans ce chapitre sont des approximations. Pour situer les grandes masses en présence, on peut rappeler que, selon David Graddol, dans un rapport sur l'avenir de l'anglais rédigé en 1997 pour le British Council, il y aurait environ 750 millions de personnes parlant anglais dans le monde, langues maternelle et seconde incluses [1], et que nous considérons qu'il y a près de 200 millions de francophones.

1 Quelques données générales

L'accès à Internet dans le monde est très variable selon les continents et les pays. En Afrique le niveau de pénétration [2] est de 2,6 % et de 10,40 % en Asie, alors qu'il est de 36,4 % en Europe et de 68,6 % en Amérique du Nord. En fait, dans beaucoup de pays en développement, seuls les universitaires, entrepreneurs ou employés du gouvernement peuvent se connecter régulièrement à Internet.

Régions du monde	Population (estimation 2006)	En % de la population mondiale	Nombre d'utilisateurs d'Internet	% de pénétration dans la population	En % du nombre total des internautes	Augmentation de l'utilisation 2000-2005
Afrique	915 210 928	14,10 %	23 649 000	2,60 %	2,30 %	423,90 %
Asie	3 667 774 066	56,40 %	380 400 713	10,40 %	36,50 %	232,80 %
Europe	807 289 020	12,40 %	294 101 844	36,40 %	28,20 %	179,80 %
Moyen-Orient	190 084 161	2,90 %	18 203 500	9,60 %	1,70 %	454,20 %
Amérique du Nord	331 473 276	5,10 %	227 470 713	68,60 %	21,80 %	110,40 %
Amérique latine/Caraïbe	553 908 632	8,50 %	79 962 809	14,70 %	7,80 %	350,50 %
Océanie/Australie	33 956 977	0,50 %	17 872 707	52,60 %	1,70 %	134,60 %
TOTAL	6 499 697 060	100 %	1 043 104 886	16 %	100 %	189 %

Les chiffres de la démographie sont basés sur des données contenues sur le site Internet "the world-gazetteer". Les informations concernant l'utilisation d'Internet proviennent des données publiées par Nielsen//NetRatings, par International Telecommunications Union, ou encore par local NICs, ainsi que par d'autres sites de confiance. © Copyright 2006, Miniwatts Marketing Group. All rights reserved.

Source : http://www.internetworldstats.com/stats.htm, juin 2006.

---

1. World Stats [en ligne], http://www.internetworldstats.com/stats.htm (page consultée en septembre 2006).
2. Le taux de pénétration est le ratio entre la somme des utilisateurs d'Internet et la population totale.

Selon une enquête annuelle conjointement menée par l'ONG Funredes et l'Union latine, la présence de l'anglais sur la toile aurait diminué de 30 points, passant de 75 % à 45 % de 1998 à 2005. Cette chute serait due à l'augmentation de la présence des langues néolatines (espagnol, français, italien, portugais et roumain) qui aurait doublé sur la même période. Selon cette enquête, en mars 2005, pour 100 pages Internet en anglais, 11 sont en français, alors qu'elles n'étaient que de 3,75 en septembre 1998.

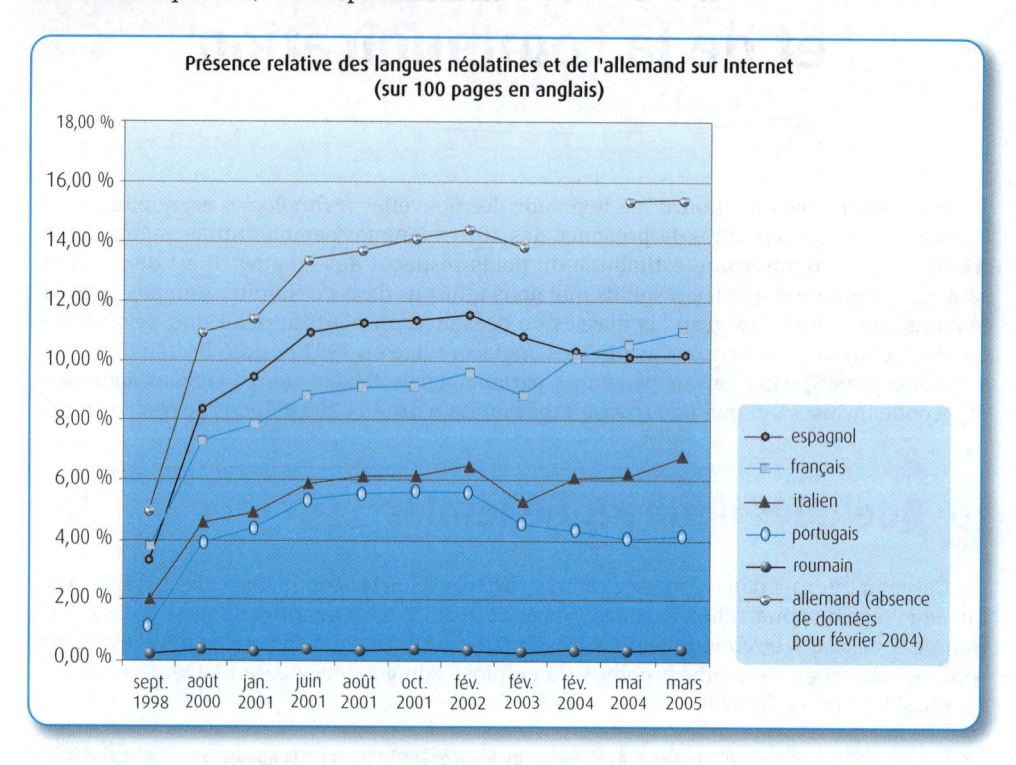

Présence relative des langues néolatines et de l'allemand sur Internet (sur 100 pages en anglais)

Ces chiffres permettent aux auteurs d'en déduire la présence absolue des langues sur la toile[3]. Ainsi, le français occuperait la troisième place, avec un taux de 4,95 % de présence sur la toile. Il devancerait l'espagnol, l'italien et le portugais.

	Présence absolue des langues sur Internet							
	anglais	espagnol	français	italien	portugais	roumain	allemand	reste
sept. 1998	75 %	2,53 %	2,81 %	1,50 %	0,82 %	0,15 %	3,75 %	13,44 %
août 2000	60 %	5,05 %	4,40 %	2,76 %	2,37 %	0,22 %	3 %	22,20 %
août 2001	55 %	5,20 %	4,34 %	2,71 %	2,44 %	0,18 %	6,29 %	25,45 %
fév. 2002	50 %	5,80 %	4,80 %	3,26 %	2,81 %	0,17 %	7,21 %	25,97 %
fév. 2003	49 %	5,31 %	4,32 %	2,59 %	2,23 %	0,11 %	6,80 %	29,65 %
mai 2004	46 %	4,72 %	4,93 %	2,85 %	1,86 %	0,14 %	7,12 %	32,09 %
mars 2005	45 %	4,60 %	4,95 %	3,05 %	1,87 %	0,17 %	6,94 %	33,43 %

D'après les auteurs de l'étude, les nouvelles tendances montrent que le français augmente plus vite que l'espagnol et le portugais. Il dépasserait même l'espagnol pour la première fois depuis septembre 1998. Concernant l'espagnol et le portugais, la mesure confirme

---

3. Funredes souligne qu'il « s'agit d'une approximation basée sur une hypothèse invérifiable du poids absolu de l'anglais sur la toile », http://www.funredes.org/lc2005/L6/francais/evol.html

une stagnation après la forte croissance des années passées. Outre une politique volontariste de la Francophonie pour la production de contenus, l'éveil tardif de la France (et de la Belgique) à l'Internet pourrait expliquer l'essor récent du français.

2 Quelques données dans les pays francophones

Après étude des réponses au questionnaire du Haut Conseil de la Francophonie, il apparaît que, dans leur majorité [4], les pays membres utilisent le français comme langue prépondérante dans les technologies de l'information et de la communication (TIC), à tous les niveaux, que ce soit pour l'échange de courriels, pour les sites de recherche ou pour le dialogue instantané. La plupart des pays, soit 20 sur 30, sont répertoriés comme proposant sur les sites gouvernementaux une page d'accueil en français à côté de la ou des langue(s) officielle(s) et/ou de l'anglais.

Dans les pays membres où le français est la langue officielle, il prédomine au niveau des sites. Au Québec, malgré un environnement anglophone, un sondage de 2004 révèle que 60 % des internautes utilisent plutôt des sites en français, 23 % des sites en anglais, et 14 % les deux. Dans d'autres pays membres, où le français coexiste avec d'autres langues, un effort est fait pour la relance ou le maintien des langues locales. En République démocratique du Congo, par exemple, on essaie d'utiliser dans les médias les quatre langues nationales (le swahili, le lingala, le tshiluba, et le kikongo).

Dans les pays membres où le français est langue étrangère, son poids est naturellement moindre. Selon une estimation de l'ambassade de France au Viêt Nam, 90 % des dialogues instantanés se tiendraient en vietnamien ; 65 % des recherches s'effectueraient en vietnamien, 30 % en anglais et seulement 5 % en français. En revanche, au Maroc, bien que l'arabe soit langue officielle, le français, langue d'enseignement, est présent sur les sites gouvernementaux.

Du côté des pays observateurs, ou membres associés, la plupart des internautes font leurs recherches dans la ou les langue(s) nationale(s). Et, si l'information n'est pas disponible sur un site national, ils favoriseront plutôt l'anglais comme on nous le signale pour la Lituanie ou la Hongrie.

Quel que soit le statut du pays, membre à part entière, associé ou observateur, on constate que les moteurs de recherche les plus utilisés sont Yahoo et Google, dans leur version locale pour certains et française pour d'autres, aux côtés de sites nationaux tels que wp.pl en Pologne ou zoznam.sk en Slovaquie.

3 L'action de la Francophonie

La Francophonie s'emploie, au travers de différents programmes, à soutenir ou à renforcer la présence du français et des langues nationales sur Internet, ce que reconnaissent les pays interrogés.

La mission que s'est fixée l'Agence universitaire de la Francophonie – aider les pays francophones les moins avancés à appréhender les enjeux liés à l'appropriation des technologies – est reconnue comme un succès. En effet, la plupart des pays soulignent le rôle positif des campus numériques dans le renforcement de la présence de la langue française sur Internet.

---

4. Soit 17 pays sur les 30 réponses reçues.

> ### Les campus numériques francophones
>
> Au début de l'année 2006, l'AUF comptait 16 centres d'accès à l'information et 26 campus numériques francophones, soit 9 de plus que sur le bienum 2004-2005. En février 2006, l'AUF a inauguré un campus numérique dans la capitale centrafricaine, venant ainsi renforcer le centre de ressources multimédia de l'université de Bangui soutenu par la coopération française.
>
> Au Congo, en plus du campus numérique francophone, l'ambassade de France a soutenu la création d'un « cyberdoc » au centre de documentation juridique de Brazzaville. De plus, des points d'accès Internet au centre de documentation en sciences sociales de l'université Marien Ngouabi sont en cours d'installation.
>
> L'AUF propose aujourd'hui 48 formations ouvertes et à distance, dont sept issues d'établissements africains, sur les thèmes suivants [5] :
> - technologies de l'information et de la communication, enseignement et formation ;
> - sciences de la vie ;
> - technologies de l'information et de la communication et sciences de l'ingénieur ;
> - technologies de l'information et de la communication et services ;
> - sciences fondamentales ;
> - droit et économie.
>
> Grâce au campus numérique de Yaoundé, le Cameroun a profité, en 2005, de deux formations continues pour 25 personnes sur la création de sites francophones.
>
> En 2005, 5 100 candidatures en provenance de 45 pays ont été déposées sur le site portail des formations ouvertes et à distance contre 4 300 en 2004, soit une augmentation de près de 20 % ; 700 allocations d'études à distance ont été attribuées aux meilleurs candidats. À cela s'ajoutent les tarifs préférentiels accordés à 600 candidats supplémentaires.

Les pays observateurs, quant à eux, tentent aussi de promouvoir le français au sein de leur pays. En Slovaquie, par exemple, un centre d'information sur la France contemporaine au sein de la bibliothèque universitaire, appuyé par le ministère français des Affaires étrangères, devait s'ouvrir en 2006. De son côté, la Pologne, en collaboration avec la France, a mis en place, en février 2004, un portail francophone de ressources culturelles et linguistiques : Frantice « www.frantice.interklasa.pl ».

Concernant les langues nationales, il faut revenir sur la dernière conférence préparatoire régionale africaine [6] au Sommet mondial sur la société de l'information (SMSI), qui s'est tenue à Accra (Ghana). Les participants y ont réaffirmé leur engagement à se mobiliser pour soutenir la création de réseaux de bibliothèques publiques intégrant les langues africaines pour atteindre l'objectif d'accès à l'information pour tous dans une « société de l'information africaine inclusive [7] ».

De son côté, la Francophonie, qui œuvre en faveur de la solidarité numérique, a poursuivi ses actions de concertation internationales, institutionnelles et politiques pour contribuer au succès de la deuxième phase du Sommet. « L'OIF organise, *via* son Institut des nouvelles technologies de l'information et de la formation (Intif), des ateliers réunissant des experts issus des milieux professionnels, associatifs et gouvernementaux des différentes régions francophones pour alimenter la réflexion et dégager des consensus internationaux sur les

---

5. AUF [en ligne], http://www.auf.org/article350.html?varrecherche=formations+a+distance (page consultée en septembre 2006).
6. Conférence préparatoire régionale africaine pour le SMSI à Accra au Ghana, du 2 au 4 février 2005.
7. Voir l'encart (p. 202) de Guy-Olivier Segond : « De la fracture numérique à la solidarité numérique : un succès de la Francophonie ».

diverses problématiques prioritaires. Elle collabore pleinement à la réalisation d'initiatives internationales concertées pour mettre en œuvre la Déclaration et le Plan d'action adoptés lors de la phase de Genève.[8] »

L'Intif, organe subsidiaire de l'Organisation internationale de la Francophonie, a été créé en 1998 lors de la Conférence ministérielle de la Francophonie à Bucarest. Il a pour mission de contribuer à l'insertion des pays membres de la Francophonie dans la société de l'information. Dans sa programmation 2006-2009, l'Intif met l'accent sur le travail de concertation avec les différents partenaires francophones afin de « contribuer à l'élaboration d'une stratégie multilatérale de présence numérique des savoirs et des œuvres de création des communautés francophones sur la toile, particulièrement celles des pays du Sud, au sein de l'initiative Bibliothèque numérique francophone[9] ». Cela passe, notamment, par le biais de formation dans une quinzaine de pays, principalement africains. L'Intif représente la Francophonie lors de différentes manifestations et a le statut de conseiller spécial au sein du groupe de travail international sur la gouvernance d'Internet, dont le premier rapport est sorti en juin 2005[10]. En août 2006, il était présent au séminaire de New York concernant les logiciels libres, la sécurité numérique et les stratégies technologiques de l'information et de la communication. Lors de son allocution, Pietro Sicuro, directeur de l'Intif, a rappelé que la Francophonie, depuis 1997, soutenait « l'appropriation et l'usage de logiciels libres afin de permettre aux pays francophones en développement d'exercer leurs libertés de choix technologiques [...] ». Le rôle précuseur de l'OIF ainsi que ses initiatives exemplaires en matière de logiciels libres ont été salués par les participants[11].

À ce propos, l'un des membres du Haut Conseil de la Francophonie, Jocelyn Nadeau, attire notre attention sur la nécessité de préserver la neutralité du Net. En effet, en 2005, le Congrès américain a entrepris de redéfinir le « Telecommunication Act », pour la deuxième fois en dix ans. Si elle était adoptée sans amendement, cette loi pourrait mettre en péril l'un des principes fondateurs de l'Internet – la neutralité du réseau – en donnant des pouvoirs indus aux fournisseurs d'accès Internet (FAI), dont celui de taxer les fournisseurs de contenu et de services dans le but de leur garantir un accès privilégié au réseau. Cette bataille oppose d'ores et déjà ceux qui refusent de payer pour permettre l'accès des internautes à leurs contenus (Amazon.com, Earthlink, eBay, Google, Intel, Microsoft, Skype, Vonage ou Yahoo) et ceux qui veulent accroître leur développement et faire jouer la « libre concurrence » (AT&T, Verizon, Comcast, Time Warner…). De fait, le risque serait grand, pour les utilisateurs, de voir leur accès au réseau se dégrader au fur et à mesure que de nouveaux contenus ou services feront leur apparition alors que les FAI seraient autorisés à taxer les abonnés et à favoriser leurs propres services ou ceux de leurs clients au détriment de ceux qui auraient refusé d'acquitter la nouvelle taxe. Ainsi, par exemple, en 2004, le FAI « Madison River », en Caroline du Nord, a bloqué l'accès de ses clients au service de téléphonie de l'un de ses concurrents. Le débat fait rage sur Internet, entretenu par plusieurs sites[12].

---

8. OIF, *Mise en œuvre de la société de l'information* [en ligne], http://www.francophonie.org/actions/technologies/ini-societe.cfm (page consultée en septembre 2006).
9. Intif, *Les Professionnels francophones de l'information présents au 72ᵉ Congrès de l'IFLA, Séoul (Corée) 17-25 août 2006* [en ligne], http://www.intif.francophonie.org/affiche_article.php3?id_article=119 (page consultée en septembre 2006).
10. http://www.wgig.org/index.html
11. Intif, *Réunion de la Conférence des Nations unies sur le commerce et le développement et de l'Institut des Nations unies pour la formation et la recherche sur les logiciels libres*, New York, 28-30 août 2006 [en ligne], http://www.intif.francophonie.org/affiche_article.php3?id_article=120 (page consultée en septembre 2006).
12. Save the Internet http://savetheinternet.com/ ; Hands off the Internet : http://handsoff.org/ Dans Google, « neutralité réseau » et « neutralité Internet » http://www.google.com/search?hl=fr&q=neutralit%C3%A9+r%C3%A9seau&btnG=Rechercher&1r=
http://www.google.com/search?hl=fr&q=neutralit%C3%A9+internet&btnG=Rechercher&1r=

De la fracture numérique à la solidarité numérique : un succès de la Francophonie
par Guy-Olivier Segond, membre du Haut Conseil de la Francophonie

Au XXe siècle, pour la première fois dans la longue histoire de l'humanité, l'être humain a vu sa planète de l'espace.

De là-haut, qu'a-t-il vu ? Qu'avons-nous tous vu ? Une petite boule perdue dans l'immensité de l'Univers. Avec des couleurs : du bleu, du blanc, du vert. Avec des océans, des nuages et des terres. Mais sans aucune trace des activités humaines.

À cette occasion, les êtres humains ont réalisé, consciemment ou inconsciemment, que nous habitions une seule planète, une même planète, et que cette planète avait des limites.

Cette prise de conscience collective des êtres humains et des États a conduit à l'émergence de deux notions, la globalité des problèmes et la limite des ressources.

Cette globalisation des problèmes s'est accompagnée rapidement d'une mondialisation de l'économie, qui s'accélère continuellement grâce aux technologies de l'information et, en particulier, grâce au formidable développement des réseaux et des terminaux.

Dans le monde entier, le nombre des réseaux de communication explose : réseaux en câble coaxial et réseaux en fibre optique, réseaux matériels et réseaux immatériels, réseaux sur terre et réseaux autour de la terre... La capacité de transmettre l'information devient quasi illimitée.

L'évolution des terminaux est tout aussi impressionnante : le téléphone, la télévision, l'ordinateur fusionnent en un seul terminal, à quelques centaines d'euros. Et, un jour, le clavier des terminaux sera remplacé par une commande vocale.

La société de l'information... promesse d'un monde meilleur ?

Nous sommes ainsi entrés dans une nouvelle société, la société de l'information, symbolisée par le PC, l'ordinateur portable, le téléphone cellulaire, l'Internet ou les sites Web.

Dans la société de l'information, chacun peut – au moins théoriquement – produire, enregistrer, traiter et diffuser de l'information, sous forme orale, écrite ou visuelle, sans limite de temps, de distance ou de volume.

La société de l'information ajoute donc de nouvelles dimensions à l'intelligence humaine. Et elle modifie fondamentalement notre manière de vivre, d'apprendre et de travailler, en bouleversant les pouvoirs traditionnels, la politique, l'économie et le social... mais aussi l'école, les médias et la vie culturelle.

Au début, on a pensé que la société de l'information et la mondialisation de l'économie allaient conduire à une nouvelle répartition des activités, des emplois et des richesses entre le Nord et le Sud de la planète, qui entraînerait le progrès économique, la diffusion de la démocratie et le développement humain. La société de l'information, c'était alors une promesse, la promesse d'un progrès pour l'ensemble de l'humanité.

Cette promesse, la promesse d'un avenir meilleur pour tous, n'a pas été tenue :
 – les inégalités entre le Nord et le Sud, les riches et les pauvres, n'ont pas diminué : elle ont augmenté ;
 – le chômage n'a pas diminué : il a augmenté ;
 – la pauvreté n'a pas diminué : elle a augmenté.

Enfin, la société de l'information n'existe pas pour la plus grande partie de l'humanité.

La grande majorité des pays du Sud rencontre de nombreux problèmes pour se connecter et surfer sur le Net, qui reste une affaire du Nord : c'est la fracture numérique.

Comment développer une vision commune de la société de l'information ? Comment poser les règles de base de la société de l'information ? Comment partager la société de l'information avec l'ensemble de l'humanité ? Comment mettre la société de l'information au service du développement humain ? Comment lutter contre la fracture numérique ? Comment aider les populations du Sud à être dans le coup ? Comment mettre à leur disposition les infrastructures nécessaires ? Comment former des utilisateurs ? Comment créer des contenus ? Et, enfin, avec quels moyens financiers ?

Le Sommet mondial sur la société de l'information

C'est pour répondre à toutes ces questions que l'Assemblée générale des Nations unies a décidé, par la résolution 56/183 du 21 décembre 2001, de convoquer le Sommet mondial sur la société de l'information, répondant ainsi à la proposition de l'Union internationale des télécommunications (1998), aux travaux du Conseil économique et social (1999) et aux Objectifs de la déclaration du millénaire (2000). Ce Sommet mondial – qui s'est tenu en deux phases, dans deux États membres de l'OIF, à Genève (décembre 2003) et à Tunis (novembre 2005) – présente, pour la Francophonie, plusieurs enjeux qui portent sur la forme et le fond.

Parlons d'abord de la forme.

Une architecture nouvelle

À la différence des Sommets mondiaux du XXe siècle – qui réunissaient formellement les chefs d'État, les chefs de gouvernement et leurs délégations nationales –, le Sommet mondial sur la société de l'information a réuni, pour la première fois de l'histoire des Nations unies, les États nationaux et les organisations internationales, mais aussi le secteur privé et la société civile[13].

En effet, le débat sur la société de l'information et sur la fracture numérique est le meilleur exemple de la nécessité d'associer, dans une même réflexion et dans une même action, les États nationaux, les organisations internationales, les entreprises privées et la société civile :
- aux États de donner un cadre juridique, sûr et stable, garantissant une concurrence juste et transparente, attirant l'investissement privé ;
- aux organisations internationales d'élaborer les normes et les standards, permettant aux équipements d'informatique et de télécommunications de fonctionner en réseaux sur toute la planète ;
- aux entreprises privées de fournir des technologies adaptées aux situations locales et d'investir dans la construction et l'exploitation de réseaux ;
- à la société civile de fournir, par les villes, les régions, les université, les artistes, les médias, les syndicats, les consommateurs, les ONG, la vie associative, l'essentiel des contenus dans tous les domaines de l'activité humaine.

Cette architecture nouvelle d'un Sommet mondial tranche fondamentalement avec les formules classiques de négociation, s'appuyant sur une représentation gouvernementale de caractère diplomatique. Elle a naturellement posé toute une série de questions importantes et délicates : qui peut être accrédité ? Qui peut participer activement ? Qui peut prendre la parole ? Qui peut déposer un amendement ? Qui peut voter ?

S'inspirant de l'exemple de l'Organisation internationale du travail (OIT) – qui a su trouver les solutions nécessaires pour faire siéger ensemble les États nationaux, les organisations d'employeurs et les syndicats de travailleurs –, le Sommet mondial sur la société de l'information a réussi à définir des procédures simples, claires et efficaces qui ont relativement bien fonctionné. Il y a là un ensemble de règles et de jurisprudences permettant d'associer à la réflexion et à la négociation tous les partenaires intéressés, publics et privés. Les différentes instances de la Francophonie peuvent s'y référer.

La gouvernance de l'Internet : un échec

Sur le fond, la Francophonie doit tirer la leçon d'un succès et d'un échec.

L'échec, c'est la question de la gouvernance de l'Internet, qui demeure entière.

Chaque internaute, chaque citoyen peut le constater : l'Internet est dominé par l'Amérique.

Pour surfer, on utilise, pour l'essentiel, trois navigateurs américains (Explorer de Microsoft, Navigator de Netscape ou Safari d'Apple). Pour trouver une information, on fait démarrer, en général, un moteur de recherche américain, Google ou Yahoo. Pour envoyer un courrier électronique, on fait appel à MSN

---

[13]. Le Sommet de Tunis a attiré 174 pays, 92 organisations internationales (dont l'OIF), ainsi que 606 ONG, soit plus de 18 000 participants.

(Microsoft Network) ou AOL (America Online). Et si l'on veut téléphoner gratuitement, on passe par Skype, une astuce scandinave... rachetée par eBay !

De façon moins visible, les normes mondiales sont définies par deux instances dominées par des experts américains, l'Internet Architecture Board et l'Internet Engineering Task Force, supervisées par l'Internet Society où les scientifiques américains jouent un rôle prépondérant.

Enfin, les adresses IP (Internet Protocol), les noms de domaine, les domaines nationaux et les domaines sectoriels sont gérés par l'ICANN (Internet Corporation for Assigned Names and Numbers), une institution privée de droit californien, placée sous la tutelle du département américain du commerce.

Au début du processus préparatoire du Sommet mondial sur la société de l'information, il fut bien question d'un traité international pour définir les règles de ce nouveau monde qu'est le cyberespace et pour mettre en place une nouvelle gouvernance de l'Internet : cette idée fut définitivement enterrée à Genève, en décembre 2003. On décida alors d'étudier le transfert aux Nations unies des tâches accomplies par les diverses instances américaines. Cette idée fut enterrée, elle aussi, à Tunis, en novembre 2005. Finalement, on décida de créer un groupe de travail pour maintenir la question à l'ordre du jour de la communauté internationale...[14]

Même si le conseil d'administration de l'ICANN comporte dorénavant des citoyens d'autres pays, l'institution californienne reste une institution privée de droit américain. À une époque où l'information est considérée comme une ressource stratégique par tous les États du monde, c'est l'Amérique et ses experts qui continuent à définir les normes et les règles de fonctionnement de l'Internet.

Un succès : le Fonds mondial pour la solidarité numérique (FSN)

Parlons maintenant du succès, la création du Fonds mondial pour la solidarité numérique et d'un nouveau mécanisme de financement du développement.

La fracture numérique n'est pas une question technique, comme on le croit trop souvent : c'est une question politique, la question de l'égalité d'accès aux connaissances.

À l'échelle mondiale, la fracture numérique – qui porte sur les réseaux et les équipements, mais aussi sur les contenus et les langues – peut se mesurer de façon précise : plus de 75 % des utilisateurs de l'Internet sont concentrés dans la partie du monde qui compte moins de 15 % des habitants de la planète. Autrement dit, plus de 80 % des êtres humains n'ont pas accès, par des moyens modernes, aux informations, aux connaissances et aux savoirs accumulés par l'humanité.

Pour combler le fossé numérique, la libéralisation des télécommunications et les lois du marché ne sont pas d'une grande utilité : par définition, elles ignorent les besoins des habitants sans argent pour répondre aux seules demandes des consommateurs disposant d'un certain revenu. Pour mettre les technologies de l'information au service du développement, il faut donc rendre solvable la demande existante.

C'est précisément ce qu'a proposé Abdoulaye Wade, président de la République du Sénégal, à Genève, le 17 février 2003, lors de la séance solennelle d'ouverture de la deuxième session du Comité préparatoire du Sommet mondial sur la société de l'information.

S'exprimant au nom de l'Union africaine et de ses États membres, Abdoulaye Wade a en effet développé à cette occasion le concept de solidarité numérique et proposé un nouveau mécanisme de financement du développement, fondé sur des contributions volontaires.

Fraîchement accueillie par les représentants des États nationaux, cette proposition a en revanche été applaudie par les maires et les élus locaux, réunis, les 4 et 5 décembre 2003, à Lyon, en un Sommet mondial des villes et pouvoirs locaux sur la société de l'information.

Elle a été immédiatement soutenue par l'Organisation internationale de la Francophonie et par son secrétaire général, Abdou Diouf.

---

14. La première réunion du forum sur la gouvernance d'Internet s'est tenue à Athènes du 30 octobre au 2 décembre 2006.

Ainsi, c'est grâce à l'Union africaine et à l'Organisation internationale de la Francophonie et, grâce à l'appui décidé des deux maires francophones, Christian Ferrazino, maire de Genève, et Gérard Collomb, maire de Lyon, que le Fonds mondial pour la solidarité numérique a été officiellement inauguré le 14 mars 2005, à Genève.

Réunissant secteur public, secteur privé et société civile dans une fondation placée sous la surveillance de la Confédération helvétique, le Fonds mondial pour la solidarité numérique propose un nouveau mécanisme de financement mettant les technologies de l'information au service du développement.

Il repose sur l'engagement volontaire des pouvoirs publics, locaux et nationaux, qui décident d'introduire une contribution de solidarité numérique de 1 % sur les marchés publics relatifs aux technologies de l'information, payée par le vendeur sur sa marge. Clairement spécifiée dès le début de la procédure d'appel d'offres, ne pouvant pas faire l'objet d'une interprétation ou d'une négociation, ne créant donc pas de distorsion de concurrence, cette contribution de solidarité numérique de 1 % n'est ni un impôt, ni un don : elle est un investissement dans les marchés de l'avenir, qui donne droit au label « solidarité numérique ».

Grâce aux fonds recueillis par cette contribution de 1 %, le Fonds mondial pour la solidarité numérique finance des projets communautaires structurants, s'inscrivant dans une politique nationale donnée et visant la demande insolvable afin de créer de nouvelles activités, de nouveaux emplois et, à terme, de nouveaux marchés.

Dans ses financements, le Fonds privilégie des projets communautaires répondant aux besoins réels des populations, bien adaptés aux conditions du terrain et respectueux des savoirs locaux. Facilement réplicables dans d'autres communautés, ces projets doivent reposer sur un partenariat secteur public, secteur privé et société civile, assurant la traçabilité du soutien financier. Enfin, la préférence est accordée aux projets émanant d'organisations de femmes – qui sont les principaux relais pour l'alimentation, l'éducation, la santé et la transmission des valeurs – et recourant, si possible, à la coopération Sud-Sud.

Dans cette aventure qui permettra de passer de la fracture numérique à la solidarité numérique, la Francophonie a parfaitement mesuré le potentiel des technologies de l'information comme outils de développement, notamment dans les domaines de la santé et de l'éducation. À l'occasion du Sommet des chefs d'État et de gouvernement de Bucarest (septembre 2006), elle a d'ailleurs consacré une résolution particulière au Fonds mondial pour la solidarité numérique.

*
* *

Il est temps de conclure. Dans le monde entier, le développement des technologies de l'information provoque des réactions diverses allant des peurs les plus fondamentales aux espérances les plus folles.

Il faut garder la tête sur les épaules : un instrument n'est pas une culture, une information n'est pas un savoir, un outil technologique n'est pas un destin.

Aujourd'hui, les technologies de l'information permettent d'espérer que la société de l'information sera fondée sur une base économique saine et sur un mode démocratique de décision. Ainsi, la société de l'information accompagnera une mondialisation maîtrisée et acceptée, équitable et respectueuse de la diversité, pacifique, garantissant à chaque habitant de la planète :

– un avenir sans guerre fratricide, sans précarité alimentaire, sans danger sanitaire ;
– un avenir où chaque famille de la planète aura son abri, son robinet d'eau potable et son ampoule électrique alimentée par un barrage, une éolienne ou un panneau solaire ;
– un avenir où chaque village aura son école, son centre de santé et son télécentre !

Mon vœu et mon espoir, c'est que la Francophonie garantisse cette orientation, atteigne ces objectifs et réalise ces idéaux, des idéaux de paix et de démocratie, de liberté et de justice, de développement et de partage.

QUATRIÈME PARTIE

Économie et solidarité

Chapitre 1

Les enjeux économiques de la Francophonie

1. Richesse, pauvreté et développement

Un « dixième » de la planète

Les pays membres, associés et observateurs de la Francophonie représentent 11 % de la population mondiale et 12 % de son revenu, soit près de 3 points de plus qu'en 2002. Cette augmentation mécanique liée à l'adhésion de nouveaux pays n'implique malheureusement pas un accroissement de la richesse des pays les plus pauvres de l'ensemble francophone. Ainsi, hors pays nouvellement admis, la part des pays membres retombe à 10,8 %, ce qui correspond à une progression de 0,7 point par rapport à 2002. Ce chiffre global recouvre de sérieuses variations dans les taux de croissance individuels des pays, mais indique que l'ensemble des pays de l'OIF reste accroché au wagon de la croissance mondiale, même si de grandes disparités subsistent.

Ainsi, la Francophonie rassemble toujours les pays parmi les plus riches du monde, comme l'Autriche, la Belgique, le Canada, la France, le Luxembourg et la Suisse, qui appartiennent au club très fermé de la quinzaine de pays dont le revenu moyen par habitant excède les 25 000 dollars par an, et les pays parmi les plus pauvres, dont sept font partie des dix derniers pays apparaissant dans le classement du Programme des Nations unies pour le développement (PNUD)[1] : Burkina Faso, Burundi, Guinée-Bissau, Mali, Niger, République centrafricaine et Tchad.

Poids macroéconomique des États membres de la Francophonie			
Pays	Superficie (en milliers de km²)	Population (en millions)	Revenu national brut (en milliards de US$)
Albanie	28,75	3,2	6,60
Andorre	0,50	0,06	n.d.
Arménie	29,80	3	3,40
Autriche	466,88	8,1	262,10
Belgique	33,12	10,4	322,80
Bénin	112,62	6,9	3,70
Bulgarie	110,91	7,8	21,30
Burkina Faso	274,00	12,4	4,40
Burundi	278,30	7,3	0,70
Cambodge	181,04	13,6	4,40
Cameroun	475,44	16,4	13,10
Canada	9 970,61	31,9	905,60
Cap-Vert	4,03	3,9	0,85
Comores	2,23	3,9	0,33
Congo	342,00	3,9	3,00

1. Voir page 211, le tableau de l'indicateur du développement humain des États membres de l'OIF.

Poids macroéconomique des États membres de la Francophonie

Pays	Superficie (en milliers de km²)	Population (en millions)	Revenu national brut (en milliards de US$)
Congo (République démocratique du)	2 344,86	54,8	6,40
Côte d'Ivoire	322,46	17,1	13,30
Croatie	57,00	4,5	29,70
Djibouti	23,20	0,69	0,74
Dominique	0,75	8,9	0,26
Égypte	1 001,45	66,37	90,10
Ex-Rép. yougoslave de Macédoine	2,57	2,1	4,90
France	551,50	60	1 858,70
Gabon	267,67	1	5,42
Géorgie	70,00	4,5	4,70
Grèce	132,00	11,1	183,90
Guinée	245,86	8,1	3,70
Guinée équatoriale	28,05	0,48	0,44
Guinée-Bissau	36,12	1,45	0,25
Haïti	27,75	8,6	3,40
Hongrie	10,00	10,1	83,30
Laos (Rép. démocratique populaire lao)	236,80	5,8	2,20
Liban	10,40	4,6	22,70
Lituanie	65,20	3,4	19,70
Luxembourg	2 590,00	4,53	25,30
Madagascar	587,04	17,3	5,20
Mali	1 240,19	11,9	4,30
Maroc	446,50	30,6	46,50
Maurice	2,04	1	5,30
Mauritanie	1 025,52	2,9	1,20
Moldavie	33,85	4,2	2,60
Monaco	0,00	0,03	n.d.
Niger	1 267,00	12,1	2,80
Pologne	312,69	38,2	232,40
République centrafricaine	622,98	0,481	1,20
Roumanie	238,39	21,9	63,90
Rwanda	26,34	8,4	1,90
Sainte-Lucie	0,62	1,64	0,71
São Tomé-et-Principe	0,96	1,53	0,06
Sénégal	196,72	10,5	7,00
Seychelles	0,45	8,4	0,69
Slovaquie	49,00	5,4	34,90
Slovénie	20,25	2	29,60
Suisse	41,29	7,4	356,10
Tchad	1 284,00	8,8	2,30
Tchèque (République)	78,87	10	93,20
Togo	56,79	5	1,90
Tunisie	163,61	10	26,30
Vanuatu	12,19	2,07	0,29
Viêt Nam	331,69	82,2	45,10
Total	**28 372,85**	**714,831**	**4 876,82**
Part mondiale	**21,19 %**	**11,27 %**	**12,24 %**

Source : World development report 2006, Banque mondiale, données 2004.

Parmi les plus pauvres

L'indicateur du développement humain (IDH), calculé par le PNUD, mesure l'évolution d'un pays selon trois critères : la santé (espérance de vie à la naissance), le niveau d'éducation (taux d'alphabétisation des adultes et taux brut de scolarisation combiné du primaire, du secondaire et du supérieur) et le niveau de vie (PIB par habitant en US$). Compris entre 0 et 1 (le maximum), il permet d'observer les tendances profondes du développement.

IDH des États membres de l'OIF					
Année 2003	Valeur de l'indicateur du développement humain (IDH)	Espérance de vie à la naissance (en années)	Taux d'alphabétisation des adultes (% des 15 ans et plus)	Taux brut de scolarisation combiné (du primaire au supérieur) [%]	PIB par habitant (en parité de pouvoir d'achat)
Pays ayant un développement humain élevé					
Autriche	0,936	79,0	(a)	89	30 094
Belgique	0,945	78,9	(a)	114	28 335
Bulgarie	0,808	72,2	98,2	78	7 731
Canada	0,949	80,0	(a)	94	30 677
Croatie	0,841	75,0	98,1	75,0	11 080
France	0,938	79,5	(a)	92	27 677
Grèce	0,912	78,3	91,0	92	19 954
Hongrie	0,862	72,7	99,3	89	14 584
Luxembourg	0,949	78,5	(a)	94	30 677
Pologne	0,858	74,3	99,7	90	11 379
Seychelles	0,821	72,7	91,9	85	10 232
Slovaquie	0,849	74,0	99,6	75	13 494
Slovénie	0,904	76,4	99,7	95	19 150
Suisse	0,947	80,5	(a)	90	30 552
Tchèque (République)	0,874	75,6	(a)	80	16 357
Pays ayant un développement humain moyen					
Albanie	0,780	73,8	98,7	69	4 584
Arménie	0,759	71,5	99,4	72	3 671
Cambodge	0,571	56,2	73,6	59	2 078
Cap-Vert	0,721	70,04	75,7	73	5 214
Comores	0,574	63,2	56,2	47	1 714
Congo	0,512	52,0	82,8	47	965
Dominique	0,785	75,6	88,0	75	5 448
Égypte	0,659	69,8	55,6	74	3 950
Ex-Rép. yougoslave de Macédoine	0,797	73,8	96,1	70	6 794
Gabon	0,635	54,5	71,0	74	6 397
Guinée équatoriale	0,655	43,3	84,2	65	19 780
Liban	0,759	72,0	86,5	79	5 074
Maurice	0,791	72,2	84,3	71	11 287
Roumanie	0,792	71,3	97,3	72	7 277
Sainte-Lucie	0,772	72,4	90,1	75	5 709
São Tomé-et-Principe	0,604	63,0	83,1	62	1 231
Togo	0,512	54,3	53,0	66	1 696
Tunisie	0,753	73,3	74,3	74	7 161
Viêt Nam	0,704	70,5	90,3	64	2 490
Pays ayant un faible développement humain					
Bénin	0,431	54,0	33,6	55	1 115
Burkina Faso	0,317	47,5	12,8	24	1 174
Burundi	0,378	43,6	58,9	35	846
Cameroun	0,497	45,8	67,9	55	2 118
Congo (Rép. démocratique du)	0,385	43,1	65,3	28	697
Côte d'Ivoire	0,420	45,9	48,1	42	1 476
Djibouti	0,495	52,8	65,5	24	2 086
Guinée	0,466	53,7	41,0	41	2 097
Guinée-Bissau	0,348	44,7	39,6	37	711
Haïti	0,475	51,6	51,9	n.d.	1 742
Madagascar	0,499	55,4	70,6	51	809
Mali	0,333	47,9	19,0	32	994

Année 2003	IDH des États membres de l'OIF				
	Valeur de l'indicateur du développement humain (IDH)	Espérance de vie à la naissance (en années)	Taux d'alphabétisation des adultes (% des 15 ans et plus)	Taux brut de scolarisation combiné (du primaire au supérieur) [%]	PIB par habitant (en parité de pouvoir d'achat)
Pays ayant un faible développement humain					
Mauritanie	0,477	52,7	51,2	45	1 766
Niger	0,281	44,4	14,4	21	835
République centrafricaine	0,355	39,3	48,6	31	1 089
Rwanda	0,450	43,9	64,0	55	1 268
Sénégal	0,458	55,7	39,3	40	1 648
Tchad	0,341	43,6	25,5	38	1 210

(a) Pour calculer l'IDH de ces pays, le PNUD a pris un taux de 99 %.
Source : *Rapport mondial sur le développement humain 2005*, PNUD.

Les États de la Francophonie présentent un IDH moyen de 0,622, se situant ainsi, comme en 2002, dans la catégorie des pays à développement moyen (avec un IDH compris entre 0,500 et 0,800), mais en dessous de la moyenne calculée pour les seuls pays en développement, qui se situe à 0,694. De plus, de considérables écarts se maintiennent entre ces différents pays.

Quinze d'entre eux affichent un IDH élevé (supérieur à 0,800) avec, en tête, le Canada, le Luxembourg, la Suisse, la Belgique et la France, auxquels s'ajoutent d'autres pays européens (à l'exception des Seychelles, seul pays non européen à figurer sur cette liste) dont, pour la première fois, la Bulgarie. Dix-neuf pays se situent dans la catégorie du développement humain moyen (entre 0,500 et 0,800), parmi lesquels le Congo et le Togo, qui ont quitté ainsi la catégorie des pays à IDH faible dans laquelle ils se trouvaient en 2002. Enfin, dix-huit pays[2] présentent un IDH faible (inférieur à 0,500), soit un seul pays de moins qu'en 2002, le Cameroun ayant régressé. Parmi eux, certains connaissent des réalités tragiques avec des taux d'alphabétisation des adultes inférieurs à 50 % (Bénin, Burkina Faso, Côte d'Ivoire, Guinée, Guinée-Bissau, Mali, Niger, République centrafricaine, Sénégal et Tchad) et une espérance de vie à la naissance souvent inférieure à 50 ans et toujours inférieure à 60 ans.

2 Les échanges commerciaux entre les pays francophones

La valeur des échanges entre les pays membres, associés ou observateurs de l'OIF a augmenté de près de 360 milliards de dollars (Mds US$) entre 2002 et 2004, passant de 329 031,45 millions US$ à 688 392,33 millions US$, soit 19 % du total de leurs échanges commerciaux (3 500 Mds US$).

Avec 18,9 % des exportations et 19 % des importations mondiales, les pays de l'OIF représentent 19 % du commerce mondial de marchandises, en progression de près de 4 points par rapport à 2002. Cette progression est due principalement à l'adhésion de sept nouveaux pays en tant qu'observateurs ou associés au Sommet de la Francophonie de Ouagadougou de novembre 2004 (Andorre[3], Arménie, Autriche, Croatie, Géorgie, Grèce et Hongrie), sans lesquels le ratio « francophone » s'établirait à 16,5 %, soit 1,4 point de plus qu'en 2002. À noter que sans les dix pays observateurs – les mêmes moins Andorre et la Grèce, plus la Lituanie, la Pologne, la Slovaquie, la Slovénie et la République tchèque –, le poids des francophones dans les échanges internationaux tomberait à 15 %.

---

2. Sur un total de 32 pays classés dans cette catégorie.
3. Les données concernant la principauté d'Andorre ne sont toutefois pas disponibles.

Chapitre 1 • *Les enjeux économiques de la Francophonie*

Par ailleurs, ces pays observateurs contribuent à densifier les relations intrafrancophones car, si leurs exportations représentent 22,8 % du total, elles pèsent pour 30 % des exportations entre ces mêmes pays membres. Il en est de même pour les valeurs concernant les importations qui sont respectivement de 21,6 % et de 31 %.

Comme en 2002, le commerce mondial des adhérents de la Francophonie est déficitaire, avec une balance commerciale négative de près de 85 Mds US$.

Échanges entre États membres de l'OIF en 2004						
Pays	Exportations vers les pays membres de l'OIF (millions de US$)	Part des pays membres de l'OIF sur le total des exportations	Importations en provenance des pays membres de l'OIF (millions de US$)	Part des pays membres de l'OIF sur le total des importations	Total des échanges avec les pays membres de l'OIF (millions de US$)	Part des pays membres de l'OIF par rapport au total des échanges	Évolution 2004/2002 (en point)
Albanie	60,39	11,28 %	749,32	32,68 %	809,71	28,63 %	20,96
Arménie	134,21	25,04 %	344,86	26,34 %	479,07	25,96 %	(a)
Autriche	25 600,00	21,64 %	24 542,00	20,46 %	50 142,00	21,05 %	(a)
Belgique	74 382,00	24,16 %	47 896,00	16,75 %	122 278,00	20,59 %	0,09
Bénin	56,51	15,81 %	576,59	28,43 %	633,10	26,54 %	– 0,44
Bulgarie	2 436,07	26,02 %	3 090,73	21,83 %	5 526,80	23,50 %	5,62
Burkina-Faso	40,39	10,93 %	647,6	63,55 %	687,99	49,54 %	– 3,32
Burundi	9,14	18,28 %	43,44	20,05 %	52,58	19,72 %	– 4,24
Cambodge	311,94	12,05 %	479,18	13,54 %	791,12	12,91 %	5,49
Cameroun	598,01	17,35 %	961,08	42,67 %	1 559,09	27,36 %	– 3,33
Canada	4 668,00	1,48 %	8 885,00	3,27 %	13 553,00	2,31 %	0,18
Cap-Vert	0,49	2,38 %	41,27	9,06 %	41,76	8,77 %	– 4,48
Comores	7,76	22,56 %	41,49	36,20 %	49,25	33,05 %	– 37,42
Congo	85,09	10,15 %	138,23	42,44 %	223,32	19,18 %	1,24
Congo (République démocratique du)	558,53	50,42 %	422,3	32,03 %	980,83	40,42 %	– 12,44
Côte d'Ivoire	1 748,42	29,18 %	1 218,32	34,86 %	2 966,74	31,27 %	– 2,97
Croatie	1 993,00	25,36 %	4 532,00	27,58 %	6 525,00	26,86 %	(a)
Djibouti	3,79	1,51 %	87,83	8,90 %	91,62	7,40 %	– 2,22
Dominique	8,49	11,43 %	24,78	10,57 %	33,27	10,77 %	5,88
Égypte	1 469,00	12,14 %	3 530,00	12,62 %	4 999,00	12,48 %	0,84
Ex-République yougoslave de Macédoine	471,32	30,70 %	1 372,8	50,57 %	1 844,12	43,39 %	26,76
France	92 159	20,55 %	93 272	20,04 %	185 431,00	20,29 %	2,63
Gabon	456,06	10,20 %	947,95	58,72 %	1 404,01	23,07 %	– 5,05
Géorgie	124,23	19,22 %	264,49	14,32 %	388,72	15,59 %	(a)
Grèce	4 208,00	27,68 %	9 496,00	18,07 %	13 704,00	20,23 %	(a)
Guinée	258,32	46,16 %	395,6	35,53 %	653,92	39,08 %	1,88
Guinée équatoriale	35,4	0,91 %	312,2	35,31 %	347,60	7,26 %	– 10,57
Guinée-Bissau	1,99	1,72 %	89,17	50,72 %	91,16	31,28 %	17,10
Haïti	27,73	6,51 %	32,22	3,59 %	59,95	4,53 %	– 0,82
Hongrie	16 779,00	30,63 %	16 577,00	27,87 %	33 356,00	29,19 %	(a)
Laos (Rép. démocratique populaire lao)	150,02	27,77 %	101,08	9,57 %	251,10	15,73 %	– 2,97
Liban	371,69	19,25 %	1 882,59	20,44 %	2 254,28	20,24 %	– 3,43
Lituanie	2 039,47	21,94 %	2 319,52	18,74 %	4 358,99	20,11 %	8,15
Luxembourg	6 042,00	37,11 %	9 024,00	45,00 %	15 066,00	41,46 %	0,16
Madagascar	462,6	36,91 %	499,53	28,82 %	962,13	32,22 %	– 2,65
Mali	43,58	13,50 %	755,9	40,69 %	799,48	36,67 %	– 3,09
Maroc	3 862,00	39,66 %	4 368,00	24,78 %	8 230,00	30,08 %	0,09
Maurice	597,02	31,00 %	443,21	16,14 %	1 040,23	22,27 %	– 0,73
Mauritanie	227,75	29,06 %	353,37	31,44 %	581,12	30,47 %	– 6,40
Moldavie	164,24	16,65 %	405,8	22,87 %	570,04	20,65 %	8,88

Quatrième partie 213

Pays	Exportations vers les pays membres de l'OIF (millions de US$)	Part des pays membres de l'OIF sur le total des exportations	Importations en provenance des pays membres de l'OIF (millions de US$)	Part des pays membres de l'OIF sur le total des importations	Total des échanges avec les pays membres de l'OIF (millions de US$)	Part des pays membres de l'OIF par rapport au total des échanges	Évolution 2004/2002 (en point)
Niger	113,75	51,12 %	208,75	35,50 %	322,50	39,79 %	– 3,90
Pologne	18 653,00	25,28 %	19 690,00	22,34 %	38 343,00	23,68 %	4,66
République centrafricaine	67,12	51,31 %	78,23	38,63 %	145,35	43,61 %	– 19,96
Roumanie	6 088,00	25,93 %	6 880,00	23,23 %	12 968,00	24,43 %	8,25
Rwanda	11,2	2,91 %	75,98	16,00 %	87,18	10,14 %	– 2,39
Sainte-Lucie	4,33	5,26 %	23,18	5,66 %	27,51	5,59 %	2,20
São Tomé-et-Principe	2,15	21,72 %	8,36	12,72 %	10,51	13,90 %	– 0,44
Sénégal	572,38	45,09 %	992,76	35,03 %	1 565,14	38,14 %	– 0,83
Seychelles	78,68	21,42 %	87,01	15,73 %	165,69	18,00 %	– 5,83
Slovaquie	10 264,00	40,96 %	11 986,00	44,97 %	22 250,00	43,03 %	23,08
Slovénie	5 818,00	40,06 %	7 296,00	39,59 %	13 114,00	39,79 %	19,97
Suisse	34 376,00	29,01 %	27 562,00	24,70 %	61 938,00	26,92 %	11,35
Tchad	20,85	1,88 %	81,5	19,92 %	102,35	6,74 %	– 30,10
Tchèque (République)	23 389,00	34,82 %	17 775,00	26,16 %	41 164,00	30,46 %	17,71
Togo	252,71	45,61 %	392,2	22,80 %	644,91	28,36 %	– 4,61
Tunisie	3 799,75	39,26 %	4 164,37	32,73 %	7 964,12	35,55 %	0,18
Vanuatu	18,53	9,06 %	9,44	4,06 %	27,97	6,40 %	3,01
Viêt Nam	2 582,00	10,02 %	1 153,00	3,47 %	3 735,00	6,33 %	– 0,69
TOTAL/PART	348 764,10	20,24 %	339 628,23	18,78 %	688 392,33	19,49 %	4,43

(a) Non membres de l'OIF en 2002.
Tableau réalisé par le HCF d'après *Direction of Trade Statistics Yearbook 2005*, FMI.

L'analyse détaillée des échanges entre les pays de l'OIF révèle un tableau assez nuancé. Certes, les pays dont les valeurs des échanges sont les plus élevées concentrent également l'essentiel des échanges entre les pays de la Francophonie[4], mais la part relative de cette relation prioritaire aux pays francophones donne un tout autre classement dans lequel les pays les plus riches ne sont plus aussi bien placés. En clair, si la Belgique et la France représentent, en valeur, près de 45 % des échanges intrafrancophones, elles n'occupent respectivement que les 35e et 36e places pour la part que ceux-ci expriment du total de leurs échanges. En revanche, avec des montants relativement modestes, inférieurs au milliard de US$, quelques pays consacrent au moins un tiers de leurs échanges à d'autres pays membres de la Francophonie. On y trouve, en tête, la République démocratique du Congo (84 % de ses échanges), le Burkina Faso (49 %) et la République centrafricaine (43 %), suivis, dans l'ordre, par le Niger (39,8 %), la Guinée (39 %), le Mali (36,7 %) et les Comores (33 %).

Toutefois, quelques pays cumulent une valeur générale d'échanges avec les autres membres de l'OIF importante (entre 10 et 60 Mds US$) et une bonne « intégration commerciale francophone », avec au moins un quart de la valeur totale de leur commerce réalisé avec d'autres pays membres de l'OIF : Suisse, République tchèque, Hongrie, Slovaquie, Luxembourg et Slovénie (dans l'ordre décroissant de la valeur totale).

Sur les 52 pays étudiés[5], 27 connaissent une augmentation de la part de leurs « échanges francophones » et 25 enregistrent une baisse. Ces variations répondent à des logiques dont les éditions précédentes de *La Francophonie dans le monde* ont déjà révélé le peu de rapport

---

4. À eux seuls, neuf pays concentrent plus de 82 % des échanges entre pays membres. Dans l'ordre décroissant : France, Belgique, Suisse, Autriche, République tchèque, Pologne, Hongrie, Slovaquie et Luxembourg.
5. Sans les pays ayant adhéré au Sommet de Ouagadougou ni Andorre, dont les données ne sont pas fournies par le FMI.

qu'elles entretenaient avec l'appartenance ou non à la Francophonie institutionnelle. L'intensité et le niveau des relations commerciales entre deux pays dépendent plutôt de leur niveau de développement et de complémentarité, de leur proximité géographique ou de leur appartenance à un même ensemble douanier. On peut ainsi penser que c'est plutôt pour l'une ou l'autre de ces raisons que la Slovénie, par exemple, a pour principaux partenaires francophones le Canada, l'Autriche, la France, la Grèce ou le Luxembourg.

L'importance d'un lien historique, souvent déterminant dans les échanges entre les anciennes puissances coloniales et les pays du Sud, est également un critère à retenir, même s'il ne se vérifie pas toujours. Ainsi, l'histoire explique sans doute pourquoi la France reste le partenaire principal de nombre de pays francophones : 1er fournisseur du Burkina Faso, du Cameroun, de la République centrafricaine, des Comores, du Congo, de la Côte d'Ivoire, du Gabon, de Madagascar (et son 2e client derrière les États-Unis), du Mali, du Maroc (et son 1er client), de la Mauritanie (dont le 1er client est le Japon), du Niger (et son 1er client), du Sénégal, du Tchad, de la Tunisie (et son 1er client) ; 2e fournisseur du Bénin (et son 2e client derrière la Chine) ; 1er client de la Guinée.

De même, on constate que la Belgique est le 1er client et le 1er fournisseur de la République démocratique du Congo, et le 1er client du Burundi, que l'Espagne est le 1er client de la Guinée équatoriale, et le Portugal le 1er fournisseur de Sao Tomé-et-Principe et le 2e (après le Sénégal) de la Guinée-Bissau.

Cependant, en 2004, plusieurs de ces pays, et d'autres en Afrique, dont la Belgique et la France étaient des partenaires importants, ont rééquilibré leurs échanges par une diversification de leurs acheteurs en Afrique même et en s'ouvrant à d'autres fournisseurs comme les États-Unis, la Chine, Taiwan ou l'Inde. C'est le cas, par exemple, du Bénin, du Burkina Faso, de la République démocratique du Congo, de la République centrafricaine, du Gabon, de la Mauritanie et du Tchad.

Les plus fortes progressions en 2004

Les pays dont la part des échanges réalisés avec d'autres pays membres de l'OIF a le plus augmenté sont plutôt situés en Europe centrale, orientale et balte. On y trouve, dans l'ordre, avec au moins 20 points d'augmentation entre 2002 et 2004, l'ex-République yougoslave de Macédoine, la Slovaquie, l'Albanie et la Slovénie, suivies de près par la République tchèque (+ 17 points), mais aussi, avec une progression de plus de 8 points, la Moldavie, la Roumanie et la Lituanie. Deux autres progressions notables sont le fait de la Guinée-Bissau d'une part, avec 17 points de plus en 2004, et de la Suisse d'autre part, avec un saut de plus de 11 points.

De manière générale, ces États ont vu leurs échanges augmenter plus particulièrement avec leurs voisins et plutôt par un accroissement de leurs importations, sauf pour la Guinée-Bissau, la République tchèque et la Suisse. Ainsi, les principaux partenaires de l'Albanie, la Bulgarie, l'ex-République yougoslave de Macédoine, la Moldavie, la République tchèque, la Roumanie, la Slovaquie, la Slovénie et la Suisse en 2004, ont été les États de l'Union européenne, dans l'ordre : l'Autriche, la Belgique, la France, la Grèce, la Hongrie, la Pologne, auxquels s'ajoute souvent le Canada. Pour la Guinée-Bissau, la progression est due aux importations en provenance de Belgique, du Sénégal et de la Côte d'Ivoire (multipliées par trois). Quant au Cambodge, il a triplé ses exportations vers le Canada, et le Viêt Nam et a doublé ses importations en provenance du Viêt Nam.

Les plus fortes baisses en 2004

Parmi les plus fortes baisses figurent surtout des États africains : Comores (37,42 %), Tchad (30,10 %), Centrafrique (19,96 %), République démocratique du Congo (12,44 %) et Guinée équatoriale (10,57 %).

Elles sont le résultat d'une diminution des échanges avec les pays européens, parmi lesquels l'Autriche, la Belgique, la France, la Grèce, la Pologne, la République tchèque et la Suisse, mais aussi d'une baisse dans les relations commerciales intrarégionales. Ainsi, les cas de la République démocratique du Congo et des Comores sont significatifs, qui ont vu leurs exportations divisées par deux vers la France. Côté importations, la Centrafrique connaît une chute de ses achats à la République tchèque et à la Pologne, et la République démocratique du Congo une réduction de moitié de ses commandes à la Belgique. La même baisse est constatée dans la valeur des importations des Comores, de la Guinée équatoriale, de la Mauritanie, du Tchad et du Togo en provenance de la France, de l'Autriche et du Canada. Par ailleurs, les échanges du Niger se sont également réduits avec le Togo, et ceux du Sénégal et du Maroc avec la Mauritanie.

La baisse des relations commerciales des États francophones du Sud avec les autres pays membres de la Francophonie ne fait malheureusement que refléter l'inquiétante réduction de la part déjà faible des États africains dans le commerce mondial.

Des tendances confirmées par les enquêtes

Sur les 63 pays membres et observateurs de la Francophonie interrogés, 35 nous ont renvoyé des réponses exploitables. Plus de 65 % d'entre eux estiment ne pas bénéficier « d'appui de la part des institutions francophones dans le domaine du développement économique ». En revanche, la plupart des pays questionnés reconnaissent un soutien des coopérations bilatérales des pays francophones du Nord dans les domaines de l'éducation, de l'environnement, de la justice, des droits de l'homme, de l'énergie et de la formation des fonctionnaires (notamment de la France pour les écoles nationales d'administration ou les impôts).

En sus de ces coopérations économiques bilatérales, des actions conduites par les opérateurs directs de la Francophonie et le secteur non étatique (associations, OING, entrepreneurs…) sont mentionnées :

→ Au Cambodge, l'OIF, l'Agence universitaire de la Francophonie (AUF), la Chambre de commerce franco-cambodgienne et le Service de coopération et d'action culturelle de l'ambassade de France ont ouvert un département de l'emploi, qui organise régulièrement des « forums de carrières ».

→ Au Viêt Nam, une fête de l'emploi francophone, organisée par l'association des entreprises françaises et l'AUF, s'est déroulée à Hô Chi Minh-Ville, le 21 mai 2006. La manifestation a accueilli 24 entreprises issues de pays francophones travaillant dans différents domaines (distribution, finances, produits pharmaceutiques…)[6], et elle a permis à des demandeurs d'emploi de faire valoir leurs compétences, notamment linguistiques.

→ Au Laos, la Chambre de commerce française, en association avec l'AUF, a organisé en mars 2006 le forum francophone pour l'emploi et l'enseignement supérieur.

À l'origine de toutes ces manifestations, se trouve la préoccupation de veiller à un apprentissage du français contribuant véritablement au développement des ressources humaines du pays. Au Laos, un comité de suivi du forum a même été mis en place, qui associe le secteur privé et l'université pour tendre à une meilleure adéquation entre les formations dispensées et les attentes des entreprises.

Pour la majorité des pays interrogés, le Forum francophone des affaires (FFA), créé à Québec en 1987[7], est cité comme étant l'un des principaux réseaux d'entreprises francopho-

---

6. *Le Courrier du Viêt Nam*, « La fête de l'emploi à Hô Chi Minh-Ville » [en ligne], http://lecourrier.vnagency.com.vn/default.asp?query=la%20f%C3%AAte%20de%20l'emploi%20%C3%A0%20h%C3%B4%20chi%20minh%20ville&method=Search&CAT_ID=16&NEWSPAPER_ID=39&TOPIC_ID=50&REPLY_ID=34323, (page consultée le 23 août 2006).
7. Voir le chapitre I « Disparités et enjeux économiques de la Francophonie » dans la 5e partie « Économie et solidarité », *La Francophonie dans le monde 2004-2005*, Paris, Larousse, 2005, p. 242.

nes[8]. En deuxième position arrivent les chambres de commerce et d'industrie (CCI) bilatérales. En effet, les pays disposent souvent d'une chambre de commerce en association avec la France. À l'exemple de la CCI franco-bulgare, elles ont pour mission « l'appui logistique aux entreprises, l'augmentation des échanges et des investissements bilatéraux, l'organisation et la structuration de l'import/export, la promotion des relations économiques bilatérales et l'animation de la Francophonie ». Par ailleurs, d'autres regroupements d'entreprises nationales existent dans les pays et favorisent la formation professionnelle en français et le développement des courants d'affaires entre pays membres de la Francophonie.

Unique en son genre, la Conférence permanente des Chambres consulaires africaines et francophones (CPCCAF)[9] est un réseau composé de 94 organisations (vingt françaises, une belge, soixante-douze africaines) dans 24 pays[10], dont les compétences couvrent les secteurs du commerce et de l'industrie, de l'artisanat, de l'agriculture et des services[11]. Il faut également citer la Chambre de commerce franco-arabe, créée en 1970, qui regroupe 22 pays arabes, dont 7[12] sont membres de l'OIF. Cette assemblée consulaire mixte et paritaire a pour objet « de favoriser et de développer les relations commerciales et la coopération industrielle, financière, touristique et agricole entre les opérateurs économiques français et arabes[13] ».

D'un point de vue général, le commerce extérieur de la grande majorité des pays membres de la Francophonie n'est pas concerné par la dimension francophone de tel ou tel produit ou service. Aucun pays ne rapporte une variation dans les conditions d'accueil des investissements étrangers concernant les produits ou services de langue française par rapport à d'autres marchandises. Les seuls changements pouvant affecter le commerce avec les pays francophones sont plutôt dus à des problèmes plus généraux ou à des stratégies d'entreprises. La logique est purement commerciale et non linguistique.

Ainsi, certains pays, comme Madagascar, s'ouvrent de plus en plus au commerce avec les pays anglophones, ce qui rend nécessaire la pratique de l'anglais, sans exclure pour autant le français. Aux Comores, les produits et services en provenance de pays francophones subissent de plus en plus la concurrence des marchandises en provenance de Dubaï ou d'Afrique du Sud, plus proches et moins chers. Il en est de même au Burundi, qui a diminué ses achats en provenance de l'Union européenne au profit de l'Asie et de la zone du Marché commun de l'Afrique du Sud et de l'Est (Comesa). Dans d'autres pays, comme en République centrafricaine, on nous signale que l'instabilité économique et politique de ces dernières années a provoqué le retrait des principaux groupes français, laissant la place à des entreprises libanaises arabophones et à des investisseurs chinois qui travaillent peu avec les pays francophones.

Le Congo a quant à lui adopté des politiques restrictives concernant l'importation de volailles en provenance de l'étranger à cause de la grippe aviaire, ce qui a réduit le commerce avec certains pays francophones.

---

8. Implanté dans près de cent pays, le FFA est un réseau qui favorise les échanges entre ses adhérents. Il organise régulièrement des Assises économiques sur des thèmes intéressant les gens d'affaires et remet le prix de la Francophonie économique. Les derniers lauréats, distingués en avril 2006 à Prague (République tchèque), ont été les industries aéronautiques israéliennes (IAI/Europe), Apprentissage illimité et B-Bel du Canada, ainsi que la Société nationale d'assurance (SNA) du Liban.
9. Créée en 1973 à l'initiative des présidents Pompidou, Houphouët-Boigny et Senghor.
10. Bénin, Burkina Faso, Burundi, Cameroun, Cap-Vert, Centrafrique, Congo, Côte d'Ivoire, Djibouti, Gabon, Guinée, Guinée-Bissau, Guinée équatoriale, Madagascar, Mali, Maroc, Mauritanie, Niger, République démocratique du Congo, Rwanda, Sénégal, Tchad, Togo ; Haïti comme membre associé.
11. CPCCAF, « Réseau » [en ligne], http://mairies.proxiland.fr/cpccaf/default.asp?a=9949&b= (consultée le 23 août 2006).
12. Comores, Djibouti, Égypte, Liban, Maroc, Mauritanie et Tunisie.
13. Chambre de commerce franco-arabe, « Qui sommes-nous ? » [en ligne], http://www.ccfranco-arabe.org/french/index.php# (consultée le 21 août 2006).

3 L'investissement direct étranger dans les pays de la Francophonie

L'importance de l'investissement direct étranger [14] (IDE) constitue un élément clé de la mesure de l'ouverture des marchés et de l'intégration des économies aux échanges internationaux. Considérés comme un moteur important de la croissance économique, les IDE faisaient l'objet de politiques restrictives dans les pays de l'Est jusqu'au début des années 1990. Ils ont fortement augmenté à la fin de cette décennie, avant de connaître une décélération à partir de 2000. L'étude de ces flux fait apparaître « l'espace économique francophone [15] » comme l'un des acteurs majeurs de ce marché.

En 2004, il a attiré 170 560 millions de US$ d'investissements étrangers, ce qui constitue une baisse par rapport à l'année 2002 qui enregistrait un montant global supérieur à 253 Mds US$, mais le place néanmoins à la hauteur du quart des flux constatés. Avec 26 % du total des investissements mondiaux (estimés à 648 Mds US$), les pays de la Francophonie se maintiennent à un niveau très élevé, et la baisse constatée ne fait que refléter un retour à la normale après un bond spectaculaire et ponctuel dû aux chiffres luxembourgeois exceptionnellement élevés en 2002.

Dans l'espace francophone, comme pour le reste du monde, les flux d'investissements s'orientent prioritairement vers les pays développés : 58 % du total, soit 380 Mds US$ contre 233 Mds US$ vers les pays en développement. La plupart de ces investissements (63 %) concernent l'Asie alors que l'Afrique subsaharienne continue à n'attirer qu'une dizaine de milliards de dollars (12 Mds en 2003 et 2004), dont l'essentiel vers des pays non membres de l'OIF (Nigeria, Angola), même si la Guinée équatoriale (1,6 Mds) et la République démocratique du Congo (900 millions de US$) se sont distinguées positivement en 2004.

Ainsi, à eux seuls, le Luxembourg (57 Mds US$), la Belgique (34 Mds US$) et la France (14 Mds US$) concentrent près de 69 % des investissements directs étrangers comptabilisés en 2004 pour l'ensemble des pays membres de l'OIF.

IDE dans les États membres de l'OIF en 2004			
Pays	Flux entrants d'investissements directs étrangers (en millions de US$)	Pays	Flux entrants d'investissements directs étrangers (en millions de US$)
Albanie	462	Cameroun	0
Andorre	n.d.	Canada	6 293
Arménie	235	Cap-Vert	20
Autriche	4 865	Comores	2
Belgique	34 366	Congo	668
Bénin	60	Congo (Rép. démocratique du)	900
Bulgarie	2 486	Côte d'Ivoire	360
Burkina Faso	35	Croatie	1 076
Burundi	3	Djibouti	33
Cambodge	131	Dominique	19

14. Selon la Cnuced, « les flux entrants et sortants de l'IDE comprennent les capitaux fournis par l'investisseur direct (soit directement, soit par l'intermédiaire d'autres entreprises avec lesquelles il est lié) à l'entreprise d'investissement direct ou les capitaux reçus de cette entreprise par l'investisseur. L'IDE est composé des trois catégories suivantes : le capital social, les bénéfices réinvestis et les emprunts intra-compagnie. Les données sur l'IDE se présentent sur une base nette (les crédits moins les débits des transactions en capital entre l'investisseur direct et son entreprise apparentée). Les flux de l'IDE avec un signe négatif indiquent qu'au moins une des trois catégories de l'IDE est négative et n'est pas contrebalancée par les valeurs positives des autres catégories. Il s'agit alors de désinvestissements ou de réductions d'investissement ».

15. On utilise ici par commodité l'expression « espace économique francophone » pour désigner l'ensemble des territoires des pays membres (53) et des pays observateurs (10) traversés par des échanges commerciaux et des flux d'investissements.

Chapitre 1 • Les enjeux économiques de la Francophonie

Pays	IDE dans les États membres de l'OIF en 2004 Flux entrants d'investissements directs étrangers (en millions de US$)	Pays	Flux entrants d'investissements directs étrangers (en millions de US$)
Égypte	1 253	Monaco	Sans objet
Ex-République yougoslave de Macédoine	151	Niger	20
France	24 318	Pologne	6 159
Gabon	323	République centrafricaine	– 13*
Géorgie	499	Roumanie	5 174
Grèce	1 351	Rwanda	11
Guinée	100	Sainte-Lucie	111
Guinée équatoriale	1 664	São Tomé-et-Principe	54
Guinée-Bissau	5	Sénégal	70
Haïti	7	Seychelles	60
Hongrie	4 167	Slovaquie	1 122
Laos (Rép. démocratique populaire lao)	17	Slovénie	516
Liban	288	Suisse	4 478
Lituanie	773	Tchad	478
Luxembourg	57 000	Tchèque (République)	4 463
Madagascar	45	Togo	60
Mali	180	Tunisie	639
Maroc	853	Vanuatu	22
Maurice	65	Viêt Nam	1 610
Mauritanie	300	**TOTAL**	170 558
Moldavie	151	**Part mondiale**	26,31 %

*Cf. note de bas de page n° 14.
Source : site de la Cnuced (http://stats.unctad.org/FDI/ReportFolders/reportFolders.aspx)

Par rapport à 2002, on constate une réelle diminution des flux de capitaux étrangers investis dans un tiers des pays membres de l'OIF : le Cambodge (– 10 %), le Canada (– 71 %), la Centrafrique (solde négatif), la Croatie (– 4 %), la France (– 50 %), le Luxembourg (– 55 %), le Mali (– 26 %), la République tchèque (– 47 %), le Sénégal (– 10 %), la Slovaquie (– 72 %) la Slovénie (– 69 %), la Suisse (– 28 %), le Tchad (– 48 %), le Togo (– 13 %), la Tunisie (– 22 %). De plus, le Cameroun n'a enregistré aucun flux d'investissements entrants en 2004.

À l'inverse, les flux ont augmenté vers l'Autriche (multipliés par dix), la Belgique, la Bulgarie, la République démocratique du Congo, l'Égypte, la Guinée équatoriale, la Hongrie, la Roumanie et le Viêt Nam. Entre pays membres de la Francophonie, on peut noter l'intensification des relations économiques entre la Roumanie et le Canada, ainsi que ceux de la Hongrie avec la France, la Belgique et le Canada.

Les conclusions à tirer de ces différentes variations à la baisse ou à la hausse exigeraient un examen détaillé de chacun des cas qui recouvrent des réalités trop différentes (en valeur comme pour les secteurs concernés) pour pouvoir être décrites ici. Le seul exemple du Luxembourg, dont l'augmentation des investissements étrangers en 2002 a fait quasiment doubler le total francophone, mais qui accuse une baisse de 60 Mds US$ en 2004, suffit à démontrer la difficulté d'analyser des situations très volatiles. Globalement, comme pour le commerce de marchandises, les investissements étrangers entrant dans l'espace francophone suivent une logique de proximité. Ainsi, la plupart des pays européens accueillent un montant relativement plus élevé d'IDE provenant des pays de l'Union européenne, tandis qu'au Canada ils proviennent plutôt des États-Unis.

Les facteurs décisifs quant aux variations dans les volumes des investissements étrangers directs sont essentiellement liés aux dispositions fiscales offertes par les pays d'accueil, à l'environnement économique général et à son degré d'ouverture qui correspondent plus ou moins aux stratégies propres des entreprises internationales dont les logiques d'investissement combinent plusieurs intérêts parfois contradictoires dictés le plus souvent par l'actionnariat.

Afin de renforcer la prévisibilité de ces investissements et pour favoriser leur venue, on observe la multiplication d'accords multilatéraux et bilatéraux d'investissements ainsi que de contrats d'État et de traités d'investissements qui permettent de préciser les règles de protection et de garantie des investissements étrangers. Ainsi, de manière préventive, les opérateurs économiques internationaux cherchent à mettre en place des mécanismes de garantie qui sont destinés à couvrir les risques politiques, à l'échelon national ou international.

Dans cette politique d'ouverture, la Francophonie soutient l'intégration de ses pays membres à l'économie mondiale à travers des programmes d'expertise lors de la négociation d'accords commerciaux et d'investissements. La mise en place d'une plate-forme d'experts vise notamment au renforcement des capacités des organisations régionales et des pays du groupe Afrique-Caraïbe-Pacifique à négocier les futurs accords de partenariat économique avec l'Union européenne.

4 L'évolution de l'aide publique

Le Comité d'aide au développement (CAD) de l'OCDE réunit vingt-deux de ses pays membres (plus l'Union européenne), dont sept font partie de l'OIF (Autriche, Belgique, Canada, France, Grèce, Luxembourg, Suisse). Le CAD recense les chiffres de l'aide sous toutes ses formes (dons et prêts multilatéraux ou bilatéraux) et publie à cette fin un rapport annuel, dont sont tirées les données présentées ici, qui ne retiennent que les montants cumulés de l'aide publique (pour les pays émergents et en transition) et de l'aide publique au développement (pour les pays en développement) versés en 2004.

L'aide publique des pays du CAD en 2004		
Pays donateurs	Versement net de l'aide publique bilatérale (en millions de US$)	Part du RNB (%)
Allemagne	4 298,30	0,28
Australie	1 195,30	0,25
Autriche	510,90	0,23
Belgique	910,30	0,41
Canada	2 084,10	0,27
Danemark	1 245,20	0,85
Espagne	1 414,90	0,24
États-Unis	17 785,00	0,17
Finlande	407,00	0,35
France	7 130,40	0,41
Grèce	354,30	0,23
Irlande	412,60	0,39
Italie	717,90	0,15
Japon	5 978,00	0,19
Luxembourg	173,80	0,83
Norvège	1 581,50	0,87
Nouvelle-Zélande	159,60	0,23
Pays-Bas	2 722,90	0,73
Portugal	873,80	0,63
Royaume-Uni	5 409,00	0,36
Suède	2 198,70	0,78
Suisse	1 275,50	0,41
Total CAD	58 839,00	**0,26**

Sources : *Répartition géographique des ressources financières allouées aux pays bénéficiaires de l'aide*, OCDE, 2006, et *Statistiques de l'aide* sur http://www.oecd.org/

Sur l'ensemble de l'aide distribuée en 2004 par les pays membres du CAD, plus de 23 % sont allés aux pays d'Afrique subsaharienne, suivie par le Moyen-Orient et l'Afrique du Nord (près de 14 %). Les premiers pays bénéficiaires, avec près d'un quart du total versé, ont été, dans l'ordre : l'Irak, la République démocratique du Congo, la Chine, l'Inde, l'Indonésie, l'Afghanistan, l'Égypte, le Pakistan, le Ghana et le Viêt Nam.

Globalement, le montant de l'aide distribuée s'est fortement accru depuis 2002 avec des taux de croissance à deux chiffres. La tendance se confirme en 2005 avec une augmentation de 31,4 % et un montant total jamais égalé de 106,5 Mds US$, ce qui correspond à 0,33 % du revenu national brut cumulé des membres du Comité. Cette forte augmentation est notamment due à l'allégement de la dette de l'Irak (14 Mds US$) et du Nigeria (5 milliards). Globalement, les allégements de dette ont augmenté de plus de 400 %, alors que les autres formes d'aide n'ont progressé que de 8,7 %. À cela s'ajoute l'aide aux victimes du tsunami qui s'est élevée à 22,2 Mds US$.

Ce mouvement à la hausse doit être salué, de même que les initiatives prises récemment par la France, rejointe depuis par une dizaine de pays (dont le Chili, le Brésil, le Luxembourg et le Royaume-Uni), pour trouver de nouvelles sources de financements grâce à la taxe sur les billets d'avion. Il faut cependant relativiser l'importance des aides publiques et rappeler que les envois de fonds des travailleurs immigrés vers leur pays d'origine, estimés à 126 Mds US$ en 2004, dépassaient le montant total de l'aide mondiale et représentaient la deuxième source de financement externe des pays en développement, après les investissements directs.

Les premiers contributeurs de l'aide restent, dans l'ordre, les États-Unis (avec 30 % de l'aide versée), la France (12 %), le Japon (10 %), le Royaume-Uni (9 %), l'Allemagne (7 %), suivis des Pays-Bas, de la Suède et du Canada. Ce constat positif est néanmoins tempéré par la faiblesse des sommes rapportées à la richesse produite par ces pays. Ainsi, comme les années précédentes, seuls le Danemark, le Luxembourg, la Norvège, les Pays-Bas et la Suède atteignent ou dépassent le seuil des 0,7 % du RNB pour les montants alloués à l'aide. Il faut toutefois souligner les progrès réalisés par certains pays membres de la Francophonie, comme la Belgique, la France et la Suisse, qui ont atteint le taux de 0,41 % en 2004 et confirmé cette tendance en 2005, avec des taux respectifs de 0,53 %, de 0,47 % et de 0,44 %.

Il faut souligner également la poursuite d'une politique ambitieuse d'aide au développement de la part d'autres pays membres de la Francophonie mais non intégrés au CAD, comme la Pologne, qui a versé 283 millions de US$ en 2005 ; la Slovaquie, qui a pratiquement doublé son aide pour atteindre 56 millions de US$, en raison notamment du renforcement de l'aide aux pays les moins avancés d'Afrique subsaharienne ; et la République tchèque, dont l'aide est passée à 131 millions de US$ en 2005.

Sur le montant total de l'aide versée, les pays membres de la Francophonie continuent de représenter un pourcentage important. Avec plus de 23 % des fonds alloués, soit plus de 20 Mds US$, les pays de l'OIF restent au même niveau qu'en 2002.

\multicolumn{4}{c}{L'aide reçue par les États membres de l'OIF en 2004}
Pays	Aide bi- et multilatérale nette totale reçue (en millions de US$)	Pays	Aide bi- et multilatérale nette totale reçue (en millions de US$)
Albanie	362,50	Cameroun	761,50
Andorre	n.d.	Canada	s.o.
Arménie	254,10	Cap-Vert	139,80
Autriche	s.o.	Comores	24,50
Belgique	s.o.	Congo	116,00
Bénin	378,00	Congo (Rép. démocratique du)	1 815,00
Bulgarie	622,40	Côte d'Ivoire	153,60
Burkina Faso	610,00	Croatie	120,80
Burundi	350,70	Djibouti	64,10
Cambodge	478,30	Dominique	29,20

L'aide reçue par les États membres de l'OIF en 2004			
Pays	Aide bi- et multilatérale nette totale reçue (en millions de US$)	Pays	Aide bi- et multilatérale nette totale reçue (en millions de US$)
Égypte	1 457,70	Niger	536,10
Ex-Rép. yougoslave de Macédoine	248,40	Pologne	1 524,8
France	s.o.	République centrafricaine	104,50
Gabon	37,80	Roumanie	915,70
Géorgie	315,40	Rwanda	467,50
Grèce	s.o.	Sainte-Lucie	− 21,5 [16]
Guinée	279,30	São Tomé-et-Principe	33,40
Guinée équatoriale	29,70	Sénégal	1 051,50
Guinée-Bissau	76,20	Seychelles	10,30
Haïti	242,70	Slovaquie	235,20
Hongrie	302,70	Slovénie	62,20
Laos (Rép. démocratique populaire lao)	269,60	Suisse	s.o.
Liban	264,80	Tchad	318,90
Lituanie	252,20	Tchèque (République)	279,80
Luxembourg	s.o.	Togo	61,40
Madagascar	1 235,80	Tunisie	327,70
Mali	567,40	Vanuatu	37,80
Maroc	705,90	Viêt Nam	1 830,30
Maurice	37,90	**TOTAL**	**20 698,80**
Mauritanie	179,80	Total versé par les pays du CAD	87 307,10
Moldavie	117,90	Part « francophone »	23,71 %
Monaco	s.o.		

Source : *Répartition géographique des ressources financières allouées aux pays bénéficiaires de l'aide*, OCDE, 2006.

La solidarité francophone

En 2004, comme en 2002, les pays donateurs membres de l'OIF et du CAD marquent souvent une réelle solidarité avec les pays membres de la Francophonie dans le cadre de leur aide bilatérale. Cela est particulièrement prononcé dans le cas du Luxembourg (79,17 % de ses versements), de la Belgique (53,42 %) et de la France (45,29 %). De leur côté, le Canada (16,63 %) et la Suisse (16,01 %) concentrent moins leur aide.

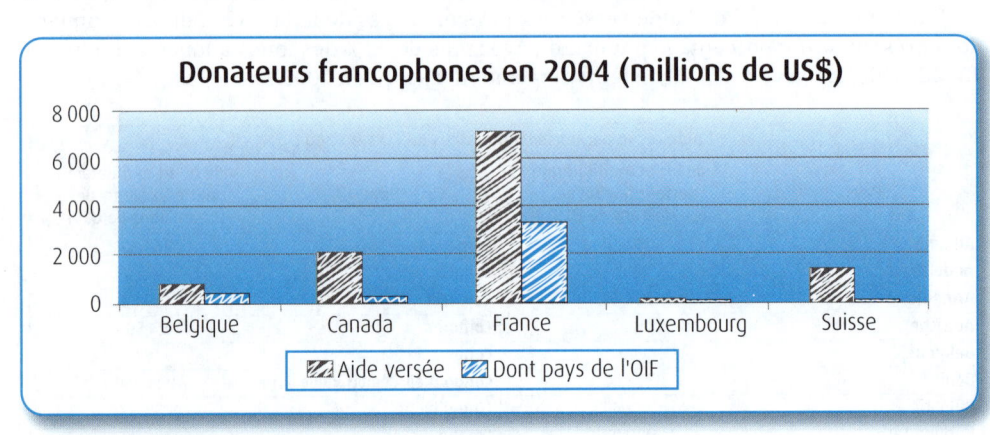

Donateurs francophones en 2004 (millions de US$)

Aide versée / Dont pays de l'OIF

---

16. Les montants remboursés par le pays ont excédé les montants reçus.

Chapitre 1 • *Les enjeux économiques de la Francophonie*

Pays bénéficiaires	Part relative de « l'aide francophone » Montant de l'aide publique bilatérale versée par les pays membres de la Francophonie en millions de US$	Part du total reçu
Albanie	33,9	14,84 %
Arménie	14,3	10,68 %
Bénin	93,6	44,51 %
Bulgarie	59,5	24,19 %
Burkina Faso	200,9	60,64 %
Burundi	70,2	38,09 %
Cambodge	53,2	17,86 %
Cameroun	292,5	51,14 %
Cap-Vert	26,8	29,52 %
Comores	13,9	100,00 %
Congo	39,8	83,79 %
Congo (République démocratique du)	429,6	36,89 %
Côte d'Ivoire	81,9	41,79 %
Croatie	11,2	12,83 %
Djibouti	0,7	1,78 %
Dominique	0	0,00 %
Égypte	140	11,89 %
Ex-République yougoslave de Macédoine	22,9	14,19 %
Gabon	15,9	42,06 %
Géorgie	25,6	12,17 %
Guinée	84	47,09 %
Guinée équatoriale	5	21,65 %
Guinée-Bissau	7	24,48 %
Haïti	75,7	36,27 %
Hongrie	23,2	38,03 %
Laos (Rép. démocratique populaire lao)	37,9	21,34 %
Liban	65,8	51,33 %
Lituanie	4,7	14,64 %
Madagascar	519,8	75,91 %
Mali	151,4	46,23 %
Maroc	240,2	61,04 %
Maurice	14	95,24 %
Mauritanie	32,6	39,47 %
Moldavie	13,5	17,56 %
Niger	227,2	74,32 %
Pologne	330,9	80,12 %
République centrafricaine	37,2	67,88 %
Roumanie	65,6	31,34 %
Rwanda	43	19,80 %
Sainte-Lucie	2,7	(a)
São Tomé-et-Principe	5,4	24,88 %
Sénégal	560,9	74,25 %
Seychelles	5,6	91,80 %
Slovaquie	16,3	27,67 %
Slovénie	4,4	(b)
Tchad	63,8	39,33 %
Tchèque (République)	18,8	43,93 %
Togo	35,3	67,50 %
Tunisie	146,4	63,43 %
Vanuatu	5,5	15,90 %
Viêt Nam	178,6	15,12 %
Total	**4 648,80**	**40,13 %**

(a) Le pays affichant un solde global négatif, les montants versés par les pays membres de la Francophonie ne peuvent être mis en rapport du total versé.
(b) Le calcul du montant total net de l'aide intégrant un remboursement important à un pays non membre de l'OIF, le rapport théorique serait supérieur à 100 %.
Source : *Répartition géographique des ressources financières allouées aux pays bénéficiaires de l'aide*, OCDE, 2006.

Les pays bénéficiaires doivent souvent une part importante de l'aide qu'ils reçoivent à des partenaires membres de la Francophonie comme eux. Un groupe de pays affiche même un lien de solidarité francophone très fort. Ainsi, par ordre décroissant, la Slovénie, les Comores, Maurice, les Seychelles, le Congo, la Pologne, Madagascar, le Niger, le Sénégal, la Centrafrique, le Togo, la Tunisie, le Maroc, le Burkina Faso, le Liban et le Cameroun reçoivent plus de la moitié de l'aide versée de façon bilatérale de pays membres de l'OIF. D'une manière générale, sur les 51 pays récipiendaires, seuls Djibouti et la Dominique tombent en dessous de la barre des 10 % pour le montant de l'aide bilatérale versée par des pays membres de la Francophonie, et la grande majorité des autres pays affiche des taux supérieurs à 25 %, quand l'ensemble des pays membres de l'OIF reçoit 40 % de son aide d'autres pays membres de la Francophonie.

5 La question linguistique

Les entreprises francophones implantées à l'étranger et la langue française

De nombreuses multinationales francophones, comme Casino, Bouygues ou Peugeot, implantées dans un pays non membre de l'OIF, adoptent fréquemment la ou les langue(s) locale(s) pour leur communication interne. Elles apprécient malgré tout la présence de francophones ou de francophiles en leur sein. Selon une enquête de mars 2006, menée par la sous-direction du français du ministère des Affaires étrangères auprès de 78 filiales d'entreprises françaises implantées dans 33 pays sur les cinq continents, la maîtrise du français entre en ligne de compte pour 41 % d'entre elles lors du recrutement (par exemple en Colombie ou en Chine), et elle est une condition expresse dans 24 % des cas. 53 % des filiales la voient comme un plus pour la mobilité géographique. Et c'est même une obligation dans 19 % des cas [17]. De ce fait et grâce aux plans de formation mis à disposition des employés, le français garde une très bonne place au sein de ces entreprises. Par exemple, en 2005, l'Institut français de Bratislava, en Slovaquie, a formé plus de 800 personnes pour le compte du groupe PSA [18].

Certains secteurs d'activité comme le tourisme (Air France), l'hôtellerie (groupe Accor) ou encore les compagnies de téléphonie mondiale et les plates-formes d'appel, recherchent fréquemment des personnes parlant français afin de satisfaire leur clientèle. En République tchèque, la filiale d'Air France « préfère le registre incitatif : la première année de stage de français est offerte et, une fois le niveau minimum atteint et le test de connaissances passé, une prime mensuelle est versée [19] ». Dans d'autres secteurs, comme les hydrocarbures, la maîtrise du français n'est généralement pas requise. Cependant, Total affiche ouvertement sa politique francophone en Indonésie. De même, en Birmanie (Myanmar), la compagnie souhaite qu'une large partie de son personnel soit partiellement, voire entièrement, francophone.

Les firmes multinationales, comme Renault, Bouygues, L'Oréal, Carrefour, situées en Argentine, en Jordanie ou encore en Thaïlande, n'affichent pas ouvertement une politique francophone de recrutement, mais elles tentent d'inciter leurs employés à prendre des

---

17. Ariane Poissonnier, « Stratégies francophones de soutien au français en Europe dans le monde des affaires », *MFI*, n° 507, 14 août 2006.
18. Ministère des Affaires étrangères, « Oui, je parle français » [en ligne], http://www.diplomatie.gouv.fr/fr/IMG/pdf/synthese_argumentee-2.pdf, (page consultée en septembre 2006).
19. Ariane Poissonnier, « Stratégies francophones de soutien au français en Europe dans le monde des affaires », art. cité.

cours de français, par le biais de formations dispensées par l'Alliance française ou avec des professeurs privés embauchés par l'entreprise, afin de faciliter la communication avec la maison mère.

Ces dernières années, la tendance est à l'apprentissage du « français sur objectifs spécifiques » (FOS) dans certains domaines spécialisés tels que la médecine, l'aéronautique ou l'art floral [20]. En Allemagne, les Instituts de français des grandes métropoles économiques (Düsseldorf, Berlin, Stuttgart...) proposent aux cadres d'entreprises des cours de français des affaires, dont un programme fédéral trisannuel (2005-2008) de formation systématique des enseignants au FOS. De son côté, « la filiale de Carrefour en Roumanie soutient les formations dispensées par l'Institut franco-roumain de gestion de Bucarest et choisit une grande partie de ses futurs cadres parmi les diplômés de ce cursus bilingue (cent salariés de cette filiale et dix directeurs de magasins sont issus de ces formations) [21] ». En Jordanie, l'ambassade de France propose de plus en plus de cours de FOS aux employés des firmes multinationales (Air France, le groupe Accor...), qui font circuler les *curriculum vitæ* des jeunes diplômés jordaniens francophones, notamment par le biais du Club d'affaires franco-jordanien.

En Asie, plusieurs actions sont conduites : plan de formation pluriannuel proposé par la France en Chine, ou plan de valorisation du français en Asie du Sud-Est (Valofrase) par l'OIF, l'Agence universitaire de la Francophonie (AUF), le ministère français des Affaires étrangères, le gouvernement du Québec et celui de la Communauté française de Belgique. Les missions et les actions de l'OIF et de l'AUF ont pour objectif de « renforcer l'expertise régionale en ingénierie de la formation, la coordination et les synergies dans différents pays, et de suivre les politiques régionales en matière de francophonie [22] ».

Toutefois, dans plus de 86 % des pays non membres de la Francophonie, la tendance à favoriser l'anglais est prépondérante dans le cadre de la communication internationale. C'est nettement le cas au Moyen-Orient, aux États-Unis, dans une grande majorité des pays d'Océanie, mais aussi en Espagne. La ou les langue(s) des pays limitrophes et des partenaires économiques les plus importants sont fréquemment utilisées. Par exemple, les entreprises basées en Éthiopie utilisent l'arabe, et celles situées en Azerbaïdjan ou en Ouzbékistan ont souvent recours au russe. En Amérique du Sud, ce sont l'espagnol et le portugais qui dominent.

Dans quelques pays, certaines entreprises utilisent le français dans leurs relations internationales. C'est le cas en Sierra Leone, pays membre du Commonwealth, ce qui peut être dû aux 3 % de la population d'origine libanaise qui détiennent 60 % du commerce de détail du pays [23], et au fait que le pays appartient à la Communauté économique des États de l'Afrique de l'Ouest (Cedeao) [24] qui a pour langues de travail l'anglais, le français et le portugais [25]. Les Sud-Africains, qui sont les plus gros investisseurs sur le continent, ne peuvent se passer du français pour conquérir les marchés de l'Afrique francophone. Ainsi, en 2006, l'Alliance française en Afrique du Sud formait 400 employés dans 45 entreprises (françaises, sud-africaines et internationales), soit deux fois plus qu'un an auparavant [26]. Au Cameroun, la

---

20. Florence Mourlhon-Dallies, « Penser le français langue professionnelle », *Le Français dans le monde*, n° 346, juillet-août 2006.
21. Ministère des Affaires étrangères, « Oui, je parle français » [en ligne], http://www.diplomatie.gouv.fr/fr/IMG/pdf/synthese_argumentee-2.pdf, (page consultée en septembre 2006).
22. Nguyen Xuan Tu Huyen, « Français, francophonie et francophilie en Asie-Pacifique », *Le Français dans le monde*, n° 346, juillet-août 2006.
23. *Quid*, « Sierra Leone » [en ligne], http://www.quid.fr/monde.html?mode=detail&iso=sl&style=fiche (page consultée le 8 août 2006).
24. Quinze membres : Bénin, Burkina Faso, Cap-Vert, Côte d'Ivoire, Gambie, Ghana, Guinée, Guinée-Bissau, Liberia, Mali, Niger, Nigeria, Sénégal, Sierra Leone, Togo.
25. ECOWAS [en ligne], www.ecowas.int/ (page consultée le 8 août 2006).
26. Valérie Hirsch, « L'Afrique du Sud s'intéresse au français », *Libération*, 27 juillet 2006.

vitalité du français se retrouve dans le monde des affaires où il prédomine et s'étend même progressivement à la communauté anglophone souvent bilingue. Le nombre élevé de francophones en Algérie justifie l'utilisation massive du français dans les relations économiques extérieures, tout autant que l'importance du commerce avec la France (1er fournisseur et 3e client en 2004). Enfin, au Portugal, les relations économiques extérieures sont souvent conduites en français.

Paradoxalement, la question de la langue utilisée se pose depuis quelques années dans les entreprises nationales des pays où le français est langue maternelle. Au Québec, au 31 mars 2005, 80 % des entreprises avaient obtenu une certification de conformité à la loi qui prévoit que « la langue normale et habituelle du travail » est le français. De plus, selon cette même loi, le français doit prédominer sur les enseignes des entreprises et des magasins, et sur les panneaux de signalisation. C'est ainsi que la chaîne américaine de restauration rapide KFC (Kentucky Fried Chicken) a été rebaptisée PFK (Poulet frit du Kentucky)…

En France, si la loi impose également l'usage du français dans les messages publicitaires ou pour l'information aux consommateurs, les noms ou formulations étrangères sont tolérés dans les dénominations. Fait nouveau, les dispositions concernant la documentation fournie par l'employeur à ses salariés vient de connaître une première application juridique avec l'arrêt du 2 mars 2006 de la cour d'appel de Versailles, confirmant la condamnation d'une entreprise (GE Medical Systems) qui avait imposé à ses salariés des documents en anglais, en particulier sur les logiciels, la formation du personnel et l'information sur l'hygiène et la sécurité [27]. Le ministère français des Affaires étrangères, l'Alliance française, la Chambre de commerce et d'industrie de Paris et le Forum francophone des affaires ont lancé l'initiative « Oui, je parle français », le 26 avril 2006. Cette idée prend concrètement la forme « d'une pochette rassemblant l'offre de formation linguistique et les certifications existantes pour évaluer le niveau en français des personnels [28] » dans les entreprises.

---

27. *Rapport au Parlement sur l'emploi de la langue française*, Délégation générale à la langue française et aux langues de France, ministère de la Culture et de la Communication, Paris, 2006.
28. Ariane Poissonnier, « Stratégies francophones de soutien au français en Europe dans le monde des affaires », art. cité.

Chapitre 2

La santé au cœur du développement

Parmi les nombreux défis qui se posent aujourd'hui au monde, la santé représente sans doute l'un des sujets prioritaires tant le constat est unanime sur la corrélation qui existe entre santé et développement. C'est d'ailleurs pourquoi trois des Objectifs du millénaire pour le développement (OMD) sur huit adoptés par les Nations unies concernent la santé : faire baisser la mortalité infantile, réduire la mortalité maternelle et ralentir la propagation du VIH/sida, d'ici à 2015.

Même si elle ne s'occupe pas directement des problèmes de santé, l'Organisation internationale de la Francophonie (OIF), à travers son Cadre stratégique décennal, adopté lors du Sommet des chefs d'État et de gouvernement à Ouagadougou, en 2004, appuie la réalisation des OMD car la majorité de ses États membres est issue de pays en développement, tant en Afrique subsaharienne qu'en Asie du Sud-Est. Ces pays restent les plus touchés et les plus fragilisés par les diverses pandémies qui parcourent le monde et ne profitent pas suffisamment des progrès sanitaires. La mortalité y demeure élevée et les épidémies emportent avec elles une population souvent jeune, les privant ainsi d'une partie de leurs forces vives.

En examinant la situation sanitaire des pays en développement, notamment ceux qui sont membres de la Francophonie, nous constatons que la propagation du VIH/sida ne semble pas vraiment se ralentir et qu'elle ravive d'autres épidémies comme la tuberculose, pendant que le paludisme continue de décimer des populations entières en Afrique où la poliomyélite refait surface, alors qu'elle semblait vaincue, et que de nouvelles maladies apparaissent, toujours plus virulentes, comme le SRAS, en Asie.

1 État des lieux

À mi-parcours du terme fixé pour les Objectifs du millénaire pour le développement (OMD), la situation des pays en voie de développement reste aujourd'hui encore préoccupante, voire décourageante.

La grande majorité des États membres de la Francophonie se trouve au cœur des régions les plus touchées par les principales pandémies qui affectent le monde. Dans ce contexte sanitaire préoccupant, de nouvelles maladies émergent, qui posent de nouveaux problèmes aux populations et aux États, et la résurgence de certaines autres incite aussi à s'interroger sur les aspects culturels de la problématique sanitaire.

La dissémination de trois maladies mortelles, le VIH/sida, le paludisme et la tuberculose, est le phénomène sanitaire majeur dans les pays en développement. Alors que l'ensemble de la planète connaît globalement une augmentation de l'espérance de vie, l'Afrique et le reste des pays en développement voient parfois décroître la leur – déjà basse –, singulièrement dans les États francophones d'Afrique subsaharienne.

Les grandes tendances de l'épidémie de VIH/sida

Le sida cause chaque année 3 millions de morts, dont plus de 2 millions en Afrique subsaharienne, et ce syndrome est devenu la principale cause de décès par maladie infectieuse dans la population adulte dans le monde, en particulier dans les pays en développement.

▶ Quelques données sur la pandémie en Afrique

➔ 3,1 millions de nouveaux cas en 2004 (sur 4,9 millions au niveau mondial) ;

➔ 2,3 millions de morts en 2003 (sur 3,1 millions de décès au niveau mondial) ;

➔ 25,4 millions de séropositifs, soit 1 million de plus qu'en 2002 :
- 64 % de toutes les personnes vivant avec le VIH ;
- 76 % de toutes les femmes vivant avec le VIH ;
- prévalence[1] stabilisée à 7,4 % de la population.

Ces chiffres nous montrent combien l'Afrique subsaharienne reste de loin la région la plus touchée par le virus du VIH/sida. L'Afrique australe connaît les taux de prévalence les plus élevés au monde, dépassant souvent 20 % et représentant un tiers des décès dus au sida dans le monde.

Selon l'Onusida, les situations en Afrique subsaharienne[2] sont très diverses ; et si l'épidémie semble s'être stabilisée globalement, cela ne signifie pas qu'elle ralentit partout. Ainsi, pendant que certains pays, grâce à leur politique nationale, constatent un déclin progressif de l'épidémie, d'autres ne parviennent pas à en enrayer la propagation. C'est le cas de la Côte d'Ivoire, qui continue d'avoir le taux de prévalence le plus élevé d'Afrique de l'Ouest depuis le début de l'épidémie, dans une région où pourtant ces taux sont les plus faibles. Aucun pays n'y connaît une prévalence supérieure à 10 % et la plupart d'entre eux se situent entre 1 % et 5 % comme au Sénégal, où il se situe entre 0,4 % et 1,7 %. Ce pays a été le premier en Afrique à initier des programmes de soins délivrant gratuitement des antirétroviraux aux malades et ce, dès 1998, soit deux ans après leur arrivée en Europe[3]. Le Sénégal a privilégié une approche fondée simultanément sur la prévention du VIH, sur sa prise en charge et sur la recherche, grâce au partenariat établi avec l'Agence nationale de recherche sur le sida (ANRS) qui, depuis sa création en 1992, anime, coordonne et finance, en France et dans les pays en développement, les recherches sur le sida et les hépatites virales B et C. Financée par l'État français, l'ANRS a implanté son premier site sur le continent africain à Dakar, au Sénégal. Grâce aux résultats observés au Sénégal, d'autres ANRS sont en train d'être créées au Burkina Faso, en Côte d'Ivoire et au Cameroun. De son côté, le Togo a développé la prise en charge par trithérapie.

	Le VIH/sida à travers quelques pays d'Afrique francophone			
	Côte d'Ivoire	Gabon	République centrafricaine	Sénégal
Taux de prévalence moyen (adultes)	7,4 % (entre 4,9 % et 10 %)	8,1 % (entre 4,1 % et 15,3 %)	13,5 % (entre 8,3 % et 21,2 %)	0,8 % (entre 0,4 % et 1,7 %)
Adultes (15-49 ans) vivant avec le VIH	530 000 (entre 370 000 et 750 000)	45 000 (entre 23 000 et 86 000)	240 000 (entre 160 000 et 410 000)	41 000 (entre 21 000 et 83 000)
Femmes (15-49 ans) vivant avec le VIH	300 000 (entre 210 000 et 420 000)	26 000 (entre 13 000 et 48 000)	130 000 (entre 83 000 et 210 000)	23 000 (entre 12 000 et 47 000)
Nombre de morts par an (adultes et enfants)	47 000 (entre 30 000 et 72 000)	3 000 (entre 1 500 et 5 700)	23 000 (entre 13 000 et 40 000)	3 500 (entre 1 900 et 6 500)

Source : *Rapport sur l'épidémie mondiale du sida*, Onusida, 2004.

---

1. Nombre de cas de maladies rapporté à l'effectif total d'une population.
2. L'impact du sida sur les pays d'Afrique francophone explique la mobilisation des francophones, qui ont créé un réseau parlementaire de lutte contre le VIH/sida au sein de l'Assemblée parlementaire de la Francophonie (APF).
3. Catherine Petitnicolas, « Le Sénégal a su contenir l'épidémide de sida », *Le Figaro*, 1er juin 2005.

En Afrique centrale, la prévalence se situe entre 4 % et 13 %, le Cameroun et la République centrafricaine sont les plus gravement atteints. Au Congo, la prise en charge du VIH est gratuite, même si l'accès aux antirétroviraux est encore trop limité.

En Afrique australe, le Rwanda est l'un des foyers les plus importants, avec un taux de prévalence de 5,1 %. Une étude a même montré que 17 % des femmes qui avaient été violées en 1994 étaient séropositives, alors que le pourcentage était de 11 % chez les autres[4]. Le Burundi, avec un taux de prévalence de 6 % chez les adultes, a aussi connu une forte croissance du nombre de malades après une décennie de conflits.

Les pays de l'océan Indien restent relativement épargnés par la pandémie de sida. Aux Comores par exemple, on note 75 cas de sida dont 38 décès officiellement notifiés depuis mars 1988, date du premier cas dépisté. Le taux de prévalence y reste bas (0,12 % dans la tranche des 15-49 ans), mais, selon le PNUD, « le risque d'avoir une tragédie à l'image de certains pays d'Afrique australe est une réalité que personne ne peut occulter. Tout le monde s'accorde pour dire que le sida se pose désormais comme une question non pas de santé mais de sécurité en raison de la menace qu'il fait peser sur la société et l'économie comorienne[5] ». À Madagascar aussi, le taux de prévalence reste bas : 1,1 % en 2003, selon le ministère de la Santé.

▶ Le VIH/sida dans les pays francophones d'Asie du Sud-Est

Au Viêt Nam, le rapport de l'Onusida nous enseigne que les cas sont largement dus à la consommation de drogue par injection, mais aussi que ceux résultant de transmissions sexuelles augmentent. Au Cambodge, la lutte contre le VIH/sida est assez forte, avec un partenariat très efficace entre le gouvernement et la société civile.

	Cambodge	Laos	Viêt Nam
Taux de prévalence moyen (adultes)	2,6 % (entre 1,5 % et 4,4 %)	0,1 % (estimation haute 0,2 %)	0,6 % (entre 0,4 % et 0,9 %)
Adultes (15-49 ans) vivant avec le VIH	170 000 (entre 100 000 et 290 000)	1 700 (entre 550 et 3 300)	200 000 (entre 100 000 et 350 000)
Femmes (15-49 ans) vivant avec le VIH	51 000 (entre 31 000 et 86 000)	< 1 000	65 000 (entre 31 000 et 110 000)
Nombre de morts par an (adultes et enfants)	15 000 (entre 9 100 et 25 000)	< 200	9 000 (entre 4 500 et 16 000)

Source : *Rapport sur l'épidémie mondiale du sida*, Onusida, 2004.

▶ Les priorités actuelles face au sida : publics cibles, accès aux médicaments, maladies opportunistes…

Les études récentes montrent que c'est dans les situations conflictuelles et d'extrême pauvreté que le VIH/sida se développe le plus. Dans ces conditions, les femmes sont les plus vulnérables à l'infection. Selon le *Rapport sur l'épidémie mondiale du sida*, publié par l'Organisation mondiale de la santé (OMS) et l'Onusida en 2004, l'infection est 1,3 fois plus probable chez la femme que chez l'homme en Afrique subsaharienne. Aujourd'hui, les femmes représentent 60 % des adultes infectés et, une fois contaminées, elles risquent de transmettre le mal aux enfants qu'elles portent ou allaitent. C'est pourquoi la question du traitement des femmes est une priorité pour les autorités sanitaires internationales, notamment pour le traitement antirétroviral des mères porteuses du virus.

---

4. Onusida/HCR, 2003.
5. http://www.km.undp.org/vihsida.htm

Couverture de la thérapie antirétrovirale chez les adultes des pays en développement par région OMS, décembre 2002			
Région OMS	Nombre de patients	Besoins estimatifs	Couverture
Région Afrique	50 000	4 100 000	1 %
Région des Amériques	196 000	370 000	53 %
Région de la Méditerranée orientale	3 000	9 000	29 %
Région Europe	7 000	80 000	9 %
Région de l'Asie du Sud-Est et du Pacifique occidental	43 000	1 000 000	4 %
Ensemble des régions OMS	300 000	5 500 000	5 %

Source : OMS, *Rapport sur la santé dans le monde 2003*.

L'Organisation mondiale de la santé estime que neuf personnes sur dix ont besoin d'un traitement et n'en bénéficient pas. Dans les pays en développement, ce sont 6 millions de personnes qui sont en attente de traitement, dont 72 % en Afrique subsaharienne. Dans ce contexte, le mouvement mondial en faveur de l'élargissement de l'accès aux soins a pris une ampleur considérable ces dernières années et rappelé l'importance de la mise en place de stratégies d'urgence pour s'attaquer aux profondes disparités entre le Nord et le Sud.

En décembre 2003, l'Organisation mondiale de la Santé (OMS) et le Programme commun des Nations unies sur le VIH/sida (Onusida) ont lancé ensemble la stratégie « 3 millions d'ici 2005 » dans le but d'aider les pays à revenu faible ou intermédiaire à traiter 3 millions de personnes vivant avec le VIH/sida avant la fin 2005. L'objectif poursuivi mettait au défi les gouvernements, fondations, entreprises et institutions des Nations unies d'étendre l'accès au traitement antirétroviral aussi rapidement et efficacement que possible. L'objectif consistait simultanément à fournir des médicaments et à renforcer les capacités de soins en mobilisant les ressources des pays donateurs et les ressources nationales, en formant des personnels soignants, en éduquant les communautés, en élargissant le dépistage et le conseil, et en étendant la prévention du VIH.

Selon une évaluation récente[6], la cible des « 3 millions d'ici 2005 » n'a pas été atteinte dans les délais, toutefois : « Alors qu'en décembre 2003, environ 400 000 personnes suivaient un traitement antirétroviral dans les pays à revenu faible ou intermédiaire, on en est arrivé à plus de 1,3 million sous traitement en décembre 2005. La couverture de la thérapie antirétrovirale dans ces pays est passée de 7 % à la fin 2003 à 12 % à la fin 2004, et à 20 % à la fin 2005. C'est en Afrique subsaharienne que l'extension a été la plus spectaculaire, avec des chiffres de 100 000 à la fin 2003, de 310 000 à la fin 2004, de 810 000 à la fin 2005 et de plus de 1 million aujourd'hui. Plus de la moitié de toutes les personnes sous traitement dans les pays à revenu faible ou intermédiaire vivent maintenant dans cette région, contre un quart deux ans auparavant. »

Notons qu'aujourd'hui « la plupart des pays en développement qui disposent de plans nationaux de lutte contre le sida y ont incorporé le traitement antirétroviral et se sont fixé des buts précis de couverture par les antirétroviraux[7] ».

La question du traitement se double bien sûr de celle des prix. Enjeux d'une bataille féroce ces dernières années, les prix des traitements ont beaucoup baissé. En 2000, le prix d'un traitement, avec un médicament de marque, se situait entre 10 000 et 12 000 dollars par patient et par année sur les marchés mondiaux. Aujourd'hui, une trithérapie coûte environ 120 dollars[8].

---

[6]. Élargissement de l'accès au traitement antirétroviral dans le monde : rapport sur l'initiative « 3 millions d'ici 2005 » et au-delà, OMS, Onusida, Genève, mars 2006.
[7]. Onusida, *Rapport sur l'épidémie mondiale de sida*, 4ᵉ rapport mondial, 2004.
[8]. *Libération* du 17 août 2006, à propos de la XVIᵉ Conférence internationale sur le sida, 13-18 août 2006, Toronto (Canada).

Dans ce domaine, la coopération s'accroît entre les pays possédant la capacité de fabriquer des antirétroviraux, comme le Brésil ou l'Inde.

L'Inde et le Brésil sont les deux principaux producteurs de génériques antirétroviraux et de la totalité des antirétroviraux de première génération comme l'AZT. Parvenant même à produire des antirétroviraux de seconde et de troisième génération, ces deux pays ont fortement contribué à la baisse des prix des médicaments, facilitant ainsi leur accès aux pays en développement avec des prix en moyenne inférieurs de 80 % à ceux pratiqués par les laboratoires. Mais, aujourd'hui, l'on s'oriente vers une hausse des prix, notamment pour les traitements de nouvelle génération protégés par un brevet. En effet, comme le note l'Association internationale pour l'accès aux médicaments génériques anti-VIH, depuis « l'uniformisation des systèmes de propriété intellectuelle imposée par la mondialisation et l'OMC, le Brésil doit, depuis 1996, concéder aux industriels des brevets de vingt ans sur les médicaments. L'Inde, quant à elle, avait jusqu'en 2005 pour s'aligner sur les législations occidentales en matière de propriété intellectuelle ». Dès lors, la crainte est réelle de ne plus voir ces pays mettre leur potentiel de production de médicaments génériques de qualité à bas prix au profit des plus pauvres, mais d'autres solutions sont également mises en place, en particulier dans le cadre des licences obligatoires et des accords de l'OMC.

La tuberculose

La propagation du VIH/sida favorise celle de la tuberculose. Avec 10 millions de nouveaux cas par an, on constate depuis quelques années une nette recrudescence de cette maladie.

En effet, la tuberculose est la première « maladie opportuniste »[9] développée par les personnes atteintes du sida, et l'OMS annonce même que le nombre de cas de tuberculose en Afrique va doubler au cours des dix prochaines années par suite de la propagation croissante du VIH/sida (en Afrique subsaharienne, près de 50 % des personnes vivant avec le VIH développent aussi la tuberculose).

Estimations de l'incidence de la tuberculose et de la mortalité par tuberculose en 2003		
Régions OMS	Nombre de cas (en milliers)	Décès par tuberculose (y compris chez les VIH-positif/ en milliers)
Afrique	2 372	538
Asie du Sud-Est	3 062	617
Europe	439	67

Source : OMS.

Seize millions de personnes souffrent actuellement de la tuberculose et environ 8 millions la contractent chaque année. Dans la seule Afrique subsaharienne, plus de 1,5 million de personnes développent une tuberculose active chaque année. L'OMS estime à 1,75 million le nombre de personnes mortes de la tuberculose en 2003. C'est dans la région de l'Asie du Sud-Est que le nombre de morts est le plus important, mais c'est en Afrique subsaharienne que le taux de mortalité par habitant est le plus élevé.

Comme pour le VIH/sida, la question du traitement est au cœur du débat. En effet, 79 % des personnes souffrant de tuberculose à travers le monde n'ont pas accès aux traitements. La forte progression de la tuberculose, observée par exemple en Afrique subsaharienne, a souvent dépassé les capacités des pays concernés à maintenir un approvisionnement suffisant en médicaments. Dès lors, la réflexion s'oriente vers la lutte coordonnée contre la tuberculose et le VIH.

---

9. Maladie qui apparaît lorsque les défenses immunitaires de l'organisme sont très affaiblies. Les personnes infectées par le VIH/sida et arrivées au dernier stade sont ainsi atteintes par de nombreuses maladies opportunistes.

En lançant le partenariat mondial « Halte à la tuberculose », l'OMS a institué un dispositif mondial de financement des médicaments antituberculeux. Dans le même temps, elle préconise, au niveau international, la stratégie DOTS, « Directly observed traitement short-curts », qui pourrait être traduit par « Traitement de brève durée sous surveillance directe ».

L'un des principes clés du programme est que chaque dose de médicament doit être prise devant une personne autorisée qui consigne le tout. On cherche ainsi à s'assurer que les patients suivent leur traitement sur toute sa durée. L'OMS insiste aussi sur un engagement des pouvoirs publics à lutter sans relâche contre la tuberculose. Depuis la mise en place du programme en 1995, plus de trois millions de tuberculeux ont été traités chaque année et 17 millions de personnes réparties dans 182 pays en ont bénéficié.

Le paludisme, fléau des pays d'Afrique [10]

Avec le VIH/sida, le paludisme représente aujourd'hui l'une des principales causes de mortalité dans les zones où les deux infections sont très répandues, notamment en Afrique subsaharienne. La grande majorité des décès dus au paludisme, 90 % selon l'OMS, surviennent en Afrique subsaharienne, et la carte du paludisme [11] recoupe presque celle des pays francophones d'Afrique subsaharienne, où la maladie est la plus virulente.

Inscrite dans les Objectifs du millénaire pour le développement de l'ONU, la lutte contre le paludisme rencontre encore d'énormes difficultés, et la maladie tue plus d'un million de personnes chaque année. C'est la première cause de mortalité chez les enfants de moins de 5 ans en Afrique, avec un décès toutes les 30 secondes [12], soit près de 3 000 enfants par jour.

Le paludisme est particulièrement redoutable pour les femmes enceintes et les bébés qu'elles portent. Il peut provoquer l'anémie chez la mère et une insuffisance pondérale du bébé à la naissance, ce qui constitue le plus grand risque de décès pendant les premiers mois de la vie.

Le paludisme, maladie et cause de la pauvreté, est aujourd'hui un véritable frein au développement. Il empêche les enfants de fréquenter l'école et entrave le développement social. Le coût de la lutte contre le paludisme et de son traitement grève les économies africaines, ralentissant la croissance économique d'environ 1,3 % par an [13].

Il y a trente ans, faire reculer le paludisme apparaissait encore comme un objectif aisément atteignable, mais depuis les années 1980 on assiste au développement de la résistance du parasite aux médicaments les plus utilisés, en particulier la chloroquine, l'antipaludique le moins cher et le plus largement utilisé. Dans le même temps, les moustiques sont eux aussi devenus résistants aux insecticides.

Les divers bouleversements économiques et politiques que l'Afrique a connus dans les années 1990 n'ont pas favorisé la mise en place des infrastructures sanitaires nécessaires, ni le regroupement des ressources pour mener à bien les programmes de lutte contre le paludisme.

Depuis 1998, un partenariat a été créé entre l'Organisation mondiale de la santé (OMS), le Fonds des Nations unies pour l'enfance (Unicef), le Programme des Nations unies pour le développement (PNUD) et la Banque mondiale, qui a incité les dirigeants africains à prendre davantage de mesures contre le paludisme. L'initiative « Faire reculer le paludisme »

---

10. Alexandra Schwartzbrod, « Course d'élan contre le paludisme », *Libération*, 9 septembre 2005 ; Corinne Bensimon, « Le moustique fluo, cheval de troie antipalu », *Libération*, 12 octobre 2005 ; *L'Intelligent-Jeune Afrique*, « Paludisme, 3 millions de morts par an, comment en finir ? », éd. spéciale du 6 au 12 novembre 2005 ; Paul Benkimoun : « Le paludisme, un tueur du tiers-monde », *Le Monde*, 27 avril 2005.
11. Voir le cahier cartographique au centre de l'ouvrage.
12. http://www.who.int/malaria/pregnantwomenandinfants.html, children and malaria
13. http://www.rbm.who.int/cmc_upload/0/000/015/372/RBMInfosheet_1fr.htm, Le paludisme en Afrique, Roll Back Malaria-Faire reculer le paludisme.

insiste non seulement sur l'importance primordiale de l'accès aux soins, mais aussi sur la prévention. Depuis 2000, de nombreux pays africains ont mis en place des programmes d'accès aux méthodes et stratégies avec des interventions simples qui peuvent se révéler déterminantes [14] :

→ L'utilisation de moustiquaires imprégnées d'insecticide. Correctement utilisées, elles peuvent réduire de 90 % la transmission du paludisme et d'un cinquième le nombre des décès infantiles.

→ La protection des femmes enceintes par un traitement préventif intermittent : une dose d'un médicament antipaludique donnée deux fois au cours de la grossesse.

→ La pulvérisation d'insecticides à effet rémanent à l'intérieur des habitations. Le résidu actif sur les murs est une méthode très efficace pour arrêter la propagation du paludisme, notamment pendant les épidémies et dans les situations d'urgence.

→ La prévention des épidémies, grâce aux prévisions météorologiques et à la collecte régulière des données dans les districts sensibles, qui permettent de mieux prévoir l'apparition soudaine d'épidémies et d'intervenir rapidement, ce qui réduit le nombre de cas.

→ Le développement de nouvelles associations médicamenteuses comportant de l'artémisinine [15] (ACT), qui sont très efficaces.

→ La prise en charge rapide à domicile, qui est une des conditions de survie, notamment pour les populations des zones rurales qui ont un accès limité aux infrastructures de santé. Cette prise en charge implique un effort d'éducation et de formation des mères, et la fourniture de médicaments de qualité dans un conditionnement adapté.

À titre d'exemple, les réponses à notre enquête nous permettent de citer le Cameroun et Madagascar, où un effort de distribution de moustiquaires imprégnées a été fait.

La principale question demeure le financement de toutes ces actions, mais aussi de la recherche, ce qui explique que la Banque mondiale, lors d'un sommet international réuni à Paris en septembre 2005, ait annoncé une augmentation de son aide de 200 millions de dollars par an sur les trois prochaines années.

Sur le front de la recherche, malgré les ressources insuffisantes dont disposent les chercheurs, la situation commence à s'améliorer grâce au partenariat « Faire reculer le paludisme ». De nouvelles voies sont à l'étude, comme celle qui recherche les moyens d'éviter l'infection du moustique par le parasite. Elle s'appuie notamment sur les dernières percées en matière de génétique moléculaire, qui ouvre de nouvelles perspectives, y compris en vue de la découverte d'un vaccin antipaludique. Plusieurs candidats-vaccins font l'objet d'essais sur le terrain en Asie et en Afrique et, selon l'OMS, les résultats laissent présager la découverte d'un vaccin efficace dans les dix ans à venir. Les premiers essais avaient été effectués en Gambie [16]. Selon des résultats de 2005, ce candidat-vaccin a permis de réduire de 35 % les crises courantes de paludisme et de 49 % les crises graves pendant une période de dix-huit mois sur un groupe de 1 400 enfants du Mozambique vaccinés en 2003 [17].

---

14. OMS, *Rapport mondial sur le paludisme*, Genève, 2005.
15. L'artémisinine est dérivée d'une herbe d'origine chinoise et vietnamienne, qui a été utilisée pendant des siècles par la médecine traditionnelle chinoise contre les fièvres et le paludisme.
16. Hélène Regnard, « Vaccin contre le paludisme : premiers essais », afrik.com, 20 septembre 2000.
17. Le Grand Soir.Info, « Résultats prometteurs confirmés pour un vaccin contre le paludisme » [en ligne], http://www.legrandsoir.info/article.php3?id_article=2887 (page consultée le 29 août 2006).

Types de vaccins en cours de développement contre le paludisme

❏ Les vaccins « antiporozoïtaires » visant à prévenir l'infection.
❏ Les vaccins bloquant la transmission, qui visent à arrêter le développement du parasite dans le moustique et à réduire ou à empêcher la transmission de la maladie.
❏ Les vaccins contre « les formes sanguines asexuées », qui visent à réduire les manifestations graves et compliquées de la maladie. Ces vaccins pourraient réduire la morbidité et la mortalité auprès des enfants de moins de 5 ans en Afrique, qui constituent le principal groupe à risque.
L'OMS privilégie le développement de ce type de vaccin, des essais encourageants ont été menés sur de jeunes enfants au Mozambique en 2004. Il s'agissait de tester l'efficacité d'un candidat-vaccin mis au point dans le cadre d'un partenariat entre le laboratoire GlaxoSmithKline Biologicals et l'Initiative en faveur des vaccins antipaludiques (MVI). Ce vaccin, le RTS, S/AS02A, est le premier qui confère une protection contre le paludisme aux enfants de 1 à 4 ans en Afrique. D'un taux de réussite de 57 %, c'est le premier vaccin qui se révèle efficace contre la forme grave de la maladie chez l'enfant.

Notons également l'implication croissante des laboratoires avec le partenariat établi entre Médecins sans frontières (MSF) et Sanofi-Aventis. L'initiative « Drugs for Neglected Diseases Initiative » (DNDI), « Médicaments pour les maladies négligées », a mis à la disposition des pays en développement, dès 2006, un traitement antipaludique « efficace, simple et bon marché, combinant dans une formule inédite deux médicaments antipaludéens [18] ». De plus, le laboratoire Sanofi-Aventis a décidé d'une tarification « sans profit » pour les services publics, les ONG et les organisations internationales, et de ne pas breveter le traitement afin d'en permettre la copie et la production de génériques dans les pays en développement.

La participation croissante des laboratoires privés aux campagnes sanitaires mondiales

Le Programme africain de lutte contre l'onchocercose (affection parasitaire atteignant la peau et l'œil) a été lancé au milieu des années 1990, fondé sur la distribution d'ivermectine, un médicament mis au point par Merck & Co dans les années 1980, dont la firme fait maintenant don. Le mectizan est distribué par les communautés elles-mêmes, qui sont formées et appuyées par les partenaires du Programme, y compris des organismes internationaux, des gouvernements de pays participants, des organisations non gouvernementales et des pays donateurs. Le Programme, testé et validé à une échelle locale, puis élargi par le lancement continu de nouveaux projets, a fait son chemin, depuis ses modestes débuts en 1996, et devrait toucher un total de 65 millions de personnes par an d'ici à 2007.
Lancée en 2000, l'initiative pour accélérer l'accès aux médicaments contre le VIH/sida regroupe sept grands laboratoires pharmaceutiques (Abbott, Boehringer-Ingelheim, Bristol-Myers Squibb, Gilead Sciences, GlaxoSmithKline, Roche et Merck & Co., Inc.), et cinq partenaires du système des Nations unies : l'Onusida, l'Organisation mondiale de la Santé, la Banque mondiale, l'Unicef et le Fonds des Nations unies pour la population. Les connaissances issues de la recherche pharmaceutique des participants sont combinées avec celles des partenaires de l'initiative pour trouver des solutions pratiques à long terme, contribuant à améliorer l'accès au traitement du VIH dans les pays manquant de ressources. En mars 2005, un total

---

18. P. Benkimoun, « Un nouveau traitement antipaludique accessible à tous », *Le Monde,* 11 avril 2005.

de 427 000 personnes, dont 216 000 en Afrique, vivant avec le VIH/sida dans des pays en développement étaient traitées avec des médicaments antirétroviraux fournis par les firmes participantes. Avec une augmentation de plus de 121 % par rapport à l'année précédente, l'effort a été multiplié par 23 en Afrique depuis le lancement de l'initiative en mai 2000.

2 Les nouveaux défis sanitaires

À côté des trois grandes pandémies évoquées plus haut, se développent des maladies que l'on estimait avoir vaincues, comme la poliomyélite, des maladies plus confidentielles d'un autre âge, telles que le trachome ou le noma, enfin des maladies nouvelles qui émergent comme le SRAS ou la grippe aviaire.

La résurgence de la poliomyélite

La poliomyélite est l'une des maladies les plus anciennement répertoriées. Très contagieuse, elle est provoquée par un virus qui envahit le système nerveux et peut entraîner en quelques heures une paralysie totale. Pénétrant dans l'organisme par la bouche, le virus se multiplie dans les intestins et cause, entre autres symptômes, fièvre, céphalées, vomissements et surtout une raideur de la nuque et des douleurs dans les membres. L'une de ses conséquences les plus dramatiques est, dans 1 cas sur 200, une paralysie irréversible, des jambes le plus souvent. Cette grave affection touche principalement les enfants de moins de 5 ans.

Comme pour la majorité des questions sanitaires qui se posent aux pays en développement, cette maladie se développe sur fond de pauvreté. Elle est emblématique de ces maladies évitables et dont le traitement existe, mais qui continuent de menacer des générations entières. Pourtant, dès 1998, l'OMS avait lancé un partenariat mondial visant à l'éradication de la poliomyélite en l'an 2000. Dès l'origine, la stratégie adoptée reposait sur la vaccination systématique par le vaccin antipoliomyélitique oral (VPO) grâce à des campagnes de masse avec l'organisation de journées nationales de vaccination, souvent lancées par les chefs des États concernés, et à la surveillance étroite des populations par la pratique du « porte à porte ». Cette stratégie reposait sur les résultats de l'expérience menée sur l'île de Cuba, en 1963, juste après la découverte du vaccin. Une campagne de vaccination massive avait permis d'interrompre l'action du virus sur l'île. Le découvreur du vaccin, le professeur Albert Sabin, décida alors de le céder à l'Organisation mondiale de la santé afin qu'il pût être mis à la disposition de tous.

L'originalité du partenariat contre la poliomyélite résidait dans le lien public-privé. Outre l'Organisation mondiale de la santé, il comprenait le Rotary International, le Fonds des Nations unies pour l'enfance (Unicef) et les « Centers for Disease Control and Prévention » (CDC) des États-Unis, et allait, avec les années, s'étendre en un vaste réseau regroupant des gouvernements, des organismes internationaux, des entreprises privées, des fondations, des Organisations non gouvernementales et des banques de développement.

Si l'objectif d'éradication de la poliomyélite en 2000 n'a pu être atteint, des progrès notables ont été réalisés : depuis 1988, le nombre de pays où sévit la polio a été ramené de 125 à 6. Dès 1994, la région Amériques (classification OMS), qui comprend 36 pays, a été certifiée exempte de poliomyélite ; en 2000, c'était au tour de la région du Pacifique occidental (37 pays dont la Chine), et enfin la Région européenne avec 51 pays en 2002.

La poliomyélite reste aujourd'hui limitée à six pays : l'Afghanistan, l'Inde, le Niger, le Nigeria, le Pakistan et la Somalie. Mais les résurgences constatées en Indonésie, en République démocratique du Congo et en Angola sont la conséquence directe de ces foyers de résistance.

Dans la majorité des pays d'Afrique francophone, la poliomyélite a été éradiquée (ou est sur le point de l'être comme au Burundi [19]), avec l'aide massive du Canada qui, dès 1986, annonçait sa contribution de 10 millions de dollars pour la vaccination universelle dans les pays en développement de la Francophonie.

Un nouveau Plan stratégique d'éradication de la poliomyélite pour 2004-2008 a été adopté par l'OMS.

Les maladies oubliées : les cas du trachome et du noma [20]

Un certain nombre de maladies restent absentes de la mobilisation mondiale pour la santé. Touchant les populations les plus démunies du globe, ces maladies ont pourtant des remèdes simples dont sont privées les personnes malades.

▶ Le trachome

Le trachome [21] est une maladie infectieuse des yeux qui peut provoquer une cécité après des réinfections répétées. Il s'agit de la principale cause de cécité évitable au niveau mondial, et la maladie survient là où les gens vivent dans des conditions de surpeuplement avec un accès limité à l'eau et aux soins. Le trachome se propage facilement par contact, souvent entre enfants, et la maladie progresse au fil des ans alors que les infections répétées causent des lésions cicatricielles à l'intérieur de la paupière, ce qui lui vaut le nom de « maladie silencieuse ».

Le trachome cécitant est répandu dans 56 pays, au Moyen-Orient, en Afrique, dans des parties du sous-continent indien, en Asie du Sud et en Chine. L'OMS estime que six millions de personnes dans le monde sont aveugles du fait du trachome, et qu'environ 80 millions de personnes sont touchées (contre 360 millions en 1985).

Les interventions primaires préconisées pour la prévention du trachome comprennent l'amélioration de l'assainissement de l'eau, la réduction des sites larvaires des mouches et une hygiène faciale accrue chez les enfants qui risquent de contracter la maladie. Mais, même en cas d'infection, les lésions cicatricielles et les changements visuels sont souvent réversibles par une opération chirurgicale simple. L'Alliance mondiale pour l'élimination du trachome d'ici à l'an 2020 (« Global Elimination of blinding Trachoma » – GET 2020), initiée par l'OMS en 1997, aide les pays à mettre en place une stratégie de lutte dénommée « SAFE », pour « Surgery » (chirurgie), « Antibiotics » (antibiotiques), « Facial cleanliness » (propreté du visage) et « Environmental changes » (changements de l'environnement). Comme celle consacrée à la lutte contre le paludisme, cette alliance réunit des partenariats publics-privés, dans lesquels le groupe Pfizer s'est particulièrement illustré en offrant des millions de doses d'un des antibiotiques les plus efficaces, l'Azithromycine.

La dernière Assemblée mondiale de la Santé a adopté, le 27 mai 2006, une résolution (WHA59-25) qui encourage notamment les pays qui ne l'ont pas encore fait à adopter leur plan national Vision 2020.

▶ Le noma

Autre maladie touchant les plus démunis, le noma, encore appelé « le visage de la pauvreté », se rencontre dans des situations d'extrême pauvreté, de malnutrition et de manque d'hygiène. Complètement éradiqué d'Europe et d'Amérique du Nord depuis le XXe siècle

---

19. CHU de Rouen, « Zone d'endémie de la poliomyélite » [en ligne], http://www.chu-rouen.fr/cap/polio.html (page consultée le 29 août 2006).
20. Paul Benkimoun, « Un appel pour la recherche sur les maladies négligées », *Le Monde,* 9 juin 2005.
21. Dû au micro-organisme *Chlamydia trachomatis,* responsable également de maladies sexuellement transmissibles dans les pays développés.

grâce au développement économique et social, le noma a aussi disparu de la conscience collective. Ainsi, selon Marie-Hélène Leclercq, responsable du programme d'action de l'OMS contre le noma, « même les professionnels de la santé pensent que le noma a disparu et que ce fléau appartient au passé ».

Le noma (du grec *nomein*, « dévorer ») est une affection gangréneuse qui débute comme une lésion bénigne de la bouche, puis détruit rapidement une partie du visage. Ses victimes sont pratiquement toutes des enfants de moins de 6 ans. Ceux qui survivent sont défigurés à vie. La plupart ne seront plus jamais capables de se nourrir, de parler et de respirer normalement, et les experts estiment que 70 % à 90 % des personnes touchées finissent par en mourir. De surcroît, les victimes sont souvent rejetées par leur communauté car elles sont considérées comme la preuve vivante d'une malédiction non seulement pour la famille mais aussi pour le village tout entier.

Cette maladie semble évoluer dans l'ignorance la plus complète, peu de documents rendent compte de l'ampleur du phénomène. L'accès aux malades est aussi très difficile puisque la maladie sévit dans les endroits les plus reculés, sans possibilité pour les populations d'accéder à des services de santé. Son caractère infamant rend toute statistique très difficile, beaucoup de familles cachant les enfants atteints, mais l'OMS juge que la maladie est actuellement endémique en Afrique, notamment au sein de certaines populations du Sahel, qui est la région la plus pauvre du continent.

Pourtant, malgré son côté spectaculaire, cette maladie est facilement évitable et peut être prévenue. L'OMS s'est engagée dès 1994 dans une campagne mondiale d'élimination du noma, aidée en cela par une fondation suisse, « Les vents de l'espoir », qui a contribué à hauteur de 100 000 dollars aux activités de prévention et de soins de santé.

L'action de l'OMS passe notamment par la prévention et par la détection précoce. La prévention passe par l'information et l'éducation du public et la détection permet, par un traitement simple et peu coûteux, d'arrêter l'évolution de la gangrène et d'éviter aux victimes d'être défigurées. L'OMS s'emploie également à favoriser la prise en charge et le transport des enfants pour une réparation chirurgicale. Des programmes sont actuellement en cours au Bénin, au Burkina Faso, en Guinée, au Lesotho, à Madagascar, au Mali, au Niger, au Nigeria, au Sénégal, en Ouganda et en Zambie [22].

Les virus émergents, les cas du SRAS et de la grippe aviaire

Parmi les défis qui se posent à la santé dans le monde, l'émergence de virus jusque-là inconnus et appelés « virus émergents » constitue aujourd'hui une préoccupation majeure [23].

Face à l'accroissement des échanges, des trafics et des déplacements mondiaux, l'OMS a créé en 1995 une division de « surveillance et de contrôle des maladies émergentes et autres maladies transmissibles ». Car aujourd'hui, les maladies émergentes représentent une menace pour les individus dans le monde entier et ont des répercussions sur les voyages et le commerce dans un monde de plus en plus interdépendant. La surveillance exercée par l'OMS a pu révéler l'existence de nombreux virus dont les plus médiatisés, le syndrome respiratoire aigu sévère (SRAS) ou la grippe aviaire, ont démontré ces dernières années leur potentiel à créer de nouvelles pandémies.

▶ Le SRAS

Des virus émergents, le syndrome respiratoire aigu sévère (SRAS) est sans doute le plus emblématique, mais aussi celui par lequel la communauté internationale a recueilli le plus

---

22. http://www.afro.who.int/noma/french/strategie.html, consulté le 27 juillet 2006.
23. http://www.pasteur.fr/actu/presse/dossiers/emergent/causes.html, consulté le 4 octobre 2005.

de leçons pour l'avenir de la lutte contre les maladies infectieuses : information rapide sur les premiers cas, conseils aux voyageurs, déclenchement d'alertes sanitaires mondiales...

Le SRAS, provoqué par un corona virus [24] différent de tout autre virus humain ou animal de la même famille, est une maladie respiratoire qui se propage au moyen de contacts étroits avec une personne infectée.

Le 12 mars 2003, l'OMS alertait la communauté internationale qu'une maladie respiratoire, jusque-là inconnue et très virulente, se propageait au sein du personnel hospitalier d'un établissement de Hong-Kong mais aussi au Viêt Nam. Dans les deux jours qui suivaient, des patients présentant des signes et symptômes similaires étaient signalés dans les hôpitaux de Singapour et de Toronto au Canada. Les transports aériens se révélaient très rapidement comme le principal facteur de propagation du virus dans le reste du monde, démontrant par la même occasion la possibilité d'une catastrophe sanitaire mondiale.

Il n'existe actuellement aucun vaccin ni aucun traitement curatif ; le traitement du SRAS a été mené selon les interventions épidémiologiques classiques : identification des sujets correspondant à la définition du cas, isolement, lutte anti-infectieuse, recherche des contacts, surveillance active des contacts et recommandations aux voyageurs sur des bases factuelles. L'alerte internationale a été levée en juillet 2003, mais une surveillance minutieuse reste en place, qui a permis de relever deux cas en août et en décembre 2003 à Singapour et à Taiwan, et une dizaine de cas en Chine (dus à une manipulation en laboratoire) entre décembre 2003 et avril 2004 [25].

▶ La grippe aviaire

La grippe aviaire est au cœur de l'actualité depuis quelques années, sans doute à cause des conséquences inconnues qu'elle pourrait avoir si elle se transmettait entre humains. Pourtant considérée comme une maladie émergente, la grippe aviaire correspond à ces nouvelles maladies virales provoquées par d'anciens virus. Elle a en effet été identifiée pour la première fois en Italie il y a plus de cent ans...

La souche H5N1, hautement pathogène, peut se transmettre exceptionnellement à l'homme, comme ce fut le cas à Hong-Kong en 1997 et en 2003, et dans les flambées actuelles, avec des cas signalés à partir de janvier 2004 au Cambodge, en Chine, en Indonésie, en Irak, en Thaïlande, en Turquie et au Viêt Nam. Avec plus de 90 cas, le Viêt Nam reste à ce jour le pays le plus touché [26] par un virus qui a tué 143 personnes dans le monde pour un total de 244 individus touchés.

Ce sont cette capacité du virus à muter et l'éventualité d'une version mortelle pour l'homme qui préoccupent aujourd'hui la communauté internationale. Transmis à l'homme, le virus cause des affections respiratoires sévères et provoque une dégradation rapide de l'état clinique du patient avec une mortalité élevée. Il est dès lors apparu aux autorités sanitaires que la possibilité que le virus grippal aviaire se transmette directement à l'homme ne devait plus être écartée, et c'est en janvier 2004 que l'alerte mondiale a été lancée, lorsque des analyses de laboratoire ont confirmé la présence d'un virus aviaire H5N1 chez des personnes souffrant d'affection respiratoire dans le nord du Viêt Nam. Aujourd'hui, l'inquiétude est grande face à la rapidité de mutation du virus ; la propagation du virus chez les oiseaux, qui, lors de leurs migrations, peuvent traverser divers continents, fait courir des risques d'infection directe de l'homme. « Si le nombre de cas d'infection humaine augmente dans le temps, la probabilité s'accroît aussi que des personnes, infectées simultanément par des souches humaines et aviaires, servent de "creuset" pour l'apparition d'un nouveau sous-type ayant

---

24. Virus à ARN, en forme de couronne, à l'origine d'infections bénignes en oto-rhino-laryngologie.
25. Site de l'Institut national de veille sanitaire en France, http://invs.sante.fr
26. Source : site de l'OMS, mis à jour en février 2006.

suffisamment de gènes provenant du virus humain pour avoir la possibilité de se transmettre facilement d'une personne à l'autre. Cela marquerait le début d'une pandémie.[27] »

Quelles stratégies mettre en place pour éviter la menace d'une pandémie grippale ? Chaque foyer de grippe aviaire animale nouvellement identifié nécessite que soient mises en œuvre par les autorités sanitaires des pays affectés des mesures ayant pour objectifs d'éviter toute exposition au virus et d'éradiquer la maladie. Les stratégies de lutte contre la grippe aviaire reposent essentiellement sur le diagnostic, l'hygiène, l'éducation, la quarantaine et la réduction de la taille des élevages par des politiques d'abattage massif.

La progression du virus est aujourd'hui la principale préoccupation de la communauté internationale. En effet, après l'Asie, l'Europe est directement menacée après l'apparition du virus de la souche H5N1 en Croatie, en Roumanie et en Turquie en octobre 2005, ainsi qu'en Ukraine en décembre 2005. Les autorités sanitaires en Europe se sont rapidement mises en alerte en lançant des campagnes de communication en direction du public, en constituant des stocks de produits antiviraux, et de masques protecteurs et antiprojection pour les professionnels et pour les éventuels malades.

Les oiseaux migrateurs semblent être la cause de l'apparition de la souche en Europe et cela fait planer un risque de progression du virus vers l'Afrique qui est leur destination finale.

Comme en Asie, la promiscuité entre l'homme et l'animal qui peut exister en Afrique ainsi que l'insuffisance de la surveillance et de la lutte vétérinaires créent un terrain favorable au virus. Aussi est-il urgent pour les pays africains, avec le soutien de la communauté internationale, de mettre en place des systèmes de surveillance et de lutte de base. L'Organisation des Nations unies pour l'alimentation et l'agriculture (FAO) a déjà annoncé qu'elle aiderait les pays africains à renforcer la surveillance des volailles et des oiseaux migrateurs, et à améliorer les capacités des laboratoires afin de détecter les foyers aussi tôt que possible.

3 Le contexte sanitaire

Dans la plupart des pays en développement, les systèmes de santé sont soit inexistants, soit en proie à des difficultés qui les rendent inopérants et inadaptés face aux enjeux de santé publique. De plus, à côté de ce système de santé déficient, se pose de manière insistante la question de l'accès pour les populations aux médicaments essentiels. Enfin, comme on l'a vu en évoquant le sida ou le noma, la question de la prévention, et donc du regard social sur une maladie, est cruciale. Ainsi, le facteur culturel au sens large joue un rôle dans la problématique sanitaire.

L'urgence de moderniser les systèmes de santé[28]

Depuis maintenant deux décennies, l'on constate l'érosion constante des systèmes de santé dans les pays en développement, notamment en Afrique subsaharienne où elle est liée aux crises économiques que la plupart des États africains ont connues entre les années 1980 et 1990. Les programmes d'ajustements structurels préconisés par le Fonds monétaire international (FMI) ont entraîné des mesures d'austérité qui ont touché toutes les dépenses publiques, et singulièrement les systèmes de santé.

---

27. Organisation mondiale de la santé, « Grippe aviaire A (H5N1) affectant l'homme et la volaille au Viêt Nam et en Asie », 14 janvier 2004.
28. A. Beresniak et R. Fonteneau (sous la direction de), *Planification de la santé en Afrique subsaharienne*, éd. Hermès, 2005.

Dans ce contexte, on a assisté à l'effondrement de la majorité des systèmes de santé, qui se maintenaient déjà difficilement, faute de moyens. Au-delà de ces difficultés, il faut reconnaître que la gestion de la santé n'a pas toujours bénéficié des efforts nécessaires à son bon fonctionnement. Souvent centralisée, elle s'est révélée inefficace et incapable de répondre aux besoins des populations ou d'entretenir les infrastructures.

Pourtant des efforts ont été faits par les pays eux-mêmes. Ainsi, il apparaît, à travers les réponses à nos questionnaires d'enquête, que la plupart des campagnes de prévention organisées par les pays francophones du Sud se concentrent sur la sensibilisation des populations à la vaccination, par le biais de campagnes d'information, et sur la prophylaxie du sida et du paludisme. Les manières d'y associer les populations sont variées. Le Congo, par exemple, s'appuie sur des comités locaux de santé. Ces politiques ont donné des résultats positifs, notamment dans la lutte contre le paludisme et le sida, comme au Cameroun où, en 2004, il a été établi que plus de 80 % de la population connaissaient l'existence du sida ainsi que ses modes de transmission, même si « 50 % [d'entre eux] conservaient les mêmes comportements à risque ». En revanche, dans d'autres pays d'Afrique subsaharienne, la situation s'est plutôt dégradée depuis vingt ans. En Guinée équatoriale, 85 % de la population vit sans service social, surtout dans les zones rurales, où la prévalence du VIH/sida (7,8 %) et du paludisme est forte.

Globalement, la lecture des réponses aux questionnaires du HCF fait ressortir des grandes constantes : les structures de référence ne sont pas suffisamment dotées en personnel et en matériel, et la couverture sanitaire ne s'étend pratiquement pas aux populations des zones rurales et reculées. En revanche, souvent grâce à la coopération internationale, certaines structures, mobiles ou statiques, parviennent à fonctionner, comme nous l'indique la réponse du Congo citant deux hôpitaux militaires, des isolats technologiques créés avec l'aide de la coopération française et deux centres de traitement ambulatoire gérés par la Croix-Rouge française.

Les pays francophones d'Asie semblent un peu mieux répondre aux exigences de la prise en charge sanitaire. Au Viêt Nam, par exemple, aucun secteur n'est négligé, mais tous ont besoin d'amélioration pour faire face aux défis modernes de la santé. Le Cambodge a orienté ses priorités de prise en charge dans les domaines de la santé maternelle et infantile, de la lutte contre le VIH/sida, ainsi que vers les principales pathologies épidémiques comme la tuberculose.

La communauté internationale constate donc aujourd'hui que les Objectifs du millénaire pour le développement [29] ne pourront être atteints sans une réforme complète des systèmes de santé des pays en développement. Les principaux problèmes identifiés sont la faiblesse et le niveau de dégradation des infrastructures, la crise de formation des personnels de santé, la qualité déficiente des prestations et surtout le manque de ressources pour investir durablement dans la santé.

L'ancien directeur général de l'OMS, le Dr Lee Jong-Wook, pensait : « Le renforcement des systèmes de santé nécessite des améliorations dans tous les domaines publics : gestion des finances publiques, planification des ressources humaines, routes et infrastructures, et de nombreux autres domaines. » Au niveau international, il existe un accord sur les principaux traits d'une réforme du secteur de la santé [30] :

→ le changement introduit doit être structurel ;

---

29. Laurence Caramel, « Les objectifs du millénaire pour le développement peinent à rassembler les fonds nécessaires », *Le Monde*, 20 septembre 2005.
30. Miloud Kaddar, *Les réformes des systèmes de santé dans les pays en développement, quels enseignements tirer des expériences des dix dernières années ?*, étude, Réseau économie et système de santé au Maghreb, 1997-1998.

→ le changement dans les objectifs doit s'accompagner d'un changement des institutions et non d'une simple redéfinition des objectifs ;

→ le changement doit être délibéré, ciblé ;

→ le changement doit viser le long terme et avoir un effet durable dans le temps ;

→ le processus doit être conduit par les autorités nationales ou/et régionales ;

→ son contenu implique un grand nombre de mesures cohérentes ;

→ les caractéristiques du pays modèlent les changements introduits.

L'accès aux médicaments essentiels

Abdou Diouf, secrétaire général de la Francophonie, déclarait : « Il apparaît clairement que le médicament est un enjeu central de l'amélioration des politiques de santé dans les pays du Sud.[31] »

On ne peut aborder la question de la santé dans les pays en développement sans poser le problème que représente, pour des millions de malades, la quasi-impossibilité de se soigner faute d'avoir accès aux médicaments. En effet, de nombreuses régions du monde, notamment l'Afrique subsaharienne, sont privées de l'accès aux médicaments les plus élémentaires en raison de leur prix trop élevé pour le pouvoir d'achat des populations.

La proportion de personnes n'ayant pas accès aux médicaments essentiels est estimée à un tiers de la population mondiale (jusqu'à 50 % dans les parties les plus pauvres d'Afrique et d'Asie).

Les populations les plus pauvres se retrouvent ainsi prises dans un cercle vicieux : plus vulnérables aux effets des maladies, elles n'ont pas non plus les moyens de se procurer les médicaments essentiels, ce qui les empêche de guérir et de pouvoir accroître leur revenu par leur travail.

> Les médicaments essentiels sont ceux qui sastisfont aux besoins prioritaires de la population et qui ont la meilleure efficacité, la meilleure innocuité et le meilleur rapport coût/efficacité pour les maladies prioritaires. Les maladies prioritaires sont choisies sur la base de leur intérêt actuel et futur du point de vue de la santé publique, et de la possibilité de leur appliquer un traitement sans danger et d'un bon rapport coût/efficacité. Les médicaments essentiels doivent être disponibles à tout moment dans le cadre d'un système de santé fonctionnel, en quantité suffisante, sous une forme appropriée, avec une qualité assurée, accompagnés d'une information adéquate et à un prix accessible. La mise en œuvre du concept de médicaments essentiels est destinée à être souple et adaptable ; c'est à chaque pays de déterminer sa propre liste.
> De son côté, l'OMS publie une liste régulièrement mise à jour. La quatorzième, actuellement en cours, a été préparée par un comité d'experts de l'OMS en mars 2005 et comporte 312 médicaments, dont des antirétroviraux pour la prévention et le traitement du VIH-sida.
> Source : OMS.

---

31. Discours d'Abdou Diouf, secrétaire général de la Francophonie, à l'ouverture de la 57e Assemblée mondiale de la Santé, devant les entreprises du médicament (LEEM) sur le thème de « L'accessibilité aux médicaments et aux soins », Genève, 16 mai 2004.

La question financière est au cœur de la problématique des médicaments car il s'agit d'un marché pour les laboratoires qui les produisent. Selon certaines études, les recherches sur une molécule ne sont rentables pour un laboratoire que si ses prévisions de vente sont de l'ordre de 500 millions de dollars [32], ce qui conduit spontanément à favoriser les domaines les plus porteurs, tels que la maladie d'Alzheimer, l'asthme, le diabète…, affections répandues dans les pays industrialisés. Ce marché a été estimé, en 1997, à près de 300 Mds US$ (en prix producteur) et il se répartit comme suit (source IMS et SNIP 1998) : Amérique latine, 7,7 % ; Amérique du Nord, 36,1 % ; Europe, 29 % ; Japon, 19,1 % ; reste du monde, 8,1 %. Face à la recherche légitime de profit des laboratoires, il devenait urgent d'opposer une autre logique permettant de soigner les malades pauvres tout en prenant en compte la question de la propriété intellectuelle.

La première réponse est celle qui consiste à avoir recours à une copie du médicament, c'est-à-dire au médicament dit « générique [33] ». Cela n'est pas possible dans tous les cas et se heurte souvent à la question de la propriété intellectuelle, défendue par les laboratoires pharmaceutiques qui arguent des efforts de recherche coûteux dont ils doivent recevoir la juste rétribution. Dès lors, il devenait urgent de proposer aux gouvernements les moyens de surmonter cet obstacle en cas d'urgence et de leur permettre d'approvisionner leurs populations en médicaments génériques, en l'absence même de brevet.

Cette réflexion a conduit à l'adoption, en 1994, par les États membres de l'Organisation mondiale du commerce (OMC), de l'Accord sur les aspects des droits de la propriété intellectuelle qui touchent au commerce (ADPIC). Cet accord a établi des règles minimales pour la protection intellectuelle, en particulier l'octroi de brevets sur les produits pharmaceutiques et des flexibilités particulières pour les pays en développement. Il a été confirmé en 2003 par la Déclaration de Doha qui reconnaît quelques-uns des problèmes relatifs à l'accès aux médicaments dans les pays en développement et leur droit à protéger la santé publique et à « promouvoir l'accès de tous aux médicaments ». La Déclaration de Doha apportait néanmoins certaines dispositions nouvelles :

→ Les pays les moins avancés, membres de l'OMC, disposent d'une flexibilité optimale pour déroger aux brevets et règles de protection des données jusqu'en janvier 2016, voire à une date ultérieure.

→ Des négociations pourront se poursuivre afin de permettre aux membres, dont les capacités de fabrication pharmaceutique sont insuffisantes ou inexistantes, de recourir de manière efficace aux licences obligatoires [34].

Les flexibilités introduites par l'ADPIC érodent le pouvoir d'exclusivité commerciale que détiennent les laboratoires, mais des problèmes demeurent, notamment pour les pays les plus pauvres qui ne disposent pas d'industries pharmaceutiques. Néanmoins, l'avancée est réelle et des pays comme la Zambie et le Zimbabwe ont récemment délivré des licences obligatoires, tandis que d'autres, comme la Malaisie et l'Indonésie, ont appliqué les dispositions concernant « l'uti-

---

32. INDUSTRIE, R & D des leaders pharmaceutiques [en ligne.], www.industrie.gouv.fr/biblioth/docu/dossiers/sect/pdf/rd-b.pdf, p. 25 (consultée en septembre 2006).
33. Un médicament générique est la stricte copie d'un médicament original dont le brevet est tombé dans le domaine public. Il est commercialisé sous la dénomination de son principe actif indépendamment du laboratoire pharmaceutique d'origine.
34. La licence obligatoire permet à un gouvernement de faire produire un médicament générique par une entreprise nationale. L'exemple le plus parlant est le cas d'un gouvernement qui souhaite pouvoir acheter ou rendre disponible pour sa population un médicament à un prix inférieur aux prix du marché mais qui ne parvient pas à obtenir du laboratoire propriétaire de la molécule un tarif suffisamment faible. Ce gouvernement peut alors décider d'offrir à une entreprise de son pays une licence dite « licence obligatoire » pour fabriquer ce médicament sans le consentement du laboratoire propriétaire. Le système de licence obligatoire permet alors de contourner l'obstacle des brevets dans certains cas biens définis, au premier rang desquels les urgences sanitaires ou en cas « d'utilisation publique à des fins non commerciales ».

lisation publique ». D'autres encore, comme le Brésil et l'Afrique du Sud, ont menacé d'accorder de telles licences pour obtenir des réductions de prix substantielles.

S'il était permis aux pays en développement d'importer des médicaments génériques fabriqués sous le régime de la licence obligatoire, des limitations demeuraient sur la production des génériques destinés à l'exportation. Des négociations entre parties signataires de l'Accord ont débouché sur une interprétation plus large du principe de la licence obligatoire, permettant ainsi aux pays producteurs de génériques sous licence obligatoire d'exporter sans limitation vers les pays les moins avancés faisant l'objet d'une nécessité sanitaire. Une décision en ce sens a été adoptée dans le cadre de l'OMC, le 30 août 2003, sous la forme d'une dérogation à certains articles (31.f et 31.h) de l'Accord puis, en décembre 2005, cette dérogation a été remplacée par un amendement permanent. Depuis 2003, plusieurs pays développés (dont le Canada, la Norvège, la Suisse et l'Union européenne) ont entrepris de modifier leur législation pour permettre à leurs producteurs d'exporter dans le cadre du régime des licences obligatoires négocié à l'OMC. En 2005, l'Inde a également modifié sa législation pour donner effet à la dérogation.

En ce qui concerne les membres de la Francophonie, la quasi-totalité des pays interrogés (16 sur 18), incapables de les produire, importent leurs médicaments génériques, sur lesquels aucune restriction ne semble peser [35]. La plupart des États se sont détournés des pays européens au profit de pays d'Asie (Inde, Chine, Thaïlande...) pour l'importation de génériques, qui sont souvent de même qualité (en dépit des copies frauduleuses) et beaucoup moins chers. Ce phénomène et aussi la concurrence des marchés parallèles freinent malheureusement la production de certains pays du Sud, comme le Maroc ou la Tunisie. Dans ce dernier, les pouvoirs publics veillent au développement de l'industrie pharmaceutique locale et encouragent la production et l'utilisation de génériques, qui représentent environ 30 % des médicaments vendus.

En revanche, plusieurs pays d'Afrique subsaharienne sont en mesure de fabriquer les solutés dont le procédé de fabrication, peu coûteux, ne nécessite pas une technologie de pointe. Tel est le cas de la Centrafrique et du Tchad, dont l'usine vient pourtant de fermer en raison de problèmes de gestion. À Djibouti, une entreprise pharmaceutique de fabrication de solutés, appelée Dji-Pharma, a été inaugurée en avril 2005. Il s'agit de la 22e implantation du groupe français Ingénierie pharmaceutique modulaire (IPM), supervisée par les laboratoires Aguettant. Cette entreprise a été « financée par les fonds propres de l'Organisme de protection sociale à hauteur de 760 millions de francs djiboutiens [36] » et elle produira quatre types de solutés très usités dans le pays [37].

Le contexte culturel

La culture est une façon d'être au monde, elle se traduit dans la représentation que l'on se fait du monde, dans l'organisation sociale, dans les valeurs et dans les croyances. Elle peut interférer sur la représentation que les Africains, par exemple, se font de la santé et de la notion « d'être malade ». Cela est vrai pour des maux biens connus, mais se complique pour les maladies modernes, en particulier le VIH/sida et les nouveaux virus émergents, qui ont profondément bouleversé toutes les sociétés, du Nord comme du Sud, ainsi que les attitudes traditionnelles face à la maladie, provoquant d'importantes mutations dans les pratiques.

---

35. Au Congo, la Congolaise des médicaments génériques et essentiels, financée par l'Union européenne et le ministère de la Santé, a été ouverte en janvier 2006. 800 millions de FCFA ont été inscrits en première dotation. C'est la seule centrale d'achats habilitée à alimenter les centres de santé en médicaments génériques.
36. La Nation.dj, « Sécurité sociale : l'OPS signe la fin d'une dépendance » [en ligne], http://www.lanation.dj/news/2005/ln37/national2.htm (page consultée le 30 août 2006).
37. La Nation.dj, « Lancement des laboratoires Dji-Pharma : vers l'autonomie » [en ligne], http://www.lanation.dj/news/2005/ln37/national2.htm (page consultée le 30 août 2006).

Face à des maladies autrefois inconnues, la réaction des populations a été dans un premier temps de stigmatiser, voire d'exclure du groupe social les malades, notamment ceux atteints du VIH/sida. Ceux-ci alors se replient sur eux-mêmes, cachent leur maladie, ne reçoivent pas de soins et accroissent le danger d'une dissémination. Aujourd'hui encore, aux Comores, le sida reste un sujet tabou. Dans certaines sociétés, on a même vu des malades du sida, non suivis et désinformés, recourir à des pratiques dangereuses, sous l'influence de certaines croyances, comme le fait d'avoir des rapports sexuels avec une vierge. Cette pratique a entraîné une augmentation du nombre de viols dans de nombreuses régions d'Afrique, et donc de la propagation du virus.

La Francophonie pourrait être l'enceinte au sein de laquelle une approche fondée sur le dialogue entre les différentes cultures qui la composent favoriserait une meilleure prise en compte des aspects culturels des politiques sanitaires.

4 Quels liens entre Francophonie et santé ?

La relation étant clairement faite aujourd'hui entre développement et santé, les interrogations se portent sur les solutions à apporter pour la réduction de la pauvreté et l'amélioration de la santé dans les pays en développement. Comme le remarque l'Organisation pour la coopération et le développement économique (OCDE), « dans de nombreux pays en développement, le secteur public n'a pas les moyens d'assurer des services de santé à l'ensemble de la population ou de faire en sorte que les services de santé dispensés par le secteur privé œuvrent à l'amélioration de la santé des pauvres [38] ». Aussi c'est aux organisations internationales, aux ONG ou aux associations, que revient souvent la mise en place des actions pour améliorer la qualité des services de santé.

Si l'Organisation internationale de la Francophonie n'est pas impliquée au premier chef dans le secteur de la santé, la problématique du développement occupe, depuis le Sommet de Ouagadougou en 2004, une place primordiale dans ses priorités. Selon son secrétaire général, Abdou Diouf, « la Communauté internationale a su redéfinir son approche du développement [et] replacer la santé au cœur des stratégies de développement, et en faire un élément indispensable de l'expression concrète de la solidarité internationale. Cette évolution conduit forcément la Francophonie à prendre davantage en considération l'importance et l'urgence qui caractérise le défi de la santé pour les pays du Sud, et notamment pour les pays francophones du Sud en Afrique et en Asie [39] ».

Composée en grande partie d'États membres directement touchés par les grands défis mondiaux de la santé, tant en Afrique subsaharienne qu'en Asie du Sud-Est, la Francophonie se trouve directement concernée par les questions de santé et de pauvreté.

Le Cadre stratégique décennal de la Francophonie, adopté à l'issue du Sommet de Ouagadougou en 2004, fixe des objectifs précis, qui appuient ceux poursuivis par l'ONU avec les Objectifs du millénaire pour le développement (OMD), et notamment : « appuyer l'éducation, la formation, l'enseignement supérieur et la recherche » et « développer la coopération au service du développement durable et de la solidarité ». Certaines composantes des programmes qui découlent de ces grands objectifs peuvent avoir des répercussions sur la santé.

---

38. OCDE, *Santé et pauvreté dans les pays en développement-Les grandes lignes d'action*, avril 2004.
39. Discours d'Abdou Diouf, secrétaire général de la Francophonie, à l'ouverture de la 57e Assemblée mondiale de la Santé, devant les entreprises du médicament (LEEM) sur le thème de « L'accessibilité aux médicaments et aux soins », 16 mai 2004.

Concernant la coopération médicale francophone, les pays répondent qu'elle existe dans un rapport bilatéral (notamment avec la Belgique et la France), qui se traduit essentiellement par des jumelages interhospitaliers ou interuniversitaires, que ce soit en Asie ou en Afrique francophone, et par une coopération financière de la part d'organismes des pays développés comme les ministères des Affaires étrangères ou les agences de développement.

Pour illustrer ces partenariats, le Congo cite la mise à disposition de deux médecins français comme conseillers, l'un du ministre de la Santé, et l'autre du secrétariat exécutif permanent du comité national de lutte contre le sida. Les Comores rapportent l'action de cinq médecins et infirmiers français intervenant dans les centres hospitaliers de Moroni et Hombo, et annoncent le financement par l'Agence française de développement (AFD) d'un programme de santé pour un montant de 18 millions d'euros sur quatre ans. De son côté, en 2006, la Centrafrique a reçu 400 000 euros du ministère des Affaires étrangères français, ainsi que 6 millions d'euros sur quatre ans de la part de l'AFD pour les hôpitaux. Quant au Cameroun, il se félicite du financement de bourses d'études et de stages par la France.

Le Viêt Nam, enfin, a bénéficié de la reprise des relations de coopération avec la France pour mener à bien la réhabilitation de onze hôpitaux entre 1990 et 2000.

Il faut retenir aussi la multiplication de réseaux de spécialistes francophones. La plupart des sociétés savantes ont développé des réseaux francophones qui leur permettent de réunir des professionnels de différents pays par spécialités médicales (chirurgie, pédiatrie...).

La forme que prend la coopération bilatérale repose parfois sur le rôle des diasporas. Ainsi, les informations reçues des Comores révèlent : « Malgré leur départ, les 150 000 Comoriens émigrés en France n'oublient pas leur terre d'origine. La Coordination des associations de la diaspora comorienne (Diascom), qui regroupe près de 80 associations depuis juin 2000, tente de fédérer ces énergies pour divers projets de développement en direction des Comores. [40] ». Les associations de la communauté comorienne sont essentielles au développement du pays. Les transferts de fonds réalisés par celles-ci sont utilisés dans plusieurs secteurs, et notamment pour mener à bien des projets d'assainissement, la construction de dispensaires et de centres de santé... Ces fonds servent également à payer directement des soins médicaux. De même, les Congolais de l'extérieur s'impliquent dans des projets de santé par le biais de l'association Congo assistance. Quant aux Marocains, ils ont tendance à intervenir dans le domaine de la santé au travers de projets de coopération au côté de la Communauté française de Belgique (CFB) ou encore par le biais d'actions communautaires de développement (avec l'ONG Migrations et développement).

En revanche, au niveau de la Francophonie institutionnelle, le volet médical est absent des programmes de coopération, et ce, même si différentes ONG accréditées auprès des instances de l'OIF interviennent dans le secteur de la santé : le Comité interafricain sur les pratiques traditionnelles ayant effet sur la santé des femmes et des enfants, Orphelins Sida International, le Secrétariat international des infirmières et infirmiers de l'espace francophone, ou encore l'Association internationale des technologistes biomédicaux [41]. Toutefois, ce ne sont pas celles qui sont le plus fréquemment citées par les pays pour leur rôle dans la coopération médicale, mais : Médecins sans frontières (MSF) surtout de Belgique et de Suisse, Médecins du monde (MDM), Handicap International, CARE et Ensemble pour une solidarité thérapeutique hospitalière (Esther). À cela vient s'ajouter une multitude de fondations ou associations à but non lucratif telles que la Fondation Raoul Follereau pour la lutte contre la lèpre, ou encore, Helen Keller International pour la lutte contre les maladies oculaires.

---

40. Comores Online, « Diascom : une association d'ici pour des projets là-bas » [en ligne], http://www.comores-online.com/mwezinet/associations/images/articlediascom.pdf (page consultée le 30 août 2006).
41. OIF, « 63 organisations internationales non gouvernementales et autres organisations de la société civile... » [en ligne], http://www.francophonie.org/doc/doc-oing/2005-liste-63oing.pdf (page consultée le 30 août 2006).

Certaines OING, telles que MSF ou MDM, couvrent un champ très large qui leur permet d'intervenir aussi bien dans la prévention et le traitement des maladies sexuellement transmissibles, que dans la lutte contre la trypanosomiase ou le paludisme, ou encore dans le domaine administratif, comme en Guinée, où MSF Belgique apporte son soutien pour la gestion, l'animation et le suivi technique du Centre de traitement ambulatoire de Mtam. D'autres ONG, interviennent dans un seul domaine, comme Handicap international[42] (60 pays), Cancérologues sans frontières ou Sidaction.

L'un des moyens naturels d'intervention de la Francophonie passe par la formation des professionnels de la santé et par la coopération universitaire. Cela explique sans doute la place importante qu'occupe encore la langue française dans ce secteur. Elle peut aussi s'appuyer sur les associations et les OING présentes sur le terrain avec lesquelles l'OIF entretient un partenariat rénové depuis la Ve Conférence des OING francophones de Ouagadougou en septembre 2005.

La langue française dans le secteur de la santé

Interrogés sur cet aspect de la question, la grande majorité des pays, non seulement d'Afrique francophone mais également d'Asie, soit 15 sur les 18 réponses reçues, assurent que le français est la langue des professionnels de la santé. Aussi bien dans l'enseignement des sciences sociales que dans la pratique professionnelle. Il est très souvent désigné comme la langue du diagnostic et du soin. Ce qui d'ailleurs peut poser quelques problèmes, notamment en termes de prévention, mais aussi dans l'efficacité des soins effectués auprès des populations locales qui ne parlent pas le français. C'est pourquoi les campagnes de sensibilisation ainsi que les rencontres avec les habitants se font dans les langues locales, comme le sango en Centrafrique et le shikomor aux Comores. Au Cameroun, le bilinguisme officiel requiert la traduction de tous les messages, mais les financements et le matériel viennent parfois à manquer pour couvrir les autres langues nationales.

Au Cambodge, le français est indiqué comme étant la langue de travail des professionnels de la santé dans certains établissements, donc celle des prescriptions, ce qui peut poser un problème de compréhension pour les infirmières qui n'ont pas les mêmes compétences linguistiques que les médecins.

Au Laos, le français est la seule langue enseignée de manière obligatoire à la faculté des sciences médicales. Actuellement, faute de nomination de professeurs, le niveau est de plus en plus bas. On compte deux professeurs pour 1 000 élèves. Malgré tout, des cours gratuits pour les étudiants volontaires et motivés sont disponibles au centre de langue de l'ambassade de France.

L'Agence universitaire de la Francophonie[43] (AUF) a développé des actions significatives pour le renforcement de la formation des personnels de santé dans les pays en développement. À cet égard, il faut souligner la remarquable coopération menée par la Conférence internationale des doyens des facultés de médecine francophones (Cidmef), mais aussi le rôle des filières de formation développées au sein de l'Institut pour les maladies tropicales de Vientiane, au Laos, sans oublier les réseaux de chercheurs de l'AUF[44]. De son côté,

---

42. Handicap International, « Carte d'identité » [en ligne], http://www.handicap-international.org/hi/carte-didentite/index.html (page consultée le 30 août 2006).
43. Avec 616 membres (universités, instituts, centres de formation et réseaux institutionnels), l'AUF s'est constitué différents réseaux à travers les États membres de la Francophonie et a dès lors contribué à la construction et à la consolidation d'un espace scientifique francophone (http://www.auf.org).
44. Biotechnologies végétales : amélioration des plantes et sécurité alimentaire ; démographie ; droit de la santé ; environnement et développement durable ; érosion et gestion conservatoire des eaux et des sols ; maladies parasitaires vectorielles ; télédétection…

l'Association internationale des maires francophones (AIMF) investit également dans la formation des cadres territoriaux et la construction d'équipements publics, notamment des centres de santé de quartier.

La Cidmef

La Conférence internationale des doyens des facultés de médecine d'expression française[45] a été fondée en 1981 et comprend aujourd'hui 40 pays francophones, regroupés en cinq grands ensembles : l'Afrique au sud du Sahara et Madagascar, les pays du Maghreb, le Canada-Québec, l'Europe avec la Belgique, la France et la Suisse, les pays d'Asie du Sud-Est avec le Viêt Nam, le Laos et le Cambodge. Mais aussi Haïti, le Liban, et certains pays d'Europe de l'Est, notamment la Roumanie.

Au fil des ans, la Cidmef a su s'imposer comme un acteur primordial de la Francophonie en faisant émerger et consolider une vraie Francophonie médicale. Devenue Réseau institutionnel de l'Agence universitaire de la Francophonie depuis 1987, admise en 1993 aux Relations officielles avec l'OMS, la Cidmef est aussi un partenaire privilégié du Conseil africain et malgache de l'enseignement supérieur (Cames) qui rassemble les ministres de l'Enseignement supérieur et de la recherche de 17 pays francophones au sud du Sahara et de Madagascar. Elle vient enfin d'obtenir le partenariat de l'Unesco, notamment pour l'opération « évaluation des enseignements et des facultés de médecine ».

L'action de la Cidmef s'organise autour de trois objectifs :
→ ne pas multiplier les opérations concrètes, mais consolider celles déjà existantes, et développer tout particulièrement les nouvelles technologies de l'information et de la communication afin de les mettre à la disposition de chacun, en les adaptant au contexte ;
→ dépasser les communautés hospitalo-universitaires pour aller davantage sur le terrain, vers les communautés médicales nationales ou régionales « sans murs », rassemblant autour des universités tous les médecins, où qu'ils soient et quel que soit leur mode d'exercice ;
→ se rapprocher des autres communautés dont l'expression est différente, comme la Lusophonie, l'Hispanophonie ou l'Arabophonie, surtout lorsqu'elles sont dans un environnement francophone.

L'une des principales activités de la Conférence est la formation des personnels de santé, afin d'aboutir à la rénovation, à l'évolution permanente vers l'excellence des facultés de médecine, notamment de celles des pays en développement.

Son projet principal, « Formation/Information médicale continue pour la communauté médicale d'Afrique francophone » (FIMC), soutenu par le Fonds francophone des inforoutes (FFI), s'adresse aux médecins praticiens dans les villes et les campagnes, via les centres de santé de districts, les médecins hospitaliers ou universitaires, les étudiants en médecine et dans d'autres domaines des sciences de la santé.

Constatant l'isolement scientifique des praticiens de la santé dans les pays en développement, les difficultés, voire l'inexistence de moyens de communication et la faible appropriation par ces mêmes praticiens des avancées médicales, la Conférence a saisi l'opportunité qu'offrent les technologies de l'information pour rétablir et faciliter le contact entre médecins, notamment en Afrique.

Par la mise à disposition des praticiens spécialistes de l'Afrique de l'Ouest, avec un centre à Dakar, et de l'Afrique centrale, avec un centre à Libreville, des outils d'information et de formation continue, il s'agissait, dans un premier temps, de rendre disponible l'information médicale africaine par la création d'un portail d'information médical[46]. Le projet a

---

45. Information largement extraite du site officiel : http://www.cidmef.u-bordeaux2.fr/
46. http://cidmef.refer.sn/

débouché sur la création d'un répertoire des experts en pédagogie médicale et sur la rédaction de recommandations (guide en ligne) pour la formation pédagogique des enseignants de médecine.

Consolidé sous l'intitulé « MédiaMatic », le projet offre un support de formation de formateurs leur permettant d'atteindre une production autonome de ressources numériques multimédia simples (diaposons avec images, sons, commentaires écrits et audios, vidéos…), en particulier dans les facultés du Sud, et une diffusion plus aisée de ces ressources *via* la médiathèque et les sites serveurs de la Cidmef.

Opérationnelle depuis 1991, la médiathèque centrale de la Cidmef est implantée auprès du département communication, audiovisuel, multimédia de l'université Victor Segalen - Bordeaux 2, qui lui apporte son soutien technique. Elle a des correspondants dans 119 facultés de médecine de 38 pays. Elle participe à deux des objectifs de la Cidmef : la diffusion de l'information scientifique et technique et la formation des formateurs. Elle anime un réseau d'entraide des facultés de médecine francophones dans le domaine des supports audiovisuels et multimédia d'enseignement, par le partage des ressources didactiques (recensement, duplication et envoi des copies) à la demande des facultés ; le conseil pour la réalisation de documents et le développement de procédures de coproduction entre facultés, l'intégration de la technologie éducative dans les stratégies d'enseignement, et pour l'installation et la gestion de centres d'autoformation.

La médiathèque édite chaque année un catalogue de programmes audiovisuels de formation médicale recensant 460 titres (14ᵉ édition 2006), ayant permis l'échange de 1 861 programmes entre 77 facultés, de 1992 à 2004.

Par ailleurs, l'opération Bibliothèques est menée conjointement par la Cidmef et le Syndicat national de la presse médicale (SNPM). Cette opération a pour but d'approvisionner en livres et revues de langue française les bibliothèques des facultés de médecine francophones. Les revues sont adressées gratuitement par les éditeurs à la bibliothèque de la Cidmef, faculté de médecine Xavier-Bichat à Paris. Elles sont ensuite acheminées deux à trois fois par an vers les bibliothèques destinataires. Actuellement, 61 titres sont acheminés vers 55 bibliothèques.

Toujours dans le domaine du partenariat, la Cidmef assure une aide à la rédaction et à la publication d'articles scientifiques médicaux axés sur les besoins de développement de la recherche dans les pays du Sud.

Enfin, elle organise les Journées universitaires francophones de pédagogie médicale, dont la seizième édition s'est déroulée à Cotonou (Bénin), en avril 2005.

Les autres réseaux de chercheurs de l'Agence universitaire de la Francophonie

Au sein du réseau « Droit à la santé », et partant du postulat que la diversité culturelle est synonyme d'une diversité dans la façon d'appréhender la santé, les chercheurs membres de l'AUF étudient le rapport complexe qu'entretiennent culture et santé. Ces recherches, menées aussi par d'autres réseaux, devraient permettre d'améliorer la façon d'aborder la maladie, les manières de se soigner et les pratiques liées à la prévention et à l'utilisation des services de santé.

Créé par décision du Conseil scientifique de l'AUF en décembre 2003, ce réseau a pour vocation « de réunir, autour du droit et selon une conception pluridisciplinaire, les spécialistes francophones de différents domaines de la santé, quelle que soit leur zone géographique, qui souhaitent participer à la coopération entre les laboratoires universitaires et les centres de recherche, qu'ils soient nationaux, internationaux, publics ou privés [47] ». Il s'est fixé comme objectifs :

---

47. Informations tirées du site du réseau : http://www.ds.auf.org/

→ d'établir des contacts étroits entre chercheurs du Sud et du Nord en vue d'appréhender les questions liées aux plus récentes découvertes biomédicales, à la problématique juridique, gestionnaire et économique, en relation avec la direction des établissements de santé, aux problèmes touchant à la responsabilité, aux enjeux liés à l'épidémiologie et plus généralement à la santé publique (les grands fléaux sociaux : sida, cancer, tuberculose...), au droit de l'accès aux soins, ou encore à l'action humanitaire ;
→ de rapprocher les chercheurs, dont certains sont isolés, en développant également les contacts Sud-Sud et Nord-Nord ;
→ de produire de l'information scientifique et technique (publications en droit médical et de la santé, droit du médicament, organisation hospitalière, bioéthique, droit de l'action humanitaire, enseignement à distance, répertoire d'institutions et de chercheurs, etc.).

La première action de recherche en réseau a été lancée sur le thème : « La participation des acteurs non étatiques à l'accès aux soins de santé en Afrique : le cas du Cameroun et du Burkina-Faso », pour la période 2006-2007.

L'Institut francophone pour la médecine tropicale de Vientiane

Avec l'Afrique subsaharienne, l'Asie du Sud-Est reste l'une des régions les plus confrontées aux grandes pandémies, notamment celles liées aux maladies tropicales.

Dans sa stratégie de renforcement des capacités par la formation des professionnels de la santé, l'Agence universitaire de la Francophonie a créé, en janvier 2000, l'Institut de la Francophonie pour la médecine tropicale (IFMT) à Vientiane, au Laos.

L'institut propose en direction des médecins francophones d'Asie du Sud-Est un enseignement de 3e cycle sur les maladies tropicales, et la formation alterne cours théoriques et pratique professionnelle. La 8e promotion (20 médecins) de ce mastère en médecine tropicale et santé internationale, qui dure deux ans, a commencé en octobre 2006. Le recrutement se fait chaque année par voie de concours, au Laos, au Viêt Nam et au Cambodge. La formation proprement dite aborde, de manière assez large, les questions de santé et de développement, de planification et d'organisation sanitaire quant aux problèmes prioritaires de l'Asie du Sud-Est, dont les grandes endémies des régions tropicales démunies : sida, paludisme, tuberculose, dengue, etc.

Les activités de recherche de l'Institut se sont longtemps concentrées sur la dengue, maladie virale aiguë qui peut atteindre divers niveaux de gravité – dans sa forme la plus virulente, hémorragique, elle entraîne souvent la mort – et qui touche très durement l'Asie du Sud-Est. La mise au point d'un vaccin est très malaisée car il existe quatre types différents de virus.

Le 14 février 2005, s'est tenue la première journée scientifique de l'Institut francophone pour la médecine tropicale. Elle s'adressait en priorité aux acteurs francophones de la santé et du développement : médecins, chercheurs, membres des ONG concernées, responsables de la santé publique, etc. Ce fut l'occasion, pour l'IFMT, d'accueillir dans ses murs des membres du réseau de chercheurs AUF-MPV (maladies parasitaires et vectorielles), et pour les étudiants de l'Institut de présenter leurs travaux et recherches en cours.

La Francophonie s'est aussi associée à la réunion des ministres et partenaires de l'École doctorale régionale de l'Afrique centrale (EDR), que le Gabon a accueillie du 5 au 7 mars 2006, durant laquelle ont été adoptés les protocoles additionnels à la Convention instituant l'École, que les chefs d'État ont signée avec le secrétaire général de la Francophonie. L'EDR formera des spécialistes en maladies infectieuses tropicales et délivrera deux diplômes : un mastère en recherche d'infectiologie tropicale et un doctorat de spécialité en sciences biomédicales.

Les autres programmes de la Francophonie

Outre son action à travers la formation des professionnels de la santé, tant en Afrique qu'en Asie, et par les effets de certains de ses programmes, la Francophonie intervient autrement dans le domaine de la santé. Son expertise en matière d'éducation est d'ailleurs reconnue, tout en déplorant la limitation de ses programmes consacrés à la santé, comme le signale notamment l'avis présenté par le professeur Marc Gentilini, et adopté par le Conseil économique et social français en mai 2006 [48].

Par exemple, à travers l'éducation et la réduction des inégalités entre hommes et femmes ou ses efforts pour une meilleure visibilité et une participation des francophones dans les instances médicales internationales et la diffusion de l'information et de la recherche, la Francophonie agit en faveur de la santé.

▶ L'éducation

Nous savons que l'état de santé des plus démunis dépend aussi de facteurs conditionnés par un environnement culturel général. À ce titre, l'éducation, en particulier l'enseignement primaire, est essentielle, notamment pour la lutte contre le VIH/sida ou la tuberculose. L'OMS reconnaît que « la nécessité d'intégrer la prévention et les soins est l'un des enseignements les plus importants de ces dernières années », et préconise pour une prévention équitable « que les personnes les plus exposées au risque de contamination bénéficient où qu'elles vivent, d'informations exactes et adaptées à leur contexte culturel, en même temps que les moyens de prévention existants [49] ».

Cette nécessité de promouvoir l'éducation, l'Organisation de la Francophonie l'a faite sienne, puisqu'elle figure parmi les missions qui lui sont assignées par le Cadre stratégique décennal adopté lors du Sommet de Ouagadougou, qui prévoit notamment de contribuer « à l'effort international pour permettre aux États et gouvernements d'assurer l'accès de tous les enfants à un cycle complet d'études en éliminant les disparités entre les sexes [50] ».

Parmi les programmes de l'OIF concernant les femmes, le volet « Lutte contre les violences faites aux femmes » est celui qui touche de près la santé, car les mutilations sexuelles peuvent avoir des conséquences graves : décès, hémorragies, lésions des organes voisins, infections, VIH/sida, hépatite B, complications lors de l'accouchement…

Au titre du biennum 2002-2003, l'OIF a mené des campagnes de sensibilisation « pour l'abandon des mutilations génitales féminines (MGF), phénomène qui touche 16 pays de l'espace francophone [51] ». Elles ont essentiellement consisté en des campagnes radiophoniques : trois ont pu être réalisées à Djibouti, en Guinée et au Mali. Des spécialistes sont intervenus sur différents sujets : MGF et santé de la femme, MGF et religion ou MGF et traditions.

Le biennum 2004-2005 a poursuivi ces activités par l'organisation d'ateliers de sensibilisation et de formation, par l'appui aux campagnes d'information, d'éducation et de sensibilisation pour l'abandon des mutilations génitales féminines. L'OIF privilégie le partenariat avec les acteurs sociaux les plus proches du terrain, aussi a-t-elle organisé, à l'automne 2004, un forum des communicateurs traditionnels d'Afrique de l'Ouest sur les violences faites aux femmes.

---

48. La coopération sanitaire française dans les pays en développement, avis du Conseil économique et social présenté par M. Marc Gentilini, rapporteur au nom de la section des relations extérieures, éditions des Journaux officiels, année 2006, n° 8, mercredi 24 mai 2006.
49. OMS, *Rapport sur la santé dans le monde 2003 – Façonner le monde*, Genève, 2003.
50. OIF, Cadre stratégique décennal de la Francophonie, Xe Conférence des chefs d'État et de gouvernement des pays ayant le français en partage, Ouagadougou (Burkina Faso), 26-27 novembre 2004.
51. AIF, Programme Femmes et Développement, Présentation des actions 2002-2005, Paris, 2005.

Le rôle des associations de terrain et des partenaires privés

Face aux insuffisances des systèmes de santé dans les pays en développement, les associations et les organisations non gouvernementales s'impliquent de façon croissante depuis une trentaine d'années pour apporter des compétences et des moyens humains et matériels.

Au titre de la Francophonie, on peut citer le réseau francophone des sciences vasculaires. Depuis quelques années les maladies cardio-vasculaires représentent en Afrique une cause majeure d'incapacité, voire de décès. Dans son rapport sur la santé dans le monde de 2003[52], l'OMS constatait qu'en 2002 les maladies cardio-vasculaires constituaient la deuxième cause de mortalité chez les adultes en Afrique, après le VIH/sida et avant la tuberculose. Selon l'OMS, l'accroissement des maladies cardio-vasculaires en Afrique serait principalement dû à l'augmentation de la consommation de tabac et d'alcool, à un mauvais régime alimentaire et à une baisse de l'activité physique liée à l'urbanisation croissante. Dans ce contexte, il est intéressant de noter l'action de la Société française d'angéiologie (SFA) qui, depuis plusieurs années déjà, a été pionnière dans la lutte contre cette nouvelle menace. En 2001, elle a créé le Réseau francophone des sciences vasculaires en partant du constat que « la médecine vasculaire existe dans tous les pays mais que sa pratique ne peut être la même dans les pays défavorisés, en cours de développement et dans ceux de même statut économique[53] ».

Dans la foulée de ce réseau, fut créée la Société franco-panafricaine des sciences vasculaires pour répondre au besoin de connaissances spécifiques des maladies cardio-vasculaires sur le continent africain ; elle a mené une mission de dépistage de l'hypertension artérielle en Mauritanie et au Sénégal, en 2000 et en mars 2005. À Thilogne, petite commune de 12 000 habitants située au nord-est du Sénégal, les médecins de la SFA ont réalisé auprès des populations, en 2000, dans l'enceinte du poste de santé et avec l'aide d'un infirmier local, une pré-enquête sur 70 personnes de plus de 40 ans chez qui ont été effectuées des mesures de pression artérielle. Sur les 70 personnes examinées, 34 étaient hypertendues, dont 23 femmes et 11 hommes. Sur les 34 personnes présentant une hypertension artérielle, cinq seulement connaissaient leur maladie et deux étaient déjà sous traitement. En définitive, comme le notait la mission : « Cette pré-enquête réalisée au sein d'une population excentrée, dans une région défavorisée du Sénégal oriental, met l'accent sur le problème que constitue l'émergence des pathologies vasculaires dans les pays en développement, notamment l'hypertension, frappant les populations les plus pauvres, contrairement aux idées reçues. La teneur du projet qui en découle n'entre en concurrence ni avec le système de santé ni avec la politique du médicament, mettant l'accent sur le dépistage et la prévention. La mise en place est simple et peu coûteuse puisqu'elle s'appuie sur le savoir-faire des structures locales et peut constituer un modèle pour d'autres régions. »[54] La mission de 2005 a rencontré une participation massive des populations, avec, selon les conclusions du Dr Viviane Arfi, une vraie prise de conscience des populations : « La sensibilisation au problème de l'hypertension dépasse les espérances puisque les patients ont, pour beaucoup, fabriqué avec les moyens du bord des carnets de suivi. » La Société franco-panafricaine des sciences vasculaires, qui poursuit comme principaux objectifs la formation de médecins vasculaires et le développement des échanges, avec le soutien de l'Agence universitaire de la francophonie, a pu aussi assurer la participation de médecins issus du continent africain au congrès annuel de la Société française d'angéiologie.

Le rôle croissant des OING et des initiatives privées s'illustre également au travers des grandes mobilisations internationales, souvent initiées, depuis quelques années, par les

---

52. OMS, *Rapport sur la santé dans le monde 2003 – Façonner l'avenir*, Genève, 2003.
53. Société française d'angéiologie, SFA et Francophonie, rapport, 22 octobre 2000.
54. Dr Viviane de Laigue Arfi, *Mission exploratoire à Thilogne, Sénégal, 25 mars-10 avril 2000,* Société française d'angéiologie, 2000.

OING qui interpellent la communauté internationale et favorisent la collecte de nouveaux financements.

À cet égard, l'initiative « Realizing Rights-The Ethical Globalization Initiative » (Réalisation des droits : l'initiative pour une mondialisation éthique), portée par Mary Robinson, ancienne présidente d'Irlande, ancienne haut commissaire des Nations unies aux droits de l'homme et membre du Haut Conseil de la Francophonie, est symptomatique.

Cette initiative vise à promouvoir une déclaration sur l'importance du droit à la santé, et la nécessité d'accorder une plus grande priorité à la santé dans les programmes de lutte contre la pauvreté. Plus largement, la Déclaration vise aussi à faire reconnaître la santé comme un droit fondamental de l'homme, créant ainsi des obligations aux gouvernements. Mme Robinson met l'enfant au cœur du sujet dans la mesure où une approche fondée sur les droits des enfants contribuerait, si elle s'imposait aux États, à faire baisser les taux de mortalité infantile et à renforcer ceux de la scolarisation ainsi que leur protection lors des conflits. L'initiative « Realizing Rights-The Ethical Globalization Initiative », en mettant l'accent sur les droits de la personne et le développement durable, rejoint les préoccupations de la Francophonie telles qu'elles sont définies dans son Cadre stratégique décennal.

La santé est un droit
par Mary Robinson, membre du Haut Conseil de la Francophonie

Communauté internationale fondée sur le partage d'une langue et de valeurs, la Francophonie promeut plus que la langue française, en affirmant la nécessité de préserver la diversité linguistique et culturelle mondiale, de développer les solidarités entre pays du Nord et pays du Sud, de démocratiser les relations et la gouvernance internationales et, enfin, de promouvoir la démocratie et les droits de l'homme et de la femme.

En présentant une déclaration intitulée « La santé est un droit » en janvier 2006 à mes collègues du Haut Conseil de la Francophonie, je savais pouvoir compter sur eux pour se mobiliser autour d'une idée forte, parfaitement exprimée par Kofi Annan, secrétaire général des Nations unies : « La santé n'est pas simplement une bénédiction que l'on espère mais aussi un droit fondamental de la personne humaine. » C'est à l'unanimité que cette déclaration a été adoptée par les membres du Haut Conseil présents le 17 janvier 2006. Elle vise à rehausser le profil du droit à la santé, à contribuer à le faire plus largement reconnaître comme un droit fondamental de la personne, à l'égal des droits civils et politiques, et surtout à clarifier ce que ce droit signifie en pratique et comment il peut être progressivement réalisé par les gouvernements. La déclaration rappelle que le droit à la santé ne signifie pas le droit à être bien portant, pas plus qu'il n'implique une obligation pour les gouvernements de mettre en place des services de santé publique incompatibles avec les ressources publiques. En revanche, le droit à la santé impose les obligations suivantes aux gouvernements :
- promouvoir l'accès à l'eau potable, à des prestations adéquates de soins de santé et à des moyens adéquats d'assainissement sans discrimination d'aucune sorte ;
- investir dans des systèmes de santé solides ;
- s'assurer que les décisions afférentes aux soins de santé sont prises avec transparence, responsabilité et participation du public ;
- soutenir les pays pauvres dans leurs efforts pour promouvoir le droit à la santé de leurs peuples.

L'initiative de la France en faveur du prélèvement international sur les billets d'avion, en permettant de financer des programmes d'achat de médicaments contre le sida, la tuberculose et le paludisme, permettra de sauver des millions de vie et démontre que la France est prête à assumer ses responsabilités dans ce domaine.

Le texte de la déclaration peut être consulté sur www.realizingrights.org

Chapitre 2 • *La santé au cœur du développement*

Autre exemple, la vaccination des enfants est, depuis longtemps, un cheval de bataille des OING. D'après l'OMS, 10,5 millions d'enfants meurent chaque année avant leur cinquième anniversaire, dont la moitié en Afrique, alors que la grande majorité des maladies infectieuses infantiles sont parfaitement évitables et disposent de vaccins.

Médecins sans frontières, dont la vaccination est l'activité principale, mais aussi le professeur Gentilini, lorsqu'il était président de la Croix-Rouge, et aujourd'hui Mary Robinson, membre du Fonds mondial pour les vaccins, lancent un cri d'alarme pour que la vaccination pour tous devienne une priorité internationale et puisse contribuer à sauver des millions d'enfants. Rendre les vaccins accessibles aux enfants où qu'ils soient dans le monde est l'objectif poursuivi tant par l'Alliance mondiale pour les vaccins et la vaccination (GAVI) que par le Fonds pour la vaccination [55].

Dans la sphère des initiatives privées, l'innovation, le commerce et les besoins humanitaires se rejoignent parfois.

Dans les pays en développement, la malnutrition est caractérisée par un apport insuffisant de protéines, d'énergie et de micronutriments tels que les vitamines, ainsi que par les infections et les troubles fréquents qui en résultent. Elle augmente alors les risques de maladie et de décès précoce. Selon l'OMS, la malnutrition contribue ou est associée aujourd'hui à 50 % des décès chez l'enfant dans les pays en développement. Une entreprise française qui s'est spécialisée dans la lutte contre la malnutrition a inventé le *Plumpy Nut*, ou « Noix dodue » en français [56], qui révolutionne la lutte contre la famine et sauve actuellement des millions d'enfants. Le *Plumpy Nut* est conçu à base de cacahuètes, conditionné en sachet de 92 grammes et d'une valeur de 500 kilocalories [57]. Ne nécessitant pas l'adjonction d'eau potable, cette substance, grâce à son extraordinaire pouvoir nutritif, permet d'assurer des soins aux individus souffrant de malnutrition sans avoir à les garder au dispensaire, car le produit a l'avantage d'être prêt à consommer et assure un taux de guérison de 95 %. Aujourd'hui le *Plumpy Nut* est le produit phare de l'aide humanitaire d'urgence et son utilisation s'est généralisée dans toutes les crises qui touchent l'Afrique subsaharienne. Il a été particulièrement utilisé durant la terrible famine au Niger en 2005, lors de l'intervention humanitaire massive qui s'en est suivie. On le retrouve aussi au Darfour (Soudan), en République démocratique du Congo et même au Sénégal où, en 2002, Nutriset a donné son accord au laboratoire de nutrition, dirigé par le professeur Salimata Wade, de l'université de Dakar, de produire localement le *Plumpy Nut*, sous le contrôle de l'Institut de technologie alimentaire de Dakar. L'entreprise Nutriset vend exclusivement son produit aux organismes onusiens, aux OING et aux hôpitaux. De plus, elle a cédé gratuitement le brevet de son produit à des entrepreneurs locaux, permettant ainsi sa fabrication directement par les personnes concernées. Aujourd'hui, des programmes de production locale se retrouvent en République démocratique du Congo, où une boulangerie de Lumumbashi élabore le *Plumpy*, et au Niger, où une pharmacienne de formation a repris une fabrique dans la zone industrielle de Niamey pour lancer sa production. Ce transfert de technologie permet l'utilisation de la main-d'œuvre locale, donne du travail et des débouchés aux petits producteurs d'arachide, denrée abondamment cultivée en Afrique, et, enfin, en cas d'urgence alimentaire, diminue les délais de livraison.

---

55. Vaccine Fund, *La Campagne pour l'immunisation des enfants*, communiqué de presse, juillet 2005. Voir aussi Jacques Diouf, « Mieux vaut prévenir que guérir », *Le Figaro*, 28 septembre 2005, et Mary Robinson, « Le vaccin, un droit de l'homme », *Le Monde*, 27 avril 2005
56. Christophe Ayad et David Revault d'Allonnes, « Noix dodue, la bonne recette humanitaire », *Libération*, 28 septembre 2005.
57. Les calories fournissent l'énergie nécessaire et empêchent l'enfant d'avoir faim. Le nombre de calories dont un enfant a besoin varie en fonction de sa taille, de sa croissance et de son activité. Par exemple, un enfant de 2 ans a besoin de 1 200 calories.

Les publications scientifiques de la Francophonie

L'idée de « Francophonie médicale » passe aussi par la défense de la Francophonie dans les grands congrès médicaux et à travers les publications scientifiques de haut niveau.

Le professeur André Gouazé, fondateur de la Conférence internationale des doyens des facultés de médecine d'expression française (Cidmef), en donne sa définition : « Aujourd'hui la Francophonie se veut un développement scientifique et économique partagé à travers la solidarité par la coopération, partagé mais aussi harmonieux, compris et conduit à travers le dialogue des cultures, des humanistes, dans l'adaptation et la complémentarité. La Francophonie, c'est la culture comprise comme facteur essentiel du développement, c'est tout cela porté par une langue, véhicule, instrument de travail, ciment communs. [58] »

La Francophonie médicale est héritière d'une tradition d'excellence qu'on retrouve par exemple à travers les Instituts Pasteur disséminés dans le monde. Or, pratiquement tous les grands congrès internationaux, mais aussi les revues médicales les plus réputées, font un usage quasi exclusif de l'anglais. La situation du français dans les publications et les communications scientifiques est donc une question qui préoccupe tous les pays francophones et explique pourquoi l'Agence universitaire de la Francophonie (AUF) joue un rôle d'éditeur et de diffuseur de l'information scientifique. Son objectif principal est de contribuer au maintien, en langue française, d'une production éditoriale de manuels universitaires d'enseignement et de recherche dans les disciplines où existent d'importantes lacunes. Pour l'AUF, ces supports d'information contribuent efficacement à promouvoir l'enseignement et la recherche dans l'espace francophone ainsi que le plurilinguisme dans la recherche internationale. Aujourd'hui, des revues de portée internationale, comme le *Lancet* ou *Nature*, sont anglophones. « Là où l'anglais a délogé le français, c'est dans la diffusion des résultats de recherche au sein de la communauté scientifique. Mais ce n'est pas le cas, et ce ne doit pas être le cas, dans le développement de la pensée scientifique, la formation de la relève et la communication générale des connaissances, qui, eux, peuvent très bien se faire en français. [59] » Il s'agit là d'une approche qui pourrait plaider pour une large diffusion d'une revue médicale francophone.

L'examen de la question sanitaire sous l'angle de la Francophonie permet de mieux comprendre l'ambition et la portée des convictions de certains pionniers comme le professeur André Gouazé, pour lequel « la médecine est un champ privilégié pour l'épanouissement de la Francophonie parce que, humanisme, elle fait une référence permanente à la personnalité de l'homme, personnalité ancrée dans sa culture et son environnement, dans le génie socioculturel de sa société, avec ses traditions et son évolution. La médecine est un champ privilégié de solidarité par la coopération vers le développement, parce que science, science de la vie de l'homme, elle est une sous toutes les latitudes, elle est universelle malgré sa diversité, elle est en prise directe permanente sur la recherche [60] ». Le projet de fédération des Ordres des médecins francophones annoncé [61] par le président du Conseil national de l'ordre des médecins français semble lui donner raison.

---

58. André Gouazé, *Une certaine vision de la médecine et de la santé dans le monde francophone,* Paris, Expansion scientifique française, 2004.
59. Monique C. Cormier, *Statut et qualité du français dans les sciences : un partenariat indissociable,* Université de Montréal, 2001. Conférence sur la qualité de la langue, http://www.mef.qc.ca/statut-qualite-francais-sciences.htm
60. André Gouazé, *Abdelaziz, Moumouni, Petru, Trung, Pierre et les autres…*, Paris, Expansion scientifique française, 2004.
61. *Bulletin de l'ordre des médecins,* n° 6 juin-juillet 2006.

Chapitre 2 • *La santé au cœur du développement*

Ressources Internet

http://www.cidmef.u-bordeaux2.fr/
http://cidmef.refer.sn/
http://www.who.int/fr/
http://www.rbm.who.int/cgi-bin/rbm/rbmportal/custom/rbm/home.do
http://www.realizingrights.org/
http://www.gavialliance.org/
http://www.ds.auf.org/
http://www.auf.org/
http://francophonie.org/
http://www.idrc.ca/fr/ev-1-201-1-DO_TOPIC.html

Les francophones dans les pays membres de l'OIF

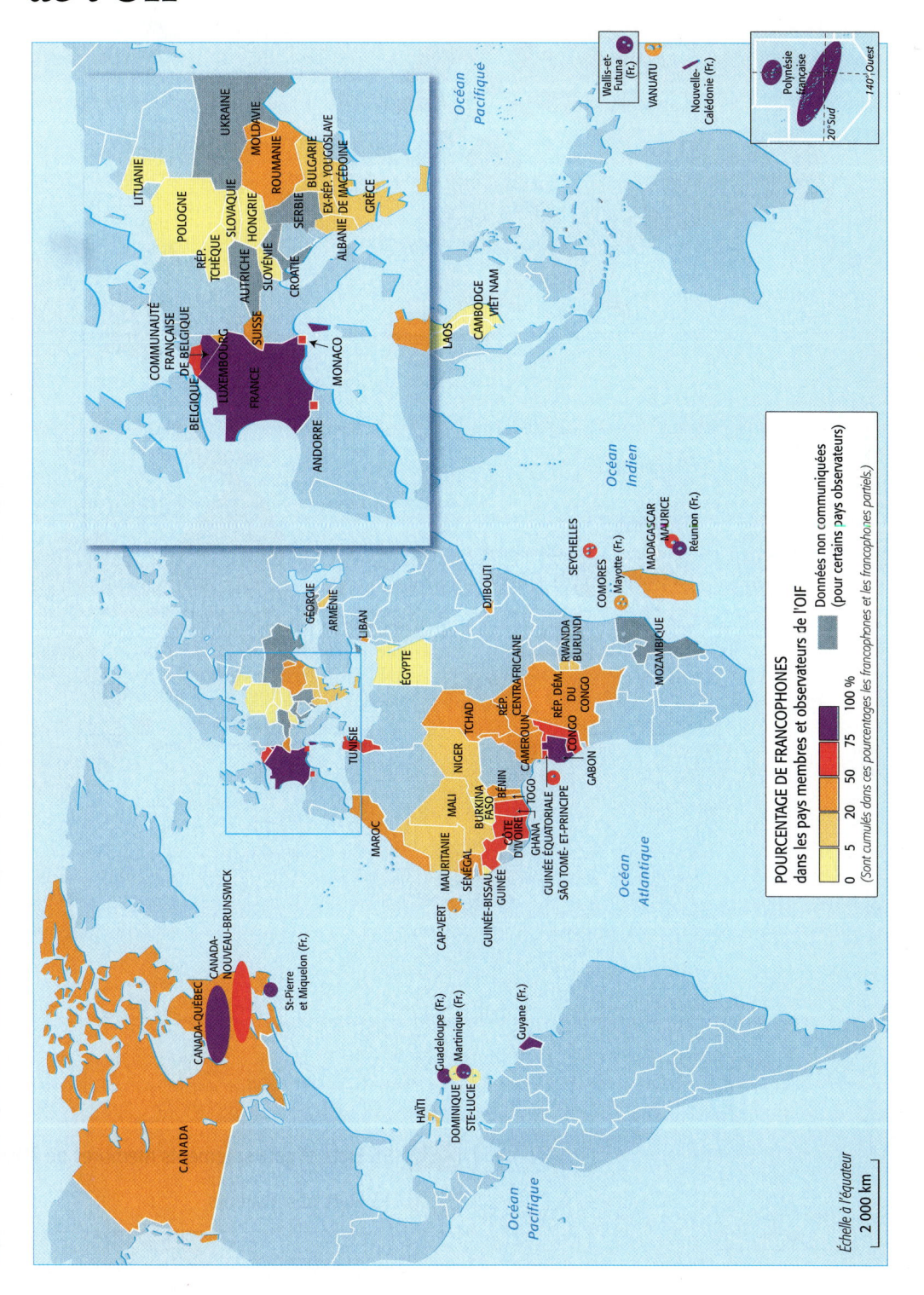

Le monde de la Francophonie

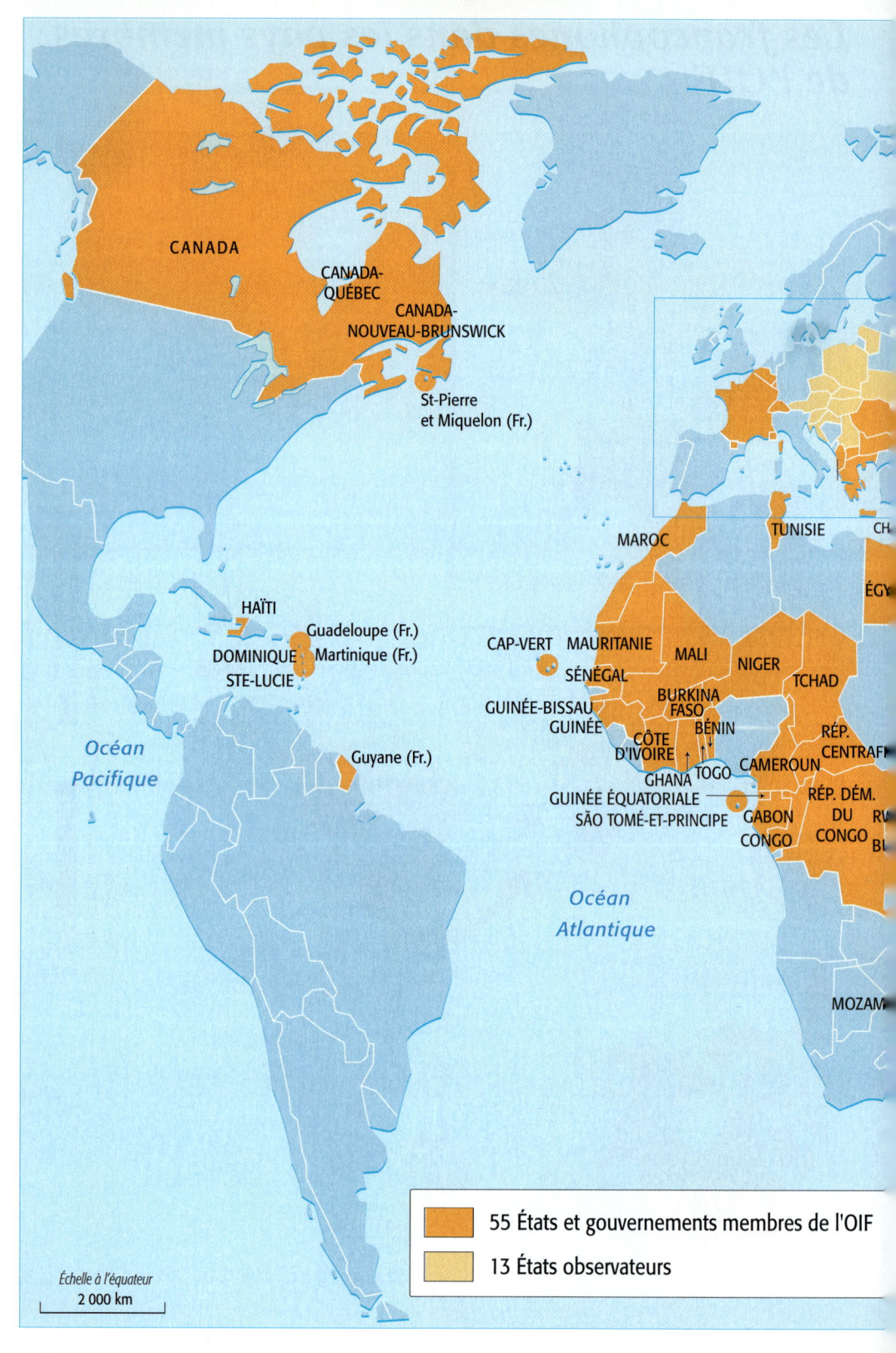

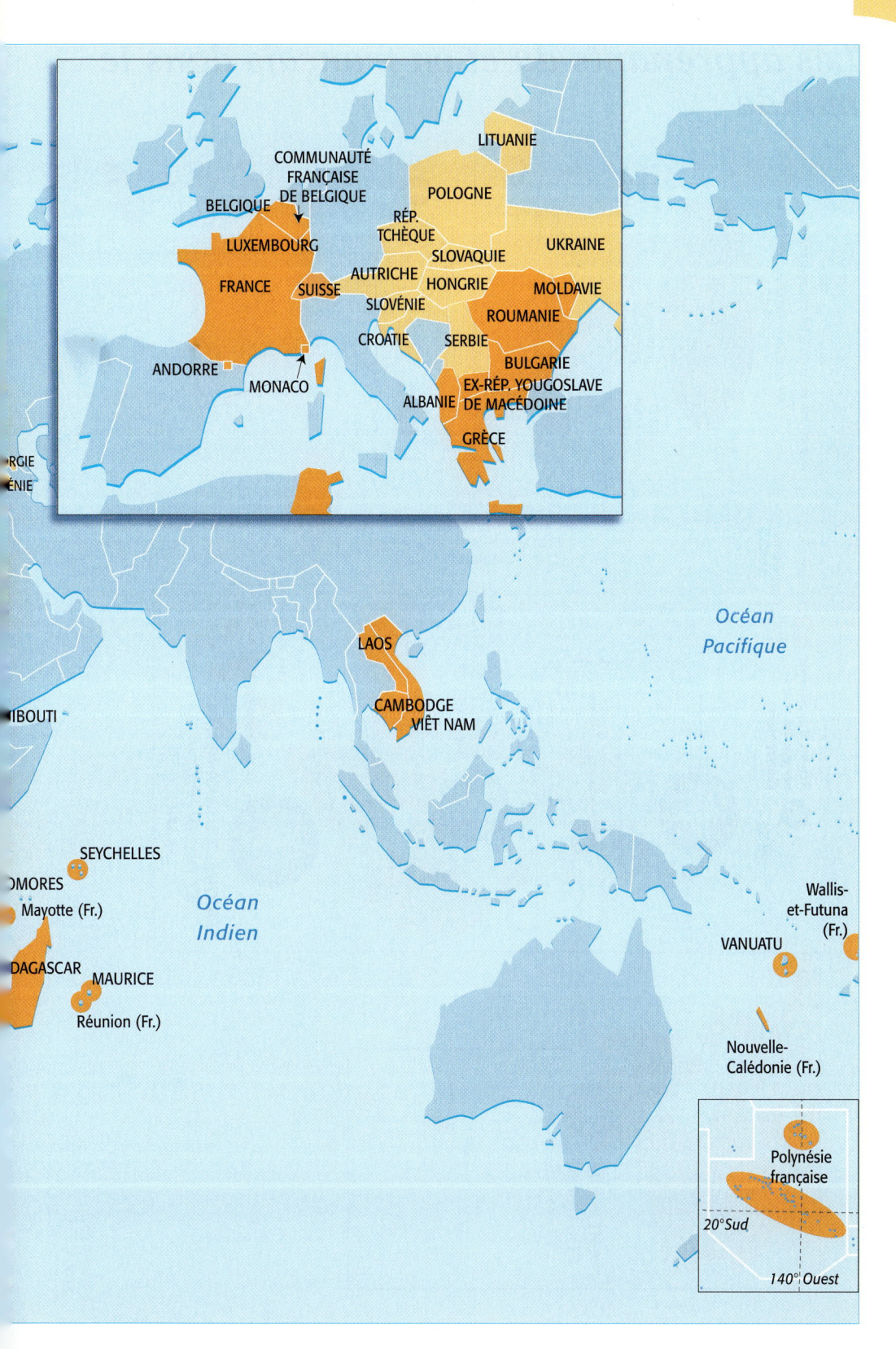

Europe

- LITUANIE
- COMMUNAUTÉ FRANÇAISE DE BELGIQUE
- BELGIQUE
- POLOGNE
- RÉP. TCHÈQUE
- LUXEMBOURG
- UKRAINE
- SLOVAQUIE
- FRANCE
- AUTRICHE
- HONGRIE
- SUISSE
- MOLDAVIE
- SLOVÉNIE
- ROUMANIE
- CROATIE
- SERBIE
- ANDORRE
- BULGARIE
- MONACO
- EX-RÉP. YOUGOSLAVE DE MACÉDOINE
- ALBANIE
- GRÈCE

Asie

- LAOS
- CAMBODGE
- VIÊT NAM

Océan Indien

- SEYCHELLES
- Mayotte (Fr.)
- COMORES
- MADAGASCAR
- MAURICE
- Réunion (Fr.)

Océan Pacifique

- Wallis-et-Futuna (Fr.)
- VANUATU
- Nouvelle-Calédonie (Fr.)
- Polynésie française

20° Sud
140° Ouest

III

Les apprenants du et en français dans le monde

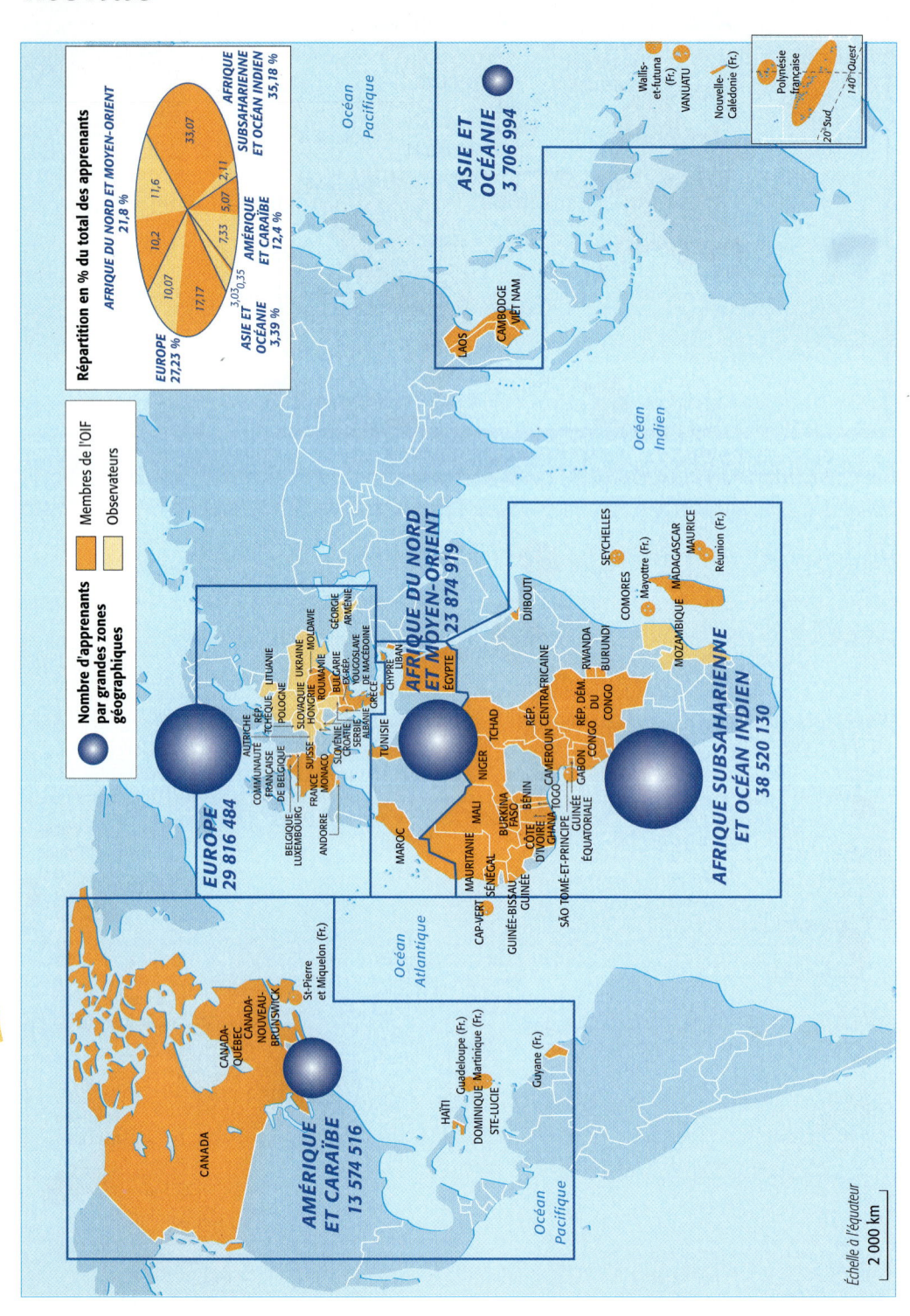

Répartition en % du total des apprenants

- EUROPE 27,23 %
- AFRIQUE DU NORD ET MOYEN-ORIENT 21,8 %
- AFRIQUE SUBSAHARIENNE ET OCÉAN INDIEN 35,18 %
- AMÉRIQUE ET CARAÏBE 12,4 %
- ASIE ET OCÉANIE 3,39 %

Valeurs du diagramme : 33,07 ; 11,6 ; 2,11 ; 5,07 ; 7,33 ; 0,35 ; 3,03 ; 17,17 ; 10,07 ; 10,2

Membres de l'OIF / **Observateurs**

Nombre d'apprenants par grandes zones géographiques

- ASIE ET OCÉANIE : 3 706 994
- AFRIQUE DU NORD ET MOYEN-ORIENT : 23 874 919
- AFRIQUE SUBSAHARIENNE ET OCÉAN INDIEN : 38 520 130
- EUROPE : 29 816 484
- AMÉRIQUE ET CARAÏBE : 13 574 516

Échelle à l'équateur : 2 000 km

IV

Les locuteurs de créole dans les pays membres de l'OIF

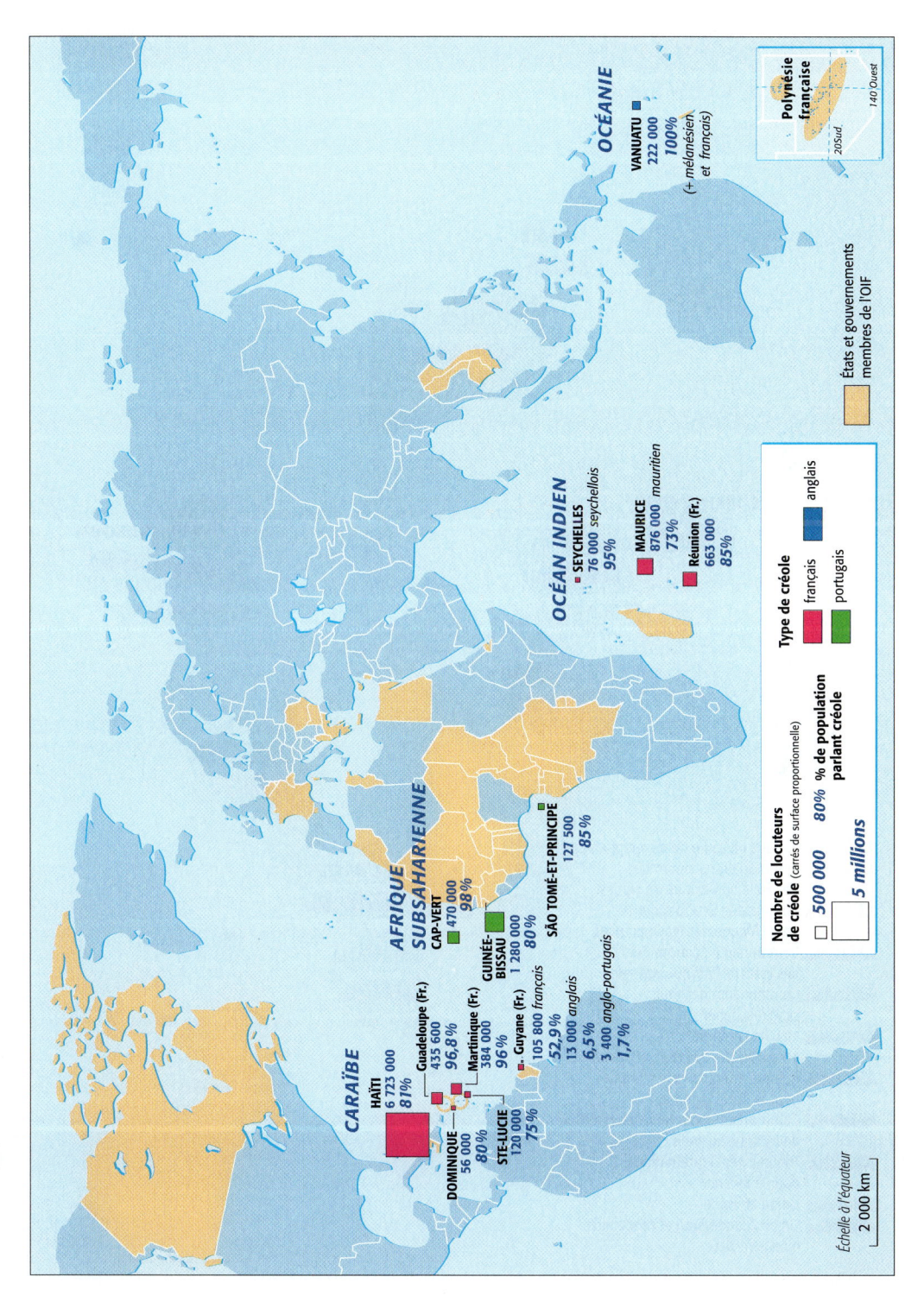

Les organisations internationales en Afrique

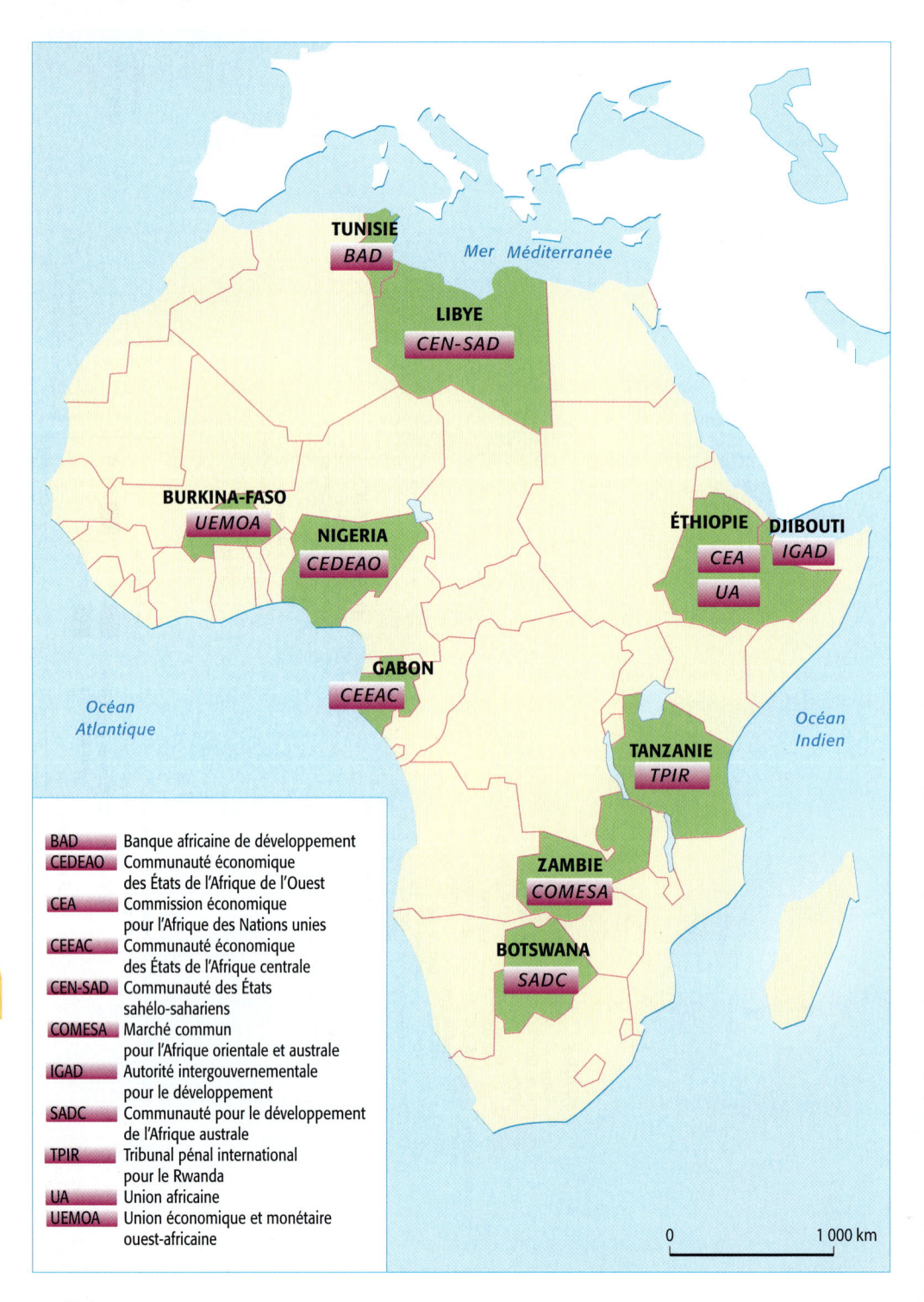

TUNISIE — BAD
LIBYE — CEN-SAD
BURKINA-FASO — UEMOA
NIGERIA — CEDEAO
ÉTHIOPIE — CEA, UA
DJIBOUTI — IGAD
GABON — CEEAC
TANZANIE — TPIR
ZAMBIE — COMESA
BOTSWANA — SADC

Mer Méditerranée
Océan Atlantique
Océan Indien

BAD	Banque africaine de développement
CEDEAO	Communauté économique des États de l'Afrique de l'Ouest
CEA	Commission économique pour l'Afrique des Nations unies
CEEAC	Communauté économique des États de l'Afrique centrale
CEN-SAD	Communauté des États sahélo-sahariens
COMESA	Marché commun pour l'Afrique orientale et australe
IGAD	Autorité intergouvernementale pour le développement
SADC	Communauté pour le développement de l'Afrique australe
TPIR	Tribunal pénal international pour le Rwanda
UA	Union africaine
UEMOA	Union économique et monétaire ouest-africaine

0 — 1 000 km

Le sida dans le monde et en Afrique

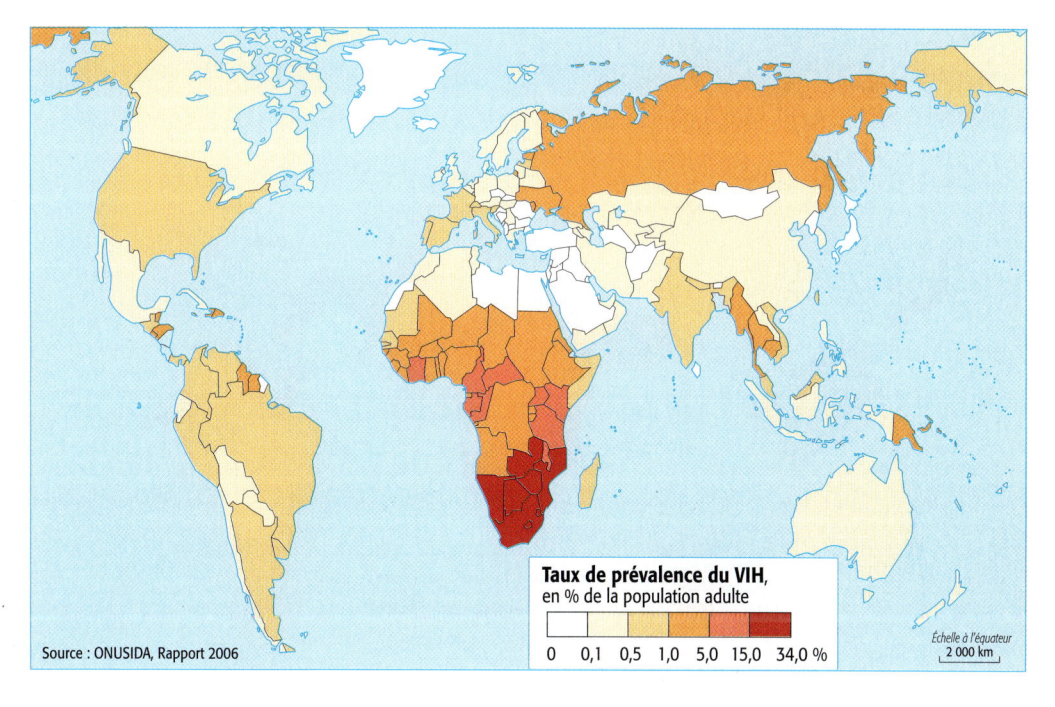

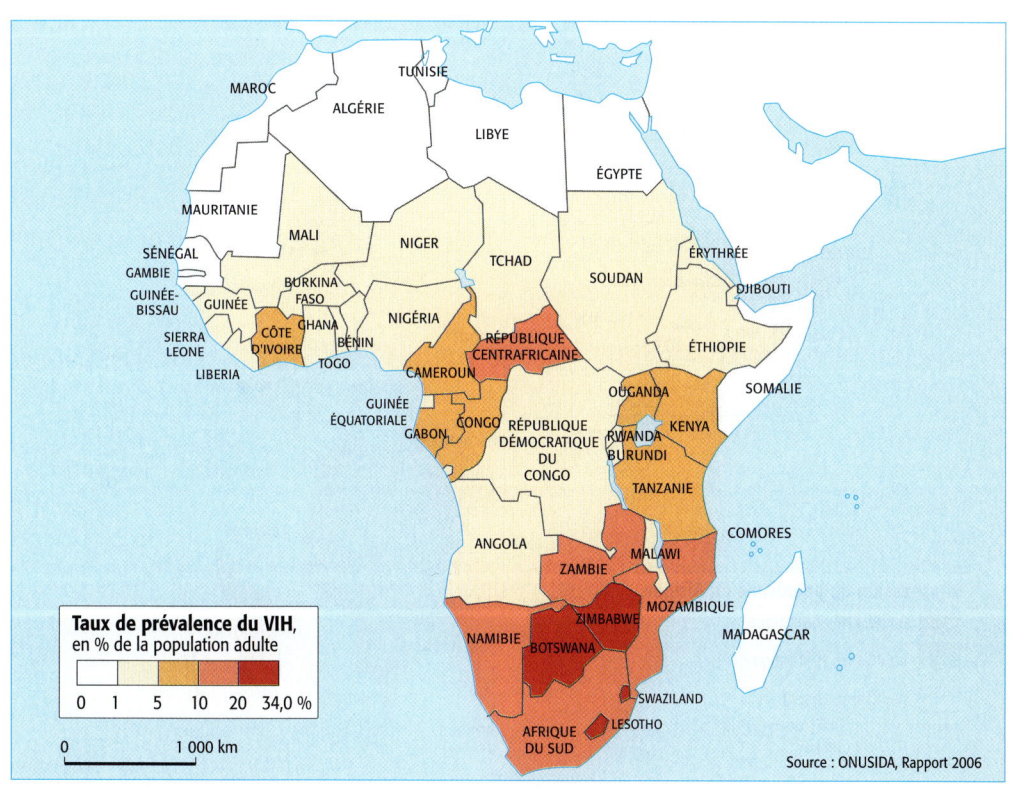

Le paludisme dans le monde et en Afrique

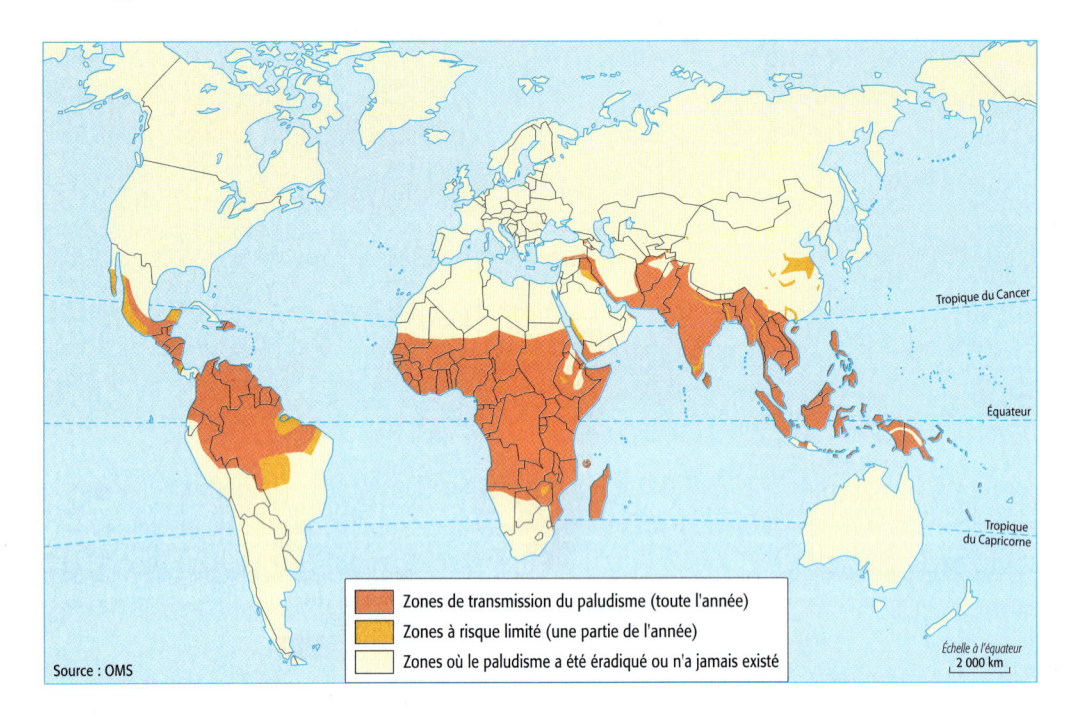

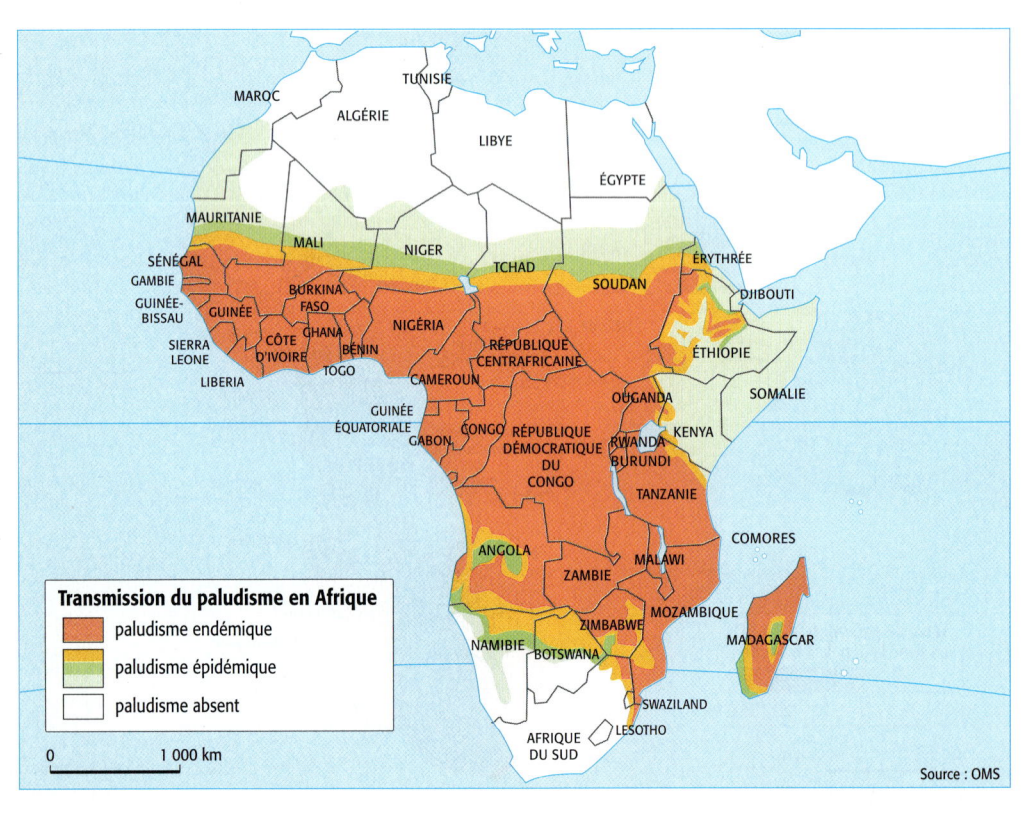

CINQUIÈME PARTIE

Démocratie et État de droit

Chapitre 1

État de droit : le suivi de Bamako [1]

La Déclaration de Bamako sur les pratiques de la démocratie, des droits et des libertés dans l'espace francophone, qui fut adoptée dans la capitale malienne le 3 novembre 2000 et validée par le Sommet de Beyrouth en octobre 2002, « n'est pas seulement un texte fondamental de la Francophonie. Ce qui fait sa force, c'est la dynamique qu'elle porte… La Déclaration de Bamako est un texte novateur, audacieux, qui a engagé et accompagné nos États et gouvernements sur la voie de la consolidation de l'État de droit, de la tenue d'élections libres, fiables et transparentes, de l'avènement d'une vie politique apaisée, de la promotion d'une culture démocratique intériorisée et du plein respect des droits de l'homme [2] ». C'est par ce jugement de valeur que le président Abdou Diouf a introduit le thème du Symposium international ; il s'ouvrait le 6 novembre 2005, à Bamako, cinq ans après la Conférence ministérielle qui a donné naissance à la désormais fameuse Déclaration. Il s'agissait d'en faire le bilan.

En vue d'assurer l'effectivité des engagements ainsi souscrits, les pays membres de l'Organisation internationale de la Francophonie avaient donc, dans un souci de prévention et de progrès concerté, décidé par consensus, au titre du chapitre V de ladite Déclaration, d'arrêter des procédures de suivi.

1 L'observatoire de la démocratie, des droits et des libertés

Sous l'autorité du secrétaire général de la Francophonie, a été mis en place un dispositif d'observation et d'évaluation permanentes des pratiques de la démocratie, des droits et des libertés. Il a pour fonctions :

→ de « définir les mesures les plus appropriées pour appuyer l'enracinement de la démocratie, des droits et des libertés » ;
→ « d'apporter aux États et gouvernements qui le souhaitent l'assistance nécessaire en ces domaines » ;
→ de « contribuer à la mise en place d'un système d'alerte précoce ».

Il s'agit, en fait, d'un mécanisme de mesures graduées destiné, à l'initiative du secrétaire général et en liaison avec les instances de la Francophonie, à réagir face à des situations de crise de la démocratie (pratiques récurrentes tendant à affadir et à limiter la démocratie à un *corpus* de textes déconnectés de la réalité et n'étant plus appliqués) et/ou de violation grave des droits de l'homme (libertés bafouées), de rupture de la démocratie (coups d'État) et/ou de violation massive des droits de l'homme (génocide, crimes contre l'humanité). Le secrétaire général a fait appliquer dans nombre de cas les dispositions que lui donne le chapitre V de la Déclaration de Bamako : en République centrafricaine, en République

---

1. Pour une description exhaustive du volet politique et diplomatique de la Francophonie, voir *De Ouagadougou à Bucarest, 2004-2006,* rapport du secrétaire général de la Francophonie, Paris, OIF, 2006 (http://www.francophonie.org/ressources/rapport.cfm).
2. Discours d'ouverture du secrétaire général au Symposium international sur les pratiques de la démocratie, des droits et des libertés dans l'espace francophone, Bamako, novembre 2005.

démocratique du Congo, aux Comores, en Côte d'Ivoire, en Mauritanie, au Togo, etc., pour ne citer que ces exemples récents et actuels [3].

C'est sur ces bases que vont continuer d'être menées des actions d'appui aux États et gouvernements en vue du renforcement des capacités des acteurs impliqués dans l'approfondissement de la vie démocratique, la défense des droits de l'homme, la contribution au règlement des crises et des conflits ainsi que le soutien aux processus de sortie de crise, de transition ou de consolidation de la paix pour lesquels la Francophonie est de plus en plus sollicitée. C'est que, comme la plupart des Organisations internationales gouvernementales et non gouvernementales, l'OIF s'est s'inscrite dans une dynamique globale « de démocratie et de développement », facteur et garant d'une paix durable, et s'est engagée à traduire cette option fondamentale dans un *corpus* normatif et novateur. Cependant, force est de constater que de nombreuses difficultés continuent d'entraver le respect des règles du jeu démocratique et d'une vie politique apaisée [4]. En témoignent la persistance de plusieurs conflits, les soubresauts des transitions, l'irruption de nouvelles crises ou ruptures de la démocratie, en particulier à la suite de coups d'État, sans omettre la fragilité ou l'essoufflement, voire la précarité, de nombre de ces dynamiques.

Ce contexte particulier a été retracé dans le rapport du secrétaire général des Nations unies, intitulé : « Dans une liberté plus grande : développement, sécurité et respect des droits de l'homme pour tous ». Ainsi, apparaissent de nouveaux concepts, tels la sécurité humaine ou collective et la responsabilité de protéger, reconnues dans la Déclaration de Ouagadougou lors du Sommet de la Francophonie en 2004 ; ils induisent, devant les nouvelles menaces à la paix, notamment en ce qui concerne la lutte contre le terrorisme, une mobilisation accrue pour que les mécanismes de gestion de ces crises soient mieux coordonnés et plus efficaces. Comme l'a mis en évidence la 6e réunion de haut niveau, tenue en juillet 2005 à New York entre l'ONU et les organisations régionales, « les liens entre l'ONU et ces organisations sont un élément essentiel de cet effort ».

Dans ce sens, le récent Sommet du « Millénaire + 5 » de l'ONU [5] a décidé de créer une Commission de consolidation de la paix ainsi qu'un Conseil des droits de l'homme chargé de promouvoir le respect universel et la défense de tous les droits de l'homme et de toutes les libertés fondamentales, pour tous, sans aucune sorte de distinction et de façon juste et équitable. Ce Conseil comprend quatorze pays francophones. L'ensemble de ces questions interpelle la Francophonie qui, en s'appuyant sur sa Charte et sur la Déclaration de Bamako, a développé sa dimension politique et s'est affirmée comme un acteur à part entière des relations internationales. En marge du Sommet mondial des Nations unies consacré au « Millénaire + 5 », une concertation entre les chefs d'État et la délégation de pays francophones a eu lieu. Le thème choisi portait sur « la démocratie, les droits et les libertés dans l'espace francophone », au regard des objectifs de développement du Millénaire ; le secrétaire général de la Francophonie, Abdou Diouf, en a présenté le développement. Cette mise en perspective a été féconde et elle a permis au secrétaire général de l'ONU, Kofi Annan, de saluer « les progrès vers la démocratie dans l'espace francophone malgré des reculs inacceptables ».

2 Le Symposium de Bamako

Il s'est réuni du 6 au 8 novembre 2005. Après avoir réaffirmé leur attachement à la Déclaration de Bamako qui donne à la Francophonie sa pleine légitimité, les participants au Symposium :

---

3. Voir le chapitre I, « État de droit, démocratie et libertés en Francophonie » dans la 6e partie intitulée « Politique et démocratie », *La Francophonie dans le monde 2004-2005,* Paris, Larousse, 2005.
4. Délégation aux droits de l'homme et à la démocratie, *Rapport de l'Observatoire de la démocratie, des droits et des libertés, 2004,* élaboré à l'intention du secrétaire général de la Francophonie.
5. New York, septembre 2005.

→ ont salué les avancées indéniables survenues depuis lors au titre de la consolidation de l'État de droit, de la tenue d'élections libres, fiables et transparentes, de l'avènement d'une vie politique apaisée, de la promotion d'une culture démocratique intériorisée et du plein respect des droits de l'homme, tant au niveau de l'OIF que des États et gouvernements [6] ;

→ ont cependant déploré la résurgence des coups d'État, la modification ou l'usage non démocratique des constitutions, les violations répétées des droits de l'homme, le non-respect de l'engagement d'informer l'OIF sur les pratiques nationales de la démocratie, des droits de l'homme et de l'État de droit ;

→ ont salué la création effective de l'Observatoire sur l'état des pratiques de la démocratie, des droits et des libertés, qui permet à la Délégation à la démocratie et aux droits de l'homme d'informer le secrétaire général.

Dans le souci de donner sa pleine efficacité à la Déclaration de Bamako, le Symposium recommande pour l'avenir de mettre l'accent sur trois objectifs essentiels.

L'approfondissement de la démocratie, des droits de l'homme et de l'État de droit

→ La responsabilité commune et solidaire de l'OIF, de ses pays membres et de ses partenaires, de mettre en œuvre effectivement l'énoncé des principes de la Francophonie en matière de démocratie dans toutes les régions de l'espace francophone ;

→ une pratique plus active de ratification des instruments internationaux relatifs aux droits de l'homme et de leur transposition dans le droit national pour leur mise en œuvre effective, notamment en ce qui concerne la liberté de la presse et la protection des défenseurs des droits de l'homme ;

→ une meilleure prise en compte des droits économiques, sociaux et culturels, tels qu'ils sont prévus dans le Pacte international relatif à ces droits, de même que dans le projet de Protocole additionnel prévoyant un mécanisme de communication, ainsi que du rôle essentiel de la coopération internationale pour leur application ;

→ l'amélioration des processus électoraux par le contrôle du financement des campagnes électorales, la professionnalisation des organes responsables de la gestion des élections, la constitution d'un état civil fiable ;

→ l'attribution de moyens juridiques et financiers adéquats pour combattre la corruption, lutter contre l'impunité et assurer l'indépendance réelle de la justice ;

→ une plus grande affirmation de la parité hommes-femmes.

La prévention des crises et des conflits et les dispositifs d'alerte

→ Au niveau des États et des gouvernements, le renforcement des capacités des acteurs et des institutions œuvrant dans ces domaines, la systématisation de l'éducation à la culture démocratique et à la paix, une protection accrue de la liberté des médias, ayant pour corollaire l'affirmation de leur responsabilité, une vigilance soutenue de la part des organisations de la société civile, la renonciation au recours à la force comme moyen de règlement des conflits ;

→ au niveau de l'OIF, le renforcement de la concertation avec les États et les gouvernements, le développement des indicateurs et des concepts opératoires de conflictualité, une impulsion plus affirmée des actions de coopération avec les organisations régionales.

---

6. *Cf.* chapitre IV de la Déclaration de Bamako.

La consolidation de la paix

→ Des appuis, toujours plus adaptés, aux processus de sortie de crise et de transition par un accompagnement approprié sur les plans juridique et politique, dans le respect de la créativité et des dynamiques endogènes, ainsi que par une prise en compte plus systématique des dimensions économiques et sociales de la reconstruction ;

→ la réaffirmation du principe selon lequel rien ne saurait, en aucune manière, justifier une prise de pouvoir par la force tout en s'attachant à une qualification plus précise des situations de crise et de rupture de la démocratie ;

→ l'importance qui s'attache au dialogue politique, social et culturel, à tous les niveaux, afin de consolider le processus de réconciliation et, le cas échéant, de restaurer la confiance et d'établir le consensus ;

→ le rôle nouveau que devrait jouer la Francophonie, en raison de sa vocation, fondée sur les valeurs d'humanisme et de solidarité, aux fins d'appuyer et de développer, par la concertation entre ses pays membres et par la coordination des efforts internationaux, des actions de plaidoyer auprès des institutions financières internationales en vue de la pleine réalisation de l'engagement commun pour une paix durable.

Une attention prioritaire doit en outre être portée au développement d'initiatives concertées, dans le cadre des Nations unies, en particulier pour l'établissement, à Genève, du Conseil des droits de l'homme, ainsi qu'au renforcement des procédures spéciales des droits de l'homme, comme l'invitation permanente qui pourrait être adressée par les pays membres de l'OIF aux rapporteurs spéciaux.

3 La prévention des conflits et la sécurité humaine

Les 13 et 14 mai 2006, se réunissait à Saint-Boniface, au Canada, une Conférence ministérielle sur ce sujet. En effet, la prévention des conflits repose sur la sécurité des personnes, la satisfaction de leurs besoins, le respect de leurs droits et l'existence d'un État de droit démocratique. C'est au Sommet de Ouagadougou, en 2004, que la Francophonie, en précurseur, a reconnu que pesait sur les États « la responsabilité de protéger sur leur sol les populations victimes de graves violations des droits de l'homme et du droit international humanitaire ». Autrement dit, et ainsi que le souligne avec force le secrétaire général de la Francophonie, une responsabilité « induisant des obligations nouvelles pour les États et pour la communauté internationale, afin de mettre l'individu à l'abri de la peur et de la pauvreté, dans le respect de sa dignité[7] ».

L'OIF est ainsi disposée, si les Nations unies y consentent, à apporter son concours aux travaux du Conseil des droits de l'homme et à la Commission de consolidation de la paix. Dans le même esprit, les protagonistes de la Déclaration de Saint-Boniface souhaitent que l'OIF soit associée aux différents programmes de renforcement des capacités de maintien de la paix, et, en qualité d'observateur, aux travaux du Comité spécial sur les opérations de maintien de la paix des Nations unies. À Saint-Boniface, l'OIF a mis l'accent sur la formation des personnels civils et militaires engagés dans ces opérations et sur les questions de langue qui pourraient se poser. De même, elle s'est engagée à poursuivre la mobilisation de ses membres pour tout ce qui concerne le commerce illicite des armes légères et de petit calibre, pour la lutte contre l'enrôlement des enfants soldats, pour l'éradication des mines antipersonnelles et des restes explosifs de guerre, pour la protection des réfugiés et des personnes déplacées, pour surveiller, empêcher l'exploitation et le transfert international illégal de ressources naturelles et pour appuyer les mesures de contrôle volontaire qui se révéleront nécessaires.

---

7. Allocution devant la 32e session de l'Assemblée parlementaire de la Francophonie, à Rabat, le 1er juillet 2006.

Chapitre 2

La réforme de la Francophonie

L'institutionnel francophone a connu en 2005, par l'adoption d'une nouvelle charte, un changement significatif. Il met fin à trente-cinq années de discussions interminables et de compromis décisionnels qui n'avaient jamais abouti à donner à la Francophonie des institutions susceptibles de répondre aux espoirs placés en elle.

Avant d'examiner le contenu des nouvelles institutions, il est intéressant de se remettre en mémoire les étapes qui ont jalonné l'histoire de l'institutionnel francophone de 1970 à 2005.

Si l'on fait le compte des changements intervenus tant dans la vie de l'Agence de coopération culturelle et technique qu'au cours des sommets, on aura procédé, entre 1970 (date de création de l'Agence) et 1997, à cinq réformes institutionnelles, et, pour ce faire, créé cinq sous-comités *ad hoc*, ainsi que, à Maurice en 1993, un comité de réflexion dont les conclusions adoptées par le Sommet de Cotonou, en 1995, proposeront la création d'un Secrétariat général dirigé par un secrétaire général.

Les deux premières réformes concernèrent l'Agence de coopération culturelle et technique. Elles eurent lieu entre 1973 et 1980. Elle aboutirent à la disparition d'une collégialité (un secrétaire général et quatre secrétaires généraux adjoints) qui la paralysait.

Le premier Sommet de Paris, en 1986, s'attacha à définir des « orientations pour l'avenir des institutions multilatérales de la Francophonie ». Il fallait tout inventer : un comité fut créé, chargé, d'une part, de suivre l'application des décisions prises par les sommets, d'autre part, de préparer le sommet suivant. Pour l'exécution de sa mission, ce « double » comité de suivi et de préparation disposait d'experts, appelés responsables de réseaux, chargés de surveiller la mise en œuvre, par des opérateurs, de programmes correspondant aux orientations définies par les sommets, tandis qu'un sous-comité présidé par le représentant de la Communauté française de Belgique se chargeait de préparer la troisième réforme de l'Agence.

Ce sous-comité poursuivit son travail après le Sommet de Paris pour laisser la place, à la fin de l'année 1986, à un autre sous-comité, présidé par le représentant du Québec qui, après le Sommet de Québec (1987), fit au Sommet de Dakar (1989) des propositions « relatives à l'avenir des institutions et aux mécanismes du Sommet de Dakar ». Ce fut la troisième réforme de l'Agence qui la vit revivre pleinement, après avoir obtenu l'intégration des réseaux à sa propre structure et la fonction d'opérateur principal des sommets. Par voie de conséquence, ce fut la première réforme des comités de suivi et de préparation, qui en sortirent affaiblis mais confirmés.

Avec Chaillot, le quatrième Sommet, il s'agit de « la résolution relative à la consolidation et à la simplification des institutions de la Francophonie ». C'est la quatrième réforme de l'Agence qui voit son rôle renforcé : elle est désormais appelée « unique organisation intergouvernementale de la Francophonie ». C'est aussi la deuxième réforme des mécanismes du Sommet par la création du Conseil permanent de la Francophonie (CPF) qui regroupe en son sein les comités. Pour marquer la similitude des rôles entre les instances du Sommet et celles de l'Agence, le CPF devient, en plus de sa fonction « instance du Sommet », le Conseil d'administration de l'Agence ; de même, la Conférence ministérielle, « instance elle aussi, du

Sommet » devient Conférence générale de l'Agence. On avait pensé « simplifier » les institutions en les empilant les unes sur les autres. Mais en réalité, l'Agence conservait ses organes et une certaine autonomie, et, surtout, le pouvoir financier sur l'ensemble.

Le cinquième Sommet à Maurice, après un suivi de Dakar et de Chaillot qui laissait subsister contradictions et divergences sans trancher sur le fond, a pris une « résolution relative à la mise en place d'un comité de réflexion pour le renforcement de la Francophonie ». L'impression qui se dégageait de cette décision était celle d'une Francophonie institutionnelle encore fragile, non pourvue des attributs d'une organisation internationale, mais au contraire en concurrence avec une institution, l'Agence de coopération culturelle et technique (ACCT), qui n'en était pas dépourvue. Deux logiques apparaissaient : celle des sommets, politique et légitimée par les chefs d'État et de gouvernement, et celle de l'Agence, légale par la Convention de Niamey, historique (1970) et néanmoins technocratique.

C'est à Cotonou, au sixième Sommet, que va s'opérer le grand tournant et que les chefs d'État et de gouvernement vont décider la création d'un Secrétariat général avec un secrétaire général à sa tête. La portée de cette décision est considérable. Elle va provoquer une cinquième réforme de l'Agence et une quatrième réforme des institutions du Sommet.

À Hanoï, en 1997, au septième Sommet, la Charte de la Francophonie est prête. L'élection du secrétaire général peut se faire ainsi que la nomination de l'administrateur général de l'Agence, qui sera rebaptisée, en 1999, Agence intergouvernementale de la Francophonie.

Ces tâtonnements, qui ont suscité bien des impatiences, voire des énervements, ne doivent pas être perçus négativement. Les petits pas accomplis commençaient à dessiner les contours d'un schéma nouveau, tout en reconnaissant, comme l'exprimait la résolution de Maurice, la nécessité de « donner naissance à des projets d'envergure ». La solidarité francophone est tout autant projet politique que coopération multilatérale pour le développement des pays membres, notamment ceux du Sud. C'est le sens des changements qui s'annoncent et qui vont se concrétiser à Cotonou.

Les Sommets étaient indispensables. Léopold Sédar Senghor et Pierre Elliott Trudeau avaient raison de les vouloir. On peut dire qu'ils ont permis de réaliser les réformes, même s'il a fallu tant d'années pour y parvenir. Mais en Francophonie, il faut prendre conscience qu'on ne peut aboutir que sur le long terme, d'autant que toute décision ne peut être prise que par consensus.

Or donc, une Francophonie nouvelle prenait naissance à Hanoï en 1997 ; l'Égyptien Boutros Boutros Ghali y était élu secrétaire général, et le Belge Roger Dehaybe administrateur général. Cette Francophonie nouvelle mit l'accent sur la démocratie, les droits de l'homme et la résolution des crises qui secouaient maints pays francophones, membres de l'Organisation internationale de la Francophonie (OIF). La « Délégation générale à la coopération juridique et judiciaire », devenue en 1998 « Délégation aux droits de l'homme et à la démocratie », s'occupait depuis 1990 de ces questions, à la suite des grands bouleversements intervenus dans le monde et qui n'étaient pas sans répercussions dans les pays membres de l'OIF. Le nouveau secrétaire général, s'appuyant sur la Délégation, donna à ce secteur l'importance qu'il méritait. La Conférence de Bamako en novembre 2000 en fut le point d'orgue. On s'accorde à dire que la Déclaration qui en est sortie a rendu crédible la Francophonie. La Conférence d'évaluation de Bamako + 5, en novembre 2005, a confirmé ce jugement [1]. Mais l'institutionnel, malgré l'élection d'un secrétaire général, restait plus que jamais figé dans cette double logique évoquée plus haut. Il fallait absolument en sortir. Pour ce faire, le Conseil permanent de la Francophonie adoptait la Charte d'Antananarivo en novembre 2005.

---

1. Voir le chapitre précédent « État de droit : le suivi de Bamako ».

Chapitre 2 • La réforme de la Francophonie

1 Les principes de la Charte d'Antananarivo

La philosophie du texte adopté à Antananarivo repose sur quatre principes.

→ D'abord, une révision consensuelle de la Charte de 1997 par la Conférence ministérielle d'Antananarivo, pour que l'Organisation internationale de la Francophonie (OIF) devienne, à la place de l'Agence intergouvernementale de la Francophonie (AIF), l'organisation intergouvernementale unique de la Francophonie (article 9.1) dotée d'une personnalité juridique fondée sur la Convention de Niamey. L'OIF devenait une personne morale de droit public possédant la personnalité juridique, avec toutes les compétences qui étaient celles de l'ex-AIF (article 9.2).

→ Ensuite, la nécessité de mettre fin à un système dyarchique, en clarifiant « le cadre d'exercice des attributions du secrétaire général », comme le demandaient les chefs d'État et de gouvernement réunis à Ouagadougou en 2004.

→ En troisième lieu, et en conséquence de ce qui précède, la nécessité de disposer d'un cadre institutionnel actualisé qui définit plus clairement, de façon plus cohérente et plus coordonnée, les domaines de compétence des différentes institutions de la Francophonie.

→ En quatrième lieu, l'obligation pour le secrétaire général de faire fonctionner ensemble les deux volets de l'action francophone, le volet politique et le volet de la coopération multilatérale. Si l'action politique de la Francophonie est directement assumée par le secrétaire général, le domaine de la coopération est animé et mis en œuvre, en vertu d'une délégation du secrétaire général, par un administrateur dont le statut est défini dans l'article 10 de la Charte.

Ainsi furent réalisées à la fois deux réformes majeures visant à fonder la personnalité juridique de l'OIF sur le texte historique de la Convention de Niamey de 1970 et à établir enfin l'unité de la Francophonie. Le symbole préservé, ceux des membres qui y étaient attachés n'eurent pas de difficultés à adopter le projet de Charte nouvelle qui leur était proposé.

Trois titres structurent la Charte d'Antananarivo et 17 articles en définissent les objectifs (titre 1), les institutions et leurs fonctions (titre 2), les dispositions diverses (titre 3).

2 Les objectifs

L'article 1 définit les objectifs de la Francophonie. Ils sont politiques : « la démocratie, la prévention, la gestion et le règlement des conflits, le soutien à l'État de droit et aux droits de l'homme ; l'intensification du dialogue des cultures et des civilisations ; le rapprochement des peuples par leur connaissance mutuelle ; le renforcement de la solidarité par des actions de coopération multilatérale en vue de favoriser l'essor de leurs économies ; la promotion de l'éducation et de la formation ».

L'énoncé de ces objectifs révèle que la Francophonie s'adapte au temps présent fait de conflits, de crises et de malheurs, et qu'il est indispensable, pour y mettre fin et y remédier définitivement, de faire vivre les principes universels de la démocratie, de l'État de droit et des droits de l'homme.

Jetant, il y a vingt-six ans, son regard sur le monde, Senghor analysait : « C'est qu'on assiste aujourd'hui à une évolution des esprits qui réclament le respect des valeurs : égalité des cultures, droits à la différence, respect des identités culturelles comme des croyances, connaissance des apports des cultures non occidentales, libres-échanges entre les hommes et les cultures… [2] » Cette pensée correspond parfaitement aux objectifs de la Francophonie,

---

2. L. S. Senghor, Communication à la 7e Conférence franco-africaine de Nice, 8-10 mai 1980.

qui sont politiques au sens le plus élevé du terme, celui qui fait sens, celui qui élève l'homme, la femme et l'humanité. Tout se tient donc dans l'énoncé des objectifs de la Francophonie : pour parvenir à la paix, il faut se connaître, se reconnaître et dialoguer ; il faut admettre aussi que s'interpénètrent tout ce qui a trait à l'action politique proprement dite et tout ce qui relève de l'action de coopération, celle-ci ne pouvant se déployer qu'à partir d'une volonté politique. Action politique et action de coopération sont indissociables.

3 Les institutions

L'article 2 énumère les institutions et les opérateurs.

Les instances de la Francophonie

→ **le Sommet** réunit tous les deux ans les chefs d'État et de gouvernement des pays ayant le français en partage, définit les orientations de la Francophonie et élit le secrétaire général ;

→ **la Conférence ministérielle** de la Francophonie se compose de tous les membres du Sommet, représentés chacun par un ministre ; entre autres pouvoirs, elle se prononce sur les grands axes de l'action multilatérale francophone ;

→ **le Conseil permanent de la Francophonie** est composé de représentants personnels des chefs d'État et de gouvernement. Ses pouvoirs, importants, sont de gestion. Il est présidé par le secrétaire général.

L'empilement des instances qui avait été décidé par le Sommet de Chaillot (1991) n'est plus. Cet allègement va permettre au secrétaire général d'agir avec plus d'efficacité, sans avoir à pratiquer tout en double, avec la lourdeur procédurale que cela implique.

Le secrétaire général de la Francophonie (article 2.2°)

Son titre exprime une autorité qui s'étend au-delà de l'Organisation internationale de la Francophonie proprement dite, pour couvrir, notamment, les autres opérateurs. Il préside le Conseil de coopération, structure de coordination regroupant tous les opérateurs ; il est le porte-parole de la Francophonie et son représentant officiel au niveau international (article 7.1°).

Il conduit l'action politique de la Francophonie en s'appuyant sur la Déclaration de Bamako.

Au plan de la coopération, en concertation avec les opérateurs, il propose aux instances, conformément aux orientations des sommets, les axes prioritaires de l'action francophone multilatérale (article 8.1°). Il propose la répartition du Fonds multilatéral unique et anime la coopération financée par ce fonds. Il dirige l'OIF (article 6.1°), en est le représentant légal (article 6.6°) et « nomme pour l'accomplissement de ses fonctions un administrateur chargé d'exécuter, d'animer et de gérer la coopération intergouvernementale, ainsi que d'assurer, sous son autorité, la gestion des affaires administratives et financières » (article 8.3°).

Un administrateur a été nommé qui a pris ses fonctions au début de janvier 2006. Il s'agit de Clément Duhaime, ancien délégué général du Québec en France, fin connaisseur de la Francophonie, au service de laquelle il a consacré plusieurs années de sa vie professionnelle.

L'Organisation internationale de la Francophonie (article 9)

Pour entrer dans le concret de la coopération et du développement, la Francophonie s'est dotée d'un plan à long terme, « le cadre stratégique décennal » adopté par le Sommet de Ouagadougou en novembre 2004 ; il est rythmé par des programmations quadriennales. Ce plan à long et à moyen terme manifeste la volonté de la Francophonie de se situer dans le contexte de la mondialisation, en tenant compte des valeurs de liberté, de justice, de solidarité et de tolérance qui sont les siennes. Elle dispose pour cela d'instruments : la Déclaration de Luxembourg sur le thème « Femme, pouvoir et développement » (2000), la Déclaration de Bamako sur la démocratie, les droits et libertés (2000), la Déclaration de Cotonou sur la culture (2001), qui a grandement servi pour l'adoption en 2005 par l'Unesco de la Convention sur la diversité culturelle, sa Charte d'Antananarivo (2005). Bien évidemment, la Francophonie inscrit son action dans les objectifs de la Déclaration du Millénaire, du Plan d'action du Sommet mondial pour le développement durable et dans le Nouveau Partenariat pour le développement de l'Afrique (Nopada/Nepad).

Son expérience lui permet :

→ de lancer de grands programmes consacrés à la diversité culturelle et linguistique pour éviter le risque d'uniformisation des modes de vie et d'expression ;

→ de promouvoir la paix par la prévention, la résolution des conflits et des crises, par la restauration et la promotion d'une culture de la démocratie et de l'État de droit, par l'éducation à la citoyenneté ;

→ de contribuer avec les grandes organisations internationales et les pays membres au programme Éducation pour tous (EPT) ;

→ de participer avec les instances mondiales à la lutte contre la pauvreté pour le développement durable.

L'Assemblée parlementaire (article 2.4°)

Il s'agit d'une assemblée consultative : c'est le volet démocratique de la Francophonie. Elle est composée de parlementaires choisis dans les pays membres parmi les assemblées issues d'élections libres, fiables et transparentes, et fonctionnant démocratiquement, comme cela doit se passer dans un État de droit. « Vigie de la démocratie », selon le mot du président Abdou Diouf, l'Assemblée parlementaire de la Francophone (APF) observe avec l'OIF les élections présidentielles et législatives qui se déroulent régulièrement dans les pays membres ; elle n'hésite pas à sanctionner les États qui violent les principes de la démocratie et des droits de l'homme ou qui se rendent coupables de coup d'État. Le secrétaire général se fait un devoir de se présenter, chaque année, devant l'APF, pour faire une déclaration de politique générale et répondre aux questions des parlementaires.

D'autres opérateurs

Ils sont chargés de mettre en œuvre, sous l'autorité du secrétaire général, des projets qui résultent, au demeurant, des orientations des Sommets et des axes prioritaires décidés par la Conférence ministérielle. Mais comme le Xe Sommet l'a recommandé, il faut que les plans à élaborer soient cohérents, que les projets qui en seront la substance ne soient pas dispersés, qu'ils traduisent fidèlement les objectifs de la Francophonie et qu'ils s'en tiennent à ce que la Francophonie sait faire et peut faire.

Ce sera aux opérateurs (article 2.5°) de réaliser le Cadre stratégique décennal et les programmations quadriennales : l'OIF, en premier lieu, mais aussi l'Agence universitaire de la Francophonie, TV5, l'université Senghor d'Alexandrie, l'Association internationale des maires francophones sont invités à remplir quatre missions essentielles :

- promouvoir la langue française et la diversité culturelle et linguistique ;
- promouvoir la paix, la démocratie et les droits de l'homme ;
- appuyer l'éducation, la formation, l'enseignement supérieur et la recherche ;
- développer la coopération au service du développement durable et de la solidarité.

La Francophonie nourrit de fortes ambitions mais ne dispose pas en propre de moyens très importants. Cependant elle exerce une magistrature d'influence reconnue par la communauté internationale qui paraît disposée à lui apporter son soutien.

Telle est l'organisation nouvelle de la Francophonie, qui met fin à trois décennies de compromis et d'hésitations mais qui montre sa formidable capacité à se renouveler dans ses institutions et dans ses programmes. Elle le doit à son secrétaire général, à sa connaissance parfaite du dossier francophone et à son talent de diplomate. Il a su, l'espace de son premier mandat, convaincre les instances de réformer ; elles lui ont confié tout le pouvoir, mais il ne l'a pas voulu pour lui seul ; lors de l'élaboration de la nouvelle Charte, il a su en imaginer le partage en le déléguant (article 8.4), prenant ainsi de la hauteur par rapport au quotidien. En nommant un Québécois comme administrateur, il respectait l'histoire et reconnaissait au Canada et au Québec la part qu'ils avaient prise en faveur de la Francophonie en Amérique du Nord.

Chapitre 3

La parité en Francophonie

1 Introduction

C'est en 1994, lors de la préparation de la Conférence de Pékin, que la Francophonie a marqué son engagement en faveur de l'autonomisation des femmes [1], aussi bien dans les sphères politique et économique que dans le déroulement des processus de paix. En 2000, elle a dressé son bilan et organisé sa première Conférence des femmes de la Francophonie au Luxembourg, sur le thème « Femmes, pouvoir et développement ».

De 2000 à 2003, le programme consacré à l'autonomisation des femmes et à l'égalité entre femmes et hommes avait pour objectif la pleine participation des femmes au développement socio-économique, notamment au travers d'ateliers de formation à l'entreprenariat et à la gestion de micro-entreprises. En 2004, la Francophonie a opté pour une intégration transversale du genre dans les programmes axés sur la lutte contre la pauvreté [2]. Elle a également intégré l'égalité entre les femmes et les hommes dans le Cadre stratégique décennal (CSD) 2005-2014 (Sommet de Ouagadougou, novembre 2004). Le préambule du CSD assure que « la mise en œuvre des objectifs que se donne la Francophonie pour la prochaine décennie tiendra dûment compte de la place des femmes et des jeunes, acteurs clés sur lesquels s'appuyer pour optimiser les effets des actions entreprises ». À partir de 2004, la Francophonie s'est employée à soutenir ses pays membres dans le processus d'évaluation décennale de la plate-forme de Pékin [3] et dans la mise sur pied d'une mission d'information, de sensibilisation et de formation sur les droits humains des femmes, dans le but d'enrayer les violences commises contre elles. Les stratégies et méthodes de la Francophonie sont aujourd'hui largement mises en œuvre dans la plupart des organisations internationales, régionales et nationales qui travaillent sur le développement.

À terme, l'objectif est d'institutionnaliser l'intégration du genre [4] et de diffuser le concept dans l'espace francophone, afin de participer au combat pour l'égalité des sexes. Cepen-

---

1. L'autonomisation désigne les processus qui confèrent la capacité de choisir à des personnes qui en étaient privées jusque-là. Autrement dit, l'autonomisation suppose une évolution, un changement. Les personnes qui bénéficient de nombreuses possibilités de choix peuvent en retirer une grande puissance. On ne peut cependant pas dire qu'elles ont suivi un parcours d'autonomisation si elles n'ont jamais été privées de la capacité de choisir, Centre de recherches pour le développement international, www.idrc.ca
2. Le pôle Égalité des genres pour le développement se concentre sur le renforcement de l'intégration transversale du genre depuis début 2006. Parallèlement, la Délégation à la paix, à la démocratie et aux droits de l'homme assure une mission plus politique (autour de la consolidation de la démocratie, des droits de l'homme et de l'État de droit, et dans le domaine de la paix), au sein de laquelle elle analyse le rôle que jouent et que devraient jouer les femmes.
3. Elle désigne 12 domaines prioritaires d'intervention qui nécessitent une attention et une action particulières de la communauté internationale, des gouvernements et de la société civile. Des recommandations et objectifs ont été établis. En adoptant ce programme d'action, les pays signataires s'engagent à agir concrètement pour améliorer la situation des femmes.
4. « Genre » est la traduction littérale du terme anglais *gender*. Le terme s'est imposé dans le monde francophone, même s'il serait plus exact de parler de « rapports sociaux de sexe ». Le genre se réfère effectivement à la répartition des rôles sociaux entre les hommes et les femmes, au caractère inégalitaire. Il s'agit donc d'une construction sociale, par définition évolutive. Les rapports de genre varient selon les groupes sociaux et culturels, et sont influencés par de nombreux facteurs (politiques, éducatifs, etc.). Le genre est à la fois un concept sociologique et une grille d'analyse, un outil, pour agir en direction des femmes.

dant, les différents programmes n'intègrent pas encore systématiquement le genre. C'est pourquoi la Francophonie entend renforcer les dispositifs lui permettant de mesurer de manière précise l'intégration du genre dans sa coopération et la part du budget qui y est consacrée afin de pouvoir énoncer des mesures incitatives plus ciblées.

C'est dans ce contexte que s'inscrit l'étude sur la parité menée par le Haut Conseil de la Francophonie en partenariat avec l'Observatoire français de la parité entre les femmes et les hommes. Le concept de « parité », qui a donné lieu à une révision de la Constitution et à plusieurs textes de loi en France, est désormais inscrit dans l'espace juridique francophone, où il coexiste avec la logique plutôt anglo-saxonne des quotas. Les quotas tendent ainsi à limiter la surreprésentation d'un sexe dans des proportions allant de 80 % à 65 %, tandis que le principe de parité implique un égal accès des femmes et des hommes aux mandats et fonctions électives, tant dans la sphère politique que dans les sphères économique et sociale. Cette étude ne pouvant embrasser tous ces champs, deux dimensions emblématiques ont ici été choisies : celle de la vie politique et celle de la vie professionnelle. Pour ce faire, des questionnaires adressés aux États et gouvernements membres de l'OIF [5] ont permis d'affiner les données fournies par le dernier rapport du PNUD (2005) et de dégager quelques grandes lignes de force, en situant des facteurs de progrès, ou de régression.

Une synthèse de l'étude sera mise en ligne sur le site de l'Observatoire français de la parité [6], renseignant notamment les coordonnées des différentes associations en charge des questions d'égalité entre les femmes et les hommes dans l'espace francophone.

Situation des femmes dans le monde [7]

Politique
- sur 192 [8] États, 12 sont dirigés par des femmes ;
- 15 % de femmes parlementaires dans le monde ;
- seuls la Suède et le Rwanda ont quasiment atteint la parité au Parlement ;
- 17 États ont atteint le seuil des 30 % de femmes au Parlement (considéré par l'ONU comme le seuil nécessaire pour que les femmes puissent constituer une masse critique au sein d'une assemblée et peser sur les décisions) ;
- dans 43 pays, le Parlement a une proportion de femmes de 1 pour 5 ;
- plus de 30 pays ont des lois discriminatoires envers les femmes.

Économie
- 70 à 75 % des personnes pauvres sont des femmes (vivant avec moins d'un dollar par jour) ;
- elles sont à l'origine de 55 % de l'activité économique mondiale, dont 37 % non rémunérée ;
- elles représentent moins de 10 % du revenu total ;
- elles sont propriétaires de moins de 2 % des terres ;
- elles ont accès à moins de 5 % des prêts bancaires.

---

5. Ont répondu au questionnaire : Albanie, Andorre, Belgique, Bénin, Bulgarie, Burundi, Cambodge, Cameroun, Canada-Nouveau-Brunswick, Canada-Québec, Centrafrique, Communauté française de Belgique, Djibouti, Égypte, Gabon, Guinée, Guinée équatoriale, Hongrie, Laos, Liban, Lituanie, Mali, Maroc, Maurice, Moldavie, Monaco, Pologne, République tchèque, Sainte-Lucie, Sao Tomé-et-Principe, Seychelles, Suisse, Tchad, Togo, Viêt Nam. Les données sur la France ont été fournies par l'Observatoire de la parité entre les femmes et les hommes, service du Premier ministre. La Grèce, Maurice et le Sénégal ont répondu trop tardivement pour que les données soient prises en compte dans la version papier du rapport. Elles le seront en revanche dans les versions électroniques.
6. www.observatoire-parite.gouv.fr
7. Sources : OIF, Propositions de programmation quadriennale 2006-2009, *Intégrer le genre dans les actions de coopération et de solidarité internationales* ; HCCI (Haut Conseil de la Coopération internationale), OMS.
8. Il s'agit des 192 États membres de l'ONU, non compris le Monténégro devenu indépendant en 2006. Le Saint-Siège et Taiwan ne sont pas compris dans cette liste. Si l'on prend en compte les territoires sous contrôle d'autres États, on dénombre 205 pays et territoires.

Éducation
- les femmes représentent les 2/3 des 876 millions d'analphabètes ;
- 54 % des enfants non scolarisés sont des filles ;
- 64 sur 128 pays ont atteint la parité à l'école primaire en 2005.

Santé, violences
- en Afrique, 75 % des 15-24 ans séropositifs sont des femmes ;
- 529 000 femmes meurent chaque année des suites de grossesse ou d'accouchement ;
- sur l'ensemble des grossesses se produisant chaque année dans le monde, 38 % ne sont pas désirées et près de 6 grossesses sur 10 se terminent par un avortement provoqué ;
- 50 millions d'infanticides de bébés et fœtus filles sont perpétrés chaque année ;
- chaque année, 2 millions de femmes sont vendues et achetées à des fins de mariage forcé ou d'esclavage, et 2 millions pour le trafic lié à la prostitution. Entre 100 et 140 millions de femmes et fillettes ont été victimes de mutilations génitales féminines dans plus de 40 pays (dont 28 en Afrique). Chaque année, 2 millions de fillettes sont exposées au risque d'être excisées ;
- les femmes et les enfants représentent 80 % des 40 millions de personnes réfugiées dans le monde.

Dates clés

- 1975 : première Conférence mondiale sur le statut des femmes (Mexico), lancement de la Décennie ONU pour la femme, création de l'Agence pour la promotion de la femme et d'un fonds de développement ;
- 1979 : adoption par l'Assemblée générale de l'ONU de la Convention sur l'élimination de toutes les formes de discrimination à l'égard des femmes (Cedef) ;
- 1992 : Conférence mondiale sur l'environnement et le développement (Rio) : la participation des femmes est reconnue comme essentielle à la réalisation du développement durable ;
- 1993 : Conférence mondiale sur les droits de l'homme (Vienne) ; il est rappelé que les droits des femmes et des fillettes font partie des droits universels de la personne, et que l'égale et pleine participation des femmes dans tous les domaines et l'élimination de toute forme de discrimination fondée sur le sexe sont des objectifs prioritaires ;
- 1994 : Conférence mondiale sur la population et le développement (Le Caire), où un plan sur vingt ans est adopté pour assurer les droits et la santé en matière de procréation ;
- 1995 : Sommet mondial pour le développement social (Copenhague), avec la volonté de promouvoir la coopération en direction des pays en développement qui agissent en faveur de l'égalité et de l'équité pour les femmes ;
- 1995 : 4e Conférence mondiale sur les femmes (Pékin) ;
- 2000 : parmi les huit objectifs du Millénaire pour le développement (OMD), deux concernent les femmes – « promouvoir l'égalité des sexes et le renforcement du pouvoir des femmes » (3), « améliorer la santé maternelle » (5) ;
- 2005 : « Pékin +10 » et Sommet de l'ONU : intégrer transversalement la perspective genre afin de pouvoir atteindre les OMD.

Les 12 points du plan d'action de Pékin

Lutter contre la pauvreté croissante des femmes ; égal accès à l'éducation et à la formation ; égal accès aux soins ; lutter contre la violence à l'égard des femmes ; combattre les effets des conflits armés ; égalité au sein des structures politiques et économiques ; partage du pouvoir et de la prise de décision ; mécanismes institutionnels et promotion de la femme ; respect des droits fondamentaux ; lutter contre l'image stéréotypée de la femme et l'inégal accès à la communication ; égal accès à la gestion des ressources naturelles et à la préservation de l'environnement ; droits fondamentaux des petites filles.

Le Réseau des femmes parlementaires de l'APF [9]

Le Réseau des femmes parlementaires de l'Assemblée parlementaire de la Francophonie (né lors de la session de l'APF, à Berne, en juillet 2002) a pour but de promouvoir une meilleure participation des femmes à la vie politique, économique, sociale et culturelle, et ce, tant au niveau national que dans l'ensemble de l'espace francophone, de renforcer la place et le rôle des femmes dans les parlements membres et dans les organisations internationales, de favoriser les échanges d'expériences et d'encourager la solidarité entre femmes parlementaires, enfin et surtout de contribuer à la défense des droits de l'homme, particulièrement ceux de la jeune fille, de l'enfant et de la mère.

Il se réunit lors de la session annuelle de l'APF et participe, par ses débats, propositions et échanges d'informations, à la réflexion menée au sein de l'Assemblée tant sur les questions intéressant spécifiquement les femmes que sur celles qui concernent l'ensemble de l'espace francophone. Il apporte cette contribution en particulier dans le cadre des relations régulières qu'il entretient avec les commissions permanentes de l'APF. Les activités du réseau sont définies lors de sa réunion annuelle et s'inscrivent à la fois dans le cadre de sa vocation d'organe de réflexion politique, et dans celui de son programme de coopération dédié exclusivement aux femmes parlementaires, et établi en partenariat avec l'OIF.

Le comité directeur du réseau se compose de douze membres (cinq Africaines, trois Américaines, trois Européennes et une Asiatique) et tient deux réunions par an. Chaque section de l'APF désigne une correspondante qui agit comme relais avec le réseau. La présidente du réseau est membre de droit du bureau de l'APF. Le secrétariat du réseau est assuré par le secrétariat général de l'APF.

Travaux du réseau présentés à la 32e session de l'APF (Rabat, 29 juin-3 juillet 2006)

Rapports
- la place de la femme dans la vie politique (voir développement ci-dessous) ;
- les femmes et le microcrédit dans l'espace francophone ;
- le suivi de la mise en œuvre de la convention des Nations unies sur l'élimination de toutes les formes de discrimination à l'égard des femmes (Cedef) [voir développement ci-dessous] ;
- contribution à la réflexion menée par la commission de l'éducation, la communication et les affaires culturelles (Cecac) ;
- appel contre les violences – verbales, sexuelles ou physiques – perpétrées sur les femmes et les enfants.

Suivi de la mise en œuvre de la Convention sur l'élimination de toutes les formes de discrimination à l'égard des femmes (Cedef) et son protocole facultatif, rapport présenté par Mme Francine Gaudet, députée de Maskinongé (Québec)

La Déclaration de Bruxelles (juillet 2005) à propos de la Cedef est le premier texte du Réseau des femmes adopté par l'Assemblée plénière de l'APF. Le rapport de Mme Gaudet met en évidence les retombées positives des formations sur la Cedef menées auprès des parlementaires africaines ; celles-ci ont, en effet, un rôle essentiel à jouer dans l'application de la Convention et la mise en conformité des législations nationales avec son contenu.

---

9. Informations extraites du site de l'APF, rubrique réseau des femmes parlementaires : (http://apf.francophonie.org/article.php3?id_article=162), complétées par la mission effectuée par le HCF à Rabat lors de la 32e session de l'APF (juin 2006).

182 États sont parties à la Convention (90 % des États membres de l'ONU, 100 % des États et gouvernements membres de l'OIF. Huit des nouveaux États membres et gouvernements parties au protocole sont à l'OIF).

États membres, associés et observateurs de l'OIF parties à la Convention

- **Signature et ratification** [10] **:** Autriche*[11], Belgique* Bénin, Bulgarie, Burundi, Cambodge, Cameroun, Canada, Congo, Côte d'Ivoire, Dominique (Commonwealth de la), Égypte*, France, Gabon, Grèce, Guinée, Guinée-Bissau, Haïti, Hongrie, Laos, Luxembourg*, Madagascar, Mali, Monaco, Pologne*, République démocratique du Congo, Roumanie*, Rwanda, Sao Tomé-et-Principe, Sénégal, Suisse*, Tunisie*, Viêt Nam*.
- **Adhésion :** Albanie, Andorre, Arménie, Burkina Faso, Cap-Vert, Comores, Djibouti, Géorgie, Guinée équatoriale, Liban*, Lituanie, Maroc*, Maurice*, Mauritanie*, Monaco, Niger*, République centrafricaine, Sainte-Lucie, Seychelles, Tchad, Togo, Vanuatu.
- **Succession** [12] **:** Croatie, ex-République yougoslave de Macédoine, Slovaquie, Slovénie, République tchèque.
- **Accession :** Moldavie.

États membres, associés et observateurs de l'OIF parties au protocole facultatif [13]

- **Signature et ratification :** Andorre, Autriche, Belgique, Burkina Faso, Croatie, Dominique (Commonwealth de la), ex-République yougoslave de Macédoine, France, Grèce, Lituanie, Luxembourg, République tchèque, Roumanie, Sénégal, Slovaquie, Slovénie.
- **Adhésion :** Albanie, Cameroun, Canada, Gabon, Géorgie, Hongrie, Lituanie, Mali, Niger, Pologne.
- **Signature :** Bénin, Bulgarie, Burundi, Cambodge, ex-République yougoslave de Macédoine, Guinée-Bissau, Luxembourg, Madagascar, Maurice, Roumanie, Sao Tomé-et-Principe, Seychelles.

La ratification de la Convention est un premier pas. Il s'agit ensuite de la mettre en œuvre. Le mécanisme d'évaluation et de suivi dresse un rapport de la situation des pays un an après leur adhésion, puis tous les quatre ans. De nombreux obstacles à l'application de la Convention ont été relevés. En Afrique, par exemple, la lenteur de la mise en conformité de la législation nationale, l'existence de systèmes juridiques dualistes ou à plusieurs normes et la persistance de dispositions discriminatoires (souvent liées aux coutumes et aux traditions) sont les principaux freins à l'amélioration du statut de la femme. Si l'on prend le cas du Gabon, pays signataire de la Convention et de son protocole, on constate que des discriminations dans le code civil (renonciation à la monogamie, veuve privée du droit d'usufruit si elle se remarie hors de la famille du mari sans raison valable, etc.) et dans le code pénal (le meurtre d'une femme surprise en flagrant délit d'adultère par son mari est un crime excusé, ce qui n'est pas le cas dans la situation inverse, etc.) ont été créées par des dispositions adoptées après la ratification de la Convention, alors qu'elles violent, dans ces cas précis, les articles 2 et 5 de la Cedef.

---

10. « Signature et ratification » et « adhésion » sont les deux mécanismes qui permettent à un État de devenir partie à la Convention. Ils ont la même valeur juridique.
11. *Pays ayant émis des réserves (droit accordé par l'article 28 : ne pas être lié par une ou plusieurs dispositions du traité). Si la Cedef est la deuxième convention à avoir enregistré le plus grand nombre de ratifications, c'est aussi celle sur laquelle les réserves sont les plus importantes. Elles peuvent simplement être d'ordre procédural mais portent souvent sur le fond de la Convention, ce qui nuit à son efficacité, d'autant qu'il n'existe aucun mécanisme pour rejeter les réserves incompatibles.
12. Un « nouvel » État est lié par un traité selon différents moyens. Par exemple, la République tchèque a hérité des engagements de la Tchécoslovaquie qui avait ratifié la Cedef.
13. Pour le protocole, il n'est pas possible d'émettre des réserves. Néanmoins, un pays peut se retirer de la procédure d'enquête au moment de la ratification.

La femme dans la vie politique : rapport d'étape présenté par Mme Henriette Martinez, députée des Hautes-Alpes (France)

Ce rapport portait sur la représentation des femmes au Parlement, leur accession aux mandats représentatifs nationaux et fédéraux et leur participation à la vie associative et syndicale. Vingt et une réponses [14] ont alimenté cette première mouture du rapport qui sera complétée d'ici à la prochaine session de l'APF en 2007.

Des réponses déjà reçues, se dégage le constat que la très large participation citoyenne des femmes ne trouve que peu de prolongement politique, que ce soit au Nord ou au Sud. Leur candidature aux élections se heurte aux réticences des formations politiques, la proportion de femmes présentées par les partis aux dernières élections variant de 8,2 % à 37,6 % selon les pays.

La présence des femmes dans les assemblées nationales et fédérales est contrastée. Pour les quatre sections de la région Amérique, le taux de représentation parlementaire variait de 7,2 % à 33 %, et pour les six sections de la région Afrique, de 6,2 % à 22, 8 %. La région Europe (11 réponses) enregistrait la plus forte amplitude, de 7,2 % à 41,5 %. Compte tenu de leur faible représentation, les femmes ne détiennent en général que peu de postes clés dans les assemblées [15] (trois assemblées d'États membres de la Francophonie [16] seulement sont actuellement présidées par une femme) et elles tendent à se concentrer dans certaines commissions (santé, éducation), au détriment d'autres (économie, finances, lois...).

Ce rapport visait également à identifier les principaux obstacles à l'accession des femmes aux mandats électifs nationaux. Bien que les réalités soient différentes au Nord et au Sud, les handicaps désignés sont les mêmes. Dans les facteurs historiques et sociologiques entrent les traditions nationales et les pesanteurs socioculturelles propres à entretenir chez les femmes un complexe d'infériorité, les opinions stéréotypées partagées par les hommes et les femmes sur leurs rôles sociaux respectifs, le préjugé selon lequel la politique est un métier masculin... Les facteurs mécaniques sont liés au processus électoral : investitures accordées aux femmes par les partis, mode de scrutin (le scrutin de liste étant considéré comme plus favorable que le scrutin majoritaire à un ou deux tours, à cette réserve près qu'on peut placer les femmes en fin de liste)... Au nombre des facteurs individuels sont comptés le défaut d'instruction, voire l'analphabétisme, l'absence de formation politique, le manque de confiance en soi ou d'entraînement à la prise de parole en public, l'insuffisance de moyens matériels et financiers, la difficulté à concilier vie familiale et engagement politique... Le profil des femmes siégeant dans les assemblées est en effet celui de femmes instruites et expérimentées, habituées à une indépendance financière liée à une profession rémunérée, et plus ou moins libérées des contraintes de l'éducation des enfants. Souvent, elles ont exercé des responsabilités au sein de milieux associatifs et syndicaux.

Ce rapport a débouché sur des propositions pour améliorer la place des femmes en politique. Elles concernent :
- l'éducation et la formation (actions de sensibilisation sur le rôle des femmes dans la société, formation continue organisée par les partis, organisation de tutorats, constitution de réseaux...) ;
- l'instauration effective de la parité (introduction d'un système de quotas et/ou de la parité sur les listes électorales législatives et locales, assortie de mécanismes d'incitation en direction des partis, création d'un ministère dédié à l'égalité des femmes et des hommes, d'une direction ou d'un

---

14. Afrique : Burkina Faso, Congo, Gabon, Madagascar, Sénégal, Tunisie ; Amérique : Canada : Canada-Nouveau-Brunswick, Canada-Ontario, Canada-Québec ; Europe : Albanie, Andorre, Communauté française de Belgique, ex-République yougoslave de Macédoine, France, Luxembourg, Monaco, Pologne, Roumanie, Suisse, Suisse-Valais.
15. L'Albanie fait exception : les femmes, qui ne représentent que 7 % des députés, détiennent la présidence du Parlement, deux postes de secrétaires et une présidence de commission sur huit.
16. La Chambre des députés de l'Albanie est présidée par Mme Jozefina Topalli ; le Sénat de Belgique est présidé par Mme Anne-Marie Lizin ; le 16 août 2005, l'Assemblée nationale du Burundi a élu à sa présidence Mme Immaculée Nahayo, première femme à occuper ce poste.

département chargé de l'égalité des chances dans certains ministères, mise en place d'un organisme public indépendant de défense de l'égalité des femmes et des hommes, ratification des instruments internationaux relatifs aux droits des femmes, soutien aux associations...) ;
- la prise en compte des besoins (mise en place d'infrastructures pour décharger les femmes de certaines tâches domestiques, amélioration du partage des tâches, soutien financier direct à la candidate...).

Travaux antérieurs du Réseau des femmes parlementaires
Rapports 2004-2005
- suivi de la mise en œuvre de la Convention sur l'élimination de toutes les formes de discrimination à l'égard des femmes (Cedef) et son protocole facultatif ;
- natalité et santé de la procréation ;
- femmes et sida dans l'espace francophone.

Rapports pour avis 2003
- le développement durable ;
- la conception du fichier électoral, enjeu pour des élections libres et transparentes.

2. Point sur la situation des femmes dans les grandes régions francophones du monde

En Afrique du Nord et au Moyen-Orient, la situation des femmes évolue lentement du fait du poids des traditions culturelles et religieuses. Les progrès sont inégaux selon les pays, la région ne présente pas de bilan homogène. Face à la montée des intégrismes et du terrorisme, les enjeux sécuritaires sont la grande préoccupation. Du coup, les politiques en faveur des femmes ne constituent pas une priorité. Pourtant, la Commission économique et sociale pour l'Asie occidentale (CESAO)[17] a mis en garde les pays de la région sur le fait que la dégradation de la condition des femmes pourrait être utilisée comme une arme contre le monde arabe[18]. Des efforts ont cependant été faits : ainsi, certains pays ont révisé leur code de la famille, notamment le Maroc ; il se rapproche à présent du Liban et de la Tunisie (pays du Maghreb qui a la législation la plus favorable à l'égard des femmes)[19] qui ont entériné l'égalité de la femme et de l'homme en droits et en obligations. La Mauritanie et l'Algérie ont entrepris des réformes, mais elles restent en deçà des attentes des associations féminines et n'ont pas de réel effet sur la situation des femmes, toujours maintenues dans leur statut de mineures. En Égypte, le Code de la famille s'inspire de la Charia et maintient la femme dans un état d'infériorité. Les écarts entre les sexes dans les domaines de la santé et de l'enseignement ont cependant tendance à se réduire.

Des pratiques socioculturelles néfastes aux femmes persistent, même si elles sont en totale contradiction avec le respect des droits humains (notamment l'excision, pratique qui touche 90 % des fillettes en Égypte). La violence à leur encontre est un phénomène également très répandu et toléré. Elles participent encore insuffisamment à la prise de décision, et l'augmentation de la pauvreté dans la région se caractérise par une féminisation de la précarité, les femmes détenant des taux records d'analphabétisme et de chômage.

Dans le monde politique, la percée des femmes est donc loin d'être évidente et recèle de nombreux paradoxes : les fondamentalistes et les intégristes comptent ainsi plusieurs fem-

---

17. Organisme dépendant de l'ONU.
18. *Activités du programme « Femmes et développement »*, OIF, 2002-2003 et 2004-2005.
19. Code du statut personnel (1956), constitutionnalisé en 2001.

mes dans leurs rangs. La question de l'avenir des droits des femmes dans la région reste donc entière et pleine d'incertitudes face à cette montée du « féminisme islamique », dont on mesure encore mal les conséquences.

En **Afrique subsaharienne**, la situation des femmes évolue en dents de scie. Au moment des indépendances, elles ont bénéficié de l'héritage des luttes menées par les femmes de la métropole, en obtenant par exemple le droit de vote et la citoyenneté de manière systématique. Aujourd'hui, les programmes de développement incluent des stratégies en direction des femmes, dont la promotion constitue l'un des objectifs du millénaire. Formellement, les progrès sont donc nombreux et resserrés dans le temps : les engagements et les textes de loi en faveur des femmes se multiplient sur tout le continent. Néanmoins, l'application de tous ces principes est loin d'être effective. Par ailleurs, l'extrême pauvreté constitue un obstacle majeur à la lutte contre la précarisation de l'emploi féminin. L'instabilité politique et les conflits qui gangrènent le continent entraînent une régression et une remise en cause permanente des droits des femmes.

Toutefois, l'Afrique subsaharienne n'est pas en recul sur la question des femmes. En effet, la moyenne des femmes parlementaires s'y élève à 16,4 % contre 15 % au niveau mondial, et seulement 16,9 % en Europe, hors pays scandinaves, particulièrement performants. De plus, l'Afrique regroupe 11 des 50 parlements où les femmes sont le mieux représentées.

Le retard des pays francophones est net. Des facteurs aussi bien historiques que religieux sont généralement invoqués pour expliquer ce décalage : les conflits pour l'indépendance ayant été moins nombreux, les femmes n'ont pu s'affirmer de manière significative à travers ces luttes. Par ailleurs, les pays francophones sont plus islamisés et la présence des femmes y est moins évidente sur la scène politique et économique. Enfin, le rôle joué par la langue n'est pas tout à fait négligeable : l'essentiel de la littérature féministe est publiée en anglais, et les femmes francophones n'y ont pas forcément accès.

Globalement, l'Afrique a enregistré des progrès notables sur la question du genre [20]. Les cadres juridiques et politiques, les déclarations et mécanismes nationaux et régionaux sur la parité en politique, les droits des femmes ont été renforcés. L'Union africaine dispose aujourd'hui d'une Commission paritaire et a adopté la Charte africaine des droits de l'homme et des peuples relative aux droits de la femme en Afrique [21]. Le Parlement panafricain s'est quant à lui choisi une présidente, et un représentant sur cinq est une femme. Au niveau sous-régional, les organisations intergouvernementales se sont inscrites dans cette dynamique et ont adopté des orientations politiques sexospécifiques. À l'échelle nationale, 51 États sur 53 ont ratifié la Charte internationale des droits de la femme (CEDAW), et 17 le protocole.

Cependant, les législations sont encore peu appliquées aujourd'hui. Le travail des femmes africaines est sous-estimé en raison du fait qu'elles travaillent souvent dans des secteurs considérés comme secondaires. Par ailleurs, elles occupent fréquemment des emplois à faible valeur ajoutée ou travaillent à leur compte. Ainsi, la contribution du travail féminin à la richesse nationale n'apparaît pas dans les indicateurs économiques. Enfin, dans le domaine de la santé, le VIH/sida continue de ravager le continent [22] et touche 58 % de femmes (75 % pour la catégorie des jeunes).

En Amérique du Nord et en Europe, le contexte est bien différent de celui des pays en développement (PED). Les progrès sont importants. Néanmoins, sur la scène politique, la parité est loin d'être atteinte : la proportion de femmes parlementaires n'est que de 19 % pour l'ensemble de l'Union européenne, les pays scandinaves relevant à eux seuls la moyenne de deux points. Les deux autres points noirs sont les violences faites aux femmes (30 à 35 % d'entre elles de 16 à 67 ans seraient concernées) et le VIH, qui touche toujours plus de femmes ;

---

20. *Activités du programme « Femmes et développement »*, OIF, 2002-2003 et 2004-2005.
21. Elle n'a recueilli pour l'instant que 31 signatures et 4 ratifications.
22. 70 % des cas sont recensés en Afrique.

c'est en Europe de l'Est que le taux de progression est le plus dramatique : 48 % entre 2002 et 2004[23]. Au niveau économique, la féminisation croissante de la pauvreté (chômage, temps partiel)[24] s'accentue. Le nombre de femmes sur le marché du travail augmente mais le nombre de crèches stagne, voire régresse. Les inégalités salariales restent importantes. Les retraites des femmes sont aujourd'hui encore bien inférieures à celles des hommes, et les écarts de salaires se maintiennent à une moyenne de 25 % dans les pays de l'Est, et autour de 15 % dans l'Union européenne, où les femmes représentent 51,2 % de l'activité professionnelle. La question de l'imbrication des sphères privée/publique et de l'insertion professionnelle se pose donc avec acuité[25]. Les femmes se construisent un itinéraire mais sont également construites, en tant que femmes, par leur milieu social et familial. Elles sont incitées à gagner leur vie tout en accordant la priorité à leur statut socialement défini d'épouse et de mère. Celles qui tentent d'adopter un autre schéma se constituent un équilibre fragile, qui ne relève pas du « donné » mais du « compromis ». Le cas le plus atypique est celui des femmes qui font passer leur carrière avant leur vie privée. Minoritaires, elles paient un prix lourd pour avoir refusé l'héritage des rapports traditionnels homme-femme. C'est un processus d'exclusion auquel les femmes font face : famille ou travail. Par ailleurs, les femmes disposent de peu de ressources, aussi bien économiques, culturelles que sociales, pour échapper à leur destin de « dominées ». Dans le milieu professionnel, la situation des individus est véritablement surdéterminée par l'appartenance sexuelle, qui a pour conséquence une précarité plus marquée chez les femmes[26].

L'Europe s'aligne sur la législation internationale. L'application de la résolution 1 325 des Nations unies sur le rôle des femmes dans la prévention et la résolution des conflits est considérée comme une priorité. Andorre, Monaco, la Lituanie, la Moldavie et la République tchèque ont ratifié la Convention. C'est aussi le cas de la Pologne et de la Belgique, qui ont cependant émis quelques réserves. Quant au protocole, seuls les pays de l'Ouest l'ont ratifié.

Ces nouvelles problématiques s'insèrent dans les principales thématiques qui structurent les politiques en direction des femmes : femmes et économie, mécanismes institutionnels de l'égalité des sexes, traite des êtres humains dans le contexte des mouvements migratoires. Ces préoccupations sont partagées avec le continent nord-américain.

Dans la région **Asie-Pacifique**[27] de réels progrès ont été accomplis sur la question du genre. La formulation politique et les plans d'action nationaux en direction des femmes se sont améliorés. Les États ont mis en place des mécanismes institutionnels pour la promotion de l'égalité entre les hommes et les femmes et ont révisé les législations discriminatoires. Dans le milieu politique, la participation des femmes au processus de décision a été encouragée par des mesures positives. C'est dans les secteurs de l'éducation et de la santé que les progrès les plus importants ont été réalisés.

Cependant, ces initiatives sont trop souvent restées de l'ordre de l'intention. Les mécanismes institutionnels mis en place rencontrent de réelles difficultés d'adaptation, les femmes restent sous-représentées dans les instances de décision, demeurent plus vulnérables face aux conflits, et ont toujours un accès moindre aux soins ou aux nouvelles technologies. Par ailleurs, il n'existe pas de législation pour protéger les droits des femmes immigrées (60 % à 80 % de l'immigration légale), et aucune initiative de coopération régionale n'est

---

23. http://usinfo.state.gov/fr/Archive/2005/Jan/18-355460.html
24. Le temps partiel concerne 30 % des femmes contre 5 % des hommes.
25. Frédéric Charles et Sabine Fortino, « Rapports sociaux de sexe et insertion professionnelle. Une analyse des parcours de femmes face aux mutations du travail et de l'emploi », in Actes du colloque *Huitièmes Journées de sociologie du travail*, www.univ-aix.fr/lest
26. Le chômage est un exemple significatif : les femmes s'occupent des tâches domestiques et familiales alors que l'homme est socialement légitimé à y échapper. La structure du marché du travail offre un champ des possibles bien plus vaste pour l'homme que pour la femme. Ces réalités sont bien connues, pourtant les institutions en charge de l'insertion professionnelle ne prennent pas en compte l'ensemble de ces facteurs.
27. Source : *Activités du programme « Femme et développement »*, OIF, 2002-2003 et 2004-2005.

mise en œuvre pour lutter contre les fléaux que sont le VIH et le trafic d'êtres humains. Malgré la croissance et l'intégration de la région au processus de mondialisation, on constate une baisse du taux de participation des femmes au marché du travail, et une féminisation de l'emploi précaire. Les progrès ont été accomplis dans les textes, mais non dans les faits. La persistance des violences à l'égard des femmes en est le témoin significatif.

3 Études par pays [28]

Afrique du Nord et Moyen-Orient

► Égalité politique

• État de la législation

Au Maroc, les femmes obtiennent le droit de vote en 1963, après l'accession au trône du roi Hassan II. Au Liban, hommes et femmes peuvent voter dès 1952. En Égypte, la Constitution de 1956 accorde aux femmes le droit de voter et d'être élues. Néanmoins, la reconnaissance du droit de vote ne suffit pas à garantir la citoyenneté pleine et entière si le code du statut personnel (ou code de la famille) n'est pas réformé, d'où les combats des associations de femmes en ce sens.

La réforme de 2003 du code du statut personnel marocain (la Moudawana), devenu code de la famille, constitue une véritable victoire pour les femmes dans leur combat pour la reconnaissance d'une citoyenneté pleine et entière, même si l'accent a été mis sur la cellule familiale et non sur les droits individuels. Le principe de l'égalité est consacré dans plusieurs domaines : responsabilité familiale, droits et devoirs des époux, divorce, renforcement du droit des enfants. La polygamie n'a pas été supprimée mais est assujettie à des limites et conditions sévères. Le code de la famille relève désormais du Parlement et non plus des autorités religieuses. La justice a un rôle central. L'impact de ces nouvelles dispositions est réel : 20 % de la population se marie sans tuteur, seules 0,32 % des unions sont polygames (cette baisse s'explique par un changement de mœurs, mais aussi en raison des réalités économiques et sociales). Malgré les nouvelles contraintes imposées aux hommes pour le mariage et le choix d'une procédure de divorce simplifiée, le nombre d'unions se maintient alors que le divorce est en recul. Par ailleurs, le Maroc est le deuxième pays musulman après la Turquie à s'être doté d'un code permettant aux femmes de devenir prédicatrices. Cette réforme a pour but d'améliorer le niveau de l'encadrement religieux, mais aussi et surtout d'agir contre la montée en puissance des féministes islamiques, toujours plus présentes dans les milieux populaires. Les femmes intègrent ainsi une fonction religieuse particulièrement symbolique qui leur donne un statut beaucoup plus élevé, et leur permet de se consacrer de manière plus attentive au sort des autres femmes.

• Représentation des femmes en politique

Au Maroc, les femmes ne représentent que 6,4 % des parlementaires. Les pouvoirs sont concentrés dans les mains du roi (fonctions politiques et religieuses), titre héréditaire auquel seuls les hommes peuvent prétendre [29]. Au Liban, le pourcentage de femmes au Parlement est très faible (2,3 %). Les taux sont équivalents en Égypte, avec néanmoins une présence plus marquée des femmes au conseil de la Shura (Chambre haute) : 6,8 % contre 2 % à l'Assemblée du peuple.

Au Maroc, les femmes sont très peu représentées au niveau exécutif avec seulement 5,9 % des femmes au gouvernement. Au Liban, il n'y a qu'une seule femme ministre sur un total

---

28. Sur 63 États et gouvernements membres et observateurs, 30 ont apporté leur contribution, ce qui ne permet pas de tirer de conclusions définitives, mais constitue un encouragement à approfondir ces thématiques.
29. Art. 20 de la Constitution de 1996 : « La Couronne et ses droits constitutionnels sont héréditaires et se transmettent de père en fils aux descendants mâles en ligne directe et par ordre de primogéniture de Sa Majesté […]. » S'il n'y a pas de descendants mâles en ligne directe, la succession est dévolue à la ligne collatérale mâle la plus proche.

de 23 membres, ce qui réduit la proportion à 4,3 % alors qu'elle était de 9 % en 2004. Le gouvernement égyptien compte deux ministres femmes sur un total de 31 membres, soit 6,45 % (taux en progression par rapport à 2004). En 2003, pour la première fois dans l'histoire du pays, une femme a été élue juge à la Cour suprême de constitutionnalité.

▶ Égalité professionnelle

• Les femmes dans le monde du travail

Dans le monde du travail, la proportion de femmes augmente mais se limite souvent aux secteurs les moins qualifiés. Néanmoins, les réussites individuelles féminines sont mises en avant et considérées comme des exemples.

Au Maroc, le taux de féminisation de la population active[30] s'accroît depuis 2004 (de 25 % à 27,3 %). Le taux de féminisation de l'emploi[31] est également en progression : de 24,8 % en 2002 à 27,7 % en 2004. Dans les deux cas, les progrès sont beaucoup plus significatifs en milieu rural. Cependant, dans les secteurs qui requièrent des niveaux de diplômes supérieurs, c'est en milieu urbain que la féminisation de l'emploi est la plus forte (31 %). En Égypte, les sources gouvernementales font état de 17 % de femmes chefs d'entreprise, sans précision sur la taille de celles-ci.

Au Maroc, l'inégalité femme/homme est très marquée au niveau de l'emploi : le taux de chômage des femmes est certes moins important (2,2 % contre 5,7 %), mais cette donnée est à relativiser : 78,9 % des femmes sont inactives contre 44,8 % des hommes. L'inégalité en termes d'emploi est beaucoup plus marquée en milieu urbain. La hausse de la féminisation de la population active au chômage (liée à l'augmentation de la féminisation de la population active) n'est pas compensée par une réduction significative de l'écart entre le taux de chômage des femmes et des hommes. L'écart entre le taux de chômage des hommes et des femmes est également marqué en Égypte : respectivement 5 % et 22 %[32]. Au Liban, le taux de chômage est élevé (12 %). Néanmoins, on ne constate pas d'écart entre la situation des hommes et celle des femmes. Les femmes y ont un congé maternité d'une durée assez courte (8 semaines) inférieure à la norme minimale fixée par l'OIT (12 semaines). Les hommes ne bénéficient pas de congé de paternité. En Égypte, la mère perçoit la totalité de son salaire pendant ses 50 jours de congés maternité.

▶ Politiques publiques et vie associative

Aucun organisme public, sauf dans le cas de l'Égypte, ne traite de la question de l'égalité hommes/femmes, et la situation des femmes ne fait pas partie des priorités des politiques menées par les gouvernements. Aucun nom d'association n'est cité dans les questionnaires retournés au HCF, bien qu'elles soient présentes et actives, sur le terrain de la santé ou de l'aide aux veuves de guerre, comme c'est par exemple le cas au Liban. Au Maroc, fin 2005, un numéro gratuit a été mis en place pour venir en aide aux femmes battues. Ce service est entièrement financé par l'État et sa création a été largement relayée par les médias. Seule l'Égypte signale une approche en termes de genre dans l'élaboration des politiques budgétaires, notamment dans les domaines de la santé, de l'éducation, de l'alphabétisation et de l'estimation de la population active.

Afrique subsaharienne

▶ Égalité politique

• État de la législation

L'accession à l'indépendance a correspondu pour la majorité des pays africains à l'obtention du droit de vote pour les hommes et pour les femmes. Les États africains indépendants se sont donc construits avec les femmes, reconnues citoyennes à part entière. Néanmoins, ce

---

30. Population en âge de travailler, 15 ans ou plus, au Maroc.
31. Pourcentage des femmes occupant des emplois.
32. Source : Banque mondiale, 2000.

droit de vote a été tardif (deuxième moitié du XXe siècle) et d'inspiration extérieure (comme la plupart des constitutions africaines). Dans des pays comme Djibouti et le Mali, les femmes ont obtenu le droit de vote (respectivement en 1946 et en 1956) bien avant d'acquérir celui d'être éligible (2001 et 2002). Par ailleurs, l'instabilité politique de nombreux pays a remis en cause ce droit qui n'a pu être exercé *de facto*. Ce fut le cas de la Centrafrique, où le droit de vote n'a été effectif qu'en 1986.

Au Cameroun, la loi assure l'égalité (vote et éligibilité) ; quant à l'obligation de parité pour les listes municipales, elle s'inscrit dans une perspective résolument moderne. Néanmoins, sur les 9 963 conseillers municipaux élus, on ne compte que 1 302 femmes, soit 13,1 %. La loi est un élément d'encouragement qui n'a toutefois pas suffi à bouleverser le paysage politique. Au Burundi, le quota minimal de 30 % de femmes fixé pour les institutions politiques est respecté : l'Assemblée nationale et le Sénat comptent respectivement 31,3 % et 34,6 % de femmes. À Djibouti, le code électoral est novateur : il impose un quota minimum de 10 % de femmes au Parlement, où elles n'avaient jamais été présentes avant 2003. La loi est appliquée avec 10,8 % de parlementaires femmes. La condition des femmes ne semble évoluer que sous la contrainte. En effet, dans d'autres domaines, les discriminations restent très fortes : les femmes représentent la moitié des analphabètes et la majorité de la population au chômage. Au Mali, des textes garantissent dorénavant la représentation des femmes en politique, mais la loi sur l'éligibilité de tous les citoyens, quel que soit leur sexe, n'a été adoptée qu'en 2002. En Centrafrique (depuis 1995) et au Tchad, c'est la Constitution qui proclame l'égalité de principe entre les hommes et les femmes. Le code électoral et la Loi fondamentale de la République de Guinée comportent des dispositions concernant l'égalité de tous les citoyens. En Afrique, comme dans toutes les autres régions francophones, faire progresser la législation dans le sens de l'égalité entre hommes et femmes contribue à renforcer la démocratie représentative. Les femmes, pour la majorité issues des milieux associatifs et syndicaux, portent une nouvelle vision, une autre approche de la politique. Les législations peuvent constituer un moyen de briser les nombreuses barrières à l'accès des femmes en politique (sociologiques, historiques, mécaniques et individuelles), toujours plus nombreuses à mesure que l'enjeu politique augmente.

- Représentation des femmes en politique

Aux Seychelles, les femmes représentent 27 % des députés, taux record par rapport aux moyennes des pays africains francophones, mais cependant en baisse depuis 2004 (29,4 %). En Guinée, les femmes représentent 19,3 % des parlementaires. Au Cameroun et au Gabon, elles sont peu nombreuses au Parlement (respectivement 8,9 % et 11,9 %), mais plus présentes dans les diverses assemblées locales.

À Maurice, au Tchad, au Togo et au Bénin (pourtant cité comme un modèle de démocratie), les femmes comptent pour moins de 7 % des parlementaires. Les chiffres sont à peine meilleurs à Sao Tomé-et-Principe (9,1 %), à Djibouti (10,8 % des députés) et au Mali (10,2 %). Les résultats dans les assemblées locales ne compensent pas cette faible représentation au Parlement.

La Guinée équatoriale a enregistré une chute spectaculaire du nombre de femmes au Parlement : pays le mieux classé par le PNUD en 2005 (18 % de femmes), il en compte à peine 6 % aujourd'hui. En Centrafrique, après une période de troubles et d'instabilité, des élections législatives se sont tenues en 2005, mais les données sexuées ne sont pas encore disponibles. Le Gabon est le pays où les femmes sont les plus nombreuses au gouvernement (12). En proportion, elles représentaient 11,8 % des membres en 2004[33] contre 24,5 % en 2006[34]. Le Bénin, le Burundi, le Cameroun, le Mali et le Tchad ont des gouvernements qui comprennent entre cinq et dix femmes. Cependant, le pourcentage de femmes au gouvernement a régressé au Cameroun (de 11,1 % à 9,2 %) et au Mali (de 18,5 % à 17,9 %) depuis 2004. Au Tchad, les femmes occupent dans l'ordre protocolaire les rangs situés entre la 15e et la 35e (dernière)

---

33. Chiffres du PNUD pour les données 2004-2005.
34. Chiffres HCF/OPFH pour les données 2006.

place. En Centrafrique, à Djibouti, en Guinée, en Guinée équatoriale, à Maurice, à Sao Tomé-et-Principe et au Togo, les gouvernements comptent entre deux et quatre femmes. Malgré des chiffres encore faibles, le pourcentage a augmenté depuis 2004, sauf pour le Togo et la Guinée équatoriale (où le ministère de la Condition féminine est le seul poste ministériel attribué à une femme). En Centrafrique par exemple, deux des trois femmes au gouvernement occupent des postes généralement attribués à des hommes : ministre du Commerce et ministre déléguée aux Affaires étrangères. À Maurice, l'une des femmes ministres est en charge de la Sécurité sociale, de la Solidarité nationale, des personnes âgées et de la Réforme des institutions, ce qui lui confère une haute responsabilité. Les Seychelles sont le seul pays où il n'y a qu'une femme dans un gouvernement qui compte sept membres au total. La ministre occupe un poste classiquement attribué aux femmes : Gouvernement local, Sport et Culture. Néanmoins, en pourcentage, la représentation des femmes a augmenté, passant de 12,5 % à 14,2 %.

Maurice compte quatre femmes à la tête de partis politiques (qui sont 72 au total dans ce pays), soit une proportion de 5,6 %, la plus importante en Afrique. Le Bénin, le Burundi et le Tchad n'ont qu'une seule formation politique dirigée par une femme. Le Cameroun en compte trois sur les 186 partis reconnus, mais ce sont des formations marginales. Une seule femme dirige une des 47 formations existantes en Guinée.

À Maurice, 63 femmes étaient en lice aux dernières élections présidentielles, mais il y avait surenchère de candidatures (645 au total), et seulement 9,8 % de candidates. Au Bénin, deux femmes se sont présentées sur un total de 26 candidats, soit une proportion de 6,4 %, performance honorable et qui tend à se rapprocher de celle de Maurice. Au Mali, une candidate s'est présentée face à 23 hommes, ce qui porte le pourcentage féminin à 4,3 %.

▶ Égalité professionnelle

- État de la législation

Dans la plupart des pays africains observés (Bénin, Burundi, Cameroun, Centrafrique, Djibouti, Guinée, Mali, Sao Tomé-et-Principe, Seychelles, Tchad), les textes cités comme garants de l'égalité professionnelle et/ou salariale sont des textes généraux (Constitution, code du travail, code des personnes et de la famille, conventions internationales, statut de la fonction publique, etc.) qui n'ont pas été adoptés pour traiter spécifiquement de ce problème. Au Togo, une convention collective interprofessionnelle (1978) complète les textes d'ordre général.

- Les femmes dans le monde du travail

Pour le Burundi, le Cameroun, le Gabon, la Guinée équatoriale, Maurice, les Seychelles et le Mali, aucune donnée sur la situation des femmes en entreprises n'est disponible. La plupart de ces pays ne disposent pas d'appareils statistiques fiables et il n'existe quasiment pas d'entreprises de plus de 500 salariés. Néanmoins, en Centrafrique et au Tchad, les femmes sont 10 % des créateurs d'entreprises depuis deux ans. Ce chiffre est beaucoup plus faible que les moyennes européennes, mais il concerne uniquement le secteur formel. Or, le secteur informel est très dynamique. Djibouti et la Guinée sont les seuls pays recensés où des femmes gèrent des entreprises de plus de 500 salariés. En Guinée, elles représentent 32 % des créateurs d'entreprises ces deux dernières années. Il existe d'ailleurs un réseau des femmes d'affaires qui compte 17 membres aujourd'hui. Au Bénin, le taux d'activité économique des femmes est très important : 250 femmes sont à la tête d'entreprises, 2 300 tiennent des petits commerces et 5 000 sont propriétaires de micro-entreprises. Le Togo n'a pas fourni de données. Néanmoins, le phénomène des « nana benz [35] », actives dans les secteurs de l'import-

---

35. Dans les années 1970-1980, des femmes se sont approprié le monopole du tissu-pagne dans la région de Lomé, ont créé un grand réseau et ont bâti d'immenses fortunes. Elles furent les premières à rouler en Mercedes-Benz au Togo, d'où leur surnom. Dans les années 1990, les problèmes politiques et la dévaluation ont contribué à amoindrir leur influence. Néanmoins, la relève est aujourd'hui assurée par les « petites nanas » ou « nanettes », jeunes diplômées qui s'orientent vers des secteurs plus porteurs… et ne roulent plus en Mercedes-Benz, voiture devenue d'une « banalité affligeante » (www.afrik.com/article759.html).

export et du textile y est bien connu. À São Tomé-et-Principe, il n'existe pas d'entreprises de plus de 500 salariés, et on ne compte que 0,03 % de femmes ayant créé des entreprises ces deux dernières années. Afin de réduire l'écart entre les hommes et les femmes en termes de pauvreté et de vulnérabilité économique, le recours au microcrédit [36] se révèle être une solution efficace. Il permet aux femmes d'augmenter leur pouvoir de décision, leur degré d'indépendance financière, et de changer leur position au sein du couple où elles subissent souvent la domination de leur conjoint. Même si les difficultés sont réelles (il peut conduire à un accroissement de la charge de travail difficile à gérer), le microcrédit a permis de démontrer l'importance de l'activité économique des femmes dans le processus de développement. Elles sont aujourd'hui la principale cible des programmes de micro-financement, en raison de leurs besoins, mais aussi parce qu'elles sont considérées comme des partenaires plus fiables que les hommes (notamment pour ce qui concerne les remboursements).

Au Cameroun, les femmes sont plus faiblement touchées par le chômage que les hommes, fait assez rare pour être souligné (6,7 % contre 8,2 %) [37]. Néanmoins, les données sur le chômage sont à manier avec précaution, étant donné l'importance du secteur informel.

En Centrafrique, le taux de chômage atteint des sommets avec 70 % des femmes diplômées sans emploi. Ce chiffre semble à première vue en opposition avec le fort taux d'activité économique (67,1 %). En réalité, il est significatif du plafond de verre, ou plutôt de plomb, qui barre l'accès des femmes aux postes de responsabilités. Seules les femmes non qualifiées travaillent massivement. À Djibouti, le taux de chômage est extrêmement élevé et touche inégalement les hommes et les femmes : deux femmes sur trois (ou 68,6 %) contre un homme sur deux (54,6 %). Le fossé avec l'île Maurice voisine est très important : malgré les difficultés structurelles liées à une économie essentiellement basée sur le sucre, le taux de chômage des femmes reste en dessous de 20 % et a enregistré une baisse significative : de 18,5 % à 16,5 % entre 2004 et 2005. Cependant, si les progrès sont notables, l'écart entre femmes et hommes reste de 10 points. La crise de l'emploi est forte à Sao Tomé-et-Principe et aux Seychelles, les femmes étant les plus touchées (respectivement 35 % contre 29 % et 60 % contre 40 %). Au Tchad, le chômage touche très durement la population : 30 % à 40 % des hommes et des femmes, les chiffres ne différenciant pas les deux catégories.

Les États africains sont des pays en développement, dans lesquels les salaires sont peu élevés et les structures d'accueil ou les aides pour les nouveau-nés quasiment inexistantes. Ces éléments influent directement sur la durée des congés parentaux. Au Bénin et au Cameroun, par exemple, ce sont seulement 5 et 10 % de la population qui sont couverts par la Sécurité sociale.

C'est en Afrique de l'Ouest que les congés sont les plus longs, avec 14 semaines de congé pour les femmes au Mali. Les pays d'Afrique de l'Est et de l'océan Indien sont également bien classés : 14 semaines pour Djibouti et 12 semaines pour les Seychelles et Maurice. Cependant, les Seychelles mises à part, dans tous ces pays les hommes ne bénéficient pas, ou très peu, d'une période de congé de paternité. On reste dans un schéma classique, qui se retrouve également au Burundi. Cette différence de traitement joue sur l'écart entre les taux de chômage : sans congé de paternité, l'individu masculin présente moins de contraintes pour l'employeur et a donc plus de chances d'être embauché. En Centrafrique et en Guinée équatoriale, les femmes disposent de 8 et 12 semaines de congé et les hommes respectivement de 3 semaines et 3 jours. À São Tomé-et-Principe, la durée du congé maternité est de 8 semaines, mais les hommes n'ont pas droit au congé paternité.

---

36. La Francophonie a pris en compte les enjeux du microcrédit en termes d'émancipation des femmes et renforce sa coopération avec les États membres dans ce domaine, notamment à travers la formation des opérateurs sur le terrain, l'aide au renforcement des capacités des institutions de microfinance et à l'amélioration des réglementations, et par un encouragement des banques centrales africaines à plus de souplesse dans le secteur bancaire.

37. Données BIT, 2001. Néanmoins, il s'agit d'estimations pour le taux de chômage comparable. Le bureau des statistiques camerounais a une définition plus large, qui comprend les « chômeurs découragés » (n'ayant pas cherché à retrouver un emploi), dont la majorité sont des femmes.

Au Cameroun, le congé parental est très inégalitaire (la femme dispose de six mois alors que l'homme en est privé) et s'inscrit dans une conception conservatrice des rôles de chacun. La durée du congé maternel est très longue, d'où le risque pour les femmes d'être déconnectées de leur milieu professionnel. Au Gabon et au Tchad, la durée du congé maternel est très courte (respectivement entre 3 semaines et 3 mois, et 6 semaines). Quant au congé paternité, il n'existe pas au Tchad et n'est que de deux ou trois jours au Gabon. La plupart des pays africains respectent cependant le minimum de 12 semaines et plusieurs s'alignent sur les recommandations de l'OIT portant le congé à 14 semaines. Le Bénin, le Burundi, le Gabon, Madagascar, le Mali, le Maroc et le Tchad font partie des 29 pays membres de l'OIT qui ont interdit le licenciement de toute travailleuse en congé de maternité.

▶ Politiques publiques et vie associative

Sur les 13 pays étudiés, douze organismes gouvernementaux sont signalés au total. Seuls le Bénin et Maurice en comptent trois chacun, la moitié des pays répertoriés en serait donc dépourvue. Les priorités se déclinent autour de quatre thèmes : éducation, santé, statut juridique (garantie des droits) et promotion économique. La moitié des pays recensés met en œuvre une approche en termes de genre dans l'élaboration des politiques budgétaires et de lutte contre la pauvreté. Cette approche s'inscrit toujours dans l'ensemble des cadres stratégiques de lutte contre la pauvreté (CLSP). Les associations travaillant sur la question des femmes sont plus nombreuses que les organismes gouvernementaux : 18 au total. Le Bénin est le pays où le secteur associatif est le plus dynamique avec cinq ONG répertoriées, locales et internationales. Les associations et les pouvoirs publics se rejoignent globalement sur les priorités. Néanmoins, les associations insistent plus particulièrement sur le combat à mener contre les violences faites aux femmes, thématique peu développée voire absente des programmes gouvernementaux, où sont plus rarement évoqués les problèmes de l'excision ou du code du mariage. Dans le domaine de la santé, les associations mettent clairement l'accent sur le problème du VIH/sida et sur les mesures pratiques pour le combattre.

Amérique du Nord et Europe [38]

▶ Égalité politique

• État de la législation

Les pays de l'est et du nord de l'Europe ont des traditions très anciennes de suffrage universel (droit de vote des femmes et des hommes dans les années 1920). C'est également le cas du Canada où les femmes ont obtenu le droit de vote dès 1917 au niveau fédéral, même si, par ailleurs, elles sont restées exclues du droit de vote à l'échelle provinciale (suffrage censitaire masculin) de 1758 à 1941. En Europe de l'Ouest, le droit de vote des femmes fut beaucoup plus tardif, ce qui contribue à expliquer le quasi-monopole masculin sur les institutions politiques et la lenteur des évolutions et changements de mentalité. Les principautés ont été les plus tardives à accorder le droit de vote aux femmes : 1962 (1945 au niveau communal) pour Monaco et 1970 en Andorre, alors que les hommes jouissent de ce droit depuis respectivement 1912 et 1937.

En Belgique, la loi Tobback-Smet du 24 mai 1994, impose un quota obligatoire de 25 % de candidatures de femmes sur les listes des partis lors de chaque élection (chiffre passé à 33,3 % en 1999). Quant à la loi de 1997 relative aux organes consultatifs fédéraux, elle précise qu'un maximum des deux tiers des membres peuvent être du même sexe. Dans la communauté francophone, pour les candidatures au conseil régional, l'objectif est plus exigeant, avec une obligation de parité sur les listes. Le Parlement wallon, malgré une législation plus ambitieuse, ne compte que 12 % de femmes. Au conseil de la communauté germanophone et

---

38. Les deux régions ont été regroupées sous la même entité car elles présentent des situations comparables. Les données sur Sainte-Lucie, seul pays de la Caraïbe à avoir participé à l'étude, ont été intégrées à la zone Amérique mais ne font pas l'objet d'une approche comparative en raison des trop grands écarts de développement.

au conseil de Bruxelles capitale, les femmes élues sont plus d'un tiers. Les pourcentages de femmes au Parlement européen et au Sénat s'en approchent (29,2 % et 28,2 %). Le nombre de femmes à la Chambre belge des députés est moindre (23,2 %) mais bien supérieur à la moyenne européenne ; les efforts de l'État en matière de parité semblent donc porter leurs fruits. Suite à une réforme constitutionnelle (8 juillet 1999), la France s'est dotée d'une série de lois tendant à favoriser l'égal accès des femmes et des hommes aux mandats électoraux et fonctions électives. Elles contraignent notamment les partis politiques à présenter un nombre égal de femmes et d'hommes aux élections municipales [39] (communes de 3 500 habitants et plus), régionales [40] et sénatoriales [41] (scrutin à la proportionnelle qui concerne les départements élisant quatre sénateurs ou plus, soit 50 % du total) et à investir autant de candidates que de candidats aux élections législatives sous peine de retenues financières sur la dotation publique de l'État [42]. En Moldavie, la récente loi sur l'égalité des chances (16 mars 2006) concerne le domaine électoral, la vie des partis et autres organisations politiques et sociales, les acteurs ayant l'obligation d'assurer dans leurs organes administratifs et sur les listes de candidats la représentation des femmes et des hommes. Cependant, il n'existe pas de mécanisme de suivi et donc aucune forme de contrainte réelle. En Bulgarie, la loi sur la protection contre la discrimination instaure un quota de 40 % de femmes dans l'administration et les conseils de gestion. Au Canada [43], il n'existe pas de loi fédérale garantissant l'égal accès des femmes aux mandats représentatifs ou l'élection d'un nombre minimum de femmes. En revanche, le Québec a mis en place un avant-projet de loi (actuellement à l'étude) dont une des mesures incitatives est l'atteinte d'une représentation équitable des femmes et des hommes à l'Assemblée nationale. Le programme « À égalité pour décider » vise le même objectif à l'échelle municipale. Sainte-Lucie ne dispose pas d'une législation favorisant la meilleure représentation des femmes en politique. Néanmoins, femmes et hommes ont obtenu ensemble le droit de vote en 1951, bien avant l'indépendance de l'île (1979).

- Représentation des femmes en politique

En Amérique du Nord, le Québec compte 32 % de députées. En Europe de l'Ouest comme dans les pays d'Europe centrale et orientale (PECO), les résultats sont plutôt encourageants, même si les chiffres restent encore en dessous de la moyenne européenne à l'Est.

C'est en Belgique que le pourcentage de femmes parlementaires (37,7 %) est le plus élevé. En Andorre, les femmes comptent pour 26,4 % des représentants dans les assemblées régionales. Dans quatre régions sur six, les femmes représentent au moins un quart des élus et jusqu'à 50 % pour l'une d'entre elles. Exemple rare de parité effective ! La situation de Monaco est plus contrastée : les femmes sont assez bien représentées au niveau communal avec un taux de 33,3 %. Mais elles ne représentent que 20,8 % des élus au Conseil national : comme souvent, plus le niveau de responsabilité est élevé, plus le nombre de femmes diminue. En Suisse, la proportion de femmes siégeant aux parlements cantonaux est supérieure à la moyenne européenne ; néanmoins, elle est en légère baisse : de 24,8 % à 24,2 % entre 2004 et 2006. En Europe de l'Est [44] après la chute du Mur, la représentation des femmes au Parlement s'est effondrée (niveaux souvent inférieurs à 5 %), avant de remonter de manière significative depuis 2000 (taux proches de 20 %). La proportion des femmes dans les institutions locales est traditionnellement plus élevée que dans les institutions nationales. La Bulgarie compte le plus de parlementaires femmes (26,3 %), suivie par la Lituanie (22 %) et la Pologne (20,7 %). En revanche, les pourcentages sont faibles en Hongrie

---

39. Loi n° 2000-493 du 6 juin 2000.
40. Loi n° 2003-327 du 11 avril 2003.
41. Loi n° 2003-697 du 30 juillet 2003.
42. Loi n° 2000-493 du 6 juin 2000.
43. Source : questionnaire relatif à la femme dans la vie politique, Réseau des femmes parlementaires de l'APF, 2006.
44. Données complémentaires sur les pays de l'Est : *Délégation du Sénat aux droits des femmes et à l'égalité des chances entre les hommes et les femmes,* auditions d'Emmanuelle Latour, secrétaire générale de l'OPFH, et de Jacqueline Heinen, professeure au laboratoire Printemps (UFR des sciences sociales et des humanités) de l'université Versailles-Saint-Quentin-en-Yvelines, mars 2005.

(9,1 % et 12,5 % dans les assemblées départementales). Néanmoins, les femmes sont bien représentées à l'échelle municipale (25,7 % des élus). En Moldavie, les femmes ne représentent que 15,8 % des députés. Au niveau régional et municipal, la situation n'est guère meilleure : 15,4 % de femmes maires et seulement 3,1 % de femmes présidentes de conseils de région. La situation de la République tchèque est similaire : le pourcentage de femmes dans les assemblées régionales est proche de celui du Parlement (15,7 %), qui n'atteint pas la moyenne européenne. En Albanie, les femmes ne représentent que 6,4 % des parlementaires et ne sont pas mieux représentées au niveau local : aucune femme maire ou cheffe de conseil de district, trois femmes maires d'arrondissement et sept cheffes de commune. Au Nouveau-Brunswick, les femmes ne représentent que 10,9 % des députés à l'Assemblée législative et 12,7 % des maires. La France affiche des résultats décevants, malgré la loi sur la parité : les parlementaires femmes ne sont que 14,6 %[45], chiffre en dessous de la moyenne européenne, malgré une progression pour les deux chambres : + 1,4 % à l'Assemblée depuis 1997 et + 6 % au Sénat depuis 2001. Les grands partis ont choisi d'être pénalisés financièrement plutôt que de respecter la loi et de « contribuer à sa mise en œuvre » (art. 4 de la Constitution) : plus de 4 millions d'euros sont retenus par an sur la dotation publique de l'UMP (qui n'a présenté que 19,7 % de candidates) contre 1,6 million pour le parti socialiste (n'ayant présenté que 34,5 % de candidates). Néanmoins, grâce à ces réformes, les femmes représentent 47,6 % des conseillers régionaux et constituent également 43,6 % des députés français au Parlement européen contre 30,3 % pour l'ensemble des pays de l'Union européenne. Pour faire face à la réticence des partis politiques constatée aux dernières élections, la loi devrait être durcie par la mise en place de pénalités financières plus dissuasives et la création d'une obligation de parité dans les exécutifs des conseils régionaux et municipaux.

La Moldavie est le pays européen le plus proche de la parité dans son gouvernement, qui compte 7 femmes sur 17 membres, soit une proportion de 40 % en 2006 alors qu'elle n'était que de 11,1 % en 2004, signe d'une ascension très rapide. Elles occupent d'ailleurs des postes clés : Justice, Affaires étrangères, Éducation nationale et Finances. En Bulgarie, les femmes sont bien représentées (27 des 62 membres) et constituent plus de 40 % des effectifs gouvernementaux. La progression est là aussi importante : elles n'étaient que 23,8 % en 2004. Mais, sur les 27 membres, 3 seulement ont le statut de ministre. Au Québec, les femmes représentent 32 % des membres du gouvernement. En Suisse, où le pourcentage de femmes au gouvernement est passé de 14,3 % à 28,6 % entre 2004 et 2006, deux des sept membres du Conseil fédéral sont des femmes et sont en charge des Affaires étrangères et de l'Économie. En Andorre, les trois femmes en fonction forment 27,2 % du personnel gouvernemental. Néanmoins, elles occupent des postes le plus souvent dévolus aux femmes (Santé, Famille, Éducation...). Les bons résultats de la Belgique (5 femmes sur 21 membres, soit 21,4 %) s'expliquent notamment par le pourcentage élevé de femmes dans les gouvernements de la Communauté française et de Wallonie : respectivement 66,6 % et 33,3 %. En Lituanie, le nombre de femmes au gouvernement se situe dans la moyenne des pays de l'Est en 2005 avec 15,4 % de femmes (2 sur 13). En France, les femmes ne composent plus que 18,8 % de ses membres (6 sur 32, dont 4 ministres déléguées), alors qu'elles étaient un tiers en 2000. En Pologne, les femmes sont bien moins représentées mais occupent cependant des postes d'importance : Finances et Développement régional. En Hongrie, il y a deux femmes au gouvernement, soit 11,7 % des membres, proportion en légère baisse par rapport à 2004 (11,8 %). L'une d'elles est ministre de l'Intérieur. Les chiffres sont similaires en République tchèque : les femmes représentent 11,1 % des membres, ce qui reste faible pour un pays européen. Il n'y a que deux ministres (Éducation et Informatique). En Pologne, malgré une progression significative de 2005 à 2006 (de 5,9 % à 11,7 %), le nombre de femmes au gouvernement reste faible (2 ministres sur 17). En Albanie, le gouvernement compte 8 femmes (soit une proportion de 6,4%), mais une seule occupe un poste de ministre. À l'Ouest, Monaco est le seul pays recensé où aucune femme ne fait partie du gouvernement. Au Nouveau-

---

45. 12,3 % à l'Assemblée nationale et 16,9 % au Sénat.

Brunswick, cinq des six femmes députées sont au gouvernement : ce cumul des mandats réduit au final le nombre de femmes dans les sphères décisionnelles.

En Hongrie, la moitié des partis ont une femme à leur tête. Monaco et le Nouveau-Brunswick ont une femme dirigeante pour trois partis. Andorre en a une pour cinq partis. En Belgique, quatre partis sont dirigés par des femmes, soit 14,1 % du total. La communauté francophone est moins performante : elle compte 32 % des partis belges, mais un seul d'entre eux est dirigé par une femme. La Suisse compte deux partis sur 16 dirigés par des femmes, soit 12,5 %. En France, six femmes sont à la tête de partis politiques (sur 21 au total). En Europe de l'Est, la République tchèque a une dirigeante à la tête de l'un des six partis représentés au Parlement, soit 16,6 %. La Pologne, la Lituanie et l'Albanie ont des résultats moindres avec une femme dirigeante pour respectivement 47, 15 et 21 partis. En Bulgarie, il y a deux dirigeantes pour 33 partis. Au Québec, une seule femme se retrouve à la tête d'un des 11 partis, mais en tant que co-présidente.

Le président de la Confédération helvétique devrait être une femme en 2007 [46], et le chancelier de la Confédération [47] (secrétaire général de l'exécutif) est actuellement une femme. En Hongrie, les dernières présidentielles ont opposé un homme et une femme. En Lituanie, deux femmes et trois hommes se sont affrontés. En France, quatre candidates étaient en lice en 2002. En Andorre, la dirigeante d'une des cinq formations nationales a logiquement représenté son parti aux dernières élections (logique qui ne prévaut pas dans tous les pays si l'on compare le nombre de leaders politiques femmes à celui des candidates aux présidentielles). En République tchèque, une femme s'est présentée face à sept hommes. En Pologne, le rapport était nettement plus déséquilibré : une femme face à 17 candidats.

Le Canada est une monarchie constitutionnelle et une démocratie parlementaire. C'est le gouverneur général, que la reine d'Angleterre nomme sur avis du Premier ministre, qui la représente. Il s'agit donc d'un poste symbolique mais prestigieux, actuellement occupé par une femme.

À Monaco, la monarchie est héréditaire et se transmet de père en fils ; les femmes sont donc exclues du pouvoir exécutif.

À Sainte-Lucie, 20,7 % des parlementaires sont des femmes, mais celles-ci sont moins bien représentées au niveau local (2 circonscriptions seulement sur 17 ont une femme à leur tête). Quant aux 6 formations politiques, une seule est dirigée par une femme. Néanmoins, Mme Pearlette Lomsy occupe la fonction de gouverneure générale, nommée à ce poste par la reine d'Angleterre en 1997.

▶ Égalité professionnelle

L'étude comparée de l'évolution de l'égalité professionnelle entre femmes et hommes dans la région Europe-Amérique du Nord permet d'analyser les avancées effectives dans le monde du travail et de dépasser le simple constat de l'évolution de la législation. En France, la sociologue Sabine Fortino [48] a montré que si la mixité dans le travail s'étend à des domaines de plus en plus nombreux, elle n'empêche pas les phénomènes d'exclusion et de ségrégation. La reproduction des inégalités se poursuit et les stéréotypes se maintiennent. Il y a une domination masculine de fait sur le marché du travail ; les femmes sont écartées des missions nobles, moins payées, avec des perspectives de carrière plus limitées. La mixité ne signifie pas l'égalité entre les sexes dans le monde du travail. Selon l'INSEE, 6 des 31 catégories socioprofessionnelles recensées en France regroupent 61 % des actives, et les hiérarchies perdurent en dépit de la féminisation de certains métiers [49]. Les femmes doivent faire

---

46. Il n'y a pas d'élections présidentielles au suffrage direct. Le président de la Confédération est élu pour un an par le Parlement : il s'agit d'un des sept membres du Conseil fédéral par rotation.
47. Élu par l'Assemblée fédérale pour une durée de quatre ans.
48. Sabine Fortino, *La Mixité au travail*, Paris, La dispute, coll. « Le Genre du Monde », 2002.
49. En France, 13,8 % des professeurs d'université sont des femmes contre 35,8 % de maîtres de conférence. Si les femmes composent 46 % de la population active, leur salaire moyen reste de 19 % inférieur à celui des hommes, et elles ne représentent que 24,3 % de l'encadrement dans le secteur privé et seulement 12,3 % des emplois supérieurs de la fonction publique.

face à de nouveaux obstacles sur le chemin de leur ascension professionnelle, reposant sur une assignation différentielle des tâches en fonction du sexe : la gestion cumulée des tâches domestiques et professionnelles et l'occupation par les hommes des activités à valeur ajoutée. L'égalité formelle ne se confond toujours pas dans ces pays avec l'égalité réelle.

- État de la législation

La Belgique, le Québec et la France possèdent un *corpus* législatif important pour défendre l'égalité salariale et/ou professionnelle. Les résultats ne sont pas pour autant probants : ainsi en Belgique, l'écart entre les salaires hommes/femmes (24 %) n'a pas évolué depuis 1995. En dehors des textes d'ordre général, l'Albanie, la Bulgarie, la Hongrie, la Moldavie, la Suisse et le Nouveau-Brunswick ont des dispositions spécifiques dans ce domaine. En revanche, la Pologne, la Lituanie et la République tchèque se fondent sur la Constitution, le code du travail et les différentes conventions internationales. Dans les pays de l'Est, les « quotas inversés », adoptés dans les années 1980 et qui visaient à limiter la proportion de femmes dans certains secteurs, ont été supprimés pour conformité aux normes de l'Union européenne.

- Les femmes dans le monde du travail

C'est au Nouveau-Brunswick que les femmes sont les plus dynamiques dans le monde de l'entreprise : elles constituent 37 % des gestionnaires d'entreprise, contre 30 % en 1987. La proportion de femmes parmi les créateurs d'entreprises est passée de 36,5 % à 38,4 % entre 2004 et 2005. La Bulgarie et la Belgique ont également un taux important : respectivement 30 % et 28 % étaient des femmes ces deux dernières années. En Andorre, elles ne sont que 16,08 % contre 37,94 % d'hommes en 2005. Néanmoins, l'écart s'amenuise de deux points par rapport à 2004. En Lituanie, les femmes représentent 40 % des dirigeants, toutes entreprises confondues, mais seulement 7 % des chefs d'entreprises de plus de 700 salariés. Dans l'absolu, c'est un chiffre faible, mais supérieur à ceux des pays d'Europe de l'Ouest où les indicateurs sexospécifiques sont bons par ailleurs (exemples : Belgique = 6 %, Monaco = 0 %). De plus, les femmes représentent 32 % des dirigeants d'entreprises (toutes tailles confondues), mais ce chiffre a baissé de 10 % en deux ans. En Albanie, 85 % des entreprises sont des micro-entreprises, dont 26 % sont dirigées par des femmes. En République tchèque, les femmes représentent 26,3 % des chefs d'entreprise. Elles ne sont que 17,1 % en France. À Monaco, 26 % des créations d'entreprises ces deux dernières années sont dues à des femmes, mais la logique du plafond de verre s'applique : aucune femme ne dirige une entreprise de plus de 500 salariés.

En Andorre, le taux de chômage est nul, aussi bien pour les hommes que pour les femmes. À Monaco et en Suisse, le taux de chômage des femmes est faible (respectivement 0,83 % et 5,1 %) et proche de celui des hommes (0,75 % et 3,9 %). Au Québec et au Nouveau-Brunswick, le chômage est moins important chez les femmes que chez les hommes : respectivement 7,8 % contre 9,1 % et 7,8 % contre 11,4 %. En Belgique, le taux de chômage est plus élevé chez les femmes (9,6 %), avec un écart de deux points par rapport aux hommes. Dans la communauté francophone, la situation est encore plus critique, avec 10,7 % d'hommes et 13,8 % de femmes au chômage. En France, le taux de chômage des femmes est élevé (11,1 %) et supérieur de deux points à celui des hommes. La situation d'un chômeur n'est pas comparable à celle d'une chômeuse. La précarisation sociale se féminise et les femmes sont toujours plus nombreuses à s'inscrire dans des stratégies de survie. Leur situation privée/familiale va largement influer sur leur situation économique et leur employabilité, ce qui est beaucoup moins déterminant pour les hommes. L'obligation pour la femme d'assumer les tâches domestiques et familiales, son enfermement dans des valeurs telles que le sacrifice et le don de soi, la structuration du marché du travail et la mise à l'écart de ces réalités par les institutions en charge de l'insertion professionnelle constituent les principaux facteurs d'explication [50]. En Europe de l'Est, après 1989, il y a eu une montée générale du taux de

---

50. Frédéric Charles, Sabine Fortino, « Rapports sociaux de sexe et insertion professionnelle. Une analyse des parcours de femmes face aux mutations du travail et de l'emploi », in Actes du colloque *Huitièmes Journées de sociologie du travail*, www.univ-aix.fr/lest

chômage, variable d'un pays à l'autre, mais que les femmes ont subi plus durement, sauf en Hongrie. Cependant, malgré un fort taux de chômage, celui-ci restait comparable pour les hommes et les femmes. La Pologne est l'un des cinq pays européens dont le taux d'emploi des femmes est inférieur à 50 %. Les hommes occupent la majorité des emplois les mieux rémunérés [51] et les femmes ont quasiment l'exclusivité des tâches domestiques. À cet égard, une approche en termes d'activité, et non de salariat, permettrait de donner une image plus fidèle de leur charge de travail réel.

La durée du congé maternité est moins importante en Europe de l'Ouest (entre 14 et 18 semaines) qu'en Europe de l'Est (entre 24 et 52 semaines), où l'on s'approche le plus de l'égalité entre femmes et hommes au niveau des congés parentaux (sauf en Pologne). Cependant, les prestations de maternité ont baissé de manière drastique dans les anciens pays communistes. La République tchèque et la Hongrie font néanmoins partie, avec le Canada, des pays les plus généreux en matière de rémunération du congé de maternité. En Europe de l'Ouest, hormis en Andorre, les écarts restent encore très importants : 10 jours de congé paternité en Belgique, aucun en Suisse et à Monaco [52]. En France, le congé parental ouvert à chacun des parents salariés sans distinction de sexe depuis 1984 est le plus long en Europe, allant jusqu'à 3 ans. Un congé paternité a également été instauré en 2002 : 11 jours s'ajoutant aux 3 jours accordés pour raisons familiales, 18 jours en cas de naissances multiples. Au Nouveau-Brunswick, le congé maternité est de 17 semaines et de 37 pour le congé parental (celui-ci pouvant être pris entièrement par l'un des deux parents ou partagé entre eux) [53]. Au Québec, les femmes disposent de 55 semaines.

En Moldavie, le congé parental offre deux possibilités qui permettent une certaine flexibilité dans les choix de vie : trois semaines avec salaire complet et trois ans avec salaire partiel. Néanmoins l'écart entre les durées est très important, ce qui rend la proposition plus réductrice qu'elle paraît. De plus, la dernière option du congé parental – 6 ans sans versement de salaire – s'apparente plus à un arrêt de travail, même si elle garantit en principe de retrouver un poste au bout de toutes ces années. Le même type de problème se pose en Hongrie, où le congé parental est de trois ans. En Albanie, la mère a droit à un congé parental d'un an, avec possibilité de percevoir 100 % du montant de l'assurance sociale pendant 2 mois, 80 % les 4 mois suivants et 50 % pour les 6 derniers mois.

À Sainte-Lucie, le taux de chômage est fort et touche plus durement les femmes que les hommes (18,2 % contre 15,7 %). S'agissant des congés de maternité les femmes disposent de 13 semaines (ce qui s'inscrit dans les normes de l'OIT) ; les hommes, eux, n'ont pas de congés de paternité.

▶ Politiques publiques et vie associative

Sur les six pays recensés en Europe de l'Ouest et en Amérique du Nord, la Belgique, la France, la Suisse et le Canada se sont dotés d'organismes gouvernementaux en charge de la question des femmes. Au Nouveau-Brunswick, l'action des pouvoirs publics se concentre sur la violence contre les femmes et l'écart salarial. Leur travail consiste à développer des actions en faveur de l'égalité des chances et à promouvoir la recherche sur le concept de genre. La Belgique, la France [54], la Lituanie, le Québec et le Nouveau-Brunswick ont adopté une approche de genre dans l'élaboration de leur politique budgétaire.

---

51. Les inégalités de revenus vont en s'accentuant. En Europe, les pays où ces inégalités sont les plus faibles sont l'Italie, Malte et la Belgique.
52. Néanmoins, un projet de loi est actuellement à l'étude.
53. Source : ministère canadien des Ressources humaines et du développement de compétences http://www.rhdsc.gc.ca/fr/pt/psait/ctv/ctvc/06annexe_a.shtml
54. Le « Jaune budgétaire », créé en 2000. Chaque ministère évalue la part de ses ressources affectées en faveur de l'égalité femme-homme. Les efforts financiers consentis sont présentés en annexe au budget national.

Neuf grandes associations [55] ont été désignées dans les six pays recensés [56]. Andorre et Monaco n'ont pas d'institutions en charge de la question des femmes mais le secteur associatif y est dynamique. La lutte contre les violences faites aux femmes revient de manière récurrente dans les priorités associatives et politiques. Il en va de même pour le combat en faveur de l'égalité entre les hommes et les femmes dans les domaines éducatif et économique. Cependant, les associations ont une action plus large et abordent des thèmes peu ou pas pris en compte par les organismes gouvernementaux, par exemple, dans le domaine de la santé, la thématique de la liberté de l'avortement. Les associations mettent également davantage l'accent sur le social : égalité de traitement entre les hommes et les femmes et conciliation des vies professionnelle et privée. Les organismes gouvernementaux sont en revanche beaucoup plus présents dans le domaine de la recherche, et contribuent à la diffusion et à l'intégration du concept de genre dans la société.

Les pays d'Europe de l'Est disposent de structures (politiques ou associatives) nombreuses. Douze organismes, liés au gouvernement ou au Parlement, en charge de ces problématiques sont signalés. Ils ont un rôle essentiellement consultatif et veillent au respect et à l'application des lois concernant les femmes. La République tchèque et la Hongrie appliquent une politique budgétaire qui prend en compte le genre. Quatorze associations sont mentionnées pour les six pays concernés. Leurs actions se répartissent selon deux volets : recherche et élaboration de statistiques ; actions diverses en direction des femmes (information, assistance). Dans certains pays comme la Lituanie, la coopération avec les organismes gouvernementaux constitue un principe d'action. Une telle collaboration semble plus difficile en Pologne où les priorités politiques et associatives divergent : les associations militent pour l'assouplissement de la loi prohibant l'IVG (1993) au nom du principe de « maternité consciente », alors que le gouvernement campe sur le maintien de la loi, en apportant par ailleurs son soutien financier aux mères. Dans les pays d'Europe centrale et orientale (PECO), le droit des femmes à maîtriser leur corps est souvent bafoué par les législations (interdiction de l'avortement), mais aussi par l'accès difficile aux moyens de contraception, toujours plus onéreux. Les associations sont souvent plus ambitieuses. Par exemple, en Lituanie, elles sont favorables à une approche en termes de genre de la politique budgétaire. De manière générale, les associations sont plus présentes sur le terrain des revendications concernant la place des femmes en politique et sur l'éducation des populations au concept de genre. La traite des femmes et la prostitution constituent une de leurs priorités. En Europe de l'Est, la crise économique liée à la transition brutale vers l'économie de marché a conduit à une paupérisation de la population. L'économie souterraine et la corruption se sont installées et ont permis l'expansion des industries du sexe. La traite des femmes s'opère à la fois à l'intérieur des pays d'Europe centrale et orientale, et vers les pays d'Europe occidentale. Budapest (Hongrie) compte trois à quatre mille prostituées, chiffre évalué à 30 000 [57] pour la capitale tchèque. Néanmoins, associatifs et politiques se rejoignent sur le fait qu'égalité professionnelle et lutte contre les violences conjugales (qui ont fortement augmenté en raison du durcissement de la situation économique et sociale) constituent des priorités. L'entrée dans l'Union européenne est considérée comme une chance par les organisations de femmes des dix nouveaux pays membres de l'Union européenne, où les représentations traditionnelles concernant la place des femmes dans la famille restent vivaces.

En Europe de l'Ouest et au Canada (Québec, Nouveau-Brunswick), la situation des femmes évolue favorablement, mais le processus est très lent. Les facteurs socioculturels ont joué un rôle déterminant, comme le montre l'avance des pays scandinaves. Au cours du XXe siècle, les femmes ont finalement acquis le droit de vote et la reconnaissance de principe de leur

---

55. La liste n'est pas exhaustive. Le nombre des associations est en réalité beaucoup plus important, mais seules les principales ont été citées dans les réponses au questionnaire.
56. La France n'est pas prise en compte.
57. http://www.senat.fr/rap/r04-430/r04-43027.html

citoyenneté pleine et entière. Aujourd'hui, l'Union européenne entend préserver ces droits et avancer vers une égalité réelle. Les législations nationales progressent en ce sens, selon des modèles différents (quotas, parité). Ces lois constituent une première avancée mais ne permettent pas de briser tous les obstacles socioculturels. Néanmoins, les avancées en matière politique sont plus visibles que dans le monde du travail, où les inégalités, notamment en termes de salaire et de taux de chômage, sont très prononcées. Les pays d'Europe centrale et orientale constituent un cas particulier. Historiquement, l'avancée des droits des femmes y a été plus rapide, mais la chute du mur de Berlin a eu des conséquences désastreuses pour les femmes [58]. Leur situation s'améliore progressivement aujourd'hui.

Asie - Pacifique

Égalité politique

• État de la législation

Les Cambodgiennes n'ont obtenu le droit de vote qu'en 1955 alors que les hommes en disposaient depuis 1927. Au Laos, l'obtention du droit de vote par les femmes a été plus tardive (1975) mais elle a concerné tous les citoyens, sans discrimination de sexe. Cette absence de décalage peut expliquer une présence plus marquée des femmes dans la sphère politique. Le Laos s'est par ailleurs doté d'une loi pour le développement et la protection de la femme. Le Viêt Nam n'a pas de textes législatifs garantissant la représentation des femmes, bien que celles-ci aient obtenu le droit de vote dès 1946, comme les hommes. Au Cambodge, les efforts portent notamment sur la représentation des femmes rurales en politique. Ainsi, d'après une obligation légale, un représentant de village sur trois doit être une femme. Par ailleurs, le Comité des villages (créé en 1995) a une représentation paritaire. Mais si la loi est respectée, elle n'a pas eu d'effet d'entraînement. Les partis ont refusé l'instauration de quotas sur les listes électorales. Ainsi, dans toutes les autres instances décisionnelles, les femmes ne sont que très peu ou presque pas représentées : il n'y a par exemple que 0,64 % de communes dirigées par des femmes.

• Représentation des femmes en politique

Au Viêt Nam, les femmes représentent pratiquement un tiers des députées (27,3 %), et peuvent donc jouer un rôle important au sein de l'Assemblée. Au Laos, elles constituent 21,2 % des députés à l'Assemblée nationale, proportion supérieure à la moyenne mondiale et bien au-dessus de celle du Cambodge voisin (10,9 %).

Malgré un pourcentage encore faible, la proportion de femmes au sein du gouvernement cambodgien a augmenté entre 2005 et 2006 (de 7,1 % à 8 %). Néanmoins, il n'y a que deux ministres sur les douze femmes membres et elles sont maintenues à des postes « classiques ». Au Laos, les femmes sont également peu présentes : il n'y a qu'une femme ministre pour un total de 34 membres et aucune ne dirige une des 17 provinces. Au Viêt Nam, on ne recense que 3 femmes sur les 40 membres du gouvernement.

Le Cambodge est une monarchie élective : le roi est désigné par un conseil du Trône, composé des deux co-premiers ministres, du président de l'Assemblée, de ses deux adjoints et du patriarche des deux courants du bouddhisme. Les femmes sont donc, au moins pour l'heure, exclues du processus qui régit la succession royale. Aucune femme ne dirige l'un des trois partis existants et les tentatives menées pour l'instauration de quotas sur les listes électorales ont échoué.

Au Laos, le régime communiste s'est doté d'un parti unique, le PPRL. Aucune femme n'est membre de son bureau politique. Au Viêt Nam, le parti communiste est également parti unique et le pays n'a jamais eu de femme à sa tête, même si Mme Binh a été vice-présidente de la République et a joué un rôle de premier plan dans la guerre de libération nationale.

---

58. Voir plus haut.

▸ Égalité professionnelle

- État de la législation

Comme dans le cas de l'Afrique, les États de la région Asie-Pacifique sont des pays en développement, dont les stratégies de lutte contre la pauvreté incluent désormais une dimension de genre. Les principes et les législations progressent de manière formelle mais leur application rencontre encore de nombreux obstacles. Pleinement insérés dans le processus de mondialisation, les pays de la région en subissent les aléas, notamment la précarité du travail (salaires, conditions de travail). Des efforts sont cependant fournis, en particulier dans le domaine de la santé, mais ils restent insuffisants. L'évolution de la situation des femmes est réelle mais lente, du fait que la plupart des évolutions sont importées des modèles du Nord, *via* les organismes internationaux.

- Les femmes dans le monde du travail

Les données sur la situation des femmes en entreprise sont rarement disponibles. On sait cependant qu'au Laos, 60 % des PME sont dirigées par des femmes, ce qui témoigne du dynamisme de ces dernières. Au Cambodge, le taux d'activité économique des femmes est extrêmement élevé (80,1 %), aussi bien en milieu urbain qu'en milieu rural. Le chômage ne touche que 2 % d'entre elles contre 3 % des hommes. Cependant, les femmes sont surtout présentes dans le secteur informel, par définition précaire, où elles ne bénéficient d'aucune protection. Elles sont actives dès l'âge de 15 ans, ce qui témoigne de leur exclusion précoce du système éducatif et ne leur permet pas de gravir les échelons sociaux.

Au Laos et au Cambodge, les femmes disposent respectivement de 14 et 12 semaines de congés maternité. Au Laos les hommes ont droit à deux semaines, alors que les Cambodgiens sont privés de congé. Cependant, le Cambodge fait partie des 29 pays ayant interdit catégoriquement le licenciement de toute travailleuse en congé de maternité.

▸ Politiques publiques et vie associative

Le Cambodge et le Laos disposent tous deux d'organismes gouvernementaux en charge des femmes. Au Cambodge, le ministère des Affaires féminines dispose d'une réelle marge de manœuvre, qui lui a permis de faire adopter un projet de loi sur la prévention de la violence domestique en octobre 2005. Par ailleurs, une réforme du code pénal en cours constituera la discrimination à l'égard des femmes comme un délit passible de sanctions. D'autres ministères tiennent compte du genre dans leur approche. Au Laos, les priorités politiques sont plus resserrées et s'articulent autour de trois domaines : réduction de la pauvreté, alphabétisation de 75 % des femmes d'ici à 2010 et santé materno-infantile. L'union des femmes lao promeut et met en œuvre les directives du parti en direction des femmes, mais sa marge de manœuvre est plus réduite. Les priorités sont la justice, la santé, la nutrition, l'éducation, la politique et l'économie. La volonté est double : encourager la promotion de la femme *de facto* et changer les mentalités, ce dernier point étant plus délicat. À part cela, aucune association n'est signalée. Au Cambodge, les six associations répertoriées existent depuis moins de dix ans et sont assez polyvalentes. Elles militent contre l'exploitation et les violences sexuelles[59], pour l'éducation comme tremplin à l'emploi et au pouvoir de décision. Pour une action plus efficace, ces associations travaillent au renforcement du réseau des femmes engagées socialement et politiquement dans le pays. Les priorités des politiques et des associations se rejoignent. La lutte contre le trafic et l'exploitation sexuelle des filles et des femmes constitue une priorité spécifique à la région. La promotion de la femme est encouragée dans de nombreux domaines et la coordination est privilégiée dans un souci d'efficacité. Le Viêt Nam se distingue par la priorité donnée à la transmission des valeurs morales, traditionnelles et culturelles.

---

59. Actuellement, les ONG militent contre les mauvais traitements (humiliations, ingestion forcée d'alcool, agressions verbales et sexuelles) infligés aux « lanceuses de bière » (jeunes femmes employées par des compagnies de bière pour faire la promotion de leur produit auprès de clients masculins, et assimilées à tort à des prostituées) par la publication de spots publicitaires, affiches et rapports qui rappellent que le harcèlement sexuel est passible de trois ans d'emprisonnement.

4 Conclusion

L'héritage de l'histoire, l'état des mœurs, les conditions de vie présentes des femmes, les besoins et les priorités diffèrent, on l'a vu, selon les grandes régions du monde, mais outre le fait qu'en aucun pays l'égalité n'est réalisée, deux constatations se dégagent : la situation des femmes ne connaît nulle part d'évolution linéaire positive assurée, et les acquis sont toujours susceptibles d'être remis en cause, sous l'influence de facteurs divers, qui peuvent être économiques, politiques, religieux... Les reculs sont parfois spectaculaires, comme ce fut le cas dans les pays de l'Est après la chute du mur de Berlin (chômage, prostitution, traite des femmes...). Autre constat : aucun facteur (évolution des cadres juridiques et des mentalités, amélioration du niveau de vie, progrès de l'éducation et de la formation, mise en place de structures dédiées à l'égalité des chances...) n'est à lui seul déterminant pour conforter les droits des femmes et asseoir l'égalité entre les sexes. Agir à plusieurs niveaux s'impose. Le secrétaire général de la Francophonie, lors de l'Assemblée générale de l'APF de 2006, rappelait ainsi l'exemple du Sénégal qui a criminalisé l'excision en 1999, en soulignant que cette loi ne pouvait que rester lettre morte si elle ne s'accompagnait pas, entre autres, d'un travail sur la reconversion des exciseuses pour qui cette pratique mutilatoire représentait un travail et un revenu indispensables. Les lois sont bien entendu nécessaires, mais pour que ces avancées législatives en faveur des femmes s'incarnent dans les réalités quotidiennes, c'est l'ensemble des ressorts d'une société qu'il faut mobiliser. C'est sans doute pour cette raison que le sort réservé aux femmes demeure un excellent baromètre de l'état général de la démocratie dans un pays.

5 Tableaux

Indice sexo-spécifique du développement humain (ISDH)

Les 63 États et gouvernements membres ou observateurs de l'OIF	Classement selon l'ISDH dans la Francophonie	Classement selon l'ISDH mondial	Valeur ISDH (a)
Albanie	19	56	0,776
Andorre	–	–	n.d.
Arménie (*)	20	62	0,756
Autriche (*)	6	19	0,926
Belgique	4	9	0,941
Bénin	37	162	0,419
Bulgarie	15	45	0,807
Burkina Faso	44	175	0,311
Burundi	40	167	0,373
Cambodge	28	99	0,567
Cameroun	32	148	0,487
Canada	1	5	0,946
Canada-Nouveau-Brunswick	–	–	n.d.
Canada-Québec	–	–	n.d.
Cap-Vert	23	81	0,714
Communauté française de Belgique	n.d.	n.d.	n.d.
Comores	29	101	0,541
Congo	30	108	0,507
Congo (République démocratique du)	39	167	0,373
Côte d'Ivoire	38	163	0,403
Croatie (*)	14	40	0,837
Djibouti	–	–	n.d.
Dominique	–	–	n.d.
Égypte	–	–	n.d.
Ex-République yougoslave de Macédoine	16	49	0,794
France	5	16	0,935
Gabon	–	–	n.d.
Géorgie (*)	–	–	n.d.
Grèce	7	24	0,907
Guinée	–	–	n.d.
Guinée-Bissau	26	95	0,641
Guinée équatoriale	41	172	0,326
Haïti	–	–	n.d.
Hongrie (*)	10	31	0,86
Laos	–	–	n.d.
Liban	21	68	0,745
Lituanie (*)	12	36	0,851
Luxembourg	3	7	0,944
Madagascar	33	146	0,483
Mali	42	174	0,323
Maroc	27	97	0,616
Maurice	18	54	0,781
Mauritanie	34	152	0,471
Moldavie	25	91	0,668
Monaco	–	–	n.d.
Niger	45	177	0,271
Pologne (*)	11	33	0,856
République centrafricaine	–	–	n.d.
République tchèque (*)	9	30	0,872
Roumanie	17	51	0,789
Rwanda	36	159	0,447
Sainte-Lucie	–	–	n.d.

Les 63 États et gouvernements membres ou observateurs de l'OIF	Classement selon l'ISDH dans la Francophonie	Classement selon l'ISDH mondial	Valeur ISDH (a)
São Tomé-et-Principe	–	–	n.d.
Sénégal	35	157	0,449
Seychelles	–	–	n.d.
Slovaquie (*)	13	37	0,847
Slovénie (*)	8	25	0,901
Suisse	1	5	0,946
Tchad	43	173	0,322
Togo	31	143	0,491
Tunisie	22	69	0,743
Vanuatu	–	–	n.d.
Viêt Nam	24	83	0,702

n.d. : données non disponibles.
* Observateurs.
(a) Valeur ISDH : [0,8 – 1] = développement humain élevé, [0,799 ; 0,5] = développement humain moyen, < 0,5 = développement humain faible. L'ISDH correspond à l'IDH corrigé en fonction des inégalités entre les sexes. Les deux indicateurs sont calculés à partir de trois éléments : longévité et santé, savoir, niveau de vie.
Source adaptée du rapport mondial sur le développement humain, PNUD, 2005.

Filles et garçons dans l'enseignement secondaire et supérieur

Les 63 États et gouvernements membres ou observateurs de l'OIF	Scolarisation des filles dans le secondaire (a)	En % du taux masculin	Scolarisation des filles dans le supérieur	En % du taux masculin
Albanie	78	1,02	21	1,78
Andorre	n.d	n.d	n.d.	n.d.
Arménie (*)	85	1,03	31	1,26
Autriche (*)	89	0,99	53	1,2
Belgique	98	1,01	66	1,19
Bénin	13 b) c)	0,48 b) c)	1 e)	0,24 e)
Bulgarie	86	0,98	42	1,18
Burkina Faso	7	0,67	1 b)	0,34 b)
Burundi	8 b)	0,78 b)	1 b)	0,45 b)
Cambodge	19 b)	0,64 b)	2 b)	0,40 b)
Cameroun	–	–	4 b)	0,63 b)
Canada	98 b) c)	1,00 b) c)	66 b) d)	1,34 b) d)
Canada-Nouveau-Brunswick	n.d.	n.d.	n.d.	n.d.
Canada-Québec	n.d.	n.d.	n.d.	n.d.
Cap-Vert	61	1,11	5	1,09
Communauté française de Belgique	n.d.	n.d.	n.d.	n.d.
Comores	–	–	2	0,77
Congo	–	–	1 b)	0,14 b)
Congo (République démocratique du)	–	–	–	–
Côte d'Ivoire	15 b) d)	0,57 b) d)	4 n	0,36 n
Croatie (*)	87	1,02	43	1,18
Djibouti	17 b) f)	0,69 b) f)	2 f)	0,81 f)
Dominique	98 b)	1,14 b)	–	–
Égypte	79 b) d)	0,95 b) d)	–	–
Ex-République yougoslave de Macédoine	80 b) c)	0,97 b) d)	32	1,34
France	95	1,02	63	1,28
Gabon	–	–	5 n	0,54 n
Géorgie (*)	61	0,98	38	0,98
Grèce	87	1,02	78	1,1

Chapitre 3 • *La parité en Francophonie*

Les 63 États et gouvernements membres ou observateurs de l'OIF	Scolarisation des filles dans le secondaire (a)	En % du taux masculin	Scolarisation des filles dans le supérieur	En % du taux masculin
Guinée	13 b)	0,48 b)	–	–
Guinée-Bissau	6 b) e)	0,55 b) e)	–	0,18 e)
Guinée équatoriale	19 b) e)	0,58 b) e)	2 e)	0,43 e)
Haïti	–	–	–	–
Hongrie (*)	94	1	59	1,37
Laos	n.d.	n.d.	n.d.	n.d.
Liban	–	–	48	1,19
Lituanie (*)	94	1,01	88	1,56
Luxembourg	83	1,07	13	1,17
Madagascar	12 b)	1,03 b)	2	0,83
Mali	–	–	–	–
Maroc	33 b)	0,86 b)	10	0,84
Maurice	74 b)	1,00 b)	18	1,41
Mauritanie	14 b)	0,77 b)	2 b)	0,27 b)
Moldavie	70	1,04	34	1,32
Monaco	n.d.	n.d.	n.d.	n.d.
Niger	5	0,67	1 b) d)	0,34 b) d)
Pologne (*)	83	0,99	71	1,42
République centrafricaine	–	–	1 e)	0,19 e)
République tchèque (*)	92	1,03	37	1,07
Roumanie	82	1,03	39	1,24
Rwanda	–	–	2	0,46
Sainte-Lucie	85 b)	1,25 b)	–	–
São Tomé-et-Principe	26 b) d)	0,83 b) d)	1 b) d)	0,56 b) d)
Sénégal	–	–	–	–
Seychelles	100	1	–	–
Slovaquie (*)	88	1,01	36	1,17
Slovénie (*)	94	1,01	79	1,35
Suisse	84	0,95	44	0,83
Tchad	4 b) c)	0,31 b) c)	(,) e)	0,17 e)
Togo	17 b) e)	0,48 b) e)	1 e)	0,20 e)
Tunisie	68	1,11	30	1,28
Vanuatu	28 d)	1,01 d)	–	–
Viêt Nam	–	–	9 b)	0,76 b)

* Observateurs.
(a) Le taux net de scolarisation est le ratio du nombre des enfants en âge de fréquenter le niveau d'enseignement concerné effectivement inscrits sur la population totale de cet âge. Des ratios nets supérieurs à 100 % s'expliquent par des différences entre ces deux séries de données.
Pour certains pays, les données peuvent renvoyer à des estimations nationales ou aux estimations de l'Institut de statistique de l'Unesco. Pour plus de détails, consulter le site www.uis.unesco.org. Les données provenant de sources différentes, les comparaisons entre pays doivent être effectuées avec circonspection.
b) Estimations préliminaires de l'Institut de statistiques de l'Unesco, sujettes à révision.
c) Données se rapportant à l'année scolaire 2001/2002.
d) Données se rapportant à l'année scolaire 2001/2002.
e) Données se rapportant à l'année scolaire 1999/2000.
f) Données se rapportant à l'année scolaire 2003/2004.
Source adaptée du rapport mondial sur le développement humain, PNUD, 2005.

Femmes et hommes dans l'activité économique

Les 63 États et gouvernements membres ou observateurs de l'OIF	Taux d'activité économique des femmes (agées de 15 ans et plus)	En % du taux masculin
Albanie	60,2	74
Andorre	n.d.	n.d.
Arménie (*)	62,3	89
Autriche (*)	44,2	66
Belgique	40,3	67
Bénin	73,1	90
Bulgarie	55,8	85
Burkina Faso	74,6	85
Burundi	81,7	89
Cambodge	80,1	97
Cameroun	49,7	59
Canada	60,7	83
Canada-Nouveau-Brunswick	n.d.	n.d.
Canada-Québec	n.d.	n.d.
Cap-Vert	46,9	54
Communauté française de Belgique	n.d.	n.d.
Comores	62,3	73
Congo	58,4	71
Congo (République démocratique du)	60,3	72
Côte d'Ivoire	44	51
Croatie (*)	49	74
Djibouti	–	–
Dominique	–	–
Égypte	36	46
Ex-République yougoslave de Macédoine	50,1	73
France	49,3	78
Gabon	63,2	77
Géorgie*	55,7	79
Grèce	38,7	60
Guinée	77	89
Guinée-Bissau	45,8	52
Guinée équatoriale	57	63
Haïti	55,6	70
Hongrie (*)	48,7	72
Laos	n.d.	n.d.
Liban	30,7	40
Lituanie (*)	57,3	80
Luxembourg	38,3	58
Madagascar	68,9	78
Mali	69,6	79
Maroc	41,9	53
Maurice	38,7	49
Mauritanie	63,1	74
Moldavie	60,2	84
Monaco	n.d.	n.d.
Niger	69,3	75
Pologne (*)	57	81
République centrafricaine	67,1	78
République tchèque (*)	61,3	83
Roumanie	50,3	76
Rwanda	82,3	88
Sainte-Lucie	–	–

Les 63 États et gouvernements membres ou observateurs de l'OIF	Taux d'activité économique des femmes (agées de 15 ans et plus)	En % du taux masculin
São Tomé-et-Principe	–	–
Sénégal	61,8	72
Seychelles	–	–
Slovaquie (*)	62,6	84
Slovénie (*)	54,3	81
Suisse	51,1	67
Tchad	67,4	77
Togo	53,5	62
Tunisie	37,7	48
Vanuatu	–	–
Viêt Nam	73,3	91

* Observateurs.
Source adaptée du rapport mondial sur le développement humain, PNUD, 2005.

Femmes et hommes en politique

Les 63 États et gouvernements membres ou observateurs de l'OIF	Date d'obtention du droit de vote des femmes	Parlementaires femmes (a)	Femmes siégeant au gouvernement
Albanie	1920	6,4	5,3
Andorre	n.d	n.d	n.d
Arménie (*)	1921	5,3	0
Autriche (*)	1918	32,2	35,3
Belgique	1919, 1948	35,7	21,4
Bénin	1956	7,2	19
Bulgarie	1944	26,3	23,8
Burkina Faso	1958	11,7	14,8
Burundi	1961	18,5	10,7
Cambodge	1955	10,9	7,1
Cameroun	1946	8,9	11,1
Canada	1917, 1960	24,7	23,1
Canada-Nouveau-Brunswick	–	–	–
Canada-Québec	1918, 1941	n.d	38,4
Cap-Vert	1975	11,1	18,8
Communauté française de Belgique	1921, 1948	n.d	50 (c)
Comores	1956	3	n.d
Congo	1961	10,6	14,7
Congo (République démocratique du)	1967	10,2	12,5
Côte d'Ivoire	1952	8,5	17,1
Croatie (*)	1945	21,7	33,3
Djibouti	1946	10,8	5,3
Dominique	1951	19,4	0
Égypte	1956	4,3	5,9
Ex-République yougoslave de Macédoine	–	–	–
France	1944	13,9	17,6
Gabon	1956	11,9	11,8
Géorgie (*)	1918, 1921	9,4	22,2
Grèce	1949, 1952	14	5,6
Guinée	1958	19,3	15,4
Guinée-Bissau	1963	18	4,5
Guinée équatoriale	1977	14	37,5
Haïti	1950	9,1	25
Hongrie (*)	1918	9,1	11,8
Laos	1975	n.d	3

Les 63 États et gouvernements membres ou observateurs de l'OIF	Date d'obtention du droit de vote des femmes	Parlementaires femmes (a)	Femmes siégeant au gouvernement
Liban	1952	2,3	6,9
Lituanie (*)	1921	22	15,4
Luxembourg	1919	23,3	14,3
Madagascar	1959	8,4	5,9
Mali	1956	10,2	18,5
Maroc	1963	6,4	5,9
Maurice	1956	5,7	8
Mauritanie	1961	4,4	9,1
Moldavie	1978	15,8	11,1
Monaco	1911, 1945	n.d	0
Niger	1948	12,4	23,1
Pologne (*)	1918	20,7	5,9
République centrafricaine	1986	(b)	10
République tchèque (*)	1920	15,7	11,1
Roumanie	1929, 1946	10,9	12,5
Rwanda	1961	45,3	35,7
Sainte-Lucie	1951	20,7	8,3
São Tomé-et-Principe	1975	9,1	14,3
Sénégal	1945	19,2	20,6
Seychelles	1948	29,4	12,5
Slovaquie (*)	1920	16,7	0
Slovénie (*)	1945	12,2	6,3
Suisse	1971	24,8	14,3
Tchad	1958	6,5	11,5
Togo	1945	6,2	20
Tunisie	1957, 1959	22,8	7,1
Vanuatu	1975, 1980	3,8	8,3
Viêt Nam	1946	27,3	11,5

* Observateurs.
(a) Situation au 1er mars 2005. Lorsqu'il y a une chambre basse et une chambre haute, les données se rapportent à la moyenne pondérée du pourcentage de sièges occupés par des femmes dans les deux chambres.
(b) Le Parlement a été suspendu le 15 mars 2003. Les résultats des élections de mai 2005 ne sont pas encore disponibles.
(c) 66,6 % pour la Communauté française et 33,3 % pour la région wallonne.

Bibliographie

1. Ouvrages de référence généraux ou spécialisés

BLAMPAIN (D.), HANSE (J.), *Nouveau Dictionnaire de français moderne*, 5e éd., Bruxelles, De Boeck-Duculot, 2005, 660 p.

COULON (V.), *Bibliographie francophone de littérature africaine : Afrique subsaharienne*, 2e éd., Paris, ÉDICEF, Agence universitaire de la Francophonie, 2005, 480 p.

NANTET (B.), *Dictionnaire de l'Afrique*, Paris, Larousse, 2006, 352 p.

POISSONNIER (A.), SOURNIA (G.), *Atlas mondial de la francophonie*, Paris, Éd. Autrement, coll. « Atlas/Monde », 2006, 79 p.

QUIF 2005 : qui fait la Francophonie ? Xe Sommet de la Francophonie, Ouagadougou, Paris, Mediagramme, 2005, 305 p.

Formations supérieures francophones à l'étranger, Répertoire 2006, Paris, La Documentation française, 2006, 277 p.

REY (A.), *Le Dictionnaire culturel en langue française,* Paris, Le Robert, 2005, coffret de 4 vol. : 2 355 p. + 2 396 p. + 2 392 p. + 2 083 p. + ann.

REY (A.), *Le Petit Robert des noms propres 2006*, Paris, Le Robert, 2006, 2 394 p.

REY-DEBOVE (J.), REY (A.), *Le Nouveau Petit Robert de la langue française 2007 : dictionnaire alphabétique et analogique de la langue française*, Paris, Le Robert, 2006, 2 880 p.

RIGAUD (L.), *Dictionnaire encyclopédique du français des affaires*, Paris, La maison du dictionnaire, 2005, 912 p.

2. Sciences sociales, sciences humaines, sciences appliquées

Afrique et les Objectifs du Millénaire pour le Développement (L'), New York : Programme des Nations unies pour le développement, Luc-Joël Grégoire, Soraya Méllali, Ahmed Rhazaoui, Paris, Economica, 2005, 635 p.

AMBROSI (A.), PEUGEOT (V.), PIEMENTA (D.), *Enjeux de mots : regards multiculturels sur les sociétés de l'information,* Caen, C & F Éd., 2005, 649 p.

BARLOW (J.), NADEAU (J.-B.), *Pas si fous, ces Français !,* Paris, Seuil, 2005.

BISANWA (J. K.), TÉTU (M.), *La Francophonie en Amérique ; quatre siècles d'échanges Europe-Afrique-Amérique,* Québec, CIDEF-AFI, Université Laval, 2005, 288 p.

COURADE (G.), *L'Afrique des idées reçues*, Paris, Éd. Belin, 2006, 400 p.

Débats francophones, textes réunis par Lise et Paul Sabourin, Bruxelles, Éd. Bruylant, 2005, 440 p.

DENIAU (X.), *Qu'est-ce que la Francophonie,* Paris, PUF, 2006, 128 p.

Élysée Reclus, revue *Hérodote,* n° 117, Paris, 2e trimestre 2005, 221 p.

GBAGUIDI (J.-.E), *Francophonie : le nécessaire dialogue des cultures est-il possible ?* Cotonou, Éd. Culturèmes, 2005, 127 p.

GOUAZE (A.), *Les Gros Cailloux et le vase de la vie*, Paris, Expansion scientifique française, 2005, 191 p.

JEANNENEY (J.-N.), *Quand Google défie l'Europe : plaidoyer pour un sursaut,* Paris, Mille et Une Nuits, 2005, 114 p.

La leçon de français. Lycées français à l'étranger : d'anciens élèves se souviennent, Témoignages recueillis par N. Vasseur, Arles, Actes Sud/AEFE, 2005, 224 p.

LACOSTE-DUJARDIN (C.), *Dictionnaire de la culture berbère en Kabylie,* Paris, La Découverte, 2005, 395 p.

Langues et systèmes éducatifs dans les États francophones d'Afrique subsaharienne : un état des lieux, sous la direction de Nazam Halaoui, en partenariat avec l'Agence internationale de la Francophonie, Paris, Autrement, 2005, 307 p.

LE MARCHAND (V.), *La Francophonie*, Toulouse, éd. Milan, 2006, 64 p.

Le Livre comme exception culturelle, Paris, Les cahiers du SLF, n° 4, avril 2006, 72 p.

Le Québec, une autre Amérique, revue *Cités*, Paris, PUF, 2005.

✎ **LION (V.)**, *Irréductibles Québécois,* Québec, Éd. des Syrtes, 2005, 291 p.

✎ *Menaces sur la diversité culturelle,* revue *Mouvements*, n° 37, Paris, janvier-fév. 2005, p. 5-69.

✎ *Mondialisation, cultures et développement* : actes du Forum des écrivains et intellectuels francophones, sous la direction de Isidore Ndaywel, E. Nziem et Julien Kilanga Musindé, 17-20 novembre 2004, Ouagadougou, Agence intergouvernementale de la Francophonie, Paris, Maisonneuve et Larose, 2005, 380 p.

✎ **PERRET (T.)**, *Le Temps des journalistes,* Paris, Karthala, 2005, 316 p.

Peut-on aider l'aide à aider l'Afrique ?, Afrique annales n° 9, Lyon, 2e trimestre 2005, 96 p.

Pour l'Afrique, contre l'indifférence et le cynisme, Paris, La Documentation française, 2005, 180 p.

SABOURIN (L.), SABOURIN (P.), *Débats francophones : langue, littératures & pensée,* Bruxelles, Éd. Bruylant, 2005, 440 p.

Stratégie du faire-faire au Sénégal (La), ADEA, Paris, L'Harmattan, coll. « Éducation en Afrique », 2005, 76 p.

TRAISNEL (C.), *Le Français en partage, les 50 plus belles histoires de la francophonie,* Boulogne-Billancourt, Éd. Timée, 2005, 144 p.

✎ **TREAN (C.)**, *La Francophonie,* Paris, Éd. Le Cavalier Bleu, coll. « Idées reçues », 2006, 128 p.

Vues d'Afrique, Paris, revue *Esprit,* août 2005, 286 p.

YELLES (M.), *Cultures et métissages en Algérie, la racine et la trace,* Paris, L'Harmattan, 2005, 387 p.

✎ Voir *infra*, p. 305, Notes de lecture.

3 Langues et langages

AMBROGI (P.-R.), *Particularités et finesses de la langue française*, préface d'Abdou Diouf, Paris, Chiflet et Cie, 2005, 268 p.

BLANC (H.), *La Roumanie*, revue *Transitions & Sociétés*, n° 9, Boulogne, Éd. Magna Europa, mars 2006.

Cette langue qu'on appelle le français, revue *Internationale de l'Imaginaire*, n° 21, Paris, Maison des cultures du monde/Actes Sud, coll. « Babel », mars 2006, 307 p.

CHAUDENSON (R.), *Vers une autre idée et pour une autre politique de la langue française*, Paris, L'Harmattan, 2006, 211 p.

Enseignement réciproque du français et du portugais en Afrique occidentale (L'), Union Latine/Actes du colloque international organisé les 6 et 7 décembre 2004 à l'université Cheikh Anta Diop (Dakar), en collaboration avec l'AUF, 2005, 183 p.

Internet : prodige ou poison ? Défendre la langue française, revue *Constructif*, n° 12, Paris, Fédération française du bâtiment, 2005, 83 p.

✒ **HAGÈGE (C.)**, *Combat pour le français, Au nom de la diversité des langues et des cultures*, Paris, Odile Jacob, 2006, 245 p.

HAZOUM (M.-L.), *Du multilinguisme à la société du savoir : quelles stratégies ?*, Paris, Unesco, coll. « Études de l'IUE », 2005, 44 p.

✒ *Langues, langages, inventions*, revue *Notre librairie*, n° 159, Paris, juillet-septembre 2005, 160 p.

✒ *Le Français au Québec : les nouveaux défis*, Conseil de la langue française sous la direction d'Alexandre Stéfanescu et de Pierre Georgeault, Paris, Éd. Fidès, 2005, 622 p.

✒ *Le Français langue de la diversité québécoise*, dirigé par Michel Pagé et Pierre Georgeault, Éd. Québec Amérique, 2006, 348 p.

LECHERBONNIER (B.), *Pourquoi veulent-ils tuer le français ?*, Paris, Albin Michel, 2005, 249 p.

MERLE (P.), *Le Nouveau Charabia : le français est une langue étrangère*, Paris, Éditions du Regard, 2005, 360 p.

MOÏ (A.), *Espéranto, désespéranto, la francophonie sans les Français*, Paris, Gallimard, 2006, 72 p.

MONTENAY (Y.), *La Langue française face à la mondialisation*, Paris, Éd. Les Belles Lettres, 2005, 322 p.

MOUGUIAMA-DAOUDA (P.), *Contribution de la linguistique à l'histoire des peuples du Gabon*, Paris, CNRS, coll. « CNRS Langage », 2005, p. 264.

Nouveaux Programmes de français (Les), revue *Le Débat*, n° 135, Paris, mai-août 2005.

Office québécois de la langue française, *Les Caractéristiques linguistiques de la population du Québec : profil et tendances 1991-2001*, Montréal, OQLF, 2005, 101 p.

RAKOTOMALALA (D.), *Le Partenariat des langues dans l'espace francophone : description, analyse, gestion*, Aix-en-Provence : Institut de la francophonie ; Paris : L'Harmattan/Agence intergouvernementale de la Francophonie, 2005, 203 p.

RASOLONIAINA (B.), *Représentations et pratiques de la langue chez les jeunes Malgaches de France*, Paris, L'Harmattan, 2005, 170 p.

RESPLANDY (F.), *L'Étonnant Voyage*, Paris, Éd. Bartillat, 2006, 207 p.

4 Arts et littératures

- *Au Sud du cinéma*, Paris, Cahiers du cinéma/Arte Éditions, 2004, 255 p.

    BORZEIX (J.-M.), *Les Carnets d'un francophone*, Saint Pourçain-sur-Sioule, Éd. Bleu autour, 2006, 115 p.

    BOURGES (H.), *Léopold Sédar Senghor, lumière noire*, Paris, Mengès, 2006, 184 p.

- « Canon national et constructions identitaires : les nouvelles littératures francophones », revue *Neue romania*, n° 33, Institut de philologie romane de l'Université libre de Berlin, 2005, 257 p.

    CÉSAIRE (A.), *La Poésie*, Paris, Seuil, 2005, 560 p.

    CHAULET ACHOUR (C.), *Des nouvelles d'Algérie. 1974-2004*, Paris, Éd. Métailié, 2005, 350 p.

    CHEVRIER (J.), *L'Arbre à palabres. Essai sur les contes et récits traditionnels d'Afrique noire*, Paris, Hatier international, coll. « Monde noir », 2005, 384 p.

    Cinquante Ans de cinéma africain : hommage à Paulin Soumanou Vieyra, Paris, Présence africaine, n° 170, 2005, 234 p.

    Culture française vue d'ici et d'ailleurs (La), ouvrage collectif, Paris, Karthala, 2006, 258 p.

    Défense et illustration des langues françaises, coordonné par Valérie Marin La Meslée, *Le Magazine littéraire*, n° 451, mars 2006.

- **DELBART (A.-R.)**, *Les Exilés du langage : un siècle d'écrivains venus d'ailleurs (1919-2000)*, Limoges, Pulim, coll. « Francophonies », 2005, 262 p.

    DEPESTRE (R.), *Encore une mer à traverser*, Paris, La Table Ronde, 2005, 202 p.

    Des cultures en contact. Visions de l'Amérique du Nord francophone, dirigé par H. Destrempes, D. Merckle et J. Morency, Québec, Éd. Nota Bene, coll. « Terre américaine », 2005, 552 p.

    DJIAN (J.-M.), *Léopold Sédar Senghor : genèse d'un imaginaire francophone*, Paris, Gallimard, 2005, 250 p.

- **DUPLAT (G.)**, *Une vague belge*, Bruxelles, Éd. Racines, 2005, 208 p.

    Éthiopiques, Revue négo-africaine de littérature et de philosophie, n° 74, Dakar, 2005, 299 p.

    FOURNIER (J.), RANCOURT (J.), *Poésie québécoise d'expression française*, Maison de la poésie de Saint-Quentin-en-Yvelines, revue *Ici & là*, n° 3, 2006, 64 p.

    GAUVIN (L.), *Un automne à Paris*, Montréal, Éd. Leméac, 2006, 109 p.

    GLISSANT (E.), *La Cohée du Lamentin*, Paris, Gallimard, 2005, 258 p.

    Guide des artistes plasticiens du Mali, textes d'Ismaïla Samba Traoré, photos de Martin Van Der Belen, Bamako, Acte Sept., 2005.

    Histoire, vues littéraires, Notre librairie : revue des littératures du Sud, n° 161, mars-mai 2006, 157 p.

    JAY (S.), *Dictionnaire des écrivains marocains*, Casablanca, Paris-Méditerranée/Eddif, 2005, 372 p.

    JOUBERT (J.-L.), *Les voleurs de langue, Traversée de la francophonie littéraire*, Paris, Éd. Philippe Rey, 2006, 134 p.

    JOUBERT (J.-L.), *Guide des littératures francophones*, Paris, Nathan, coll. « Les petites références », 2006, 256 p.

    LAÂBI (A.), *La Poésie marocaine de l'indépendance à nos jours*, Paris, La Différence, 2005, 270 p.

    Léopold Sédar Senghor, Pierre Brunel, Jean-René Bourrel, Frédéric Giguet, Paris, ADFP, ministère des Affaires étrangères, 2006, 120 p.

    Littérature et développement. Notre librairie, n° 157, Paris, janvier 2005, 157 p.

Littérature peule, Paris, Karthala, coll. « Études littéraires africaines », 2005, 88 p.

MAXIMIN (D.), *Les Fruits du cyclone : une géopoétique de la Caraïbe*, Paris, Seuil, 2006, 218 p.

Mémoire Senghor, 50 écrits en hommages aux 100 ans du poète-président, Paris, Unesco, coll. « Profils », 2006.

Mondes francophones, Auteurs et livres de langue française depuis 1990, dirigé par Dominique Wolton, Paris, ADPF, ministère des Affaires étrangères, 2006, 736 p.

MONGO-MBOUSSA (B.), *L'Indocilité. Supplément au Désir d'Afrique*, Paris, Gallimard, coll. « Continents noirs », 2005, 135 p.

Nouvelle Québécoise contemporaine (La), études et textes réunis par Philippe Mottet et Sylvie Vignes-Mottet, Littératures, n° 52, Toulouse, Presses universitaires du Mirail, 2005, 240 p.

OUEDRAOGO (J.), *Cinéma et Littérature du Burkina Faso*, Montréal, CIDIHCA, 2005, 327 p.

PINHAS (L.), *Éditer dans l'espace francophone*, Paris, Alliance des éditeurs indépendants, coll. « État des lieux de l'édition », 2005, 288 p.

PIRON (M.), *Poètes wallons d'aujourd'hui : lecture de Jean-Marie Klinkenberg*, Bruxelles, Éd. Labor, 2005, 214 p.

Plumes émergentes, Notre librairie, Revue des littératures du Sud, n° 158, juin 2005, 157 p.

RANCOURT (J.), *Figures d'Haïti. 35 poètes pour notre temps*, Pantin/Trois-Rivières, Le temps des cerises/Écrits des forges, coll. « Miroirs de la Caraïbe », 2005, 166 p.

ROEGIERS (P.), *La Belgique : le roman d'un pays*, Paris, Gallimard, coll. « Découvertes », 2005, 160 p.

SANCERTI (A.), *Riveneuve Continents n° 3*, revue des littératures de langue française, Marseille Éd. Riveneuve,, 2005, 352 p.

Senghor et la musique, dirigé par Daniel Delas, Paris, Clé international, coll. « Le français dans le monde », 2006, 104 p.

Senghor le poète, le président, le penseur, Francophonies du Sud, n° 11, mars-avril 2006, p. 2-33.

TCHEBWA (M.), *Musiques africaines. Nouveaux enjeux, nouveaux défis*, Paris, Unesco, coll. « Mémoire des peuples », 2005, 128 p.

VAILLANT (J.), *Vie de Léopold Sédar Senghor : noir, français et africain*, Paris, Karthala, 2006, 448 p.

VAN ISTENDAEL (G.), *Le Labyrinthe belge*, Paris, Le Castor astral, coll. « Escales du Nord », 2005, 278 p.

Voyage en francophonie(s), Cahiers du cinéma, supplément au n° 611, avril 2006, p. 3-26.

5 Institutionnels

L'Année francophone internationale 2006 : le point sur l'espace francophone, Québec, CIDEF, Paris, AFI, 2006, 414 p.

Français, le défi de la diversité (Le), actes du XIe congrès mondial des professeurs de français, Atlanta (États-Unis), 19-23 juillet 2004, *Dialogues et cultures (FIPF)*, Paris, 2005, p. 5-237 + 1 cédérom.

Jeunesse des PECO : contexte des politiques de jeunesse dans les pays d'Europe centrale et orientale, membres de la Francophonie, Albanie, Bulgarie, Macédoine (ARYM), Moldavie et Roumanie, Paris, OIF, 2006, 303 p.

Organisation internationale de la Francophonie, *Conférence ministérielle de la Francophonie, 24 novembre 2004, Ouagadougou (Burkina Faso)*, Paris, Actes, 2005, 167 p.

Organisation internationale de la Francophonie, *Conférence des chefs d'État et de gouvernement des pays ayant le français en partage, 26-27 novembre 2004, Ouagadougou (Burkina Faso),* Paris, Actes, 2005, 347 p.

Organisation internationale de la Francophonie, Haut Conseil de la Francophonie, *Francophonie et Éducation : Actes de la 3ᵉ session, Paris, 16-17 janvier 2006*, Paris, HCF, 2006, 228 p.

Organisation internationale de la Francophonie, Haut Conseil de la Francophonie, *Francophonie, démocratie et droits de l'Homme : Actes de la 2ᵉ session, Paris, 24-25 janvier 2005,* Paris, HCF, 2005, 201 p.

Organisation internationale de la Francophonie, Haut Conseil de la Francophonie, *Diversité culturelle et Francophonie dans l'espace francophone et à l'échelle mondiale : Actes de la 1ʳᵉ session, Paris, 19-20 janvier 2004,* Paris, HCF, 2004, 172 p.

Organisation internationale de la Francophonie, *Rapport du secrétaire général de la Francophonie, de Beyrouth à Ouagadougou 2002-2004,* Paris, OIF, 2004, 220 p.

Rapport du secrétaire général de la Francophonie, de Ouagadougou à Bucarest, 2004-2006, Paris, OIF, 2006, 188 p.

6 Ouvrages publiés par les membres du Haut Conseil de la Francophonie

CHENG (F.), *À l'orient de tout,* Paris, Gallimard, 2005, 336 p.

GHASSAN (S.), *Quand l'Amérique refait le monde*, Paris, Fayard, 2005, 578 p.

MAKINE (A.), *Cette France qu'on oublie d'aimer*, Paris, Flammarion, 2006, 291 p.

ORSENNA (E.), *Dernières nouvelles des oiseaux,* Paris, Stock, 2005, 144 p.

ORSENNA (E.), *Voyage au pays du coton,* Paris, Fayard, 2006, 291 p.

TATI LOUTARD (J.-B.), *Le Masque de Chacal,* Paris, Présence africaine, 2006, 193 p.

WOLTON (D.), *Demain la Francophonie,* Paris, Flammarion, 2006, 190 p.

WOLTON (D.), *Il faut sauver la communication,* Paris, Flammarion, 2005, 220 p.

Notes de lecture

1. Diversité culturelle et Francophonie

LION (V.)
Irréductibles Québécois
Paris, Éditions des Syrtes, 2005, 291 p.

Le livre de Valérie Lion présente une vision du Québec d'aujourd'hui, et s'attarde sur certains points qui intéresseront notamment les candidats français à l'immigration. Très documenté, il propose des analyses portant sur tous les aspects de la société québécoise (son histoire, son économie, son système juridique, et, d'une manière générale, ses qualités et ses défauts), faisant intervenir des statistiques chiffrées, mais aussi des témoignages nombreux d'immigrants francophones, et des anecdotes forcément plus subjectives. Deux éléments importants sont développés tout au long de l'ouvrage : d'une part, la relation complexe qui existe entre les Français et leurs cousins de la « Belle Province », et, d'autre part, l'orientation volontariste en matière de diversité culturelle que le Québec a adoptée depuis sa métamorphose au cours de la révolution tranquille (1960-1980). En effet, 10 % des huit millions de Québécois sont nés à l'étranger, et ce pays, qui connaît un taux de fécondité très bas (1,4 enfant par femme), compte essentiellement sur l'immigration pour renouveler sa population. Dès lors, le Québec, qui réunit sur le même sol des francophones, des anglophones, des amérindiens, et un certain nombre « de minorités visibles », a dû inventer un nouveau modèle d'intégration, conciliant à la fois le maintien d'une véritable identité nationale québécoise et le respect nécessaire de la pluralité culturelle. Cette orientation de politique intérieure se retrouve en matière de politique internationale, car le Québec est, au sein de l'espace francophone, l'un des plus fervents défenseur des initiatives en faveur de la protection de la diversité culturelle.

Menaces sur la diversité culturelle
Revue *Mouvements*, janvier-février 2005, p. 5 à 69.

Le dossier de la revue contient une série d'articles sur la diversité culturelle, rédigés par des chercheurs, des professionnels et des hommes politiques.

Les auteurs de la première partie proposent des analyses sur l'ambiguïté du concept de diversité culturelle, une diversité quantitative et, de fait, standardisée du point de vue économique ou une réelle diversité dans les contenus ; sur l'apprentissage nécessaire à l'émergence d'une demande en matière de diversité culturelle ; sur de nouvelles formes de propriété quant aux fichiers musicaux de partage sur Internet et quant aux régimes de brevets, notamment en matière de santé.

Dans la deuxième partie, une série d'articles aborde le volet des initiatives institutionnelles : liens entre développement et diversité culturelle, rôle de l'Europe, rôle des politiques culturelles locales, enjeux de la Convention sur la diversité culturelle.

Dans la troisième partie sont décrites quelques expériences conduites par des professionnels : le programme Europa cinémas ; BlonBa, structure malienne de création artistique et d'action culturelle ; Coerrances, coopérative de diffusion de textes, sons et images.

Enfin, en guise de conclusion, un entretien plus général permet de confronter logiques commerciales et pratiques populaires, en rappelant que « le marché est aussi régulé par le consommateur », et en interpellant les pouvoirs publics dans la responsabilité qui devrait être la leur de rendre toute leur place au public et aux amateurs dans ce débat.

Mondialisation, cultures et développement
Paris, Maisonneuve & Larose, 2005, 380 p.
Cet ouvrage rassemble les contributions d'auteurs francophones au Forum des intellectuels et écrivains francophones qui s'est déroulé à Ouagadougou (17-20 novembre 2004) en marge du Xe sommet de la Francophonie. Divisé en trois parties, il aborde différentes problématiques : Quels regards sur la mondialisation ? Quels sont les enjeux culturels de la mondialisation ? Et quelles conséquences pour le développement ?
Les contributions développées sur ces thèmes sont variées, parfois didactiques, quelquefois philosophiques, plus rarement polémiques, mais toujours engagées. C'est aussi l'occasion pour certains auteurs d'envisager sans faux-semblant l'avenir de la pratique du français dans une Afrique francophone en crise à de nombreux point de vue (économique, identitaire…).
Si l'immense majorité rend hommage aux combats de la Francophonie, une voix discordante, celle de Toussaint Tchitchi, rappelle à quel point il est ardu pour la culture africaine de s'épanouir à l'ombre de la France…

TRÉAN (C.)
La Francophonie
Paris, Le Cavalier Bleu, Coll. « Idées Reçues », 2006, 127 p.
La Francophonie est un terme chargé d'histoire et d'*a priori*, sur lequel sont projetées encore aujourd'hui ce que Claire Tréan appelle des « idées reçues ». C'est à travers l'explicitation des principaux préjugés sur la Francophonie et en observant la manière dont les organismes qui la représentent agissent effectivement que l'on peut être en mesure d'appréhender ses tenants et ses aboutissants.
L'auteur reprend les principales « idées reçues » sur la Francophonie pour les passer au crible de l'analyse : son rapport à l'histoire coloniale de la France et à sa politique actuelle envers ses anciennes colonies ; la place de la langue française dans les États membres et dans le monde ; l'utilisation quelquefois jugée ambiguë du thème de la « diversité culturelle » ; l'évolution des pratiques et des missions de l'institution francophone touchant notamment les questions de paix, de sécurité et de droits de l'homme.
Il s'agit donc, à l'aide de nombreux rappels historiques et idéologiques et de la clarification de ses changements successifs d'organisation et d'action, d'appréhender le plus objectivement possible la Francophonie d'aujourd'hui.

WOLTON (D.)
Demain la francophonie
Paris, Flammarion, 2006, 195 p.
Dominique Wolton, directeur de recherche au CNRS et membre du Haut Conseil de la Francophonie, évoque dans son livre l'avenir de la Francophonie en tant qu'« aire culturelle » dans le contexte d'une mondialisation rapide qui exacerbe les enjeux culturels et identitaires. Récusant les clichés et les stéréotypes qui assimilent – en France en tout cas – la Francophonie aux vestiges d'un passé colonial révolu, l'auteur montre comment elle s'inscrit dans la modernité en s'emparant de thématiques cruciales et en offrant des alternatives aux deux conséquences extrêmes que suscite la mondialisation : l'arasement de la diversité culturelle ou les nationalismes violents tels que l'irrédentisme religieux et ethnique qui lui répondent. La mondialisation, loin d'être une menace, est au contraire un défi, une opportunité de s'abstraire du passé pour inventer de nouveaux modèles de cohabitation culturelle. La France a doublement vocation à s'atteler à cette tâche, car elle est multiculturelle par son peuplement (immigration et territoires d'outre-mer) et à travers l'union géoculturelle francophone ; elle ne semble pourtant pas mesurer le nombre de ses atouts, et abandonne, par pessimisme, ses ambitions de rayonnement culturel.
L'ouvrage, qui retrace l'histoire de l'entité politique francophone, et expose les notions clés de son fonctionnement institutionnel, insiste sur les combats qu'elle a menés pour la diversité culturelle, et la victoire arrachée en octobre 2005 avec la signature à l'Unesco de la Convention sur la protection et la promotion de la diversité des expressions culturelles.

Dominique Wolton propose des pistes pour « dépoussiérer, rajeunir » la Francophonie en la faisant sortir de son cadre historique, dont il convient tout de même de conserver l'essentiel : le militantisme linguistique et la solidarité.

2 Langue française

HAGÈGE (C.)
Combat pour le français
Paris, Odile Jacob, 2006, 245 p.

L'ouvrage commence par ce questionnement : à quoi servent les langues ? Il existe deux acceptions : la langue comme simple instrument de communication ou comme « reflet de l'identité profonde d'un peuple », investie de « valeurs symboliques essentielles ». Deux acceptions, donc deux attitudes face à la situation contemporaine d'hégémonie de l'anglais : soit on accepte ce phénomène comme une avancée bénéfique vers l'universalité, soit on récuse cette analyse au nom de la sauvegarde de la diversité des cultures. Le livre de Claude Hagège, construit autour de cette problématique, se divise en quatre chapitres.

Dans le premier, l'auteur évoque le rayonnement passé et présent de la langue française qui a connu trois périodes de grande influence : le français médiéval, de la fin du XIe au début du XIVe siècle, qui s'installe en Grande-Bretagne, puis un peu partout sur les bords de la Méditerranée ; le français classique, du milieu du XVIIe à la fin du XVIIIe siècle, langue des élites européennes de La Haye à Saint-Pétersbourg ; enfin, le français de la fin du XIXe au début du XXe siècle, exporté à travers le monde dans les colonies.

Dans le deuxième chapitre, l'auteur examine la situation de domination de l'anglais, qui menace un grand nombre de langues. Il évalue l'ampleur de ce danger en mesurant, par exemple, le taux d'emprunt à l'anglais dans des langues témoins (7 % pour le vocabulaire français), observant que la pression exercée par une langue dominante peut devenir critique quand certains facteurs de fragilité sont réunis (communautés de petite taille, sous-développement économique, etc.). Deux axes sont développés : d'une part, la place prépondérante désormais occupée par l'anglais dans le monde européen de l'entreprise et, d'autre part, l'anglais devenu le nouveau latin de la communauté scientifique.

Le troisième chapitre aborde le combat francophone pour la protection de la diversité des cultures, intrinsèquement lié à la langue : on ne peut pas défendre une culture sans défendre la langue dans laquelle elle s'exprime. Ce combat pour la diversité culturelle, dont la Francophonie a été le fer de lance depuis le milieu des années 1990, a porté ses fruits en octobre 2005 avec l'adoption à l'Unesco d'une Convention sur la protection et la promotion de la diversité des expressions culturelles.

Pour conclure son ouvrage, l'auteur consacre le quatrième chapitre à la nécessité de mener une politique ambitieuse de promotion de la diversité linguistique, et propose des moyens pour y parvenir. La loi Toubon de 1994 fut largement censurée par le Conseil constitutionnel, et, selon Claude Hagège, l'État s'est désengagé de la promotion du français. La mise en œuvre d'une politique de promotion de la langue française et du plurilinguisme ne peut se concevoir sans que soit réglé le problème des langues régionales, qui ne représentent plus aujourd'hui un danger pour le français, et sont menacées de disparition.

Langues, langages, inventions
Notre librairie, Revue des littératures du Sud, n° 159, septembre 2005.

La revue *Notre librairie* consacre un numéro de sa publication à l'analyse des interactions entre français et langues locales en Francophonie, préfacé par Assia Djebar, écrivain algérienne récemment élue à l'Académie française. Le corps de l'ouvrage se divise en trois parties. La première, intitulée « Métamorphoses du français », décrit comment la langue française s'est étroitement mêlée aux langues locales en Afrique francophone et dans les pays du Maghreb.

Daniel Delas propose une analyse méthodique des interactions entre français et langues

locales sur le continent africain et aux Antilles. Il apparaît ainsi que le français, langue vernaculaire d'une élite restreinte de lettrés et d'universitaires, est soumis, en tant que langue véhiculaire interethnique, à différentes influences qui le transforment plus ou moins radicalement. L'auteur s'intéresse donc à ces « français africains » qui s'écartent du français institutionnel en même temps que les populations se l'approprient : « français de quartier » au Cameroun, « petit français » au Tchad, ou encore « français façon » au Burkina.
Dominique Caubet s'intéresse au Maghreb, qui connaît le même phénomène d'appropriation et d'influence réciproque que l'Afrique francophone. L'auteur illustre l'hybridation parfaite entre le français et l'arabe dans ces pays en citant l'exemple des mots dont le radical algérien est suivi d'un suffixe nominal français (*h'it-iste*, par exemple, désigne celui qui « tient les murs », qui n'a rien à faire), ou encore la francisation de certains mots d'arabe algérien. Il remarque que le français pratiqué en France porte lui aussi la marque du métissage avec l'arabe, puisque des expressions importées sont entrées dans le langage courant (le verbe *kiffer*, le mot *bled*…).
Norbert Dodille étudie le phénomène de diglossie, qui oppose dans les anciennes colonies deux ou plusieurs langues dans un rapport hiérarchique, la langue du colon étant souvent la langue de l'élite, tandis que les langues vernaculaires sont socialement moins valorisées. Selon certains intellectuels, on assiste à un changement de paradigme : la prétendue supériorité de la langue coloniale s'efface, et se voit substituer une sorte de métissage linguistique plus harmonieux.
Cette première partie offre d'autres contributions remarquables, dont un texte de Mwatha Musanji Ngalasso sur les dictionnaires, et un lexique amusant de termes « pilipilisés », signé Loïc Depecker. La deuxième partie, « Inventivité de la langue », démontre, grâce à quelques textes sur l'appropriation du français (par la rue, par le créole, par la littérature africaine), qu'une langue appartient à ceux qui s'en saisissent (avec des exemples historiques comme Céline, ou récents comme Kourouma), et qu'ils ont tout pouvoir pour la façonner à leur gré. « Dires et détour », en troisième partie, permet d'évoquer certains particularismes culturels en relation avec la langue, tels que les joutes oratoires en Afrique, ou la regrettable disparition des langues minoritaires à Madagascar.

Le Français au Québec : les nouveaux défis
Conseil de la langue française, sous la direction d'Alexandre Stéfanescu et de Pierre Georgeault, éd. Fidès, 2005, 622 p.
Cinq ans après un premier ouvrage collectif (*Le Français au Québec : 400 ans d'histoire et de vie*), qui retraçait l'évolution de la langue française en Nouvelle-France, celui-ci présente les nouveaux enjeux de la politique québécoise dans le contexte de la mondialisation économique, des migrations internationales, des nouvelles technologies et des revendications identitaires, éléments qui sont venus s'ajouter à la prégnance toujours aussi forte de l'anglais. Alors que le français, qui a su s'imposer comme langue nationale depuis l'adoption de la Charte de la langue française – loi 101 – en 1977, apparaît comme l'élément intégrateur, une nouvelle identité québécoise émerge, qui entend prendre en compte ses diverses composantes ethnoculturelles et profiter de toutes ses compétences linguistiques. Certains des auteurs de l'ouvrage – ne manquant pas de soulever quelques remous au Québec – abordent donc la question du plurilinguisme qu'ils présentent comme un atout à ne pas craindre d'exploiter. L'ouvrage est composé de deux parties : le statut et la qualité de la langue.

Le Français langue de la diversité québécoise
Dirigé par Michel Pagé et Pierre Georgeault, éd. Québec Amérique, 2006, 348 p.
La Charte de la langue française a institué le français *langue commune* de tous les Québécois. Toutefois, la Charte québécoise des droits et libertés reconnaît aux minorités culturelles le droit de conserver leur identité spécifique et, partant, leur langue. Dans une société québécoise de plus en plus diversifiée – aux premières nations et à la communauté historique anglophone viennent s'ajouter les communautés culturelles nées de l'immigration –, la question de la légitimité du projet collectif francophone ne peut être occultée. Des concepts

comme ceux de nation, d'identité, d'appartenance doivent être revisités. C'est ce à quoi nous convie le Conseil supérieur de la langue française dans un ouvrage collectif et pluridisciplinaire. Sans trouver une réponse définitive à la question de l'unité dans la diversité, le lecteur est entraîné à explorer de nouvelles pistes afin que le français serve de « lieu de passage pour la rencontre de personnes de cultures différentes ».

3 Cultures francophones

Au Sud du cinéma
Paris, Cahiers du cinéma/ARTE Éditions, 2004, 255 p.

Paru à l'occasion du vingtième anniversaire du « Fonds Sud Cinéma », l'ouvrage dresse un bilan précis de l'état des cinématographies du Sud. Une dizaine d'auteurs vont, dans des styles différents, examiner les menaces qui pèsent sur une industrie souvent fragile, tiraillée entre la tentation de mieux correspondre aux attentes d'une critique internationale élitiste et la nécessité de se réconcilier avec des populations abreuvées de grosses productions américaines, indiennes ou asiatiques. Tous s'accordent pour dépeindre un paysage cinématographique contrasté dans lequel se distinguent des personnalités talentueuses qui, comme le Sénégalais Sembene Ousmane, luttent pour faire revivre un secteur sinistré ou en grande difficulté. Malgré cela, il existe des raisons d'être optimiste : l'audience des cinématographies du Sud se développe, comme en témoignent les sélections cannoises, ou encore des initiatives telles que le Festival des trois continents à Nantes.

Le livre s'achève par une rétrospective des œuvres qui ont bénéficié du soutien financier du Fonds (de l'ordre de 100 000 à 150 000 euros par long métrage), rappelant à quel point cette aide peut se révéler décisive, non seulement par ses aspects strictement financiers, mais aussi parce qu'elle constitue à elle seule un début de reconnaissance internationale pour des productions dont l'avenir dépend parfois exclusivement de l'accueil des publics occidentaux.

« Canon national et constructions identitaires : les nouvelles littératures francophones », *Neue romania*, n° 33, Institut de philologie romane de l'Université libre de Berlin, 2005.

Ce numéro, rédigé entièrement en français, est le fruit de la collaboration entre l'université allemande – éditrice – et l'Université du Québec à Montréal. Il rassemble des articles traitant des « nouvelles » littératures francophones. En effet, tout un courant de la littérature d'expression française semble arrivé à un tournant de son histoire. Né dans les années 1960 aussi bien au Sud, dans les pays accédant à l'indépendance, qu'en Amérique du Nord, dans un Québec imposant sa spécificité, confronté alors à la question de la langue et de l'identité, il avait exprimé des revendications collectives, régionales, voire nationales. Les écrivains de la génération des années 1980 aspirent à davantage d'universalité. Ils veulent être reconnus comme des créateurs à part entière, disposant d'un imaginaire et d'un langage personnels. Le refus de l'enfermement identitaire va d'ailleurs de pair avec le développement des « littératures migrantes ». L'analyse de cette nouvelle donne est déclinée suivant quatre zones géographiques : la Caraïbe et l'océan Indien, l'Afrique subsaharienne, le Maghreb, le Québec et le Canada français.

DELBART (A.-R.)
Les Exilés du langage : un siècle d'écrivains français venus d'ailleurs,
Presses universitaires de Limoges, coll. « Francophonies », 2005, 262 p.

Alors que la place du français sur la scène internationale, intellectuelle et culturelle semble se réduire, nombreuses sont les questions qui se posent à propos de la littérature française encore restreinte à la sphère hexagonale.

Qu'est-ce que la littérature française ? Serait-elle exclusivement « celle qui vient de France ou se fait en France » ? Quelle est donc la place de tous ces auteurs pour qui, tout au long de l'Histoire, le français a été langue maternelle, ancienne langue de colonisation ou langue d'élection ? Convient-il encore aujourd'hui de considérer cette littérature dite « francophone » comme une littérature « périphérique », « marginale » ou « invitée » ?

Autant de questions auxquelles Anne-Rosine Delbart tente de trouver une réponse dans l'ouvrage issu de sa thèse de doctorat soutenue en 2002, à Limoges. L'auteur se livre ici à un exercice de délimitation du champ des littératures en français à travers une étude qui couvre presque tout le XXe siècle.

Au centre de cet ouvrage ne se trouveront que des auteurs qui n'appartiennent pas originellement à la langue française, mais qui ont la particularité de s'y être intégrés, de l'avoir servie et enrichie. Citons Léopold Sédar Senghor, Milan Kundera, Jorge Semprun, Nancy Huston et Tahar Ben Jelloun. Certains d'entre eux ont grossi l'effectif national, comme Romain Gary, la comtesse de Ségur ou Rousseau.

Partant du postulat de la réalité « polynomique » du français, qui n'est pas la propriété exclusive de la France, l'auteur explore le rapport « des écrivains venus d'ailleurs », qu'elle nomme *les exilés du langage,* avec la langue française, les raisons qui les ont poussés à écrire en français au détriment de leur langue maternelle, et donc de « l'expérience terrible », selon les mots de Cioran, que constitue l'abandon provisoire de sa langue.

La diglossie inscrite dans ces *exilés du langage* exerce une puissance salutaire sur le français, qui rend nécessaire le décloisonnement des littératures francophones et de la littérature française. Cela aboutira à une seule littérature française, certes bigarrée, à l'image de la langue française elle-même. Ainsi, la conclusion du travail de l'auteur conduit à une redéfinition de la littérature française par suppression du foyer et des marges.

DUPLAT (G.)
Une vague belge
Bruxelles, Éd. Racines, 2005, 208 p.

À travers cet ouvrage, Guy Duplat s'interroge sur l'émergence depuis les années 1980 en Belgique de personnalités artistiques et culturelles de premier plan.

Constatant la division linguistique et territoriale qui caractérise la Belgique, l'absence de toute politique culturelle nationale, et enfin ce sentiment partagé en Belgique d'être une civilisation « bric-à-brac », l'auteur fait ressortir le paradoxe de la Belgique culturelle.

Il analyse ce paradoxe à travers vingt-deux portraits représentatifs d'artistes et de créateurs belges dont les parcours nationaux et internationaux démontrent la vitalité et constituent ce que l'auteur nommera « la vague belge ».

Ainsi sont brossés les portraits de Gérard Mortier, qui dirige aujourd'hui l'Opéra de Paris, de Jan Fabre, invité d'honneur du festival d'Avignon 2005, de la chorégraphe Anne Teresa de Keersmaeker, en tournée mondiale, ou encore des frères Luc et Jean-Pierre Dardenne, deux fois Palme d'or à Cannes. L'occasion pour l'auteur d'évoquer longuement avec chaque artiste son parcours et son œuvre tout en l'interrogeant sur les spécificités de la Belgique culturelle. L'ouvrage révèle ainsi combien l'absence de fierté nationale, et d'une culture structurée comme en France, a contribué à faire éclore des personnalités originales ne formant jamais école.

Guy Duplat, au terme de son analyse, voit en la vague belge le laboratoire d'une future Europe de la culture, où le mélange des cultures serait générateur de nouvelles créativités. Et si la vague belge était aujourd'hui le meilleur plaidoyer pour la diversité culturelle ?

PERRET (T.)
Le Temps des journalistes,
Paris, Karthala, 2005, 316 p.

Thierry Perret brosse le paysage de la presse en Afrique francophone, du temps de la colonisation jusqu'à nos jours. Apparue sur le continent africain au début du XIXe siècle, la presse écrite a d'abord été l'instrument des puissances colonisatrices qui l'ont longtemps utilisée à des fins de propagande, tandis que les initiatives privées et indépendantes étaient soumises à une censure impitoyable. Il faudra donc attendre l'éveil des nationalismes, à la fin de la Seconde Guerre mondiale, pour que les revendications populaires trouvent écho dans des journaux foisonnants (souvent de simples feuilles ronéotypées) et volontiers subversifs. Cet affranchissement de la tutelle étatique n'a duré que le temps des indépendances : dès les années 1960, alors que les nouveaux pouvoirs se mettent en place, la presse est de nouveau accaparée par la puissance publique, le nombre de titres se réduit considérablement, et la censure préalable touche de nombreux journaux. L'Afrique francophone ne pouvait s'appuyer sur une longue tradition de liberté pour combattre ce phénomène qui a perduré jusque dans les années 1980. À cette époque, le désenchantement face à la crise économique qui frappe le continent, et l'effondrement du modèle du parti unique ont fait renaître la contestation, et, avec elle, une presse vigoureuse. Car, l'auteur le souligne, malgré la pauvreté et l'analphabétisme, la presse africaine retrouve un lectorat passionné dès qu'elle exerce sa « fonction critique ». Depuis l'an 2000, les médias africains ont amorcé un nouveau déclin. Leur prolifération au cours des années 1990 a eu des conséquences négatives sur la valeur rédactionnelle des articles des journaux, et leur indépendance vis-à-vis de l'autorité publique s'est érodée. Néanmoins, l'auteur propose quelques exemples d'une presse gouvernementale de qualité, telle que le quotidien *Le Soleil* au Sénégal et *L'Essor* au Mali.

Enfin, Thierry Perret examine les stratégies de développement du secteur de la presse, et notamment les aides extérieures émanant de l'ONU (dans le cadre du Programme des Nations unies pour le développement) et de l'Agence intergouvernementale de la Francophonie, dont l'impact est difficilement mesurable. L'auteur conclut son ouvrage sur une note optimiste, observant que les qualités actuelles des presses française et américaine sont le fruit d'une longue maturité que connaîtront sans doute les médias africains, confrontés pour l'heure à un environnement peu favorable, voire hostile.

Plumes émergentes
Notre librairie, Revue des littératures du Sud, n° 158, juin 2005, 157 p.
Ce numéro de la revue *Notre librairie* s'inscrit dans la lignée d'un numéro paru quatre ans plus tôt (*Nouvelle Génération*, n° 146, octobre-décembre 2001*)*. Il est dédié à la découverte et, surtout, à la promotion de la littérature contemporaine des pays du Sud car, bien que le secteur de l'édition connaisse dans les pays les moins avancés une croissance encourageante (notamment en Afrique), il est confronté à des obstacles structurels importants (obstacles économiques, analphabétisme) et reste de taille relativement modeste. Les textes publiés ont été sélectionnés parmi plus de deux cents manuscrits, en raison de leur qualité bien sûr, mais aussi en considération de leur origine géographique, pour offrir un panel plus complet de ces « littératures émergentes ». De l'Afrique noire à l'océan Indien, en passant par le Maghreb et la Caraïbe, quatorze auteurs ont été choisis, dont les contributions sont entrecoupées d'entretiens avec des écrivains du Sud qui ont déjà eu l'opportunité de publier leurs œuvres. La plupart des écrits proposés ont un point commun : ils portent l'empreinte des difficultés vécues par leurs auteurs dans leur pays d'origine, et sont animés par le même esprit de contestation.

Index

Les renvois aux développements sont en caractère gras

A

ACP : Pays du groupe Afrique – Caraïbes – Pacifique *120*
ADEA : Association pour le développement de l'éducation en Afrique *9*
ADPIC : Accord sur les aspects des droits de la propriété intellectuelle qui touchent au commerce *242*
AEFE : Agence de l'enseignement français à l'étranger (ministère français des Affaires étrangères) *62, 64*
AF : Alliance française *45, 50, 54, 61, 73, 127, 128, 142*
AFAA : Association française d'action artistique *110, 112, 121, 135*
AFD : Agence française de développement *245*
Afghanistan *52, 221, 235*
AFP : Agence France presse *159, **161**, 175, 187, 189*
Africa n° 1 ***161***
Africultures *106, 152*
Afrique du Sud *28, 44, 45, 46, **127**, 151, 225, 243*
Agence Pana ***161***
Agence Syfia ***161***
AIMF : Association internationale des maires et responsables des capitales et métropoles partiellement ou entièrement francophones *247, 267*
AIPF : Association internationale de la presse francophone ***163***
Albanie *7, 18, 56, 105, 113, 166, 167, **168**, 193, 209, 211, 213, 215, 218, 221, 223, 285, 286, 287, 288, 293, 294, 296, 297*
Algérie *30, 40, **41**, 42, **127**, **141**, 142, 143, 226, 275*
Allemagne *58, **62**, 119, **129**, 220, 221, 225*
Alliance globale (Unesco) ***126**, 142*
Amnesty international *186, 187, **194***
Andorre *7, 18, 56, **59**, 113, 209, 212, 218, 221, 277, 283, 284, 285, 286, 287, 288, 289, 293, 294, 296, 297*

Angola *31, 44, 45, 127, 218, 235*
ANRS : Agence nationale de recherche sur le sida *228*
APD : Aide publique au développement *220*
APF : Assemblée parlementaire de la Francophonie *228, **267**, **272**, 284,*
Arabie Saoudite *40, **41**, 42*
Argentine *20, 49, 50, 106, 127, **128**, 224*
Arménie *18, 51, **113**, **125**, 167, **169**, 211, 213, 218, 221, 223, 293, 294, 296, 297*
Arte *159, 160, 166, 167, 181*
Association mondiale des journaux *185, 186, 187, **194***
AUF : Agence universitaire de la Francophonie *15, 41, **200**, 216, 225, **246**, 248, 254, 267*
Australie *52, 53, 127, **128**, 197, 220*
Autriche *18, 57, **59**, 105, **113**, 209, 211, 213, 214, 215, 216, 218, 219, 220, 221, 293, 294, 296, 297*
Azerbaïdjan *52, 129, 167, **178**, 225*

B

BAD : Banque africaine de développement *cahier couleur VI*
Bahreïn *40, 127, 128, 129*
Bangladesh *53, 127, 128*
Banque mondiale *163, 210, 232, 233, 234*
Bélarus *166, 167, **178**, 179*
Belgique *18, 56, 80, 81, 107, **113**, 148, 162, 163, 185, 193, 199, 209, 211, 212, 213, 214, 215, 216, 218, 219, 220, 221, 222, 277, **283**, 284, 285, 286, 287, 288, 293, 294, 296, 297, 310*
Bénin *16, 31, 43, **110**, **123**, 158, **190**, 209, 211, 212, 213, 215, 218, 221, 223, 237, 280, 281, 282, 283, 293, 294, 296, 297*
Birmanie (voir Myanmar)
BnF : Bibliothèque nationale de France ***128**, 138, 147*
Bolivie *20, 49, 127*
Bosnie-Herzégovine *58, 129, 167, **179***
Botswana *44*
Brésil *20, 33, 49, 50, 127, **128**, 152, 221, 231, 243*

312

Brunei *52, 54, 129*
Bulgarie *18, 56, 59,* **113***, 118,* **125***,* **169***, 209, 211, 213, 218, 221, 223, 284, 285, 286, 287, 293, 294, 296, 297*
Burkina Faso *17, 43,* **110***, 120,* **123***, 149, 189, 211, 213, 217, 218, 221, 223, 274, 293, 294, 296, 297*
Burundi *17, 43, 45, 107, 120,* **123***, 190, 211, 213, 218, 221, 223, 280, 281, 282, 283, 293, 294, 296, 297*

C

CAD : Comité d'aide pour le développement de l'OCDE **220***, 221, 222*
Cambodge *18, 34, 51, 53, 107,* **113***, 118,* **125***, 192, 209, 211, 213, 218, 221, 229, 290, 291, 293, 294, 296, 297*
Cameroun *17, 31, 43, 45, 107,* **110***, 120,* **123***, 188, 189, 209, 211, 213, 217, 218, 221, 223, 225, 280, 281, 282, 283, 293, 294, 296, 297*
Cames : Conseil africain et malgache de l'enseignement supérieur *247*
Canada *17, 32, 33, 48, 62,* **81***, 82, 132, 191, 194, 211, 213, 218, 220, 283, 284, 286, 288, 289, 293, 294, 296, 297*
Canada-Nouveau-Brunswick *17, 48, 107,* **111***, 117,* **120***,* **124***, 285, 286, 287, 288, 289, 293, 294, 296, 297*
Canada-Québec *17, 48, 50, 53, 54, 81,* **82***, 107,* **111***, 112, 118,* **120***,* **124***, 199, 226, 284, 285, 286, 287, 288, 289, 293, 294, 296, 297, 305, 308*
Canal+ Horizons **159**
Cap-Vert *17, 43, 87, 89,* **91***,* **110***, 209, 211, 213, 218, 221, 223, 293, 294, 296, 297*
CCF : Centre culturel français *125, 129, 178, 180, 181*
CCI : Chambre de commerce et d'industrie *217, 226*
CCIP : Chambre de commerce et d'industrie de Paris *226*
CEA : Commission économique des Nations unies pour l'Afrique *98, cahier couleur VI*
Cedeao : Communauté économique des États de l'Afrique de l'Ouest *119, 225, cahier couleur VI*
CEEAC : Communauté économique des États de l'Afrique centrale *cahier couleur VI*
Centrafrique (République centrafricaine) *17, 31, 43, 45, 107,* **110***, 120,* **123***, 190, 210, 214, 219, 222, 223, 280, 281, 282, 293, 295, 296, 298*
CFI : Canal France international *150,* **158**
Chili *20, 49*
Chine *34, 50, 52, 53, 128, 129, 225, 243*
Chypre *7, 58, 130,* **180**

Cidmef : Conférence internationale des doyens des facultés de médecine d'expression française *246,* **247***, 248, 254*
CIEC : Comité international des études francophones *94*
Cifdi : Centre international francophone de documentation et d'information *187*
Cirtef : Conseil international des radios et télévisions d'expression française **162**
Clac : Centre de lecture et d'animation culturelle *65*
CNC : Centre national de la cinématographie (France) *131, 153*
Cned : Centre national d'enseignement à distance *72,73*
CNRS : Centre national de la recherche scientifique *94, 306*
Cnuced : Conférence des Nations unies sur le commerce et le développement *11, 103, 218, 219*
Coalition pour la diversité culturelle *103*
Codofil : Conseil pour le développement du français en Louisiane *72, 73, 74*
Colombie *20, 33, 49, 128*
Comesa : Marché commun de l'Afrique australe et orientale *217, cahier couleur VI*
Commonwealth *225, 273*
Communauté française de Belgique (CFB) *18, 56, 81,* **113***, 121,* **125***, 133, 136, 293, 294, 296, 297*
Comores *17, 43, 107,* **110***, 120,* **123***, 209, 211, 213, 218, 221, 223, 293, 294, 296, 297*
Confemen : Conférence des ministres de l'Education des pays ayant le français en partage *9, 46*
Congo *17, 43, 45,* **110***, 120,* **123***, 190, 209, 211, 212, 213, 218, 221, 223, 243, 274, 293, 294, 296, 297*
Congo (République démocratique du) *17, 43, 45, 46, 107,* **110***,* **124***, 188, 189, 199, 210, 211, 213, 218, 221, 223, 293, 294, 296, 297*
Conseil de l'Europe *77, 97*
Corée du Sud *34, 52, 53, 106, 129*
Costa Rica *20, 49, 128*
Côte d'Ivoire *8, 17, 43,* **110***, 151, 189, 210, 211, 213, 217, 218, 221, 223, 228, 293, 294, 296, 297*
CPCCAF : Conférence permanente des Chambres consulaires africaines et francophones *217*
Crefap : Centre régional francophone pour l'Asie-Pacique *53*
Crefeco : Centre régional francophone pour l'Europe centrale et orientale *59*
Crefoi : Centre régional francophone pour l'Océan Indien *45*

313

Croatie *18, 57, 59,* **113**, *130,* **170**, *193, 210, 211, 212, 213, 221, 223, 293, 294, 296, 297*
CTF : Communauté des télévisions francophones **162**
Cuba *20, 49, 128, 235*
CulturesFrance **121**

D

Dalf : Diplôme approfondi de langue française *61*
Danemark *58, 129, 130, 220*
Delf : Diplôme élémentaire de langue française *50, 61*
DGLFLF : Délégation générale à la langue française et aux langues de France *125, 226*
Djibouti *17, 43, 47,* **110**, *210, 211, 213, 218, 221, 223,* **243**, *280, 281, 282, 293, 294, 296, 297*
Dominique *17, 33, 49, 87,* **90**, **124**, *162, 210, 213, 218, 221, 223, 293, 294, 296, 297*

E

Échange international de la liberté d'expression *194*
EduFrance *64*
Égypte *16, 40, 42,* **111**, **124**, **152**, *193, 210, 211, 213, 219, 222, 223, 279, 294, 296, 297*
El Salvador (Salvador) *20, 49*
Émirats Arabes Unis *40, 41, 42, 129*
EPT : Éducation pour tous *46, 267*
Équateur *20, 49, 128*
Érythrée *44*
Espagne *58, 61, 130, 220*
Esther : Ensemble pour une solidarité thérapeutique hospitalière *245*
Estonie *58,* **180**
États-Unis **19**, *49, 64, 73,* **127**, *166, 220, 235*
Éthiopie *44, 225*

F

FAO : Fonds des Nations unies pour l'alimentation et l'agriculture *239*
Fédération internationale des journalistes *187*
Fespaco : Festival panafricain du cinéma de Ouagadougou *149*
Festival international du film francophone de Namur *113, 135*
FFA : Forum francophone des affaires *216,* **217**, *226*
FFI : Fonds francophone des inforoutes *247*
FIMC : Formation/Information médicale continue pour la communauté médicale d'Afrique francophone *247*

Finlande *58, 220*
FIPF : Fédération internationale des professeurs de français *53, 59, 166*
FMI : Fonds monétaire international *214, 239*
Fonds Sud *309*
FOS : Français sur objectifs spécifiques *30, 50, 61, 62, 225*
France *18, 56, 64,* **77**, *78, 79, 97, 108,* **114**, *128, 132, 145, 146,* **153**, *193, 199, 210, 211, 213, 219, 220, 222, 226, 238, 284, 285, 286, 287, 288, 293, 294, 296, 297*
France 24 **159**
France Télévisions *158, 159*
Francofffonies **114**, *138*
Francofolies de la Rochelle *114*
Francophonies théâtrales de Limoges *116*

G

Gabon *17, 43, 47,* **110**, **123**, *136, 161, 189, 195, 210, 211, 213, 219, 222, 223, 228, 280, 281, 283, 293, 294, 296, 297, 301*
Gambie *233*
GAVI : Global Alliance for Vaccines and Immunization (Alliance mondiale pour les vaccins et la vaccination) *253*
Géorgie *18, 51,* **113**, *167,* **170**, *210, 213, 219, 222, 223, 293, 294, 296, 297*
GEREC-F : Groupe d'études et de recherches en espace créolophone et francophone *93, 94*
GET : Global Elimination of blinding Trachoma (Alliance mondiale pour l'élimination du trachome) *236*
Ghana *7, 200, 221*
Grande-Bretagne (Royaume-Uni) *58, 62, 81, 220, 221, 307*
Grèce *18, 56,* **60**, **113**, **171**, *210, 211, 213, 219, 220, 222, 293, 294, 296, 297*
Guadeloupe *17, 88, 90*
Guatemala *20, 49, 50, 128*
Guinée *17, 43, 47, 107,* **110**, **123**, *189, 210, 211, 213, 219, 222, 223, 237, 246, 250, 280, 281, 293, 295, 296, 297*
Guinée équatoriale *17, 31, 43, 189, 210, 211, 213, 219, 222, 223, 240, 280, 281, 293, 295, 296, 297*
Guinée-Bissau *17, 87, 89, 91, 210, 211, 213, 219, 222, 223, 293, 295, 296, 297*
Guyane *17, 88, 90*

H

Haïti *17, 33, 48, 50, 86,* **90**, **112**, *127,* **192**, *210, 211, 213, 219, 222, 223, 293, 295, 296, 297, 303*
HCF : *Haut Conseil de la Francophonie* 2, 5, **9**, *12, 15, 23, 190, 202, 214, 252,* **303**

Index

Honduras *20, 49, 128*
Hong Kong *238*
Hongrie *18, 35, 57,* **60**, *108,* **113***,* **118***, 121, 126,* **171***, 172, 199, 210, 211, 213, 219, 222, 223, 284, 285, 286, 287, 288, 293, 295, 296, 297*

I

ICANN : Internet corporation for assigned names and numbers *204*
IDE : Investissement direct étranger *218, 219*
IDH : Indice de développement humain *210, 211, 212, 221, 294*
IFMT : Institut de la Francophonie pour la médecine tropicale *249*
IGAD : Autorité intergouvernementale pour le développement *cahier couleur VI*
Inde *34, 52, 81, 116, 163, 221, 231, 243*
Indonésie *52, 129, 221, 224, 235, 238, 242*
Institut international de la presse *187*
Intif : Institut francophones des nouvelles technologies de l'information et de la formation *200,* **201**
Iran *40, 41, 81, 116, 128, 129*
Irak *42, 221, 238, 285*
IRD : Institut de la recherche pour le développement, ex-ORSTOM *90*
Irlande *9, 59, 129, 220*
Islande *58, 127, 130*
Israël *20, 40, 127, 129*
Italie *20, 58, 116, 129, 195, 220, 288*

J

Jamaïque *49, 50, 127, 128*
Japon *34, 52, 54, 129, 220, 221, 242*
Jed : Journalistes en danger *187, 189,* **195**
Jordanie *30, 40, 41, 128, 129, 224, 225*

K

Kazakhstan *128*
Kenya *31, 44, 45, 47, 127*
Koweït *40, 128, 129*

L

Laos *18, 34, 51, 53, 54, 118,* **125***, 127, 192, 210, 216, 222, 223, 290, 293, 295, 296, 297*
Lesotho *44, 46, 237*
Lettonie *58, 130,* **180**
Liban *16, 30,* **111***,* **124***,* **152***, 185, 187, 210, 211, 213, 217, 219, 293, 295, 296, 298*
Lituanie *18, 35, 57,* **114***, 118, 121, 126,* **172***, 193, 199, 210, 213, 219, 222, 223, 284, 285, 286, 287, 288, 289, 293, 295, 296, 298*

Louisiane (E-U) *19, 49, 50,* **71***, 72, 73, 74, 75*
Luxembourg *18, 56,* **80***, 81, 108, 114,* **122***, 126, 210, 211, 213, 219, 220, 221, 222, 269, 293, 295, 296, 298*

M

Macédoine (ex-République yougoslave de Macédoine) *18, 56,* **114***, 116,* **173***, 210, 211, 213, 219, 222, 223, 293, 294, 296, 297*
Madagascar *17, 43, 45, 47,* **110***, 120,* **124***, 189, 210, 211, 213, 217, 219, 222, 223, 229, 233, 237, 283, 293, 295, 296, 298*
MAE : Ministère français des Affaires étrangères *2, 151*
Malaisie *52, 129, 242*
Malawi *44*
Mali *17, 31, 32, 43, 47,* **110***, 120,* **123***, 163, 189, 210, 211, 213, 214, 215, 219, 222, 223, 237, 250, 280, 281, 282, 283, 293, 295, 296, 298, 302*
Malte *288*
Maroc *16, 30, 40, 41, 42, 107,* **111***, 117,* **120***,* **124***, 143,* **144***, 145, 151, 188, 199, 210, 213, 219, 222, 223, 243, 278, 279, 283, 293, 295, 296, 298*
Martinique *17, 88, 90*
Maurice *17, 43, 87, 89,* **91***,* **110***, 210, 211, 213, 219, 222, 223, 264, 280, 281, 282, 283, 293, 295, 296, 298*
Mauritanie *16, 30, 40, 187, 188, 190, 210, 212, 213, 216, 217, 219, 222, 223, 251, 260, 293, 295, 296, 298*
Mayotte *17*
MCM : Ma chaîne musicale **158***, 159*
MDM : Médecins du monde *245, 246*
Médi 1 (Radio Méditerranée internationale) *161*
Mexique *20, 49, 106*
MFI : Médias France intercontinents **160***, 224*
Midem : Marché international du disque et de l'édition musicale *119*
Moldavie *18, 56,* **114***,* **173***, 175, 193, 210, 213, 219, 222, 223, 284, 285, 287, 288, 293, 295, 296, 298, 303*
Monaco *19, 56,* **114***, 210, 219, 222, 283, 284, 285, 286, 287, 288, 289, 293, 295, 296, 298*
Mongolie *52, 54, 128*
Mozambique *7, 31, 44, 47, 127, 233, 234*
MSF : Médecins sans frontières *234, 245, 246*
Myanmar (Birmanie) *52, 127, 224*

N

Namibie *44*
Népal *52, 53, 127, 129*
Nicaragua *20, 49*

Niger 17, 31, 43, 45, 47, **110**, 163, 188, 210, 212, 214, 219, 222, 223, 235, 237, 253, 293, 295, 296, 298
Nigeria 23, 28, 150, 218, 221
Nopada/Nepad : Nouveau partenariat pour le développement de l'Afrique 267
Norvège 58, 129, 130, 220, 221, 243
Nouvelle-Angleterre (E-U) **19**, 49, 50, 127
Nouvelle-Calédonie 18
Nouvelle-Zélande 52, 220

O

Observatoire de la liberté de la presse en Afrique 187
OCDE : Organisation pour la coopération et le développement économique 11, 64, 220, 244
OEA : Observatoire européen de l'audiovisuel 152
OIF : Organisation internationale de la Francophonie 7, 12, 15, 20, 94, 103, **119**, 151, 162, **164**, 166, 167, 186, 187, 192, 196, 201, 225, 245, 246, 250, 260, 261, 262, 265, 266, **267**, 304
Oman 40, 129
OMC : Organisation mondiale du commerce 103, 104, 231, 242, 243
OMD : Objectifs du millénaire pour le développement 227, 244, 271
OMPI : Organisation mondiale de la propriété intellectuelle 103
OMS : Organisation mondiale de la santé 229, 230, 232, 234, 235, 236, 237, 238, 241, 250, 251, 253
ONG : Organisation non gouvernementale 11, 36, 185, 191, 203, 234, 244, 245, 246, 249, 283, 291
ONU : Organisation des Nations unies 8, 98, 232, 244, 260, 271, 311
Onusida 228, 229, 230, 234
Ouganda 44, 46, 47, 127, 190, 237
Ouzbékistan 52, 129, 225

P

Pakistan 52, 81, 221, 235
Panama 20
Papouasie-Nouvelle-Guinée 52
Paraguay 20, 33
Pays-Bas 58, 220, 221
Pérou 20, 49
Philippines 52, 81
PIB : Produit intérieur brut 106, 211, 212
PMA : Pays les moins avancés 221, 243, 311
PNUD : Programme des Nations unies pour le développement 23, 209, 210, 212, 229, 232, 270, 280, 294, 297

Pologne 18, 35, 57, 108, **116**, 118, **122**, **126**, **173**, 193, 210, 211, 214, 219, 222, 223, 284, 288, 289, 293, 295, 296, 298
Pondichéry (Inde) 163
Portugal 58, 116, 215, 220
Presse et démocratie 164, 186, 187

Q

Qatar 40, 160

R

Reporters sans frontières 185, 186, 187, **195**, 196
République dominicaine 20, 33, 127, 128
Réunion (La) 17, 89, 91
RFI : Radio France internationale 159, **160**, 166, 189
RFO : Réseau France Outre-Mer 134
RFP : Radios francophones publiques **162**, 163
Rilac : Réseau international des langues africaines et créoles 95
RMC-MO : Radio Monte-Carlo Moyen-Orient 160
RNB : Revenu national brut 220, 221
Roumanie 18, 56, **60**, **116**, 126, 160, **174**, 175, 176, 210, 211, 214, 219, 222, 223, 225, 239, 293, 295, 296, 298, 300, 303
Russie (Fédération de) 58, 159, **181**
Rwanda 17, 31, 43, **111**, 189, 195, 210, 212, 214, 219, 222, 223, 229, 270, 293, 295, 296, 298

S

Sacem : Société des auteurs et des compositeurs de l'édition musicale 110, 136
SADC : Communauté pour le développement de l'Afrique australe cahier couleur VI
SAFE : Surgery (chirurgie), Antibiotics (antibiotiques), Facial cleanliness (propreté du visage) et Environmental changes (changements de l'environnement) 236
Sainte-Lucie 17, 48, 88, 90, **91**, **112**, 210, 211, 214, 219, 222, 223, 284, 286, 288, 293, 295, 296, 298
Saint-Vincent et les Grenadines 49, 127
Samoa Occidentales 53
São Tomé-et-Principe 17, 43, 89, **91**, 107, **111**, **124**, 133, 210, 211, 212, 214, 219, 222, 223, 280, 281, 282, 294, 295, 297, 298
Sénégal 17, 43, 107, **111**, **151**, 162, 190, 210, 214, 219, 222, 223, 228, 251, 292, 294, 295, 297, 298
Serbie-Monténégro **181**

316

Index

Seychelles *17, 43, 89,* **92**, **111**, *210, 211, 214, 219, 222, 223, 281, 282, 294, 295, 297, 298*
SFA : Société française d'angéiologie *251*
Sida : Syndrome de l'immunodéficience acquise *227, 228, 229, 230, 231, 235, 240, 244*
SIDIIEF : Secrétariat international des infirmières et infirmiers de l'espace francophone *245*
Sierra Leone *44, 45, 225*
Singapour *52, 129, 228*
Slovaquie *18, 57,* **117**, **122**, *126,* **176**, *177, 193, 210, 211, 214, 219, 222, 223, 294, 295, 297, 298*
Slovénie *18, 57,* **117**, **177**, *193, 210, 211, 214, 219, 222, 223, 294, 295, 297, 298*
SMSI : Sommet mondial sur la société de l'information *188, 200,* **203**
SNPM : Syndicat national de la presse médicale *248*
Sodec : Société de développement des entreprises culturelles du Québec *120*
Somalie *47, 235*
Soudan *253*
SRAS : Syndrôme respiratoire aigu sévère *237, 238*
Suède *58, 129, 130, 220, 270,*
Suisse *19, 56,* **61**, *108,* **117**, *118,* **122**, **126**, *191, 210, 211, 214, 219, 220, 222, 284, 285, 286, 287, 288, 294, 295, 297, 298*
Swaziland *44, 127*
Syrie *40, 129*

T

Tanzanie *37, 44, 47, 127*
Tarmac (ex-théâtre international de langue française –TILF) *115,* **116**
Tchad *17, 43, 45, 107,* **111**, *188, 210, 214, 219, 222, 223, 280, 281, 283, 294, 295, 297, 298*
Tchèque (République) *18, 61,* **116**, *126,* **177**, *178, 193, 210, 211, 214, 219, 222, 223, 224, 285, 286*
Territoires palestiniens *40, 41, 129*
Thaïlande *34, 52, 129, 224*
Togo *17, 43, 45,* **111**, *188, 190, 210, 211, 214, 219, 222, 223, 280, 281, 294, 295, 297, 298*
TPIR : Tribunal pénal international pour le Rwanda *cahier couleur VI*
Trinité-et-Tobago *20, 49*
Tunisie *16, 40, 41,* **111**, **120**, *124,* **145**, *188, 194, 210, 211, 214, 219, 222, 223, 294, 295, 297, 298*
Turkménistan *52*
Turquie *58, 130,* **182**
TV5 *36, 65,* **157**, *158, 162*

U

UA : Union africaine *8, 98, 204, 205, 276, cahier couleur VI*
UE : Union européenne *80, 83, 98, 104, 120, 163, 182, 219, 220, 276, 277, 285, 290*
UEMOA : Union économique et monétaire de l'Afrique de l'ouest *150, 151, cahier couleur VI*
Ukraine *7, 58, 130,* **182**, *183, 239*
Unesco : Organisation des Nations Unies pour l'éducation, la science et la culture *7, 23, 45, 64,* **103**, *104, 105, 107, 126, 295*
Unicef : Fonds des Nations unies pour l'enfance *232, 234, 235*
Unifrance films *153*
Union latine *198*
Université Senghor *12, 267*
UPF : Union internationale de la presse francophone **163**, *171, 187,* **196**
Uruguay *20, 33, 49, 128*
UVA : Université virtuelle africaine *47*

V

Val d'Aoste *20*
Valofrase : Valorisation du français en Asie du Sud-Est *53, 225*
Vanuatu *18, 51, 89,* **92**, *113, 127, 210, 214, 219, 222, 223, 294, 295, 297, 298*
Vénézuela *49*
Viêt Nam *18, 34, 51, 53, 54, 107, 118,* **120**, *121,* **125**, *192, 199, 210, 211, 214, 219, 221, 222, 223, 229, 238, 240, 245, 249, 290, 291, 294, 295, 297, 298*
VIH ou HIV (en anglais) : Virus de l'immunodéficience humaine *227, 228, 229, 230, 231, 232, 234, 235, 240, 241, 243, 250, 251, 276, 278, 283*

W

Wallis et Futuna *18*

Y

Yougoslavie *167*

Z

Zambie *44, 47, 237, 242*
Zimbabwe *44, 47, 247*

Table des matières

Préface 5
Introduction 7
① 2006, une année clé pour la Francophonie ... 7
② La session 2006 du HCF sur l'éducation 9
③ Le rapport sur la Francophonie
dans le monde 10
Un ouvrage à la fois généraliste et spécialisé . 10
Des sources d'information diversifiées 11

PREMIÈRE PARTIE
L'état du français dans le monde

Chapitre 1. Le dénombrement des francophones .. 15
① Estimation du nombre de francophones
dans l'espace francophone 16
② Estimation du nombre de francophones
en Amérique non francophone 19
③ Conclusion 20

**Chapitre 2. Évolution de l'enseignement
du et en français dans le monde (1994-2002)** ... 23
① Méthodologie 23
Plusieurs observations s'imposent 25
② Évolution relative 27
③ Les facteurs communs à toutes les régions .. 29
Les raisons de choisir le français 29
Les difficultés rencontrées 29
④ Les facteurs spécifiques à certaines
régions 29
Afrique du Nord et Moyen-Orient 29
Afrique subsaharienne et océan Indien 31
Amérique et Caraïbe 32
Asie et Océanie 34
Europe 35
⑤ Conclusion 36

**Chapitre 3. Actualité de l'enseignement
du et en français dans le monde** 39
① Afrique du Nord et Moyen-Orient 40
Évolution 41
Perspectives 42
② Afrique subsaharienne et océan Indien ... 43
Évolution 45
Perspectives 46
③ Amérique et Caraïbe 48
Évolution 50
Perspectives 50
④ Asie et Océanie 51
Évolution 53
Perspectives 54
⑤ Europe 56
Évolution 59
Perspectives 62
⑥ Conclusion 63

Chapitre 4. Le français en Louisiane 71
① Bref historique 71
② Les langues de Louisiane
à base lexicale française 71
③ L'enseignement du français en Louisiane ... 72
Enseignement primaire « en immersion » .. 72
Enseignement secondaire 72
Les établissements scolaires privés
francophones ou bilingues 72
Enseignement supérieur 73
Les apprenants adultes dans les instituts
culturels et les alliances françaises 73
④ La recherche 73
⑤ L'environnement francophone 74
L'action médiatique 74
Le milieu associatif 74

**Chapitre 5. L'adaptation linguistique des migrants
en Francophonie du Nord** 77
① Le cas de la France 77
Contexte 77
Nouvelles orientations en matière
d'accueil 78
En matière de scolarisation 78
② Dans d'autres pays de l'Union européenne :
la Belgique et le Luxembourg 80
Les chiffres de l'immigration 80
Quelques mesures d'ordre linguistique
prises dans le système éducatif 80
③ Le cas du Canada 81
Contexte 81
Services destinés aux néo-Canadiens 82
④ Conclusion 83

Chapitre 6. Créolophonie et Francophonie 85
① La place du créole dans la société 86
L'administration 86
② Statut des langues et estimation
des locuteurs 88
③ La place des langues dans l'enseignement . 90
Les politiques linguistiques dans
les systèmes éducatifs 90
La formation des enseignants 92
④ Travail sur la langue créole 93
L'écriture du créole 93
La recherche 93
⑤ La coopération francophone 94
Les prix attribués par la Francophonie ... 94
Les « Journées » 94
Les aides à l'édition et à la traduction ... 95
⑥ Conclusion 95

318

DEUXIÈME PARTIE
Culture et création

Chapitre 1. La diversité culturelle 103

① La Convention sur la protection et la promotion de la diversité des expressions culturelles 103
   L'avant-projet 103
   L'adoption de la Convention 104
   Le contenu de la Convention 104
   Les conséquences sur les industries culturelles 105
   À l'avenir 105
② Les risques de remise en cause 106

Chapitre 2. L'actualité culturelle francophone ... 109

① L'actualité culturelle francophone dans les États et gouvernements membres de l'OIF .. 109
   Événements culturels 109
   La circulation des spectacles et les coproductions dans l'espace francophone .. 117
   Politiques culturelles 119
   Lieux et productions culturels 123
② L'actualité culturelle francophone dans les États hors OIF 127
   Afrique 127
   Amériques 127
   Asie et Océanie 128
   Europe 129

Chapitre 3. Les prix 133
Chapitre 4. Les littératures d'expression française ...137

① Écrivains francophones, écrivains de langue française ? 137
② L'édition au Maghreb 140
   Le paysage éditorial au Maghreb 141
③ L'édition en France 146

Chapitre 5. Panorama des cinémas francophones .. 149
① Les cinémas de l'Afrique subsaharienne .. 149
② Les cinémas du Moyen-Orient 152
   Égypte 152
   Liban 152
③ Le cinéma français 153

TROISIÈME PARTIE
Médias et communication

Chapitre 1. Les principaux acteurs de la Francophonie médiatique internationale 157

① Télévisions 157
   TV5 157
   Canal France International 158
   EuroNews 158
   MCM (Ma chaîne musicale) 158
   Canal+ Horizons 159
   Espace francophone 159
② Radios 160
   RFI 160
   MFI 160
   Africa n° 1 161
   Radio Méditerranée Internationale 161

③ Agences de presse 161
   Agence France Presse 161
   Agence Panapress 161
   Agence Syfia 161
④ Regroupements professionnels 162
   Conseil international des radios et télévisions d'expression française 162
   Communauté des télévisions francophones 162
   Les radios francophones publiques 162
⑤ Associations 163
   Union internationale de la presse francophone 163
   Association internationale de la presse francophone 163
⑥ Organismes institutionnels 163
   Organisation internationale de la Francophonie 164

Chapitre 2. Les médias francophones en Europe centrale et orientale 165
① Grandes tendances 165
② Pays membres de l'OIF 168
   Albanie 168
   Arménie 169
   Bulgarie 169
   Croatie 170
   Géorgie 170
   Grèce 171
   Hongrie 171
   Lituanie 172
   Ex-République yougoslave de Macédoine .. 173
   Moldavie 173
   Pologne 173
   Roumanie 174
   Slovaquie 176
   Slovénie 177
   Tchèque (République) 177
③ Autres pays d'Europe centrale et orientale 178
   Azerbaïdjan 178
   Bélarus 178
   Bosnie-Herzégovine 179
   Chypre 180
   Estonie 180
   Lettonie 180
   Russie 181
   Serbie-Monténégro 181
   Turquie 182
   Ukraine 182

Chapitre 3. La liberté de la presse dans l'espace francophone 185
① Afrique du Nord et Moyen-Orient 187
② Afrique subsaharienne et océan Indien ... 188
③ Amérique du Nord-Caraïbe 191
④ Asie du Sud-Est 192
⑤ Europe 193

Chapitre 4. La Francophonie et les technologies de l'information et de la communication 197
① Quelques données générales 197
② Quelques données dans les pays francophones 199
③ L'action de la Francophonie 199

QUATRIÈME PARTIE
Économie et solidarité

Chapitre 1. Les enjeux économiques de la Francophonie 209
① Richesse, pauvreté et développement 209
Un « dixième » de la planète 209
Parmi les plus pauvres 210
② Les échanges commerciaux entre les pays francophones 212
Les plus fortes progressions en 2004 215
Les plus fortes baisses en 2004 215
Des tendances confirmées par les enquêtes 216
③ L'investissement direct étranger dans les pays de la Francophonie 218
④ L'évolution de l'aide publique 220
La solidarité francophone 222
⑤ La question linguistique 224
Les entreprises francophones implantées à l'étranger et la langue française 224

Chapitre 2. La santé au cœur du développement 227
① État des lieux 227
Les grandes tendances de l'épidémie de VIH/sida 227
La tuberculose 231
Le paludisme, fléau des pays d'Afrique 232
② Les nouveaux défis sanitaires 235
La résurgence de la poliomyélite 235
Les maladies oubliées : les cas du trachome et du noma 236
Les virus émergents, les cas du SRAS et de la grippe aviaire 237
③ Le contexte sanitaire 239
L'urgence de moderniser les systèmes de santé 239
L'accès aux médicaments essentiels 241
Le contexte culturel 243
④ Quels liens entre Francophonie et santé ? 244
La Cidmef 247
Les autres réseaux de chercheurs de l'Agence universitaire de la Francophonie 248
L'Institut francophone pour la médecine tropicale de Vientiane 249
Les autres programmes de la Francophonie 250
Les publications scientifiques de la Francophonie 254

CAHIER COULEUR
Les francophones dans les pays membres de l'OIF I
Le monde de la Francophonie II
Les apprenants du et en français dans le monde IV
Les locuteurs de créole dans les pays membres de l'OIF V
Les organisations internationales en Afrique VI
Le sida dans le monde et en Afrique VII
Le paludisme dans le monde et en Afrique VIII

CINQUIÈME PARTIE
Démocratie et État de droit

Chapitre 1. État de droit : le suivi de Bamako 259
① L'observatoire de la démocratie, des droits et des libertés 259
② Le Symposium de Bamako 260
L'approfondissement de la démocratie, des droits de l'homme et de l'État de droit 261
La prévention des crises et des conflits et les dispositifs d'alerte 261
La consolidation de la paix 262
③ La prévention des conflits et la sécurité humaine 262

Chapitre 2. La réforme de la Francophonie 263
① Les principes de la Charte d'Antananarivo 265
② Les objectifs 265
③ Les institutions 266
Les instances de la Francophonie 266
Le secrétaire général de la Francophonie 266
L'Organisation internationale de la Francophonie 267
L'Assemblée parlementaire de la Francophonie 267
D'autres opérateurs 267

Chapitre 3. La parité en Francophonie 269
① Introduction 269
② Point sur la situation des femmes dans les grandes régions francophones du monde 275
③ Études par pays 278
Afrique du Nord et Moyen-Orient 278
Afrique subsaharienne 279
Amérique du Nord et Europe 283
Asie - Pacifique 290
④ Conclusion 292
⑤ Tableaux 293
Indice sexo-spécifique du développement humain (ISDH) 293
Filles et garçons dans l'enseignement secondaire et supérieur 294
Femmes et hommes dans l'activité économique 296
Femmes et hommes en politique 297

Bibliographie 299
Notes de lecture 305
Index 312